해양경비론

김종선·정초영 공저

해광출판사

머리말

이제야 한고비를 넘어 온 것 같다. 그동안 해양경찰에 관한 책을 계속 쓰고 출간하고 있지만 책을 쓴다는 것은 힘들고 외롭다. 해양경찰은 날로 발전하여 새로운 조직형태와 시스템이 도입되어 업무형태도 많은 변화를 이루고 있지만 해양경찰학과가 개설되어 있는 대학과 대학원은 해양경찰에 대한 교재와 연구 자료가 부족하여 많은 애로가 있다.

물론 가르치는 교수들도 해양경찰에 대한 업무이해가 부족하고 해양에서 함정이라는 선박을 이용하여 경비 활동을 하고 있어 직접적으로 승선경험과 경비 활동 체험이 있는 저자들은 그동안 보이지 않게 압박감과 부담감이 존재하였지만 이제야 어느 정도 떨쳐버릴 수 있지 않을 까 생각한다. 해양경찰 공무원뿐만 아니라 공무원이 되고자하는 대학생을 가르치는 교수로써 체계적으로 만들어진 교재도 없어 언젠가는 교재를 편찬하고자 마음먹고 자료만 모으다가 이제야 자료들을 차곡차곡 정리하여 미숙하지만 이 책을 출간한다.

1996년 유엔해양법협약 발효 이후 국내외적 해양환경 변화는 해양경찰기관에게도 정책과 제도에 큰 변화를 주었다. 그동안 해양경찰이라는 고유적인 업무영역과 기능이 존재하고 태생까지도 육상의 일반경찰과 다르지만 법적·제도적 뒷받침이 없어 육상 일반경찰의 제도와 학문적 이론을 바탕으로 60여년 이상을 정체성이 불분명한 채 이어져오다 책을 출간한다는 것이 조심스러울 수밖에 없었다. 해양안보와 주권을 수호하고 해양자원을 보호하기 위한 국민의 여망과 신뢰를 바탕으로 2012. 2. 22. 「해양경비법」이 제정되어 해양경비 업무수행에 관한 법적인 근거를 마련되었다. 특히 「해양경비론」은 해양경찰 업무 중 대부분을 차지하고 또한 대학 해양경찰학과 전공과목이면서 해양경찰채용시험에도 대다수를 차지하며 해양경찰공무원 내부 승진시험에서도 많은 부분을 차지하고 있는 과목이기도 하여 광범위하게 사용되고 있지만 대학에서는 가르치지도 못하고 있어 학문적으로 발전하지 못하는 실정이다. 해양경찰의 업무가 해양이라는 특수한 공간에서 이루어지고 법적 집행보다 대국민 서비스 업무가 차지하는 비율이 높아 이론보다 실무중심적인 경향이 많다보니 학자들 마다 접근하기가 곤란한 것은 사실이다.

이 책에서는 해양경찰의 경비업무 영역을 총체적으로 접근하려고 이론뿐만 아니라 법령 그리고 해양경찰 내부적으로 규정된 훈령과 예규, 지침, 고시까지 접근하였고, 또한 함정에서 직접 운용되고 있는 해양경비 활동까지 해양경찰의 전반적인 경비업무를 파악하고 내용을 첨부하였다.

「해양경비론」구성은 제1편은 해양경비 개념과 특징, 활동범위, 해양경찰의 경비대상, 해양경찰 조직과 경비업무, 제2편에서는 해양경비 발전과정, 제3편은 해양경비 법적근거 및 활동, 해양경비법의 주요내용, 제4편은 불법선박단속, 해상검문검색, 관할권 경비, 그리고 해양경찰 경비세력 운용, 주변국가의 해양경비 활동, 해양경찰의 경비문제와 강화방안, 제5편은 해상작전과 위기관리, 비상업무 그리고 제6편에서는 해상대테러 및 해상 경호경비, 선박 및 항만보안 등으로 해양경찰이 해상에서 경비업무를 수행하기 위해 필요한 내용들로 구성했다.

아직도 부족한 면이 많다. 좀 더 시간적 여유를 가지고 완성도를 높일 부분도 있지만 자주 변하는 해양환경에 따라 해양경찰 제도와 업무도 변화하기 때문에 향후 바뀌는 제도에 따라 검토하고 보충하고자 한다. 교재를 완성한다는 것 자체가 어려운 일이다. 모든 영역을 모두 이해하고 정리하는 것이 쉽지 않다. 그러다 보니 조금은 이해와 체계성이 떨어질 수 있기에 더욱 연구에 매진할 것을 다짐해 본다. 이 책 원고가 완성된 것은 많은 학자들의 연구 자료와 해양경찰 직원들의 도움이 있었기에 가능하다. 항상 그 분들께 감사를 드린다. 특히, 이 책이 나오기까지 물심양면으로 지원해 주신 해광출판사 조준형 대표와 표지 사진을 제공해 주신 군산해양경찰서 김소영 경사에게 진심으로 감사드린다.

2021. 1.

김종선, 정초영

목차

제1편 해양경찰 경비 개관

제3편 해양경비 법령체계

제4편 불법선박 단속 및 경비세력 운용

제5편 해상작전·위기관리·비상업무

제6편 해상대테러·해상경호

제 1 편

해양경찰 경비 개관

제1장 해양경찰 경비

제1절 해양경비의 개념

1. 해양경비 개념

해양경찰은 함정, 항공기 등 각종 경비세력을 이용하여 바다에서 종합적인 법집행을 수행하는 기관으로서, '해양경비' 임무는 해양경찰의 핵심임무로 인식되어 왔다. 하지만 해양경찰 창설 이래 제대로 된 법률체계가 존재하지 않아 작용법적 근거가 매우 미흡하여 '해양경비'가 무엇을 의미하는지 정확히 정의하기가 쉽지 않았다.

2012년 「해양경비법」이 제정되기 이전 까지는 그동안 해양에서 경비임무를 주로하고 있지만 일반 육상경찰이 사용한 경찰경비 개념으로 사용되어 왔다.

일반 육상경찰의 경찰경비란 경찰기능 중에서 "공공의 안녕과 질서를 파괴하는 국가비상사태, 긴급한 주요사태 등이 발생하거나 발생할 우려가 있는 경우, 또는 개인이나 단체가 불법행위를 함으로써 공공의 질서를 파괴하는 경우, 이러한 상황이나 범죄를 예방, 경계, 진압하는 경계활동"이다. 그리고 경비 활동의 주요업무 대상은 인위적으로 질서를 파괴하는 다중범죄, 적성국이나 국내의 자생적인 테러분자에 의한 요인이나 중요시설 위해행위, 자연적인 재해에 의하여 발생되는 혼란상황, 신고 된 간첩 및 제반 긴급사태 등이다. 결국 해양경찰 뿐만 아니라 일반 육상경찰의 경비 활동은 국민에게 직접적이고 물리적인 활동을 통하여 보호하고 예방하며 사태 발생 시 진압하여 공공의 안녕을 유지하는 권력작용이다.

그러나 세부적인 측면에서 해양경찰의 경비 활동은 주로 해상에서 이루어지고 있어 일반 육상경찰의 경비 개념으로는 업무대상이 불분명하여 2012년 2월 22일 「해양경비법」이 제정되고 동년 8월 23일 시행되면서 법률상 정의 및 활동의 범위가 명확히 규정되어 해양에서의 법집행활동에 새로운 전기를 맞이하게 되었다.

가. 해양경비의 사전적 의미

'해양경비(海洋警備)'를 글자 그대로 풀이해 보면 '해양' 즉 바다에서, '경(警)' 즉 경계하고, '비(備)' 즉 준비하는 행동을 의미한다. 경찰(警察)이란 용어가 '경(警)' 즉 경계하고, '찰(察)' 즉 살피는 행동을 의미하는 것과 비교해 보면, 준비태세를 갖추는 의미가 더해져 있다고 쉽게 생각할 수 있다.

해양경찰의 영문 명칭인 'KOREA COAST GUARD'에서 사용하는 'GUARD'는 '경비'를 의미하는 단어로 사전적으로는 '지키다, 보호하다, 감시하다'라는 의미를 가진다. 그러나 보다 능동적이고 적극적인 표현으로는 '관리하다'라는 의미로도 해석이 가능할 것이다. 그리하여 해양경찰의 주요임무가 'GUARD(경비)'로 함축되어 표현되고 있으며, '해양경비(海洋警備)'는 'COAST GUARD' 즉 해양경찰(海洋警察)과 유사한 의미로 풀이된다고도 할 수 있는 것이다(김종선 외, 2016: 167).

나. 해양경비의 법률적 의미

「해양경비법」제2조(정의)에서 '해양경비'란 해양경찰청장이 경비수역에서 해양주권의 수호를 목적으로 행하는 해양안보 및 해양치안의 확보, 해양자원 및 해양시설의 보호를 위한 경찰권의 행사를 말한다고 기술하고 있다.

한편, 「정부조직법」제43조(해양수산부)에서는 '해양에서의 경찰 및 오염방제에 관한 사무를 관장하기 위하여 해양수산부장관 소속으로 해양경찰청을 둔다.'라고 규정하였으므로, 해양경비 임무가 '해양에서의 경찰' 활동의 범주에 포함된다고 할 수 있으며, 「해양경비법」제7조(해양경비활동의 범위)에 규정된 '해양오염 방제에 관한 조치'는 '해양에서의 오염방제' 사무의 범주에 포함된다고 할 수 있어 사실상 수사 및 정보활동을 제외한 모든 경찰작용이 '해양경비'의 범위에 속하여 있다고 할 수 있다.

2. 해양경비 개념의 발전

가. 전통적 경비 개념

우리나라 경찰은 국민의 인권보호와 봉사경찰보다는 정치적 환경의 지배를 받아 운영되어온 반면에 해양경찰은 자원보호, 환경, 교통 등 봉사업무와 경비, 국방임무 차원에서 출발하였다. 1953년 해양경찰대 창설이래, 평화선 수호와 해양치안 목적의 제한적 항만경비를 수행하다가 해상 대간첩 침투봉쇄 등 대북 국가안보를 위한 활동과 고도 경제성장에 따른 민생치안 역량강화에 경비의 초점을 맞추었으며, 대부분 한반도에 위협을 가하는 위해세력을 차단하기 위해 감시 및 보호경비를 주로 수행하였다.

이렇게 전통적으로 해양경비는 남북 분단 상황에서 해군의 해상차단 역할을 보조하며 영토주권 수호를 위한 국가안보 측면에서의 활동으로 인식되어 왔다고 할 수 있다.

나. 현대적 경비 개념

전통적 해양경비 개념은 UN해양법협약에 의거한 배타적 경제수역 선포와 주변국과의 어업협정 체결 등 국제해양질서의 변화에 따라 전환기를 맞이하게 된다. 기존의 영해 차단선 경비 개념에서 벗어나 200해리 배타적 경제수역으로 경비범위가 광역화되었으며, 어업협정경계선 주변에서 불법 외국어선 단속활동 등을 수행하며 보다 적극적인 역할을 수행하게 되었다. 다만, 한반도의 지정학적 특수성과 배타적 경제수역의 해양경계 미획정 등을 이유로 해양경찰의 법집행 활동에는 많은 제약이 발생하였으며, 독도·이어도·중국어선 등 다양한 경비수요로 인해 실질적인 해양권익 보호활동에 해양경비세력이 제대로 활동되지 못하고 있다.

다. 미래적 경비 개념

해양경찰은 2012년 「해양경비법」을 제정·시행하여 오면서 해양경비의 패러다임을 전환하고자 노력하였으며, 급변하는 동북아 해양질서 속에서 대한민국의 해양권익 확대를 위해 전략적 경비 활동을 수행하고 있다. 영수(영해 및 내수)를 비롯하여 배타적 경제수역과 확대되는 대륙붕 등 해양영토를 능동적으로 관리하여, 해양자원의 지속가능한 개발과 해상교통로 확보 등 해양안보의 중심축으로서 그 역할을 확대해 나갈 것으로 기대된다.

또한 중·장기적으로는 '바다를 경영한다.'는 해양 전략을 기반으로 바다를 통해 창출되는 다양한 해양권익을 효율적으로 관리하는 임무를 해양경비 개념의 핵심으로 하여 해양종합 집행기관으로서의 면모를 갖출 것으로 보인다(김종선 외, 2016: 167).

3. 해양경비 용어

1) 해양

대한민국의 내수 · 영해 · 배타적 경제수역 · 대륙붕 등 대한민국의 주권 · 주권적권리 또는 관할권이 미치는 해역과 헌법에 의하여 체결 · 공포된 조약 또는 일반적으로 승인된 국제법규에 의하여 대한민국의 정부 또는 국민이 개발 · 이용 · 보전에 참여할 수 있는 해역을 말한다.

2) 해양환경

해양에 서식하는 생물체와 이를 둘러싸고 있는 해양수(海洋水)·해양지(海洋地)·해양대기(海洋大氣) 등 비생물적 환경 및 해양에서의 인간의 행동양식을 포함하는 것으로서 해양의 자연 및 생활 상태를 말한다.

3) 해양오염

해양에 유입되거나 해양에서 발생되는 물질 또는 에너지로 인하여 해양환경에 해로운 결과를 미치거나 미칠 우려가 있는 상태를 말한다.

4) 대륙붕

가) 영해를 넘어서 그에 인접한 350해리이내에서 해저 및 그 지하에 있는 모든 생물자원(정착성 생물자원)의 탐사 · 개발 · 이용권 등 연안국의 자원관할 권리가 인정되는 수역

나) 연안국의 자원관할권은 해저 및 그 지하에만 미치기 때문에 상부수역, 바다위, 상공에는 공해의 법적체제에 적용

다) 1958년 제네바협약 제5조 의거 항해, 어업 및 생물자원보존, 해양연구조사를 방해해서는 안 된다고 규정

5) 무해통항권

유엔해양법협약에 따라 모든 국가의 선박은 연안국의 평화 질서 및 안전을 저해하지 않는 한 영해에서 무해통항권을 향유한다.

6) 추적권

가) 외국선박에 대한 추적은 연안국의 권한 있는 당국이 그 선박이 자국의 법령을 위반한 것으로 믿을 만한 충분한 이유가 있을 때 행사한다.

나) 외국선박이 추적국의 영해나 접속수역에 있을 때 시작되고, 추적당하는 선박이 그 국적국 또는 제3국의 영해에 들어가면 소멸된다.

7) 북방한계선(Northern Limit Line : NLL)

1953. 8. 30 유엔군사령부(사령관 Mark W. Clark 미 육군대장)가 일방적으로 서해와 동해

에서의 우리 측 해군 및 공군 초계활동의 북방한계를 설정하여 함정과 항공기의 북상 항행을 방지하고 어선과 일반선박의 피랍방지 및 그 보호를 목적으로 설정한 선이다.

8) 조업한계선

조업을 할 수 있는 동해 및 서해의 북쪽한계선으로서 대통령령으로 정하는 선을 말한다(어선안전조업법 제2조).

9) 조업보호본부

해양경찰청장은 특정해역의 조업보호에 관한 사무를 처리하기 위하여 설치된 것으로서 동해조업보호본부는 속초해양경찰서, 서해조업보호본부는 인천해양경찰서에 설치 운영되며 본부장은 해양경찰서장이 당연직으로 맡고 있다(어선안전조업법 제18조).

10) 특정해역

특정해역이란 동해 및 서해의 조업한계선 이남(以南)해역 중 어선의 조업과 항행이 제한된 해역으로서 대통령령으로 정하는 범위의 해역을 말한다(어선안전조업법 제2조).

〈그림 1-1〉 동해와 서해 특정해역

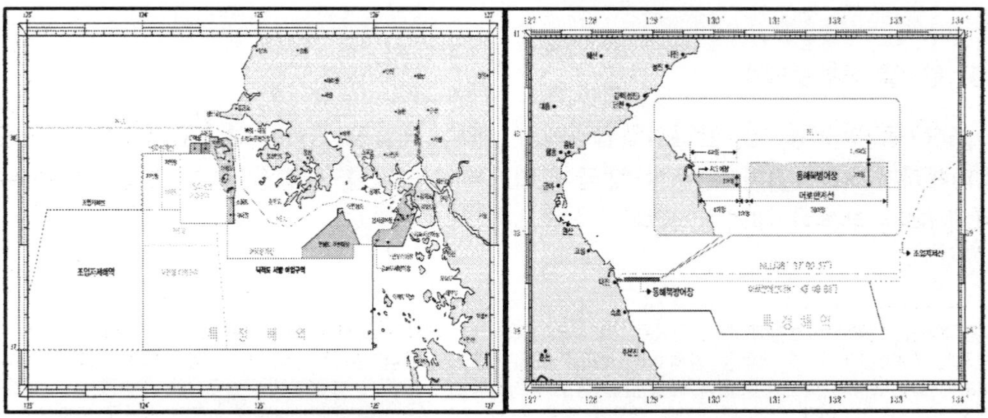

(자료: https://www.google.com/search?q=특정해역)

11) 특정금지구역

EEZ(배타적 경제수역)어업주권법 시행령에 따라 동·서해 특정해역 일부와 대한해협에 설정된 해역으로 외국인의 조업이 금지되는 해역이며, 외국어선이 조업을 할 때는

EEZ(배타적 경제수역)어업주권법에 따라 무허가로 나포 · 처벌한다.

12) 무허가 조업

우리 EEZ 해역 내에서 정부의 허가 없이 조업 중 단속된 외국어선을 말한다. 주로 중국어선이 대부분이다.

13) 제한조건 위반

우리 EEZ 해역 내에서 정부의 허가를 받아 조업 중 조업일지 및 각종 서류, 어창 면적 변경 등 어업협정상 제한조건을 위반한 경우를 말한다.

14) 한·중 잠정조치수역[1)]

2001년 4월 5일 체결된 한중어업협정에 의하여 한국과 중국의 어선에 대해서만 신고 없이 자유롭게 조업할 수 있도록 허용된 수역을 말한다. 제3국 어선은 허가를 받아야 조업이 가능하다. 협정에 따르면 배타적 경제수역(EEZ)을 획정(劃定)할 때까지 일정기간 EEZ 제도의 적용을 유보하는 수역으로, 한·중 양국의 어선이 비교적 자유롭게 조업할 수 있고, 양국이 자국 어선에 대해서만 단속권 및 재판 관할권을 행사할 수 있는 수역이다.

15) 한·일 중간수역[2)]

1999년 발효된 신 한일어업협정에서 새로 도입한 수역이다. 한·일 간의 거리가 400해리가 되지 않기 때문에 양국이 200해리 EEZ를 설정할 경우 어쩔 수 없이 겹치게 되는 부분이 생기게 된다.

---

1) 유엔해양법 협약이 발효됨에 따라 각국은 200해리(360km)의 배타적 경제수역을 선포하였고, 우리나라는 1996년에, 중국은 1998년에 각각 배타적 경제수역 제도를 도입하였다. 그러나 한·중 양국 간 수역 거리는 최대 280해리로 400해리에 미치지 못하기 때문에 해양경계획정은 장기화되었고, 양국은 해양경계획정 이전에 서해에서 수역 획정의 필요성이 있었다. 이에 한중어업협정은 양국의 공동 관심사항인 해양생물자원의 보존과 합리적 이용을 도모하고, 해상에서의 정상적인 조업질서를 유지하며, 어업분야에서 상호협력을 강화·증진하기 위한 목적으로 체결되었다. 그리고 2000년 한중어업협정이 체결됨에 따라 1999년 기체결한 한일어업협정과 더불어 한반도 인근 해역에서 새로운 어업 질서가 형성되었다. 협정에 따르면 서해중간선을 기준으로 하여 양 측의 면적이 비슷한 수준에서 양국어선의 공동조업이 가능한 약 8만 3천 평방킬로미터에 달하는 '잠정조치수역'을 설정하였다. 잠정조치수역은 200해리가 겹치는 수역으로 그 북방한계선은 서해특정금지구역과 접하는 북위 37도로, 남방한계선은 북위 32도 11분으로 하고 있다.

2) 중간수역은 동해에서 한·일 양국이 각기 자국의 EEZ어업 체제를 시행하기로 한 수역을 제외한 남는 수역으로, 지리적으로 양국의 중간에 위치하여 기국주의 원칙에 의거하여 자국 어선과 국민에 대하여 각각 관할권을 행사하며 양국에 있어서는 공해적 성격을 갖고 있으나 독도는 우리의 영토이므로 독도를 중심으로 영해 12해리 이내에서 타국 어선의 조업은 불가하다.

따라서 한·일 간에 중간선과 같은 형식의 경계를 획정할 필요성이 대두되었고, 이에 따라 한일 양국 사이에 영구적인 경계 획정이 쉽지 않은 중간 지점의 수역을 설정하였다. 이 중간수역에 관한 한 아직 협정이 완료되지 않은 잠정어업협정 상태를 유지하게 되었다.

16) 현행조업유지수역(한 · 중 어업협정)3)

잠정조치수역의 이북 및 이남수역에서는 별도의 합의가 없는 한 어업협정 체결 이전의 어업활동을 존중(한·중 양국어민의 자유조업 허용)한다. 이 수역은 공해가 아니므로 제3국의 어민은 우리나라의 사전 허가 없이는 조업이 불가하다.

〈그림 1-2〉 우리나라 해양관할도

3) 현행조업유지수역은 동중국해 일부수역으로 별도의 협의가 없는 한 당분간 현행대로 조업하는 수역이다. 위의 수역 외에 배타적 경제수역 협정수역 내에서 조업을 하고자 하는 외국 어선은 상대 당국의 허가를 받아야 한다. 즉 배타적 경제수역 협정수역은 연안국이, 잠정조치수역과 과도수역은 어업공동위원회가, 현행조업유지수역은 양국 정부 간 별도의 합의로 관리되는 질서가 구축되었다.

17) 남북해운합의서[4)]

남북해운합의서 주요 합의 내용은 우선 남과 북은 자기 측이 승인하고 상대 측의 허가를 받은 선박의 운항을 보장하고 있다. 다만, 자기 측 항구 간을 항행하는 도중에 상대 측 해역을 통과하는 항로를 이용하는 경우에 대해서는 향후 해사 당국 간 협의기구에서 그 시행시기를 별도로 협의해 정하기로 했다.

남과 북은 여객 및 물자를 원활하게 운송하기 위해 남 측의 인천~군산~여수~부산~울산~포항~속초항과 북 측의 남포~해주~고성~원산~흥남~청진~나진항간에 해상항로를 개설, 해상항로가 개설되지 않은 상대 측 항만에 기항하고자 할 경우 사전에 허가를 받아 기항할 수 있도록 했다. 이 경우 상대 측 해역에서는 이미 지정된 해상항로대를 따라 항행하도록 정했다. 그리고 자기 측 항만 내에서 상대 측 선박의 항만시설의 사용 등에 관해 자기 측 선박과 동등한 대우를 부여하고, 선원과 여객의 신변안전과 무사귀환을 보장하고 있다.

또한, 자기 측 해역에서 상대 측 선박에 충돌, 좌초, 전복, 화재 등의 해양사고나 긴급환자가 발생한 경우 가장 가까운 항구로의 긴급피난을 보장하고 있으며, 필요시 남과 북이 공동으로 구조·구난 활동을 할 수 있도록 했다.

이와 관련해 상대 측 선박에 대한 구조 활동 중 발생한 비용은 특별한 사유가 없는 한 지불하지 않으나 해양오염사고로 인한 해양오염방제활동 중 상대 측의 소요비용은 지불하도록 했다.

아울러 해운 및 항만관련 분야의 상호 교류와 협력을 촉진하고 해양사고를 방지하기 위해 남북 해사당국 간 협의기구를 구성·운영하도록 했다.

※ 남북해운합의서 및 부속합의서 발효 : ‘2005. 8월

※ 천안함 피격사건 이후 대북제재조치로 운항 불허 : 2010. 5. 24~

18) PSI(Proliferation Security Initiative)

대량살상무기 확산방지구상(Weapons of Mass Destruction Proliferation Security Initiative)은 무기나 무기 관련 물자의 이동을 제한하는 정책이다. 핵무기, 화학무기, 생물학무기 등 대량살상무기와 관련 물자들이 확산되는 것을 막으려는 목적으로 도입되었다. 줄여서 확산방지구상(Proliferation Security Initiative)이라 부르기도 하며, 영어 머리글자를 따 PSI라고 부르기도 한다.

---

4) 2005년8월10일 채택됐으며, 남북한이 항구를 개방하고 특히 남한은 제주해협을 북한 상선에게 개방하며 이에 따른 여러 가지 지켜야 할 규정들을 묶어놓은 합의서다. 이 합의서가 대량살상무기확산방지구상 PSI 문제와 관련해 거론되는 이유는 상대방 영해에서 군사활동, 잠수항행, 정보수집, 무기수송, 어로 등을 금지하고 있으며 이를 어겼을 때는 정선 및 검색을 하고 영해 밖으로 쫓아낼 수 있도록 규정하고 있기 때문이다.

합의문은 4가지 원칙으로 구성돼 있으며, 마지막 4번째 원칙은 'a'에서 'f'까지 6가지의 세부사항이 붙어있다. 요약하자면 "PSI차단원칙"은 핵무기나 생화학무기 등 대량살상무기를 실은 것으로 의심되는 배나 비행기가 이동하는 것을 PSI참여국들이 공동으로 차단하자는 내용이다. 이를 위한 참여국의 의무는 다음과 같다.

가) 참여국간에 정보가 공유되며,

나) 관련해 훈련이나 실제 작전이 벌어질 때 물자나 군대지원 같은 협조를 해야 하고,

다) PSI 체제와 일관되게 자국의 법을 손봐야 하며

라) PSI와 관련된 국제법이 논의될 때 PSI가 강화되는 쪽으로 의견을 내야 한다.

유엔 안보리 상임이사국 중 미국, 영국, 프랑스, 러시아는 PSI에 가입했지만. 중국만이 반대하고 있다. 제안국인 미국의 주장은, 태평양이든 대서양이든 전 세계 어느 바다에서도 북한이나 이란 등 불량국가의 선박을 자유롭게 수색, 핵무기와 선박을 압수하고 선원들을 구속기소할 수 있게 한다는 것이다. 이에 대해 중국은 국제법상 공해자유의 원칙 위반이라고 반대한다.

2009년 5월 25일 북한 2차 핵실험 다음날인 5월 26일, 한국은 PSI 95번째 가입을 했다. 따라서 38선 이남의 영해와 공해, 그리고 인도양 등 먼 바다를 항해하는 모든 북한 선박은 한국 해양경찰이나 해군이 자유롭게 수색, 압수할 수 있는 국제법적 근거를 가지게 되었다. 물론 북한의 도발 위협 때문에 실제 수색은 이뤄지지 않고 있다. 해상 전면봉쇄의 의미인데, 해상이 봉쇄되면 비행기를 통한 수송과 육로 수송만이 남게 된다. 육로 수송은 국경선에 한국 경찰이 상주하고, 중국 러시아가 적극 협조하지 않는 한 차단이 불가능하나, 비행기 수송은 2009년 태국에서 압류된 사례가 있다.

PSI의 아이디어를 낸 사람은 조지 W. 부시 행정부에서다. PSI는 현행 국제법 체제에서는 한계가 많은 해상에서의 정선, 검색, WMD관련 물질의 압수 같은 작전을 어떻게 하면 효과적으로 할 수 있을까 하는 고민에서 출발했다. 이는 또한 9.11 테러 이후 국가가 아니라 '집단'에 의해서 본토를 공격당했던 미국의 근심에서 비롯된 것이기도 하다.

미국은 지난 2002년 12월(PSI가 생기기 전) 북한화물선 서산호가 동아시아에서 중동지역으로 핵 관련 물질을 수송하고 있다는 첩보를 입수하고, 미국의 요청을 받은 스페인 함정은 서산호가 예멘 연안으로 접근할 무렵 국제수역(공해)에서 서산호를 세우고 검색을 실시했다. 이게 가능했던 건 당시 서산호가 국기를 게양하지 않고 있었는

데, 국제법적으로 국적이 불분명한 배는 공해상에서 정선을 할 수 있도록 돼 있기 때문이다. 검색결과 서산호는 시멘트 포대 아래에 15개의 스커드 미사일과 탄두를 적재하고 있었다. 미국은 예멘정부가 이들 부품을 수입하기로 했다는 사실을 인정하는 한편, 다른 집단에 넘겨주려는 것이 아니라고 약속함에 따라 서산호를 풀어주도록 했다. 왜냐하면 국제법상 국가 간에 미사일을 수출입하는 것은 법적으로 문제가 되지 않기 때문이다.

이렇게 되자 '핵물질을 옮긴다.'는 미국 측 첩보에 따라 배를 세웠던 스페인은 미국에 대해 불평하지 않을 수 없게 되었고, 미국은 뭔가 보완책을 강구해야 했다. 이에 따라 PSI가 만들어지게 된 것이다.

19) 통합선박모니터링시스템(Combination Vessel Monitoring System)

전자해도에 선박자동식별장치(AIS), 선박장거리식별추적시스템(LRIT), 선박프리패스시스템, 해양경비안전망, 함정위치 정보 등을 통합하여 하나의 시스템에서 선박을 모니터링 할 수 있는 장치를 말한다.

20) 상황전파시스템

상황발생 시 해양경찰청 및 소속기관, 유관기관(BH, 국정원, 해수부 등)에 신속·정확하게 상황을 전파하고 정보를 공유하는 시스템을 말한다.

※ 본청 및 소속기관 : 시스템 활용, 유관기관 : 팩스 연동

21) 선박자동식별장치(Automatic Identification System)

선박의 항해안전 및 보안강화를 위하여 선박의 선명, 제원, 속력 등의 정보를 무선통신을 통하여 선박-선박, 선박-육상간 자동송수신 할 수 있는 항해장비로 선박의 정확한 위치정보 수집 및 제공으로 항만관제에 활용하고 해양사고 발생 시 수색, 구조 등을 지원하는 시스템입니다.

- 정보 송수신 주기는 항행선 2~12초, 정박선 3분
- 송달거리는 50해리이나 기상 등 주변 환경에 따라 변동
- 설치대상은 150톤 이상 여객선, 50톤 이상 연해구역 항해 선박, 500톤 이상 국내항해 선박, 300톤 이상 국제항해 선박, 45미터 이상 어선

※ 기지국 설치 현황 : 전국 40여개소

22) 선박장거리식별추적시스템(LRIT: Long-Range Identification and Tracking of ships)

9.11 테러사고를 계기로 국제해사기구(IMO)가 선박에 의한 해상테러 예방 및 해상 보안조치 강화를 위해 도입·시행(2009. 1)한 제도로 자국 항만(최대 1,000 마일 범위)이나 연안에 입·출항하는 외국적 선박과 국제항해를 운항하는 국적선박의 위치를 추적토록 하는 시스템입니다.

23) V-PASS[5)]

통합방위작전에 의한 간첩선 등 의아선박 식별, 출·입항 신고 자동화, 조난선 구조 등을 용이하게 하기 위해 어선 및 함정, 파출소에 위치 수·발신장치를 설치, 어선의 위치를 모니터링하는 시스템이다. 선박패스(V-Pass) 장치 등의 설치기준 및 운영 등에 관한 고시(해양경찰청고시) 제2조(정의) 2. "선박패스〈V-Pass〉 장치"라 함은 「어선법」 제5조의2제1항 단서에 따라 해양사고 발생 시 신속한 대응을 위해 어선의 위치 및 긴급 구조신호를 발신하며, 「선박안전조업규칙」 제15조에 따른 어선의 출항·입항 신고를 자동으로 처리할 수 있는 장치로서 897㎒대역의 주파수를 사용하는 무선설비를 말한다. 3. "선박패스〈V-Pass〉 시스템"이란 선박패스〈V-Pass〉 장치를 통해 어선의 위치 정보를 모니터링하는 시스템을 말한다. 라고 규정하고 있다. 고시 제3조(적용범위) 선박패스〈V-Pass〉 장치의 설치기준 및 관리·운영 등에 관하여 다른 법령에 특별한 규정이 없으면 이 규칙에 따른다. 단, 제11조, 제12조와 제13조제1항은 「어선법」제5조의2에 따라 다른 어선위치발신장치에도 적용한다. 제4조(설치대상 등) ① 「어선법 시행규칙」 제42조의2제1항에 따른 어선은 선박패스〈V-Pass〉 장치를 설치하여야 한다. 다만, 「원양산업발전법」제6조제1항에 따른 원양어업에 종사하는 어선은 제외하며, 다른 어선위치발신장치를 설치한 어선은 제외 할 수 있다.

24) 광역위성통신망(KOSNET)

해양경찰청은 EEZ내 외국어선 불법어업 행위 증가와 독도·이어도를 포함한 광범위한 해역에서의 경비임무 역할이 증대됨에 따라, 2005년부터 경비함정(해경함정 250톤 이상) 주 통신망인 VHF방식의 아날로그 통신망을 KOSNET(무궁화 5호) 위성을 이용한 광역위성통신망으로 전환하는 사업을 추진하여왔다.

광역위성통신망은 해경청·경찰서·경비함정간에 팩스, 인터넷, 영상전화 등 디지털

---

5) 선박패스(V-Pass) 장치 등의 설치기준 및 운영 등에 관한 고시 [해양경찰청고시 제2018-6호], 이 고시는 「어선법」 제5조의2제1항 단서에 따라 해양사고 발생 시 신속한 대응과 어선의 출항·입항 신고 자동화 등을 위하여 필요한 기준을 정함을 목적으로 한다.

통신환경을 제공하고 함정 출동 중에도 시간과 장소에 구애받지 않고 실시간 지휘통신과 영상전송이 가능한 시스템이다.

※ 송달거리는 금산지구국 기준 450마일 권역

※ 100톤 이하 MGPS(TRS망)를 이용 위치표시

25) 위성조난신호 체계(COSPAS-SARSAT System)[6]

"COSPAS-SARSAT"이라함은 러시아의 COSPAS와 미국의 SARSAT 위성을 통해 지구상의 조난신호를 지구국에 송신하는 저궤도-정지궤도 통신위성(시스템)을 말한다. 사고자가 406MHz 주파수의 조난용 비콘을 이용 조난신호를 발신하면, 인근 지역을 통과하는 저궤도 인공위성이 이를 감지하여 가까운 지상 수신국(LUT)에 정보를 전송, 이 정보가 임무조정센터(MCC) 및 구조조정본부(RCC)에 전파되어 수색구조 활동이 전개되는 시스템이다. 조난신호를 발신하는 EPIRB(Emergency Position Indicating Radio Beacon: 비상위치지시용 무선표지설비)는 선박이 조난 침몰시에 수압에 의해 자동으로 부양되어 조난신호를 발신하도록 되어 있는 선박에서 사용되어지는 비콘을 말한다.

〈EPIRB의 종류〉

① VHF EPIRB

VHF 채널 70(156.525 MHz)의 DSC로 조난경보의 송신을 행하는 것으로 육상의 VHF 무선전화 통신권내에서만 사용이 가능하도록 되어 있으나 위치측정이 불가하기 때문에 우리나라에서는 허가하고 있지 않으며 일반적으로 선박에서는 사용하고 있지 않다.

② INMARSAT 시스템(1.6 GHz) EPIRB

INMARSAT 정지위성을 이용하여 조난경보를 전달하는 것으로 발사 후 지체 없이(약 10분) 육상으로의 경보전달이 가능한 특징이 있지만, INMARSAT 위성의 통신가청 범위내(남북위 70° 이내)에서만 사용이 가능하다. 또, INMARSAT 위성은 위치측정 기능이 없기 때문에 EPIRB에 위치정보를 통신문으로 송신하여야 하므로 사용에 불편한 점이 있어 해상구조물 등을 제외한 일반 선박에서는 사용되지 않는다. 또한 이 장비의 사용자가 극히 미미(전체 EPIRB의 1% 미만)하다.

③ COSPAS-SARSAT 시스템(406 MHz) EPIRB

극궤도 선회위성을 이용하여 조난경보를 전달하는 것으로 지구 전지역에서 사용이 가능하지만, 위성의 고도가 낮게(약 1,000 km) 돌고 있고 커버리지가 반경 약 500km이기 때문에 비콘의 송신에서부터 육상에의 수신까지 약간의 시간(현재 최대 약 90분)이 소요될 수 있다. 이 시스템은 해상은 물론 육상이나 공중에서 조난이 발생하여 이 장치를 수동 또는 자동으로 작동되면, 이 신호가 COSPAS-SARSAT 위성에 감지되어 조난위치를 정확히(약 1-2마일의 오차) 파악할 수 있게 하고, 이를 적당한 구조조정본부(RCC)에 통보하여 신속한 수색 및 구조가 이루어지게 된다.

특히 이들 3가지 GMDSS EPIRB는 선박이 4미터이하로 침몰할 경우(통상 1.5~4m의 수심) 자유부양 되면서 자동으로 작동할 수 있어야 하고, 수동으로도 작동할 수 있어야 한다.

---

6) COSPAS-SARSAT(수색구조를 위한 국제 위성시스템) : 정부간 국제기구(한국 1995년 가입)

26) 선박보안경보시스템(Ship Security Alert System)

선박보안경보장치(Ship Security Alert System)는 2001년 미국 9월11일 테러 이후에 전 세계적으로 이에 대응하기 위한 방법으로 해상에서 선박을 통해 발생될 수 있는 테러에 대비하기 위한 통신시스템으로 2004년 7월1일 이후에 건조된 선박에는 반드시 탑재되어야 한다. 이 장치는 IMO SOLAS 국제 조약과 「국제항해선박 및 항만시설의 보안에 관한 법률」 제17조에 따라 국제항해에 종사하는 선박에서 보안이 침해되었거나 침해될 위험에 처한 경우 그 위급상황을 육상의 구조 기관에 경보를 발생하는 시스템으로 타 선박에 경보가 전달되지 않으며, 선박 내에서 울리지 않도록 설비되어 인위적으로 경보를 해제할 때까지 경보가 지속적으로 울린다. 국가위기관리실, 국가정보원, 해양수산부, 해양경찰청 상황실 등 4곳에 설치하여 위험상황(해적 등)을 모니터링하고 있으며 설치대상은 국제항해여객선, 500톤이상 화물선, 이동식해상구조물이다.

27) 해상교통문자방송(NAVTEX)

해상교통문자방송(Navtex)은 항해 정보를 안내하는 무선 팩스(텔렉스) 시스템이다. 국제해사기구(IMO)에서 지정한 세계 표준이며, 해안선과 항구를 끼고 있는 여러 나라에서 제공하고 있다. 전 세계를 여러 개의 Navarea로 나누어서, 각각 Navarea 안에 있는 송신기들이 지정한 시각마다 돌아가면서 정보를 방송하는 형태이다. 대한민국에서는 해양경찰청에서 운영하고 있으며, 송신소는 총 두 곳 있다. 죽변 송신소는 경북 울진군 죽변면 일대에 위치하고 있으며, 변산 송신소는 전라북도 부안군 변산면 일대에 위치하고 있다.

해상조난 및 안전제도(GMDSS)의 일환으로 문자를 통해 기상, 해상사격, 해상 표류물, 선박조난 등 항행 선박에 다양한 안전정보 제공하고 있다. 수신방법은 선박에 설치된 Navtex 수신 장비의 화면에 표시되거나 프린터가 연결된 경우 신호를 받자마자 인쇄한다. 주파수는 세계 공통 518kHz이며, 이 주파수를 수신하는 경우 정보가 영어로 나온다. 자국어 정보는 세계 공통 주파수 490kHz가 있으나, 중국과 일본을 포함한 일부 지역에서는 4209.5kHz, 424kHz를 자국어용으로 사용한다. 한국은 490kHz에 맞추면 한국어 정보를 수신하게 된다.

※ 설치대상 : 국제여객선, 원양어선, 총톤수 300톤이상 선박(어선제외)으로 1일 12회(국문 6, 영문 6), 1회 당 8분 30초 방송.

28) 북한상선운항관리시스템

남북해운합의서 발효(2005. 8. 15)[7] 이후 우리해역을 운항하는 북한 선박의 기본정보 및 관련 상황을 D/B로 관리·활용, 해양경찰청 통합선박모니터링시스템(CVMS)과 연계, 사전 등록된 선박의 운항정보(위치, 침로 · 속력 등) 확인할 수 있다.

※ 남북항로대 · 작전구역(AO) 진입 및 이탈시 알람 및 운항항로 추적 확인

29) 선박출입항관리정보시스템

해양사고 처리를 위한 선박의 출입항 정보를 제공하며 선명, 선박번호, 선주명 등 일부의 정보로 선박대장 조회하여 사고 선박의 제원(선종, 선질, 선적지, 톤수, 승선원), 출입항 조회 등이 가능하다.

30) 해군전술지휘통제시스템(KNTDS)

해군전술지휘통제체계(KNTDS)는 해상에서 작전 중인 해군함정 및 주요 도서의 레이더 기지에서 포착한 각종 정보를 종합 분석해 실시간으로 지휘통제실 컴퓨터 스크린에 보여주는 첨단 해상전술시스템이다.

해군·해경함정 등 국내수역 항행 선박위치 및 정보를 표시하며 현재 지방해양경찰청, 인천해양경찰서에 설치하여 NLL상 북한경비정, 북한어선, 중국어선 등을 표시하며, 해군에서 운영 중인 시스템에 연결하여 사용하고 있다.

제2절 해양경찰 경비 활동

1. 해양경찰 경비 활동의 중요성

경비는 사회전반의 안녕과 질서유지를 목적으로 그 기능이 결핍될 경우 국가사회는 중대한 위기에 직면하게 된다. 해양경찰 경비의 법집행은 이러한 사회적 평온을 유지하는 최소한에 그쳐야지 과잉대응에 의한 인권침해 등의 새로운 상황을 야기해서는 안 된다. 해양경비 업무 관계자들은 자기업무의 중요성에 대한 충분한 인식을 가지고 가장 효율적으로 수행함으로써 국민생활의 안정을 보호해야 할 것이다.

---

7) 남북해운합의서는 2005년 8월 10일 채택한 것으로 폭 5마일의 외곽항로대와 폭 1마일의 입·출항 항로대를 상호 이용하고, 북한이 폭 2마일로 설정된 제주해협의 항로를 이용할 수 있도록 하는 등의 내용이다. 그러나 천안함 사태로 2010년 5월 24일 이후 북한 선박의 우리 해역 진입을 차단하고, 이에 불응하는 경우에는 강제 퇴거 등의 조치를 취해 나갈 것이라고 선언함에 따라 북한선박 운항불허 조치는 남북해운합의서에 의한 해상항로대를 폐쇄하는 방식으로 북한은 합의 이전처럼 우리의 작전구역(AO) 밖의 항로를 이용해야 한다.

2. 해양경찰 경비 활동의 특징

가. 복합 기능적 활동

해양경비 활동은 예방과 진압을 아울러 수행하므로 발전지향적인 해양경비는 예방적 업무에도 큰 비중을 둘 필요가 있다. 특히, 경찰의 경비 활동은 공공의 안녕과 질서를 해할 특정한 사태가 일어나기 전에 사전 대비할 것을 요한다.

나. 현상 유지적 활동

해양경비 활동은 기본적으로 현재의 질서상태를 보존하는 것에 가치를 둔다고 볼 수 있다. 그러므로 정태적, 소극적인 질서유지가 아니라 새로운 변화와 발전을 보장하기 위한 동태적, 적극적 의미의 유지 작용이다. 그러나 급진적인 사회개혁이나 획기적인 변화의 추구는 경찰경비의 몫이 아니다.

다. 적극적 활동

해양경비 사태는 항상 긴급을 요하는 사태이고 국가적으로나 사회적으로 중대한 영향을 주는 중요사태이므로 신속한 처리가 요망된다. 해양경찰 경비 활동은 특정한 기한 없이 그러한 사태가 종료될 때 동시에 해당 업무도 종료되는 것이 하나의 특징이라고 할 수 있다.

라. 사회 전반적 안녕목적의 활동

해양경비 활동 대상은 큰 틀에서는 사회전체의 질서를 파괴하는 범죄, 그러나 해양이라는 공간영역에서 질서유지를 위한 국가 목적적 치안수행, 국가사회 전반에 직접적으로 큰 영향을 줄 수 있다는 것이 특징이다.

마. 조직적 부대활동

해양경비는 해양에서 함정을 지휘하는 함장(지휘관)과 승조원(부하) 그리고 다양한 장비와 보급체계를 갖춘 조직적인 집단 활동과 항상 부대활동으로 훈련과 근무를 하며, 해양경비 사태발생시 조직적이고 집단적이며 물리적인 힘으로 대처 한다.

바. 하향적 명령에 따른 활동

해양경찰 경비의 활동은 함정의 함장을 중심으로 부대활동이며, 모든 활동은 계선조직의 지휘관이 내리는 지시나 명령에 의하여 움직이며, 활동의 결과에 대해서도 지휘관이 지휘책임을 진다.

3. 해양경찰 경비 활동의 특수성

우리나라는 전형적인 대륙법계의 전형적인 국가경찰 제도를 채용하고 있으므로 국가경찰제도로서 한국 해양경찰의 경비 활동 운용은 일반 육상경찰뿐만 아니라 한국 정치적 상황에 많은 영향을 받았다고 할 수 있다.

가. 불법 어선 단속

불법조업 국내외 어선의 단속은 해양에서 법집행과 주권 행사의 일부로 국가 공권력의 증명적인 역할을 하고, 따라서 타국 어선이 불법조업시 범죄행위로서 단속을 하고 있다.

나. 국가관할권 경비

국가 관할권은 국가가 국제법의 규율을 받는다는 전제에서 한나라의 국제법이 부여하는 한도내에서 유효하게 법률행위를 할 수 있다는 국가의 주권적(主權的)인 권한(sovereign power)을 의미한다. 해양경찰은 독도·이어도 등 해양주권 수호를 위해 경비활동을 전개한다.

다. 해양안보 경비

해양안보란 정치, 경제, 군사, 사회적 목적을 위해 바다를 자유롭게 사용하고 활용할 수 있도록 보장하는 포괄적인 활동을 의미한다. 바다를 자유롭게 사용하고 활용하기 위해서는 이를 지킬 수 있는 능력을 필요로 하며, 이는 군사적 능력을 포함하여 국가적인 능력을 의미한다. 이는 해양안보가 단순히 군사적인 차원을 넘어 국가수준의 문제들과 깊은 관련이 있음을 의미한다(안광수, 2016).

라. 대간첩작전

남북분단에 따른 대치상황은 한국의 역사적, 정치적, 사회적인 체계에 큰 영향요소로 작용하고, 지상과 해상으로 남파되는 간첩에 대한 대처와 아울러 간첩과 연계된 좌경세력을 차단하고 검거하기 위한 경찰의 활동도 하나의 특징이다.

마. 해상시위 관리의 운용

과거 집시법이 예정하지 못했던 우발적 시위, 긴급집회, 해상시위, 자동차전용도로상의 시위 등 시간적, 장소적 특성을 지니는 새로운 유형의 집회시위가 사회적으로 문제되고 있다. 특히 이 중에서 해상시위는 간척으로 인한 어민생존권 보장, 해상오염으로 인한 피해보상, 노동쟁의 문제 그리고 어장확대와 어업 허가 완화를 주장하는 것이 대부분으로 해양경찰은 해상 시위 징후에 대비해 경비 태세를 강화하고 있지만 바다 위에서 열리는 시위, 일명 '해상시위(海上示威)'는 집회와 시위를 관리하는 규정에 적용되지 않아 관리 감독의 사각지대에 놓였다는 지적을 받고 있다. 집시법을 적용할 수 있는지, 있다면 어떠한 논리를 전개해야 할지 내지 적용할 수 없다면 어떠한 법을 적용해야 할지가 공법영역에서 문제되고 있다. 현행 집회와 시위에 관한 법률이 육상에서의 집회 및 시위를 전제하고 있어서 해상에서의 시위는 집시법 적용대상이 아니라면, 해양경비법에 따라 해상 집회 및 시위가 규율될 수 있도록 규정을 보완할 필요성이 있을 것이다. 해상에서의 집단행동과 시위는 육상에서보다 위험한 상황에서 일어나며 그 피해의 정도도 심각할 수 있다. 따라서 사전에 이러한 위험을 차단한다는 측면에서 해상 집회의 경우 예방적인 측면을 더 강화하여 '해상집회시위의 사전신고제'를 엄격히 실시하고, '해상집회시위의 금지구역설정'하여 위험의 발생을 방지할 필요성이 있다.

4. 해양경찰 경비 활동의 수단

가. 경비수단의 원칙[8]

1) 균형의 원칙

해양경비 사태의 상황과 대상에 따라 주력 함정(주력부대)와 예비함정(예비부대)를 유효적절하게 활용하여 한정된 세력을 가지고 최대의 성과를 올릴 수 있도록 하

8) 조철옥 (2012).「경찰학개론 제3판」, 대영문화사. 614-615면.

여야 한다.

2) 위치의 원칙

해양경비 사태에 실력행사를 할 경우에 자체 함정과 승조원의 안전을 감안하여 유리한 지점과 위치를 확보하여야한다.

3) 적시의 원칙

해양경비는 사태 발생시는 상황발생에 따른 개입의 조건을 고려하여 가장 적합한 시기에 발동되어야 하며, 개입의 조건이 충족되기 전, 즉 안정에 대한 위험이나 위해행위가 발생하기 전이나 이미 위헌이나 위해행위가 소멸한 뒤에 발동하는 것을 원칙적으로 금지하며 특정한 경비상황의 가장 적절한 시기에 실력을 가해야 한다는 원칙이다.

4) 안전의 원칙

불법조업이나 위법 부당한 선박을 동원하여 단체적인 행위가 발생시 동원된 자체 함정이나 경비 병력뿐만 아니라 상대 범법선박 및 선원에게도 물리적인 사고 없이 안전하게 진압해야 한다는 원칙으로 경비시의 변수는 새로운 큰 사회적 물의를 야기할 우려가 있으므로 안전성에 특히 유의 하여야한다.

나. 경비수단의 종류와 절차

1) 경고

공공의 안녕과 질서를 유지하기 위하여 필요한 경우에 관계자에게 주의를 주고, 위해를 방지하기 위해서 필요한 작위, 부작위를 촉구하는 사실상의 통지행위이며 임의처분 행위이다. 관계자라고 하는 것은 위해를 받을 우려가 있는 자, 위해를 방지할 조치를 강구할 입장에 있는 자, 범죄를 행하려고 하고 있는 자 등이며 주의를 주는 것은 구두, 문서, 게시 등 어떤 방법이라도 좋다.

2) 제지

제지는 일정한 행위에 대해 제한 또는 통제하는 것으로서 강제처분 행위로, 반드시 법률에 근거를 두어야 하고, 또한, 강제력의 행사에 대하여 특히, 고려를 요하는 것은 경찰비례의 원칙이 적용된다.

3) 체포

사건의 경중, 상대방의 세력 등을 감안하여 실력행사를 할 것인가 아니면 현장체포를 하여야 할 것인가를 사전에 계획하고 검토하여 각 담당자간의 의사의 통일을 필요로 할 것이다.

제3절 해양경찰 경비 활동의 범위

해양경비의 개념을 광의적 개념과 협의적 개념으로 분류하여 '광의적 경비개념'은 관할해역에서 공공의 안녕과 질서를 파괴하는 상황이 발생하거나, 사태가 발생할 우려가 있는 경우, 또는 개인이나 단체가 불법행위를 하면서 공공의 질서를 파괴하는 경우를 예방하기 위하여 경비세력 준비과정, 예방·대비과정, 사고·사건 대응 등 처리과정 전 과정의 활동으로 정의하고 있다. 반면 '협의적 경비개념' 은 관할 해역에서 해양사고·사건 예방, 대비과정으로 첩보수집, 순찰, 감시 활동이 중심이고 해양경비 위험과 위협에 대비하는 행위로 정의할 수 있다고 하였다.[9]

이러한 분류는 광의적 경비개념을 「해양경비법」에서 정하고 있는 경비의 개념으로 정하고, 다시 이에 대비되는 '협의적 경비개념'으로 해양사고·사건 예방과정, 첩보수집, 순찰, 감시 및 위의 활동을 대비하는 행위로 정의하고 있다. 해양경비의 개념이 너무 확대되어 있다는 측면에서 해양경비의 개념을 협의적 개념으로 축소하여 이해할 필요가 경우에 따라서 생길 수 있다는 점에서 의미 있는 개념 분리라고 할 수 있다. 다만, 이러한 광의와 협의 개념 구분의 근거를 명시적으로 제기하지는 못하고 있다.

1. 광의적 해양경비의 범위

「해양경비법」제7조에서는 해양경비의 범위를 크게 6가지로 규정하고 있다. 그 내용으로는

① 해양 관련 범죄에 대한 예방
② 해양오염 방제 및 해양자원 보호에 관한 조치
③ 해상경호·대테러·대간첩작전 수행
④ 해양시설의 보호에 관한 조치
⑤ 해상항행 보호에 관한 조치
⑥ 그 밖에 경비수역에서 해양경비를 위한 공공의 안녕과 질서유지

---

9) 해양경찰청. 「해양경비체계 발전방안 연구」. 2017. 8. 16~17면.

2. 협의적 해양경비의 범위(직제, 실무상)

「해양경찰청과 그 소속기관 직제(제11조제3항제1~11호)」 및 시행규칙(제6조제2항제1~14호)상 실무 해양경비 부서에서 관장하고 있는 업무는 다음과 같다.

① 해양경비에 관한 계획의 수립·조정 및 지도
② 함정, 항공기 등 경비세력의 운용 및 지도·감독
③ 동·서 특정해역 어로보호 경비에 관한 사항
④「해양경비법」 제7조에 따른 해상항행 보호에 관한 사항
⑤ 불법외국어선 단속지침 수립 및 단속관련 행정지원에 관한 사항
⑥ 해상에서의 집단행동에 관한 사항
⑦ 경비함정 해외파견 및 이에 대한 관계부처 협의에 관한 사항
⑧ 해양에서의 경호 및 요인보호에 관한 사항
⑨ 해양에서의 대테러 예방 및 진압에 관한 사항
⑩ 해양에서의 대간첩 작전에 관한 사항
⑪ 해양상황의 처리와 관련된 주요업무계획의 수립 · 조정 및 지도
⑫ 해양상황의 접수 · 처리 · 전파 및 보고
⑬ 해상교통관제(VTS) 정책 수립 및 기술개발, 국제교류 · 협력
⑭ 해상교통관제센터의 설치 · 운영과 항만운영 정보제공
⑮「해양경비법」 제7조에 따른 해양시설 보호에 관한 사항
⑯ 대량살상무기확산방지구상(WMD-PSI)에 따른 해상 승선 및 검색에 관한 사항
⑰ 통합방위 업무의 기획 및 지도·감독에 관한 사항
⑱ 해상에서의 경비·작전 관련 위기관리 업무에 관한 사항

〈표 1-1〉 해양경찰청 해양경비부서 주요 업무현황

경비	1	함정·항공기 운용
	2	불법 중국어선 단속
	3	독도·이어도 등 해양주권 수호 활동
해상교통	4	해상교통관제(VTS) 정책수립 및 설치운용, 국제교류와 협력
	5	해상교통관제(VTS)센터 항만운영 정보제공
작전	6	국가 위기관리

	7	접적해역 어로보호 및 통합방위
	8	을지연습 등 비상대비 업무
	9	대북 제재 관련 업무
대테러	10	대테러 업무
	11	PSI(확산방지구상) 업무
	12	해상경호 업무

〈표 1-2〉 일반적인 경비용어

일반적 '경비'용어			
구 분	**예 시**	**사 진**	
영해 경비	- 독도 경비 - 영해선 경비 - 밀입국 경비		
배타적 경제수역 경비	- 이어도 경비 - 외국어선 경비 - 해양자원 경비 - 해양시설 경비 - 해양조사 경비 - 해양환경 경비		

해양안보 경비	- 대테러·경호 경비 - 어로보호 경비 - NLL 경비		

함정 운용	- 경비 함정 - 경비 세력 - 거점·표류 경비		

제4절 해양경찰 경비 활동의 차이

1. 육상경찰 경비와의 차이

육상경찰은 대부분 영토 내의 국내적 문제를 다루고 있는데 반해, 해양경찰은 해양을 기반으로 임무를 수행하는 특성으로 인해 국제적 문제에 대한 비중이 상대적으로 크다고 할 수 있다.

특히, 해양경비 측면에서는 UN해양법협약을 기초로 하여 다양한 국내외적 법령과 협약에 근거한 법집행 활동을 수행하고 있기 때문에 국제관계에 더욱 민감하며, 국민의 생명·신체 및 재산의 보호라는 일반적 경찰임무에 부가하여 국익에 직접적으로 연계된 해양권익의 확보라는 중요한 사명을 지니고 있다. 이러한 해양경비의 특징을 몇 가지로 요약해 보면 다음과 같다.

1) 해양에서의 국가안보, 주권수호, 권익보호, 환경보호, 안전관리 등 바다로부터 파생되고 바다를 이용할 수 있는 다양한 권리·이익과 관련되어 복합적인 성격을 갖는다.
2) 함정, 항공기 등 경비세력을 이용한 활동으로 장비의 의존성 및 특수성이 요구된다.
3) 해양경계 미획정, 대륙붕 연장 등 유동적인 해양공간에서의 활동으로써, 주변국과의 경쟁적인 영역 갈등과 마찰이 발생할 소지가 높으며 미래지향적 성격을 갖는다.
4) 국제적으로 비군사적 해양 분쟁에 대비하고 대응하기 위한 일련의 활동이다.
5) 관할구역이 광범위하고 해양여건 등 외부 환경영향으로 유동성이 강하다.
6) 경비대상이 국내·외적인 특성에 의해 좌우되며 국제법적 성질이 강하다.

7) 국가안보, 해양자원 등 국익에 직결되는 중요한 가치를 보호하기 위한 활동으로 주로 국가 해양세력에 의해 이루어진다.

2. 해양경찰과 해군의 차이

해양경찰은 업무 성격상 경찰이면서 바다를 관할구역으로 하고 있기 때문에 육상경찰뿐만 아니라 해군과도 긴밀한 관계를 가지고 있지만, 우리나라 해군은 치안조직이 아닌 군사조직이다. 외국의 해양경찰(해양경비대)도 준군사조직으로 편성되어 있어 우리나라의 해양경찰 역할인 치안 유지와는 완전히 별개의 기관으로서 임무와 목적에 차이가 있다.

일반적으로 해양경찰의 국제법적 신분은 민간인으로서 국가 간의 전투행위에 참전하는 교전권이 부여되지 않지만, 국가 내무행정의 일환으로 치안확보를 위한 대간첩작전과 같은 교전권은 일반적 경찰권으로 분류되어 가능하다 할 것이다. 특히 우리 해양경찰은 남한과 북한의 분단국가라는 특수한 상황으로 군조직과 보다 유기적이고 협력적인 관계를 유지하고 있다.

이렇듯 해군과 해양경찰은 그 근본이 다른 조직이며, 이에 따라 파생되는 임무 및 권한의 범위에 있어 생래적인 차이가 존재한다. 해군의 경우 국방의 목적을 일탈하는 행위에 대하여 국제적으로나 국내적으로 부정적인 여론에 놓일 수 있어 활동에 제한이 가해지게 되지만, 이와 반대로 해양경찰은 비군사적 수준의 대한민국의 해양권익과 관련된 모든 사안과 관련하여 임무 및 권한이 점차 확대되어가고 있으며 이에 대한 필요성이 강하게 요구받고 있다.

제2장 해양경비의 대상

제1절 해양의 구분

〈그림 1-3〉 해양의 구분

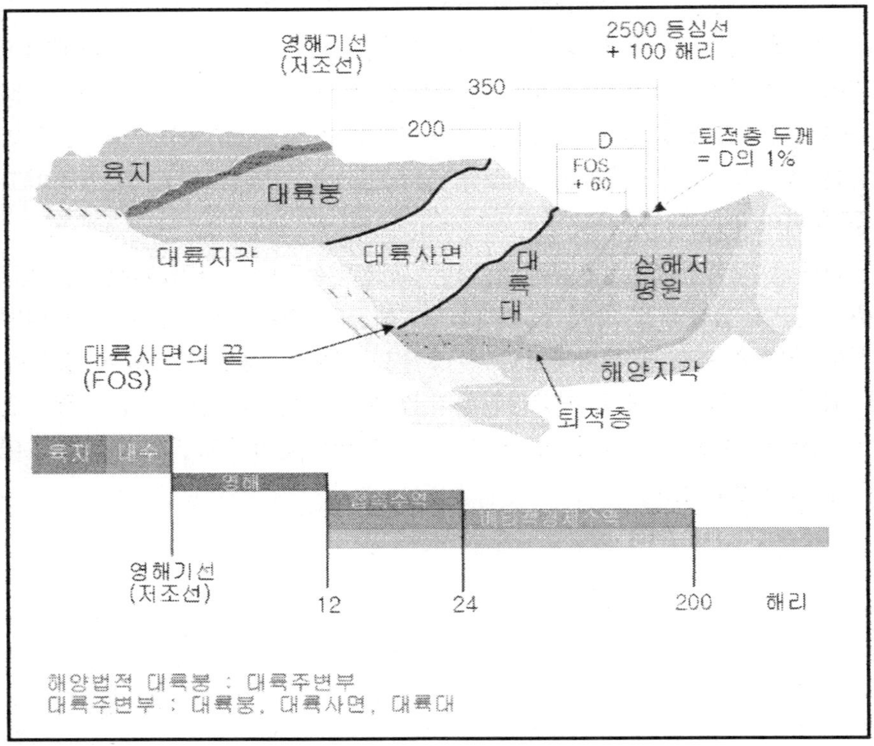

1. 국가의 일반적 관할권에 종속되는 해양

가. 국내수역(Internal Waters : 內水)

국가영토에 의해 폐쇄되거나 그 영토 위에 흐르는 수역(운하, 강, 호수 등)을 말한다.

나. 군도수역(Archipelagic Waters)

다수의 도서로 형성된 군도 국가의 외곽을 직선으로 연결하여 이루어지는 내측수역을 말한다.

다. 영해(Territorial Sea)

국내수역을 넘어서 일정 범위까지의 수역으로 국제법이 정하는 조건에 따라 연안국이 영토관할권에 준하는 배타적 관할권(경찰권, 관세권, 보건위생권, 안보권등)을 행사하는 수역을 말한다. 영해는 영해기준선으로부터 12해리가 원칙(UN해양법협약 제3조)이고, 우리나라 대한해협의 일부수역에 대해서는 예외적으로 3해리로 하고 있다. 영해기준선을 정하는 방법에는 통상기준선과 직선기준선 등의 방법이 있다. 영해기준선은 간조선 또는 저조선으로 한다.

라. 해협(Straits)

두 개의 해양을 연결하는 좁은 자연적 통항로를 말한다. 우리나라에는 대한해협과 제주해협 등 2개 해협이 있다.

마. 접속수역(Contiguous Zone)

영해기준선에서 24해리가 넘지 않는 범위 내에서 그 영토 및 영해상의 관세·조세·출입국·보건 관계 규칙위반을 예방하거나 처벌하기 위하여 필요한 국가관할권을 행사하는 수역을 말한다. 우리나라 접속수역 범위는 기선으로부터 측정하여 그 외측 24해리의 선까지에 이르는 수역에서 대한민국 영해를 제외한 수역이다.

2. 국가의 경제적 관할권에 종속되는 해양

가. 어업전관수역(Exclusive Fishery Zone)

양자·다자조약 또는 연안국의 일방적인 선언에 의해 연안국이 어업에 관한 배타적 관할권을 행사하는 영해와 접속한 "공해의 수역"을 말한다(배타적 경제수역의 폭이 200해리로 확립된 현시점에서는 그 실용성이 상실되었다고 볼 수 있다).

나. 배타적 경제수역(Exclusive Economic Zone)

영해를 넘어서 그에 인접한 200해리 이내에서 그 해저, 지하, 상부지역의 자원개발 및 보존 그리고 공해방지에 관한 연안국의 배타적권한이 인정되는 수역을 말한다(해양법 협약 제57조). 우리나라의 경우 배타적 경제수역의 범위는 기선으로부터 그 외측 200해리의 선까지에 이르는 수역 중 대한민국의 영해를 제외한 수역이다(배타적경제수역법 제2조제1항).

다. 대륙붕(Continental Shelf)

해안에 인접하되 영해 밖으로 뻗친 해저 지역의 해상 및 그 지하로서 대륙변계 외연(大陸邊界 外延)이 영해기선으로부터 200해리 내에 있는 경우에는 200해리까지이고, 200해리 밖에 있는 경우에는 350해리 또는 2,500m 등심선으로부터 100해리까지를 말한다(해양법협약 제76조).

3. 국가의 관할권 밖에 있는 해양

가. 공해(High Seas)

경제수역, 영해, 국내수역, 군도수역이 아닌 수역을 말한다. 공해의 개념에서 해저는 포함되지 않고 상부수역 및 바다 위를 의미하고 공해 밑의 해저는 심해저라 한다.

나. 심해저(Deep Seabed)

국가관할권 밖에 있는 공해의 해저(Sea-Bed) 및 해상(海床 : Ocean Floor)과 그 지하인 하층토를 말한다.

제2절 영해 및 접속수역 경비

1. 영해와 기선

가. 영해(領海, Territorial Sea)

영해란 국가의 영토에 접속하고 있는 일정 범위의 수역으로서 연안국의 주권이 미치는 국가영역의 일부를 말하며, 모든 국가는 UN해양법협약에 따라 결정된 기선으로부터 12해리를 초과하지 않는 한계까지 영해의 폭을 설정할 권리를 갖는다. 영해는 영토관할권에 준하는 경찰권, 관세권, 보건위생권, 안보권 등을 행사하는 수역으로 영해기선으로부터 12해리가 원칙이며, 외국 선박은 무해통항을 할 수 있다.

영해의 기선은 평탄한 해안에서는 연안국의 해도(海圖)에 표시된 해안의 저조선(低潮線)이 기선이 된다. 해안선이 매우 굽어 있거나 바로 가까이에 해안을 따라 일련의 섬들이 국토의 가장자리를 이루고 있는 곳에서는 해안의 알맞은 지점 사이를 연결하는 직선을 기선으로 삼을 수 있다. 만구(灣口)가 24해리 이하인 명백한 만입만(灣入灣)일 경우에는 입구를 가장 바깥쪽에 있는 항구적인 항만공작물까지 그은 직선이, 또한 하천인 경우에는 하구까지 그은 직선이 기선이 된다. 1982년의 국제연합해양법조약에서는 대양 가운데 흩어져 있는 군도만으로 구성되는 국가를 군도국가(群島國家)라고 규정하고, 군도의 가장 바깥쪽에 있는 섬들을 연결하는 직선을 군도기선으로 하였으며, 군도국가의 영해는 이 군도기선에서 바깥쪽을 향하여 잴 것을 정하였다. 한편 군도기선 안쪽으로 둘러싸인 수역을 군도수역이라 하고, 군도국가 영수의 일부이기는 하나 내수와는 다른 독자적인 법적 지위를 지니는 수역이라고 규정하였다.

우리나라는 대한해협을 제외하고 영해를 12해리, 대한해협은 3해리로 범위를 정하고 있다. 영해의 폭을 측정하기 위한 기준이 되는 선을 기선이라 하며, 통상기선과 직선기선이 있다.

나. 영해기선(領海基線 : Territorial Seawater Base Line)

1) 통상기선

연안국이 공인하는 대축척해도에 기재되어 있는 해안의 저조선을 말하며, 여기서 저조선이라 함은 간조 시 육지와 해수가 접하는 선을 말한다. 통상기선은 통상적으로 사용되는 기준선으로, 썰물 때의 해안선인 최저위선을 기준으로 한다. 해안선이 단조롭거나 섬이 해안에서 멀리 떨어져 있는 경우에 적용한다. 우리나라의 경우, 동해안, 제주도, 울릉도, 독도에서 통상 기선을 기준으로 영해를 설정한다.

2) 직선기선

직선기선은 최외곽의 섬을 직선으로 연결하여 설정한 기선이다. 해안선이 복잡하거나 섬이 많을 경우에 적용하는데, 해안선이 복잡할 경우 일일이 해안선을 설정하기가 힘들기 때문이다. 우리나라의 경우, 서해안과 남해안, 동해안의 영일만과 울산만에서 직선기선을 기준으로 영해를 설정한다.

〈그림 1-4〉 영해 기점(23개 직선기점) 및 기선

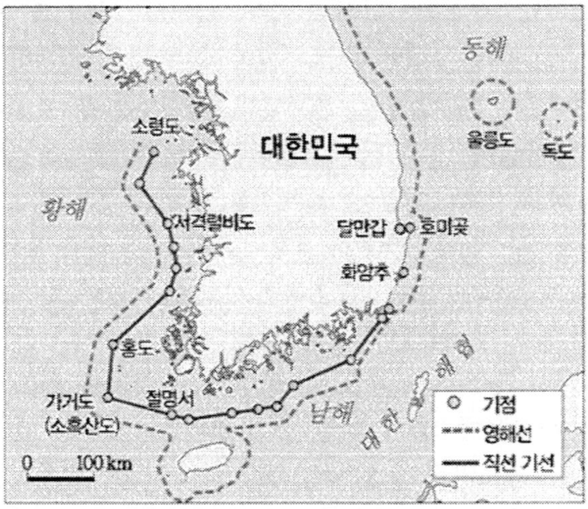

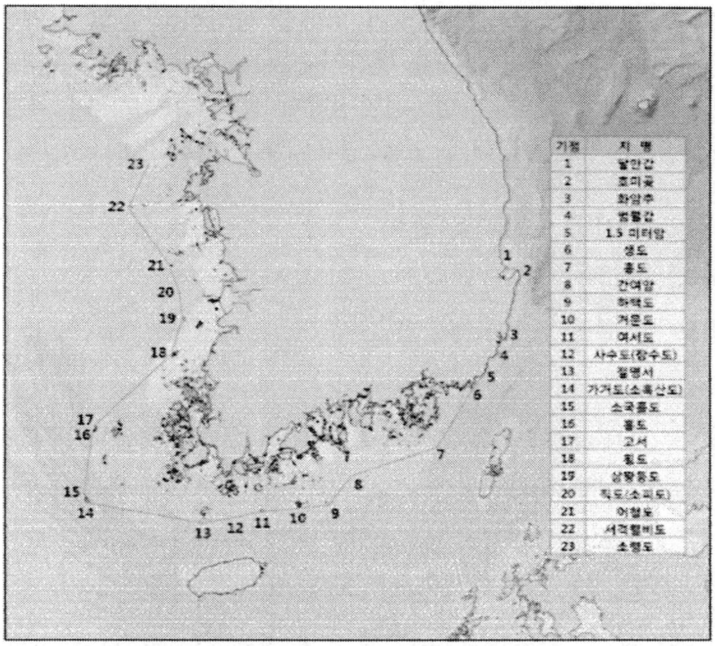

(자료: 해양수산부 홈페이지, http://www.mof.go.kr/)

2. 접속수역(接續水域 : Contiguous Sea Zone)

영해 기준선에서 24해리가 넘지 않는 범위 내에서 관세, 조세, 출입국, 보건관계규칙 위반을 예방하거나 처벌하기 위하여 필요한 국가관할권을 행사하는 수역을 말한다. 우리나라 접속수역 범위는 영해기선으로부터 24해리의 선에 이르는 수역에서 영해를 제외한 수역으로 관련 법률은 '영해 및 접속수역법'이다.

3. 영해에서 외국선박의 통항(법 제5조)

가. 무해통항권(無害通航權 : Right of Innocent Passage)

외국선박은 대한민국의 평화·공공질서 또는 안전보장을 해치지 아니하는 범위에서 대한민국의 영해를 무해통항(無害通航)할 수 있다. 외국의 군함 또는 비상업용 정부선박이 영해를 통항하려는 경우에는 대통령령으로 정하는 바에 따라 관계 당국에 미리 알려야 한다(사전통고).

외국의 군함 또는 비상업용 정부선박이 영해를 통항하고자 할 때에는 법 제5조제1항 후단의 규정에 따라 그 통항 3일 전까지(공휴일은 제외한다) 외교부장관에게 다음 각 호의 사항을 통고하여야 한다. 다만, 전기선박이 통과하는 수역이 국제항행에 이용되는 해협으로서 동 수역에 공해대가 없을 경우에는 그러하지 아니하다.

가) 당해 선박의 선명 · 종류 및 번호

나) 통항목적

다) 통항항로 및 일정

나. 제외 사유

외국선박이 통항할 때 다음 각 호의 행위를 하는 경우에는 대한민국의 평화 · 공공질서 또는 안전보장을 해치는 것으로 본다(다만, 제2호부터 제5호까지, 제11호 및 제13호의 행위로서 관계 당국의 허가 · 승인 또는 동의를 받은 경우 제외).

① 대한민국의 주권 · 영토보전 또는 독립에 대한 어떠한 힘의 위협이나 행사(行使), 그 밖에 국제연합헌장에 구현된 국제법원칙을 위반한 방법으로 하는 어떠한 힘의 위협이나 행사

② 무기를 사용하여 하는 훈련 또는 연습

③ 항공기의 이함(離艦) · 착함(着艦) 또는 탑재

④ 군사기기의 발진(發進) · 착함 또는 탑재

⑤ 잠수항행

⑥ 대한민국의 안전보장에 유해한 정보의 수집

⑦ 대한민국의 안전보장에 유해한 선전 · 선동

⑧ 대한민국의 관세 · 재정 · 출입국관리 또는 보건 · 위생에 관한 법규에 위반 되는 물품이나 통화(通貨)의 양하(揚荷) · 적하(積荷) 또는 사람의 승선 · 하선

⑨ 대통령령으로 정하는 기준을 초과하는 오염물질의 배출

⑩ 어로(漁撈)

⑪ 조사 또는 측량

⑫ 대한민국 통신체제의 방해 또는 설비 및 시설물의 훼손

⑬ 통항과 직접 관련 없는 행위로서 대통령령으로 정하는 것

다. 일시 정지

안전보장을 위하여 필요하다고 인정되는 경우에는 대통령령으로 정하는 바에 따라 일정수역을 정하여 외국선박의 무해통항을 일시적으로 정지시킬 수 있다.

4. 관계당국의 권한(법 제6조, 제6조의2)

가. 영해

외국선박(외국의 군함 및 비상업용 정부선박은 제외)이 제5조[10]를 위반한 혐의가 있다고 인정될 때에는 관계 당국은 정선(停船) · 검색 · 나포(拿捕), 그 밖에 필요한 명령이나 조치를 할 수 있다.

나. 접속수역

대한민국의 접속수역에서 관계 당국은 다음 각 호의 목적에 필요한 범위에서 법령에서 정하는 바에 따라 그 직무권한을 행사할 수 있다.

① 대한민국의 영토 또는 영해에서 관세 · 재정 · 출입국관리 또는 보건 · 위생에 관한 대한민국의 법규를 위반하는 행위의 방지

② 대한민국의 영토 또는 영해에서 관세 · 재정 · 출입국관리 또는 보건 · 위생에 관한 대한민국의 법규를 위반한 행위의 제재

5. 군함 등에 대한 특례

외국의 군함이나 비상업용 정부선박 또는 그 승무원이나 그 밖의 승선자가 이 법이나 그 밖의 다른 법령을 위반하였을 때에는 이의 시정이나 영해로부터의 퇴거를 요구할 수 있다. 독도 등에 대해 국제 분쟁화를 이유로 주변국이 불법·부당하게 영해 침범 등의 조치를 취할 경우에는 특별히 별도의 대응 매뉴얼에 의거하여 조치한다. 다만, 대

---

10) 제5조(외국선박의 통항)
① 외국선박은 대한민국의 평화 · 공공질서 또는 안전보장을 해치지 아니하는 범위에서 대한민국의 영해를 무해통항(無害通航)할 수 있다.
② 외국선박이 통항할 때 다음 각 호(제외사유인 1호부터 13호까지)의 행위를 하는 경우에는 대한민국의 평화 · 공공질서 또는 안전보장을 해치는 것으로 본다.

응에 대한 사항은 전략상의 이유로 비밀로 수립하여 대외 노출을 금한다.

6. 벌칙(법 제7조)

영해 및 접속수역법 제5조(외국선박의 통항)를 위반한 외국선박의 승무원이나 그 밖의 승선자는 5년 이하의 징역 또는 3억원 이하의 벌금에 처하고, 정상을 고려하여 필요할 때에는 해당 선박, 기재(器材), 채포물(採捕物) 또는 그 밖의 위반물품을 몰수할 수 있다.

영해 및 접속수역법 제6조(정선 등)에 따른 명령이나 조치를 거부·방해 또는 기피한 외국선박의 승무원이나 그 밖의 승선자는 2년 이하의 징역 또는 1억원 이하의 벌금에 처한다. 징역형과 벌금형은 병과(倂科)할 수 있으며 그 행위가 이 법 외의 다른 법률에 규정된 죄에 해당하는 경우에는 그 중 가장 무거운 형으로 처벌한다.

★ 영해'는 어떤 의미를 가지고 있는가?

우리에게 있어 영해는 「집, 가족」이다.

□ 무엇보다도 소중한 존재이다.

영해는 1차적 보호대상이며, 국가의 영토관할권에 준하는 주권(주인된 권리)을 행사할 수 있는 수역이다.

□ 그 어떤 것과도 바꿀 수 없다.

가족을 '돈'으로 바꿀 수 없듯이 영해의 가치와 범위는 경제적으로 교환할 수 없으며, 어떠한 희생을 치르더라도 지켜야 하는 대상이다.

영해기선은 「해양권익의 시작」이다.

제3절 배타적 경제수역(EEZ) 경비

1. 배타적 경제수역 경비

배타적 경제수역(EEZ : Exclusive Economic Zone)이란 영해를 넘어서 그에 인접한 200해리 이내에서 자원의 탐사·개발·보전 및 관리에 관해 연안국의 주권적 권리가 인정되는 수역을 말한다. 우리나라의 경우 배타적 경제수역(EEZ)의 범위는 영해기선으로부터 그 외측 200해리의 선까지에 이르는 수역이나 인접국간 EEZ경계가 확정되지 아니한 상태이다. 외국어선의 불법조업은 EEZ어업주권법, 무허가 해양조사는 해양과학 조사법으로 처벌을 한다.

〈그림 1-5〉 우리나라 해양영역

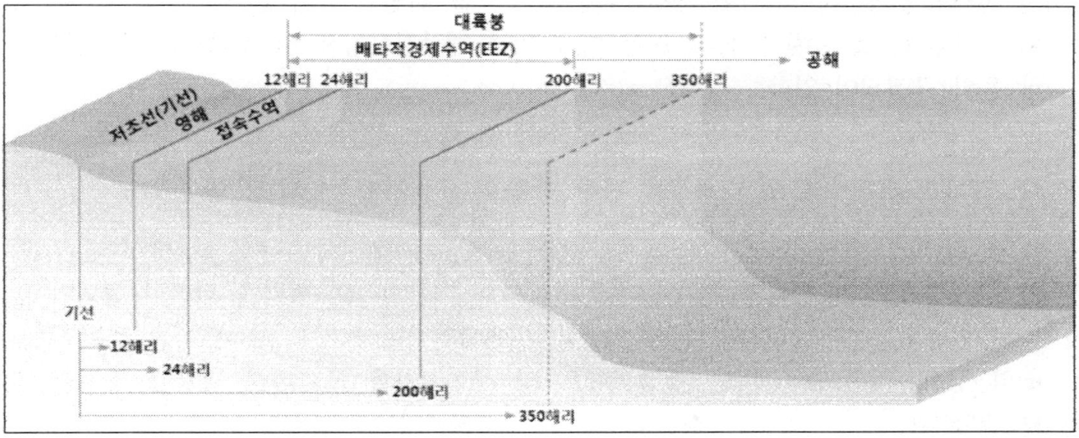

(자료: 해양수산부 홈페이지, http://www.mof.go.kr/)

2. 배타적 경제수역(EEZ)에서의 권리

가. 주권적 권리

해저의 상부 수역, 해저 및 그 하층토에 있는 생물이나 무생물 등 천연자원의 탐사·개발·보존 및 관리를 목적으로 하는 주권적 권리와 해수, 해류 및 해풍을 이용한 에너지 생산 등 경제적 개발 및 탐사를 위한 그 밖의 활동에 관한 주권적 권리가 있다.

나. 협약에 규정된 관할권

가) 인공섬·시설 및 구조물의 설치·이용

나) 해양과학 조사

다) 해양환경의 보호 및 보전

다. 협약에 규정된 그 밖의 권리

3. 해양경찰 임무 및 권한(배타적경제수역에서의 권리보호 및 행사)

가. 「해양경비법」상 임무

해양자원 및 해양시설의 보호, 해양환경의 보전·관리, 해양과학조사 실시 등에 관한 국내법령 및 대한민국이 체결·비준한 조약을 위반한 외국선박의 단속을 위한 경비를 중점적으로 수행한다.[11] 또한 이를 위해 해상검문검색 및 추적·나포에 대한 대상 등이 규정되어 있다.

나. 배타적 경제수역 및 대륙붕에 관한 법률(배타적 경제수역법)상 권한

대한민국의 배타적 경제수역에서 제3조(배타적경제수역과 대륙붕에서의 권리)에 따른 권리를 침해하거나 그 배타적 경제수역에 적용되는 대한민국의 법령을 위반한 혐의가 있다고 인정되는 자에 대하여 관계 기관은 유엔해양법협약 제111조에 따른 추적권(追跡權)의 행사, 정선(停船)·승선·검색·나포 및 사법절차를 포함하여 필요한 조치를 할 수 있다.[12]

배타적 경제수역과 대륙붕의 범위는

① 대한민국의 배타적 경제수역은 협약에 따라 「영해 및 접속수역법」 제2조에 따른 기선(基線)(이하 "기선"이라 한다)으로부터 그 바깥쪽 200해리의 선까지에 이르는 수역 중 대한민국의 영해를 제외한 수역으로 한다.

② 대한민국의 대륙붕은 협약에 따라 영해 밖으로 영토의 자연적 연장에 따른 대륙변계(大陸邊界)의 바깥 끝까지 또는 대륙변계의 바깥 끝이 200해리에 미치지 아니하는 경우에는 기선으로부터 200해리까지의 해저지역의 해저와 그 하층토로 이루어진다. 다만, 대륙변계가 기선으로부터 200해리 밖까지 확장되는 곳에서는 협약에 따라 정한다.

③ 대한민국과 마주 보고 있거나 인접하고 있는 국가(이하 "관계국"이라 한다) 간의 배타적 경제수역과 대륙붕의 경계는 제1항 및 제2항에도 불구하고 국제법을 기초로 관계국과의 합의에 따라 획정한다.

---

11) 「해양경비법」제11조(경비수역별 중점 경비사항) ① 해양경찰청장은 경비수역의 구분에 따라 경비세력의 배치와 중점 경비사항을 달리할 수 있다. ② 제1항의 구분에 따른 중점 경비사항은 다음 각 호와 같다.
1. 연안수역: 해양 관계 국내법령을 위반한 선박등의 단속 등 민생치안 확보 및 임해 중요시설의 보호 경비
2. 근해수역: 「영해 및 접속수역법」 제6조의2에 따른 법령을 위반한 외국선박의 단속을 위한 경비
3. 원해수역: 해양자원 및 해양시설의 보호, 해양환경의 보전 · 관리, 해양과학조사 실시 등에 관한 국내법령 및 대한민국이 체결 · 비준한 조약을 위반한 외국선박의 단속을 위한 경비

12) 「배타적 경제수역 및 대륙붕에 관한 법률」 제5조(대한민국의 권리 행사 등) ③항

다. 「배타적경제수역에서의 외국인어업 등에 대한 주권적 권리의 행사에 관한 법률」 상 권한

검사나 사법경찰관은 이 법, 이 법에 따른 명령 또는 제한이나 조건을 위반한 선박 또는 그 선박의 선장이나 그 밖의 위반자에 대하여 정선, 승선, 검색, 나포(拿捕) 등 필요한 조치를 할 수 있다.[13]

라. 「해저광물자원개발법」상 권한

채취권 또는 탐사권의 설정허가를 받지 아니하고 해저광물을 채취한 자는 처벌하며, 자료 취득현황 및 해저광업활동의 진행 상황을 확인하기 위하여 소속 공무원에게 현장조사를 하게 할 수 있다.[14]

마. 「선박 및 해상구조물에 대한 위해행위의 처벌 등에 관한 법률」상 권한

해상구조물의 안전을 위험하게 할 목적으로 해상구조물에 있는 사람을 살해, 상해 또는 폭행하거나 사람을 협박한 사람, 폭행이나 협박 또는 그 밖의 방법으로 해상구조물을 강탈한 사람, 해상구조물을 파괴하거나 해상구조물 또는 그에 적재된 화물에 그 안전을 위험하게 할 만한 손상을 입힌 사람 등에 대한 처벌 및 범죄인 인수 권한이 부여되어 있다.

바. 「해양과학조사법」상 권한

외국인 등이 제6조(영해에서의 조사에 대한 허가), 제7조(영해 외측 관할해역에서의 조사에 대한 동의), 제8조(공동조사의 허가 등)의 규정에 의한 허가나 동의를 받지 아니하고 해양과학조사를 수행한다는 혐의가 있는 때에는 관계기관의 장은 정선, 검색, 나포 기타 필요한 명령이나 조치를 할 수 있다.[15]

사. 「해양환경관리법」상 권한

선박이 이 법의 규정을 위반한 혐의가 있다고 인정되는 경우에는 해양경찰청장은 정선, 검색, 나포, 입·출항금지 그 밖에 필요한 명령이나 조치를 할 수 있다.[16]

---

13) 「배타적 경제수역에서의 외국인어업 등에 대한 주권적 권리의 행사에 관한 법률」 제23조(위반선박 등에 대한 사법절차)
14) 「해저광물자원 개발법」 제26조(보고 및 조사), 제35조(벌칙), 제36조(벌칙)
15) 「해양과학조사법」 제13조(불법조사)
16) 「해양환경관리법」 제117조(정선·검색·나포·입출항금지 등)

4. 중간선 원칙

「배타적경제수역법」제5조(대한민국의 권리 행사 등) ②항에 의거, 관계국(國)과의 별도의 합의[17]가 없는 경우 중간선 안쪽 수역에서는 전략적으로 행사하여야 할 것이다.

〈참고〉 배타적경제수역법 제5조 ②항의 해석 문제

우리나라는 아직까지 주변국과 해양경계 획정을 하지 않은 상황에서 해양경계 획정 전까지 배타적경제수역에서의 권리 행사를 포기하여서는 안 되며, 다음과 같은 해석을 통해 해양전략적 측면에서 중간선 내측에서의 권리를 보다 적극적으로 행사할 필요가 있을 것이다.

① 대한민국의 배타적경제수역에서의 권리는 대한민국과 관계국 간에 별도의 합의가 없는 경우 대한민국과 관계국의 중간선 바깥쪽 수역에서는 행사하지 아니한다.

② 대한민국의 배타적경제수역에서의 권리는 대한민국과 관계국 간에 별도의 합의가 없는 경우 대한민국과 관계국의 중간선 안쪽 수역에서는 행사한다.

③ 대한민국과 관계국 간에 별도의 합의가 없는 경우 대한민국은 중간선 원칙(가상 EEZ)에 따라 경비임무를 수행한다.

17) 「UN해양법협약」 제74조(대향국간 또는 인접국간의 배타적경제수역의 경계획정) 1. 서로 마주보고 있거나 인접한 연안을 가진 국가간의 배타적경제수역 경계획정은 공평한 해결에 이르기 위하여, 국제사법재판소규정 제38조에 언급된 국제법을 기초로 하는 합의에 의하여 이루어진다. 2. 상당한 기간내에 합의에 이르지 못할 경우 관련국은 제15부에 규정된 절차에 회부한다. 3. 제1항에 규정된 합의에 이르는 동안, 관련국은 이해와 상호협력의 정신으로 실질적인 잠정약정을 체결할 수 있도록 모든 노력을 다하며, 과도적인 기간 동안 최종 합의에 이르는 것을 위태롭게 하거나 방해하지 아니한다. 이러한 약정은 최종적인 경계획정에 영향을 미치지 아니한다. 4. 관련국간에 발효 중인 협정이 있는 경우, 배타적경제수역의 경계획정에 관련된 사항은 그 협정의 규정에 따라 결정된다.

제3장 해양경찰 조직과 경비업무

제1절 해양경찰 조직

〈그림 1-6〉 해양경찰청 조직도

(자료: 해양경찰청 홈페이지. 2020. 02. 27.)

〈그림 1-7〉 해양경찰 5개 지방청

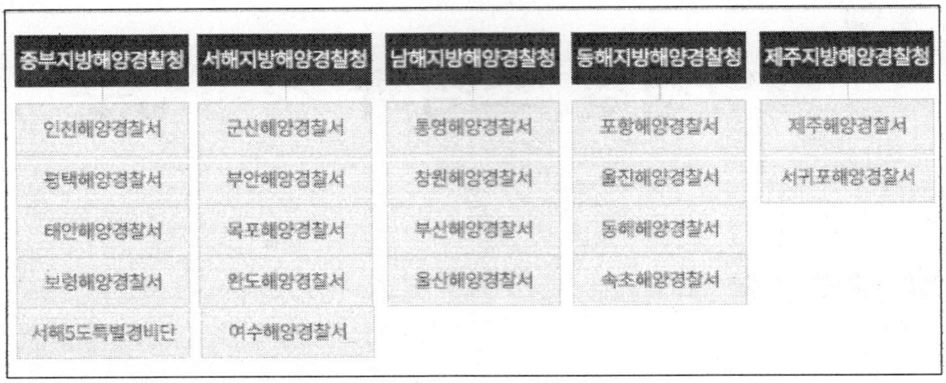

(자료: 해양경찰청 홈페이지. 2020. 02. 27.)

1. 해양경찰 조직의 기본법제

국가의 행정조직에 관한 기본법은 정부조직법이다. 행정조직법정주의에 따라 육상경찰의 경우에는 헌법 제96조에 근거한 국가중앙행정조직에 관한 기본법인 정부조직법 이외에 정부조직법 34조제6항에 근거한 경찰조직에 관한 기본법인 경찰법이 제정되어있다.

해양경찰도 해양경찰법이 2019년 8월 20일 제정되었지만 육상경찰의 경찰법과 같은 해양경찰조직에 관한 기본법이 제정되어 있지 않다. 현재 해양경찰의 조직에 관한 법률로는 헌법 제96조에 근거한 국가중앙행정조직에 관한 기본법인 정부조직법 제43조제2항(해양에서의 경찰 및 오염방제에 관한 사무를 관장하기 위하여 해양수산부장관 소속으로 해양경찰청을 둔다)이 유일한 실정이다.

다만 법률인 정부조직법 이외에 헌법 제75조(대통령은 법률에서 구체적으로 범위를 정하여 위임받은 사항과 법률을 집행하기 위하여 필요한 사항에 관하여 대통령령을 발할 수 있다)에 근거한 대통령령인 「해양경찰청과 그 소속기관 직제」와 헌법 제95조(국무총리 또는 행정각부의 장은 소관사무에 관하여 법률이나 대통령령의 위임 또는 직권으로 총리령 또는 부령을 발할 수 있다)에 근거한 해양수산부령인 「해양경찰청과 그 소속기관 직제 시행규칙」에서 해양경찰조직에 관하여 상세히 규정하고 있다.

헌법에 따른 중앙행정조직에 관한 기본법인 정부조직법 제3조제1항이 조직상 구체적인 사항의 상당부분을 대통령령으로 규정함으로 인해, 사실상 행정조직법정주의의 의미는 상당히 퇴색되고 있다(홍정선, 2007: 96).

〈표 1-3〉 해양경찰 관련 법령

구분	법률	대통령령	부령
행정 조직법	(정부조직법)		
행정 작용법	-경찰공무원법 -해양경찰법 -해양경비법 -수상에서의 수색·구조 등에 관한법률 -수상레저안전법 -연안사고예방애관한법률 -선박교통관제에 관한 법률 -경범죄처벌법 (경찰청 공동) -밀항단속법(법무부공동) -자동차등 특정동산저당법	-해양경비법 시행령 -수상에서의 수색·구조 등에 관한법률 시행령 -수상레저안전법 시행령 -연안사고 예방에 관한 법률 시행령 -선박교통관제에 관한 법률 시행령 -경범죄 처벌법 시행령(경찰청 공동) -자동차등 특정동산 저당법시행령	-해양경비법 시행규칙 -수상에서의 수색·구조 등에 관한법률 시행규칙 -선박교통관제의 시행 등에 관한 규칙 -수상레저안전법 시행규칙 -연안사고 예방에 관한 법률 시행규칙 -경범죄 처벌법 시행규칙 (경찰청 공동)
공무원법	-경찰공무원보건안전 및 복지기본법	-경찰공무원 보건안전 및 복지 기본법 시행령 (경찰청 공동) -해양경찰청과 그 소속기관 직제 -해양경찰청 소속 경찰공무원 임용에 관한 규정 -경찰위원회규정 -해양경찰분야 과학기술진흥에 관한규정	-해양경찰청과 그 소속기관 직제 시행규칙 -해양경찰청 소속 경찰공무원 임용에 관한 규정 시행규칙 -해양경찰청 소속 경찰공무원 특수지근무수당 지급규칙 -해양경찰청 소속 경찰공무원 복제에 관한 규칙 -경찰공무원 지급품에 관한 규칙 (경찰청 공동)

(자료: 해양경찰청 홈페이지, 법령정보, 〈www.kcg.go.kr/kcg/law/, 2020. 12. 15. 검색〉)

2. 해양경찰 조직의 직무

해양경찰 조직에 관한 일반법은 없고, 『정부조직법』 제43조제2항에서 "해양에서의 경찰 및 오염방제에 관한 사무를 관장하기 위하여 해양수산부장관 소속으로 해양경찰청을 둔다."그리고 동조 제3항에서 "해양경찰청에 청장 1명과 차장 1명을 두되, 청장 및 차장은 경찰공무원으로 보한다."라고 규정하고 있다.

그리고 2019년 8월20일 제정되고 2020년 2월21일 시행되는 「해양경찰법」제14조 직무에서 "① 해양경찰은 해양에서의 수색·구조·연안안전관리 및 선박교통관제와 경호·경비·대테러작전에 관한 직무를 수행한다. ② 해양경찰은 해양에서 공공의 안녕과 질서

유지를 위하여 해양관련 범죄의 예방·진압·수사와 치안정보의 수집·작성·배포에 관한 직무를 수행한다. ③ 해양경찰은 해양오염 방제 및 예방활동에 관한 직무를 수행한다. ④ 해양경찰은 직무와 관련된 외국 정부기관 및 국제기구와 협력하여야 한다."

그리고 제11조에서 "① 해양경찰청에 해양경찰청장을 두며, 해양경찰청장은 치안총감으로 보한다. ② 해양경찰청장은 해양경찰위원회의 동의를 받아 해양수산부장관의 제청으로 국무총리를 거쳐 대통령이 임명한다. ③ 해양경찰청장은 해양경찰에 관한 사무를 총괄하고 소속 공무원 및 각급 해양경찰기관의 장을 지휘·감독한다. ④ 해양경찰청장의 임기는 2년으로 하고, 중임할 수 없다."

제12조에서 "해양경찰청장은 해양경찰에서 15년 이상 국가경찰공무원으로 재직한 자로서 치안감 이상 국가경찰공무원으로 재직 중이거나 재직했던 사람 중에서 임명한다." 라고 제정되어 해양경찰이 해양주권을 수호하고 해양 안전과 치안 확립에 필요한 책임을 다할 수 있도록 해양경찰의 특수하고 다양한 직무를 제도적으로 뒷받침하고, 국가해양관리 정책 환경의 변화 수용과 미래의 직무수행에 대비할 수 있도록 해양경찰의 책무, 해양경찰청의 조직과 직무, 해양안전 확보를 위한 협력과 참여, 해양경찰 직무수행의 기반 조성 등에 관한 법제도적 기반을 마련하였다.

제2절 해양경찰 경비업무

해양경찰청과 그 소속기관 직제 제2조(소속기관) ① 해양경찰청장의 관장사무를 지원하기 위하여 해양경찰청장 소속으로 해양경찰교육원 및 중앙해양특수구조단을 둔다.

② 해양경찰청장의 관장사무를 분장하기 위하여 해양경찰청장 소속으로 지방해양경찰청을 두고, 지방해양경찰청장 소속으로 해양경찰서를 둔다.

해양경찰청과 그 소속기관 직제 시행규칙 제20조는 지방해양경찰청에는 구분에 따라 부 및 과를 두고, 지방해양경찰청장 밑에 청문감사담당관 및 종합상황실장을 둔다. 다만, 서해 및 남해지방해양경찰청은 안전총괄부장 밑에 종합상황실장을 둔다.

1) 중부지방해양경찰청 : 기획운영과 · 경비과 · 구조안전과 · 수사정보과 및 해양오염방제과
2) 서해 및 남해지방해양경찰청 : 안전총괄부 및 기획운영과. 이 경우 안전총괄부에 경비과 · 구조안전과 · 수사정보과 및 해양오염방제과를 둔다.

3) 동해 및 제주지방해양경찰청 : 기획운영과 · 경비안전과 · 수사정보과 및 해양오염방제과

기획운영과장 · 경비과장 · 구조안전과장 및 경비안전과장은 총경으로, 수사정보과장은 총경 또는 경정으로, 해양오염방제과장은 기술서기관 · 공업사무관 · 보건사무관 · 환경사무관 · 해양수산사무관 또는 방재안전사무관으로, 청문감사담당관은 총경 또는 경정으로, 종합상황실장은 경정으로 보한다. 그리고 지방해양경찰청장 밑에 항공단을 직할단으로 두고, 특공대를 직할대로 둔다. 다만, 중부지방해양경찰청장 밑에는 서해5도 특별경비단 및 항공단을 직할단으로 두고, 특공대를 직할대로 둔다. 서해5도 특별경비단장은 총경으로 보하고, 항공단장 · 특공대장은 경정 또는 경감으로 보한다. 각 직할단(서해5도 특별경비단은 제외한다)의 장 및 직할대의 장의 보좌사무는 해양경찰청장이 정하는 기준에 따라 지방해양경찰청장이 정한다고 규정하고 있다.

1. 해양경찰청 경비국

경비국에 국장 1명을 두고, 국장은 치안감 또는 경무관으로 보한다. 그리고 경비과 · 종합상황실 및 해상교통관제과를 두되, 경비과장 · 종합상황실장은 총경으로 보하고, 해상교통관제과장은 서기관 또는 기술서기관으로 보한다. 국장은 다음 사항을 분장한다.

1) 해양경비에 관한 계획의 수립 · 조정 및 지도
2) 경비함정 · 항공기 등의 운용 및 지도 · 감독
3) 동 · 서해 특정해역에서의 어로 경비
4) 해양에서의 경호, 대테러 예방 · 진압
5) 통합방위 및 비상대비 업무의 기획 및 지도 · 감독
6) 해양상황의 처리와 관련된 주요업무계획의 수립 · 조정 및 지도
7) 해양상황의 접수 · 처리 · 전파 및 보고
8) 해상교통관제(VTS) 정책 수립 및 기술개발
9) 해상교통관제센터의 설치 · 운영
10) 해상교통관제센터의 항만운영 정보 제공
11) 해상교통관제 관련 국제교류 · 협력

해양경찰청과 그 소속기관 직제 시행규칙 제6조(경비국)

① 경비국에 경비과 · 종합상황실 및 해상교통관제과를 두되, 경비과장 · 종합상황실장은 총경으로 보하고, 해상교통관제과장은 서기관 또는 기술서기관으로 보한다.

② 경비과장은 다음 사항을 분장한다.

1. 해양경비에 관한 계획의 수립 · 조정 및 지도
2. 함정, 항공기 등의 운용 및 지도 · 감독
3. 동 · 서 특정해역 어로 경비
4. 「해양경비법」 제7조제4호 및 제5호에 따른 해양시설 보호 및 해상항행 보호에 관한 조치
5. 불법외국어선 단속지침 수립 및 단속 관련 행정지원에 관한 사항
6. 해상에서의 집단행동에 관한 사항
7. 경비함정 해외파견 및 파견 관계 부처와의 협의에 관한 사항
8. 통합방위 업무의 기획 및 지도 · 감독에 관한 사항
9. 해상에서의 경비 · 작전 관련 위기관리 업무에 관한 사항
10. 해양에서의 경호 및 요인보호에 관한 사항
11. 해양에서의 대테러 예방 및 진압에 관한 사항
12. 대량살상무기 확산방지구상(WMD-PSI)에 따른 해상 승선 및 검색에 관한 사항
13. 그 밖에 국 내 다른 과의 주관에 속하지 아니하는 사항

③ 종합상황실장은 다음 사항을 분장한다.

1. 해양 경비 · 재난 · 치안 · 오염 상황 등(이하 이 항에서 "해양상황 등"이라 한다)에 대한 관리 조정에 관한 업무
2. 해양상황 등의 접수 · 처리 · 전파 및 보고 등 초동조치
3. 해양상황 등의 진행상황 파악 · 전달 및 처리
4. 해양상황 등의 피해, 구조 및 대응 현황 등에 대한 파악 · 기록 · 통계관리 및 정보 분석
5. 국내외 해양상황 등의 정보 수집 · 분석 및 전파
6. 상황관리시스템 구축 · 운영 및 보안관리
7. 긴급신고전화 운용에 관한 사항

8. 국제조난 안전통신 업무에 관한 사항

④ 해상교통관제과장은 다음 사항을 분장한다.

1. 해상교통관제(VTS) 정책의 수립 및 제도 개선에 관한 사항
2. 해상교통관제 운영에 관한 사항
3. 해상교통 항행안전 지원에 관한 사항
4. 해상교통관제 시설의 설계 · 구축 및 시설물 관리 · 운영에 관한 사항
5. 해상교통관제사의 교육 · 훈련에 관한 업무
6. 선진 해상교통관제시스템 연구 및 중장기 해상교통관제 발전계획 수립
7. 해상교통관제 관련 국제교류 · 협력에 관한 사항
8. 「선박교통관제에 관한 법률」 제2조제2호에 따른 선박교통관제구역의 설정 및 관리에 관한 사항

2. 지방해양경찰관서 경비부서

서해지방해양경찰청 안전총괄부 및 남해지방해양경찰청 안전총괄부에 부장 각 1명을 둔다. 부장은 경무관으로 보하고 부장은 다음 사항을 분장한다.

① 해상경비에 관한 계획의 수립 및 지도
② 해양에서의 수색 · 구조업무
③ 파출소 · 출장소 운영 및 외근업무의 기획 · 지도
④ 해상교통관제센터 운영 및 관제업무의 지도 · 감독
⑤ 수상레저 안전관리
⑥ 항만 운영 정보 제공 및 연안해역 안전 관리
⑦ 수사업무와 그 지도 및 조정
⑧ 정보업무에 관한 지도 및 조정
⑨ 국제적 범죄 또는 외국인 관련 범죄의 수사지도
⑩ 해양오염 방제조치 관련 업무
⑪ 해양오염예방을 위한 지도 · 점검 및 감시 · 단속

⑫ 오염물질 감식 및 분석

⑬ 해양상황의 접수 · 처리 · 전파 및 보고

해양경찰청과 그 소속기관 직제 시행규칙 제25조(경비과) 경비과장은 다음 사항을 분장한다.

1. 해양경비업무의 총괄 · 조정 및 지휘
2. 소속 해양경찰서 함정의 배치 및 조정에 관한 사항
3. 해상에서의 경비 · 작전 관련 위기관리 업무에 관한 사항
4. 해상에서의 작전 · 경호 및 해적대응에 관한 사항
5. 해양에서의 대테러 업무에 관한 사항
6. 대량살상무기 확산방지구상(WMD-PSI)에 따른 해상 승선 및 검색에 관한 사항
7. 특수기동대 운영에 관한 지도 및 감독
8. 해상집회 · 시위 등 집단사태의 대응에 관한 사항
9. 소속 해양경찰서의 교육 · 훈련 집행 및 평가에 관한 사무
10. 특공대 · 항공단의 교육 · 훈련 집행 및 평가에 관한 사무

10의2. 특공대의 운영에 관한 지도 및 감독

11. 소속 해상교통관제센터 운영 및 관제업무의 지도 · 감독
12. 소속 해상교통관제 제도개선 및 지도 · 감독
13. 소속 해상교통관제 시설의 설계, 구축 및 시설물 관리 · 운영에 관한 사항
14. 소속 해상교통관제 교육 · 훈련에 관한 업무

제3절 외국 해양경찰 제도 유형

세계 연안국의 해양경찰제도 유형은 조직의 유형과 조직원의 신분에 따라 연안경비대형, 경찰조직형, 군인조직형 등 3가지로 대별할 수 있다.

1. 연안경비대형

미국의 연안경비대(coast guard)는 1770년 밀수·마약을 단속하기 위하여 재무성 산하의 세관감시선단(Fleet of Cutters)을 설립함으로서 시작되어 준군사체제로 발전하였고, 육군·해군·공군·해병대에 이어 제5의 군전력으로 활용하기 위하여 평시에는 교통부 소속이나 전시에는 해군에 속한다. 1812년 대영전쟁시 미해군에 합병되어 전쟁에 참여하였다가 전쟁 후 다시 복귀하였고, 1915년 인명구조대와 통합하여 USCG를 창설하였다. 1·2차 세계대전 중에는 해군에 합병하였다가 전후에 다시 원대복귀하였으며 1942년에는 항해 및 기선검사국을 흡수하였고, 1949년에는 항만보안업무를, 1958년에는 선위통보제도(AMVER)를 도입하고, 1967년에는 신설된 운수성으로 소속을 옮겼다. 1970년에는 해양오염방제 업무가 추가되고 1976년에는 해양순찰 및 어로단속업무가 확대되었으며, 1981년에는 불법이민 단속업무가 추가되었다.

영국의 해사·연안경비청(The Maritime and Coastguard Agency, MCA)은 연안경비청(The Coastguard Agency, TCA)과 해양안전청(Marine Safety Agency, MSA)이 1998년 통합한 환경교통지방부(Department of Environment Transport and Regions, DETR)의 소속의 외청이다. 연안경비청의 설립연혁은 1894년 영국의 해운법에 의거하여 운수성 해운국에서 항행안전관리제도의 첫출발을 효시로 하여 해군사관 출신으로 경비대를 조직·운용하였다. 1925년 정부의 수색구조업무를 수행하는 HM 연안경비대(coastguard)의 창설과 1994년 해양오염통제단(Marine Pollution Control Unit, MPCU)으로 구성된 교통부 산하의 해양비상기구(Marine Emergencies Organization, MEO)를 개칭하여 교통부 산하의 집행기관으로 설립되었다. 해양안전청의 전신은 Surveyor General's Organization이고 1994년 교통부의 외청으로 설립되었다.

일본의 해상보안청(Japan Coast Guard, JCA)은 1948년 5월 1일 해상에서의 인명·재산의 보호, 치안유지를 목적으로 맥아더 군정에 의하여 창설되었다. 헌법의 정신에 입각하여 국가안보력을 제외한 구난과 안전업무를 중심으로 발전하여 운수성 산하의 4개 외청 중 하나로 설치되어 있다.

2. 군인 조직형

러시아는 연방국경수비대의 직무 중 일부로서 해양경찰 기능을 수행하고 있다. 러시아는 군사 및 경찰조직으로 국방부산하에 정규군은 지상군, 해군, 공군 및 전력군으로서 구성되고 그밖에 특수목적의 군사조직도 있다. 국경수비대는 국방부 정규군이나 내무부군도 아닌 러시아 국경수비를 목적으로 설치된 특수군사부대로서 국경수비대 소속으로 해상경비함대를 보유하고 있다. 1893년 10월 15일 러시아 황제의 칙령에 의하여 독립군사부대로서 국경수비대를 창설하였고 러시아 공산혁명 후 국경수비대가 재발족하여 1994년 12월 30일 대통령포고령에 의하여 대통령직속 러시아연방 국경수비대로 발족하였다.

중국은 치안관련 업무를 공안부에서 총괄하고 있지만 해양에서 항행안전에 관한 업무는 교통부내의 몇 개의 국이 분담하고 그 중심부서는 해상안전국이다. 일부 현장업무는 지방정부에 이양되는 사례도 있다. 중국의 교통부는 교통관련 업무중에서 철도 및 항공업무를 제외한 도로운송, 해상운송, 내수 및 운하운송을 총괄하고 있다.

3. 경찰 조직형

아르헨티나의 해양경찰은 1969년 해양경찰에 관한 법(Ley 18,398)을 제정하여 내무부 외청으로 설립되었다. 3면이 바다로 해안선 길이가 4,700㎞이며, 수산물 수출이 농축산물 수출보다 많을 정도로 수산이 중요한 근간산업을 차지하고 있어 최근에는 수산자원보호정책을 최우선과제로 두고, 특히 불법조업이나 영해침범에 대해 강력하게 대응한다는 의지 하에 이를 실현키 위한 정책수단으로 해양경찰청 비중이 증가하고 있는 추세이다.

대만의 입법원은 1998년 5월 15일자로 해양경찰력의 확보를 위하여 내정부경정서수상경찰국조례(內政部警政署水上警察局條例)를 통과시켜 행정원의 내정부(Department of Interior Affairs) 경정서(National Police Administration)산하에 수상경찰국(Marine Police Bureau)을 설립하는 법적 근거를 마련하였다. 수상경찰국은 기능면에서 한국의 해양경찰과 거의 유사한 조직으로 해양경찰청이 경찰청의 소속기관으로 있을 당시의 위상과 비슷하다.

제 2 편

해양경비 발전과정

제1장 해양경비 역사

제1절 해양경비 변천

1. 해양경비의 시작

나당전쟁 종식(676년) 직후 신라문무왕 18년(678년)에 문무왕은 선부(船府) 설치를 통해 해양진출을 위한 선박 건조기술의 혁신을 도모하여 동아시아 해상무역을 주도할 수 있도록 하였고, 장보고가 해적소탕을 명분으로 828년(흥덕왕 3)에 완도에 청해진(수군기지)를 설치하여 청해진 대사로 임명되어 1만명의 군대를 거느리며 서남해 해적을 소탕하면서 동아시아의 해상무역을 주도하였다. 829년(흥덕왕 4)에는 해양질서유지를 위해 당성진을 남양만에 설치하였고, 강화도 해역을 지키기 위해 844년(문성왕 6)에는 혈구진을 설치하기도 하였다. 고려시대 이후 서해상에서는 요소에 순검군(巡檢軍)을 배치하여 순찰과 검색을 하고, 서·남해상에 있어서는 특히 당시 성황을 이루던 송나라 상선의 왕래에 대해 검찰(檢察)하고, 송·왜 등 해적선의 순포(巡捕)에 중점을 두었다. 특히 선종 10년(1093) 연평도 일대에 순찰과 치안유지 임무를 띤 순검군이 송나라와 일본이 공모하여 우리 영해를 침략한 불법 선박을 나포하고 선적된 병장기와 물품을 관청에 납부하고 해적들은 영외로 유배시켰고, 원종 4년(1263년)에는 전라도안찰사는 송나라에서 일본으로 가는 도중 표류한 선박의 선원에게 양식과 선박을 지급하고 일본으로 호송하기도 하고, 충렬왕 15년(1289) 10월에 군량 수송선의 해난사고를 구조하고 해난사고에 대한 수사도 하였다는 여러 사건의 기록들이 현대의 해양경찰 업무와 동일하다고 볼 수 있으며, 조선시대에는 수군 방어영(防禦營)을 설치하여 해적의 침공을 막기 위해 바다와 연안해역을 방비하였다. 그리고 도서지역에 무단으로 출입하는 외국선박 적발과 왜구 등을 수색하여 토벌하기 위해 수토군(搜討軍)을 파견하여 치안유지를 하였다. 조선 중종 때 일본의 어선과 상선이 전라도 서남해역에 들어와 노략질을 하여 1587년(선조 20) 녹도만호 이대원은 해양주권 수호를 위해 손죽도에서 왜적과 싸우다 전사하였다는 기록도 있다. 개항기인 1893년 해군장교를 양성하기 위해 조선수사해방학당을 강화도에 설치와 1891년에는 연안경비용 군함을 영국에서 도입하였다. 1876년 개항 이후 개항장 행정업무를 전담하는 감리서는 개항장 관리, 사공관리, 해적소탕 시도, 표류선 보호를 담당하였고, 치안유지를 담당하는 경무서는 항구 치안, 부두노동관리, 표류민 구조관리, 도서 치안을 담당하고, 개항장 출입하는 선박과 물류에 관세를 부과하는 해관은 관세징수, 선박관리, 밀수방지, 전염병 검역 등을 담당하였다. 일제 강점기에는 경찰업무 중 교통경찰을 세분화하여 그 안에 해양경찰업무 일부를 포함하여 1910년 9월 목포와 여수 등 항구에 수상경비소를 두어 5척의 경비선을 배치하여 연안과 도서 단속 등 해양경찰 경비업무를 수행하였다.[18]

2. 1945년 해방 이후 해양경비

가. 미 군정시기

우리나라에 해양경찰 기능을 담당하는 조직이 등장한 것은 1945년 해방 직후로 거슬러 올라간다. 1945년 8월 15일 제국주의 일본이 연합군에 항복하면서 우리나라는 36년간의 일제치하에서 벗어나 독립 하였다. 비로소 주권을 되찾고 자주 독립국가로서의 지위를 회복하게 된 것이다. 그러나 해방 직후에는 정부 기능이 원활하지 않아 정치, 경제, 문화 등 사회 전반 에 걸쳐 상당한 혼란을 겪어야 했다. 혼란이 계속되는 가운데 얄타회담[19]에서 미국과 소련이 한반도를 신탁통치하기로 결정함에 따라, 그해 9월 북위 38도선을 경계로 남쪽은 미국이, 북쪽은 소련이 각각 군정(軍政)을 실시하게 되었다.

그러나 미군정의 신탁통치가 이루어지는 동안에도 혼란은 수그러들지 않았다. 한편에서는 대한민국 정부수립을 위한 열강들의 논의가 계속되었지만, 국내 정치는 다양한 집단들의 정치적 이념이나 주장이 교차하면서 첨예한 갈등에 휩싸였고, 경제는 극도로 어려워져 국민들의 생활은 궁핍했으며, 사회는 치안체계가 정착되지 않아 각종 범죄와 무질서가 횡행하였다.

이 같은 혼란은 해상에서도 다르지 않았다. 해안경비가 허술한 틈을 타서 일본 어선들이 우리 영해에 침범하여 불법어로를 일삼았고, 밀수 등 해상범죄가 기승을 부려 치안상황은 매우 혼탁하였다. 이에 따라 해상치안을 확립하고 해양주권을 수호하는 것은 대한민국의 사회 안정을 도모하고 자주독립 국가를 건설하는 데 있어 매우 중

---

18) 해양경찰 뿌리 찾기 학술연구용역 중간 보고자료. 2019. 10. 01. 목포대학교 도서문화연구원.

19) 얄타 회담 (1945. 2. 4~11) 연합국의 지도자들인 미국의 루스벨트 영국의 처칠, 소련의 스탈린은 나치 독일의 최종 패배와 점령을 논의하기 위해 얄타에서 회담을 개최하였다. 얄타 회담에서 한국 문제에 관한 거론은 다음과 같다. ① 적절한 시기에 자주독립국이 될 것을 협약한 카이로선언을 재확인하고, ② 어느 단일국가에 의한 한국의 군사점령은 심한 정치적 반응을 야기할 우려가 있으므로 한국을 구분된 지역이 아니라 단일체로 취급하여 중앙집권제행정원칙에 입각한 군정청(軍政廳)을 조직할 것 등의 내용이 논의되었다. 그러나 그 후 연합군 참모장 공동회의에서 전후의 한반도는 미군과 소련군이 분담하여 점령하기로 약정되었다.

요한 과제 가운데 하나로 대두되었다.

나. 맥아더 라인

해방 이후 해양주권과 관련한 최초의 조치는 1945년 9월 선포한 '맥아더라인(MacArthur Line)'이었다. 맥아더라인은 연합군이 일본 주변에 선포한 해역제한선(海域制限線)으로, 당초에는 대한민국의 주권선(主權線) 이라기보다는 일본에 대한 군사상의 통제선이자 일본 어선의 무차별적인 어업자원 남획행위를 규제하는 어로제한수역선(漁撈制限水域線)으로 설정되었다. 그러나 사실상 맥아더라인은 우리나라와 일본의 해상경계를 획정하는 선으로서, 해상에서의 국경을 의미하는 선으로 작용하였다.

연합군은 미국 제5함대 사령관 명의의 각서 제80호로 이 제한선을 명문화하여 일본정부에 전달하였는데, 이를 연합군 총사령관인 맥아더 원수의 이름을 따서 맥아더라인이라 부르게 되었다. 맥아더라인의 설정으로 타격을 받게 된 일본 수산업계는 심하게 반발하며 맥아더라인의 철회를 요구하였다. 그뿐만 아니라 맥아더라인을 무단으로 월선하여 우리나라의 제주도와 흑산도를 중심으로 한 서부해역의 주요 어장에서 어업자원을 무차별적으로 남획하곤 하였다. 그럼에도 불구하고 우리나라는 일본 어선들의 불법어로 행위에 대응할 만한 역량을 갖추지 못해 이를 효과적으로 제압하지 못하였다. 맥아더라인을 월선한 불법어선들을 발견하였다 해도 적극적으로 나포하지 못하고 퇴거하도록 경고하는 정도의 소극적인 대응만을 할 뿐 이었다. 이 같은 상황은 1948년 정부가 수립되고 해군이 해상경비 활동을 담당하여 수행하는 상황에서도 한 동안 계속되었다.

〈그림 2-1〉 맥아더라인 (1945. 9)

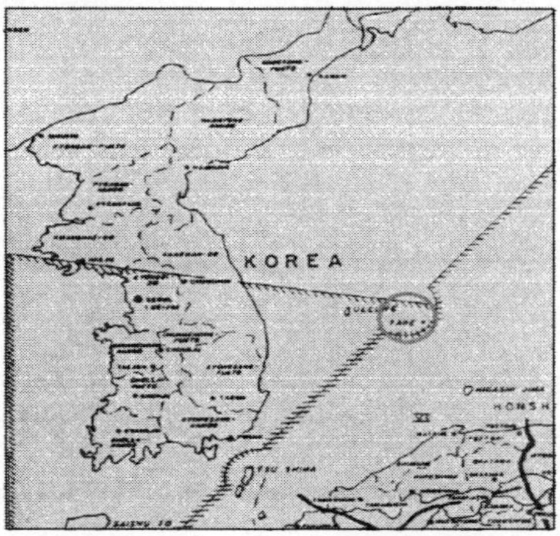

(자료: https://www.google.com 맥아더라인, https://strangerca.tistory.com/entry/)

3. 해양수호 역사

가. 해방병단

1945년 해방을 맞이한 직후 국내에서는 손원일(후에 초대 해군참모총장 역임) 등 해군창설에 뜻을 같이 하는 인사들이 모여 '해사협회(海事協會)'를 결성하였다. 그리고 미 군정청을 방문하여 해사협회에서 한국해군 창설의 역할을 담당하겠다고 제안하였다.

이에 대해 미 군정청 해사국장은 해사협회가 주축이 되어 연안경비와 밀수방지, 조난선의 구조 등을 주요 임무로 하는 해안경비대를 창설할 것을 요청하였다. 이에 따라 해사협회는 1945년 11월 11일 미 군정청의 인가를 받아 해사협회 회원 70명과 미 군정청 해사국장을 비롯한 해사관계 인사 다수가 참석한 가운데 서울 관훈동의 표훈전(表勳殿)에서 결단식을 갖고 '해방병단(海防兵團)'을 창단하였다.

〈그림 2-2〉 해방병단 창설 기념 (1945. 11. 11)

(자료: http://blog.daum.net/gmania65/354)

이로써 우리나라는 1894년 7월 15일 조선수군이 폐지된 후 51년 4개월 만에 우리 손으로 우리 바다를 지키는 해양수호 역사의 첫 걸음을 새롭게 시작하였다.

해방병단은 발단식과 함께 손원일을 초대 단장으로 선출하는 한편, 총 인원 200명으로 해안경비대를 창설하고 본부를 진해에 설치하는 일을 추진하기로 하였지만 창단 초기 해방병단은 조직운영에 적지 않은 어려움을 겪어야 했다. 미 군정청의 국방사령부(국방부 성격) 휘하에 배속되지도 못한 데다 해사국으로 부터 예산지원을 받지 못해 심각한 재정난에 휩싸였던 것이다. 이로 인해 77명의 단원이 한때 37명까지 감소하기도 하였다. 그런 가운데에도 해방병단은 1945년 12월 일부 간부들이 서울로 상경하여 단원과 사관후보생을 모집하며 조직의 확대를 꾀하였다. 또 1946년 1월에는 국방사령부로의 편입을 관철하고 진해에 총사령부와 해군병학교(나중에 해군사관학교로 발전)를 조직하는 등 해군 창설을 위한 준비에 박차를 가하였다. 그해 2월 공작부를 신설하고 3월에는 법무관실을 신설하였으며, 군의 풍기유지와 좌익계열의 해안침투를 막기 위한 해헌대(海憲隊)도 창설하였다. 4월에는 군악대를 조직하고 해방병단 인천기지도 설치하였다. 이처럼 해방병단은 열악한 환경 속에서도 해군을 창설하기 위해 하나하나 초석을 다져나갔다. 그러한 노력이 장차 대한민국 해군의 모체가 되고 해양경찰을 태동하게 하는 씨앗이 되었으며, 대한민국 영해수호의 역사를 시작하게 하는 출발점이 되었다.

나. 해양경찰 기능 수행한 조선해양경비대 창설

1946년 들어 해방병단은 해양경비대의 창설을 미 군정청에 승인 요청하였다. 미 군정청은 그 해 5월 10일 조선해양경비대의 창설을 승인하였다. 이에 따라 1946년 6월 15일 해방병단은 기존의 조직을 계승한 '조선해양경비대(Korea Coast Guard)'를 정식으로 창설하였다.

이 무렵 미 군정청은 국방사령부를 '국방부'로 개칭하였다. 그러자 미·소공동위원회에서 소련은 국방부라는 명칭에는 군사적인 개념이 포함되어 있다고 항의하며 국방 개념의 조직을 국내치안 개념의 조직으로 바꿀 것을 요구해 왔다. 미·소공동위원회는 1945년 12월 모스크바 삼상회의[20]의 합의에 따라 설치된 미·소 양국의 대표자 회의로, 한국의 민주주의정부 수립 등을 원조하기 위해 설립된 공동위원회를 말한다.

〈그림 2-3〉 조선해양경비대 (1948)

(자료: https://www.google.com/search?q=조선해양경비대)

미 군정청은 소련의 항의를 받아들여 국방부를 '국내경비부'로 명칭 변경하였다.

20) 1945년 12월, 모스크바에서 개최되었던 미·영·소 3국의 외상회의로 종전(終戰) 후의 문제처리에 관한 안건이 의제에 오르고, 특히 전후 일본에서 분리된 지역의 관리문제 및 얄타 협정에 의거한 한국의 독립문제 등이 토의되었다.

그러나 '남조선 과도정부'는 국방의 개념이 포함되어야 한다는 생각으로 국내경비부를 구한말의 군제인 통위영의 명칭을 빌어 '통위부(統衛部)'라 칭하며 군사조직의 성격을 강조하고자 하였다. 이 같은 성격 논란은 조선해양경비대에 대해서도 그대로 전이되었다. 조선해양경비대에 대해 미국은 치안조직으로, 한국은 군사조직으로 인식하는 상황이 된 것이다. 실제로 미 군정청은 군정법령 제189호에서 조선해양경비대의 임무를 "조선 영해의 해상 및 도서 순찰과 치안유지, 사고조사를 담당하고, 선박 검사에 관한 일체의 임무와 선원의 면허·증명 등 선원관리를 담당 한다"고 명시함으로써 조선해양경비대를 군사조직이라기보다는 사실상 해양경찰기능을 가진 치안조직으로 성격을 규정하였다.

이러한 성격 논란이 일어나는 것과는 상관없이 조선해양경비대는 장교급 대원에 이어 사병급 대원에게도 계급을 부여하여 전체 대원을 일정한 계급체계로 조직화하였다. 또 진해에 있던 총사령부를 서울 남산 인근으로 이전하는 한편, 목포, 묵호, 부산, 진해, 군산, 포항 등에도 잇따라 기지를 설치하였다. 9월에는 조선 해양경비대의 운영을 지원하기 위해 방한한 미국 코스트가드(USCG, U.S. Coast Guard, 미국의 연안경찰) 자문단의 조언을 참고하여 조선해양경비대의 운영관리 전반을 보다 체계적으로 정비하였다.

이때 코스트가드는 자문단의 지원활동과 관련하여 《The Coast Guardsman's Manual》이라는 책자에서 "1946년 Korea Coast Guard를 조직·관리하고 훈련하기 위하여 코스트가드 팀을 서울로 보냈다. 이 조직이 해양경찰이 되었다"고 기술하였다. 조선해양경비대가 한국해군의 전신이기도 하지만, 한편으로는 해양경찰의 뿌리이기도 하다는 점을 보여주는 대목이다.

〈그림 2-4〉 The Coast Guardsman's Manual(1946)

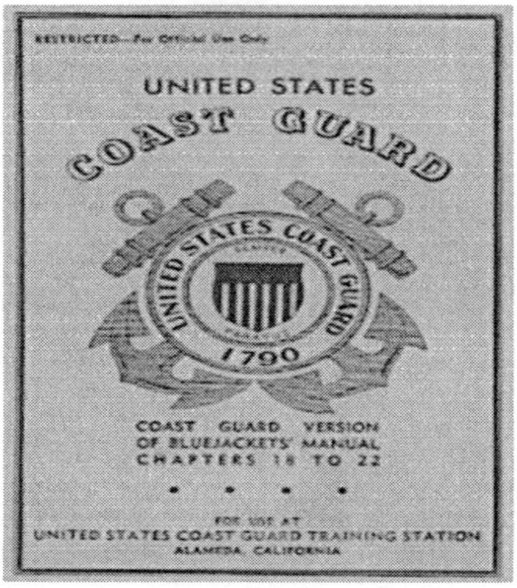

이처럼 해군조직을 꿈꾸면서도 사실상 해양경찰의 기능을 담당하던 조선해양경비대는 1948년 대한민국 정부 수립과 동시에 국방부 훈령 제1호에 따라 '해군'으로 개칭되었다. 완전한 주권을 가진 독립정부가 탄생함에 따라 조선해양경비대 역시 국방의 임무를 띤 명실상부한 해양군사조직으로 탈바꿈한 것이다.

이에 따라 해군은 전투 등 국방을 위한 군사작전을 주 임무로 수행하면서, 한편으로는 경찰기능에 속하는 해양주권 경비 임무도 동시에 담당하여 한동안 해상치안 활동의 주체로 활동하게 되었다.

제2절 해양경찰 창설과 해양경비 태동

1. 해양경찰 창설 배경

가. 맥아더라인 철폐와 평화선의 설정

1948년 정부 수립과 함께 해군이 창설되었지만 창군 초기 해군의 전력은 극히 취약하였다. 미군으로부터 받은 경비정 2척과 일본해군이 건조하다 중단한 경비정을 다시 건조한 충무공정 등 총 3척이 장비의 전부였다. 해군장비의 기본이라 할 수 있는 함정조차 턱없이 부족하다 보니 장병들이 박봉을 털고 국민성금과 해군부인회의 바느질 품삯을 모아 미국으로부터 450톤급 중고 초계함을 구입하는 일까지도 벌어졌다. 취약한 해군 전력은 기존의 맥아더라인을 실효적으로 지켜내기도 매우 어렵게 만들었다. 특히 일본 어선들이 맥아더라인을 넘나들며 우리 해역의 어장에서 불법어로 행위를 일삼았지만 그들을 나포할 여력이 부족해 해군함정들도 적극적으로 나포하기보다는 주로 퇴거하라고 경고하는 데 치중할 수밖에 없었다.

하지만 일본 어선들의 침범이 가속화되고 일본 수산청 소속의 순찰선들마저 일본 어선들의 불법행위를 묵인 또는 비호하고 나서자 우리 국민들의 분노가 고조되었다. 이에 이승만 대통령은 해군참모총장에게 "향후 맥아더라인을 월선하여 침범하는 일본 어선들을 모두 나포하라"는 특명을 내렸고, 해군은 남해안과 서해안에 침범하여 조업 중인 일본 어선들을 적극적으로 나포하기에 이르렀다.

이와 같은 정부의 강경한 조치에도 불구하고 일본 어선들의 불법어로행위는 멈추지 않았다. 특히 1950년 한국전쟁이 발발한 이후에는 해군이 전투작전에 전념 하느라 해상치안이 느슨해진 틈을 타서 더욱 기승을 부렸다. 마침 1951년 9월 8일 샌프

란시스코에서 미국과 일본이 평화조약을 체결함에 따라 조만간 맥아더 라인이 철폐될 것이라는 전망이 나오자 일본 어선들의 불법행위는 극에 달하였다. 이에 정부는 비록 전쟁 중이라 해도 우리 해양의 천연자원 개발과 어업자원 보호가 매우 시급한 현안이라 인식하고, 1952년 1월 18일 국무원 고시 제14호로 '인접해양의 주권에 관한 대통령 선언'을 선포하였다. 이 날 발표한 대통령 선언을 통해 우리 정부는 해양자원 보호를 위해 연안으로 부터 평균 60마일의 해역을 대한민국의 주권선으로 설정하였다. 이것이 바로 '평화선'이다.

평화선은 우리 해역의 광물과 수산자원을 보존하기 위하여 설정한 해양주권선으로, 어업기술이 월등한 일본과의 어업분쟁 가능성을 사전에 봉쇄하고 공산세력의 연안침투를 방지하며, 세계 각국의 영해 확장과 주권적 전관화(主權的 專管化) 추세에 대처하기 위한 정책적인 배려에서 선언되었다. 그리고 1965년 6월 체결된 '한·일어업협정'에 따라 철폐되기까지 13년여 동안 우리의 주권선으로 유지되었다. 한편 평화선의 설정에 불만을 느낀 일본은 평화선이 공해자유의 원칙에 위배 된다며 우리 정부에 강력히 항의하였다. 특히 독도를 평화선 수역내에 포함한 것을 두고 '한국의 일방적인 영토침략'이라며 영토분쟁을 제기하기도 하였다. 그러나 우리 정부는 독도에 대한 영토분쟁 주장을 일축하는 동시에, "국제기구가 모든 보존수역을 규제하고 관리하기가 불가능하기 때문에 연안국의 보존수역 설정은 필연적이며, 연안국이 취한 일방적 조치가 타국에도 적용 된다"는 국제 선례를 근거로 일본 측의 주장을 단호히 거부하였다.

〈그림 2-5〉인접해양의 주권에 관한 대통령 선언(1952. 1. 18)

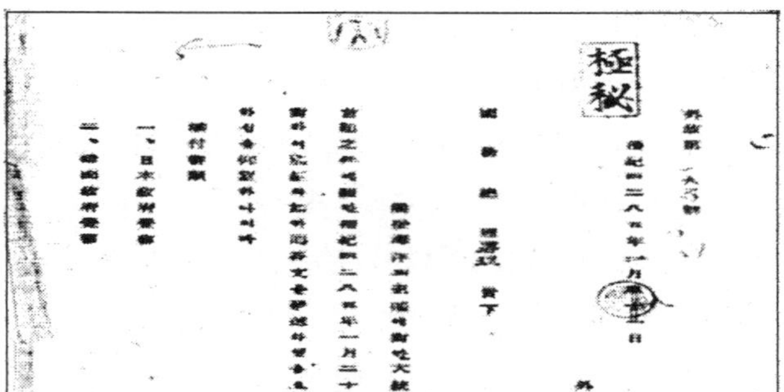

〈그림 2-6〉 평 화 선

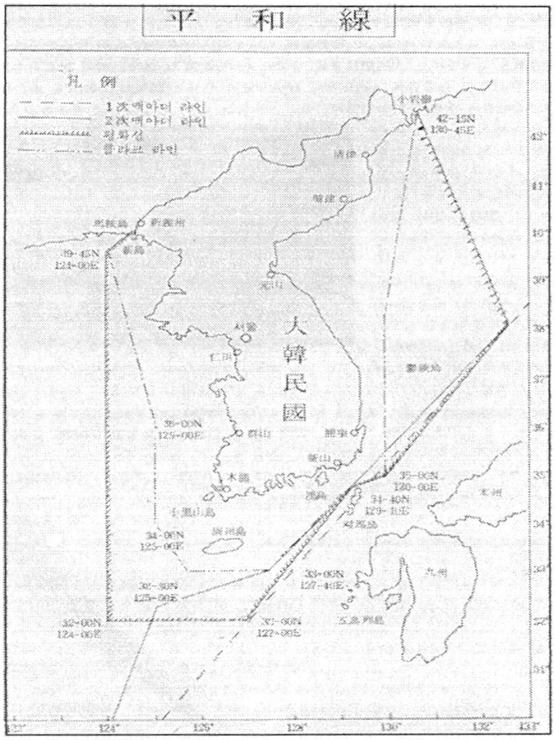

(자료: 행정안전부 국가기록원)

평화선 선언 이후 정부는 평화선을 법적으로 뒷받침하기 위해 1953년 「어업자원보호법」을 제정하고, 평화선 수역 내에서 외국선박, 주로 일본선박의 불법어로 행위를 엄격히 단속하였다. 일본은 평화선에 대응하여 1952년 9월 20일 일본경비구역선(日本警備區域線)인 'ABC라인'을 설정하고, 자국의 어선을 보호하기 위해 해상보안청 감시선을 수시로 출동시켜 한국경비정과 마찰을 빚기도 하였다.

평화선이 설정되고 3개월이 지난 1952년 4월 25일 맥아더라인이 철폐되었다. 그리고 9월 27일에는 UN연합군 총사령관인 클라크(M. W. Clark) 장군이 북한의 침투를 막고 전시 밀수출입품의 유통을 봉쇄할 목적으로 한국 연안에 '클라크라인(Clark Line)'이라는 해상 방위수역을 선포하였다.

이 클라크라인은 평화선과 거의 비슷한 수역선으로 획정돼 있어, 평화선의 설정을 불만스러워하던 일본도 사실상 평화선을 수용할 수밖에 없게 되었다. 이에 따라 일본과의 어업마찰은 표면적으로는 해소되었다.

그러나 정부 차원의 수역선 문제와는 별개로 일본 어선들의 불법행위는 전혀 수그러들지 않아 해상치안을 유지하는 데 큰 걸림돌이 되었다. 이에 따라 해상치안을 유지하고 해양주권을 확보하기 위해서는 정부 차원의 특단의 대책이 불가피하게 되었다. 비로소 해양경찰제도의 운영을 본격적으로 검토하기 시작한 것이다.

〈그림2-7〉 평화선과 클라크라인

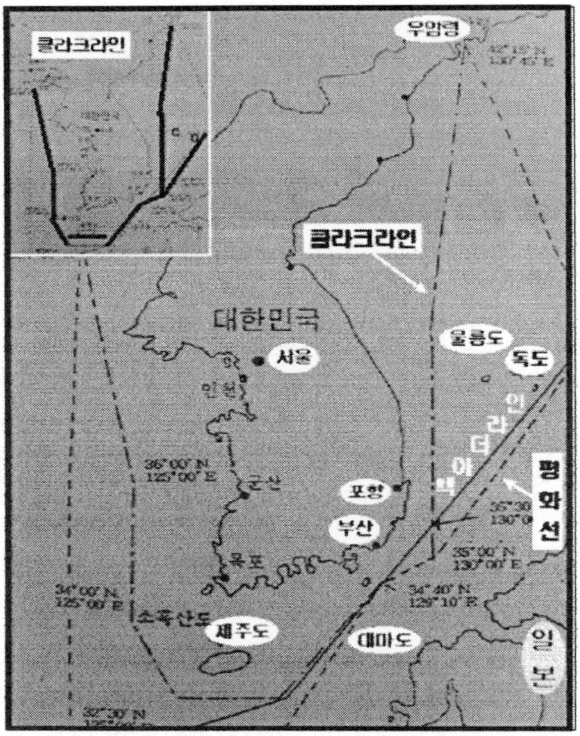

(자료: https://www.google.com/search?q=평화선과 클라크라인)

나. 해양경찰대 창설(1953년 12월 23일)

- ▶ 어업자원보호법 제정(1953. 10) 이후, 해양경찰대 창설(1953. 12)
- ▶ 해양경찰 임무의 특성 : 우리나라 경찰은 국민의 인권보호와 봉사경찰보다는 정치적 환경의 지배를 받아 운영되어온 반면에 해양경찰은 자원보호, 환경, 교통 등 봉사업무와 경비, 국방임무 차원에서 출발하였다.

1953년 7월 27일, UN군 총사령관 클라크 장군과 북한군 최고사령관 김일성, 중공인민지원군 사령관 펑더화이(彭德懷)가 휴전협정에 서명하면서 한국전쟁은 휴전 상태로 접어들었다. 협정의 정식 명칭은 '국제연합군 총사령관을 일방으로 하고 조선민주주의인민공화국 최고사령관 및 중공 인민지원군 사령관을 다른 일방으로 하는 한국

군사정전에 관한 협정'이다.

당시 한국이 서명하지 않은 것은 이승만 대통령이 통일을 주장하며 마지막까지 서명에 참여하지 않았기 때문이다. 이는 그 이후 휴전협정을 평화협정으로 대체하는 문제가 논의될 때마다 한국이 당사자에 포함되는지 여부가 논란이 되는 불씨가 되었다. 휴전협정이 체결됨에 따라 한국전쟁이 정지되고 남북은 국지적 휴전상태에 들어갔다. 그리고 남북한 사이에는 비무장지대와 군사분계선이 설치되어 지금의 휴전선이 성립되었다. 그로부터 한 달이 지난 8월 27일 에는 클라크라인도 철폐되고 다시 사흘 뒤 북방한계선(NLL)을 설정함으로써 해상에서도 남·북간 군사분계선(MDL, Military Demarcation Line)이 성립하게 되었다.

이로써 우리나라가 지켜야 할 영해의 범위는 평화선과 NLL로 명확해졌다. 하지만 그것만으로 해상치안 문제가 해결되지는 않았다. 특히 일본 어선들은 클라크라인의 철폐 여부와 관계없이 지속적으로 평화선을 넘어 우리 영해를 침범하였다. 전쟁 직후 해상치안이 불안정하다는 점을 이용하여 우리 영해에서 무단으로 불법 어로행위를 일삼았던 것이다.

이 때문에 일본 어선들을 퇴출 및 나포하고 적색불순 분자들의 침입을 예방하는 등의 해상경비를 강화할 필요성이 절실해졌다. 그러나 해군 병력만으로는 이 같은 임무를 수행하는 데는 어려움이 많았다. 전쟁이 완전하게 종식되지 않고 일시적인 휴전상태로 접어든 상황에서 해군이 전투작전과 해양주권선 수호라는 두 가지 임무를 동시에 담당하는 것은 군 작전수행에 적지 않은 지장을 초래하였던 것이다. 그뿐만 아니라, 군대가 민간 어선을 나포하는 것은 군 본연의 임무에서 벗어난 것으로써 국제법상의 질서에도 위배된다는 논란을 불러올 수 있었다. 이러한 문제를 해결하기 위해 이승만 대통령은 해양주권선 경비임무를 경찰이 담당하여 수행하라는 지시를 내렸다. 해양경비 업무를 군에서 경찰로 이관하라는 것이다. 사실상 해양경찰을 창설하라는 지시와 다름없었다. 이에 따라 1953년 10월 5일 정부는 해양경찰대 설치계획을 수립하고, 조직편성 및 예산수립 등의 필요조치를 강구하였다. 그리고 12월 12일에는 "평화선을 침범하는 외국어선을 단속하고 어업자원을 보호"하는데 목적을 두고 「어업자원보호법」을 제정하였다. 그로부터 이틀 뒤인 12월 14일에는 대통령령 제844호로 「해양경찰대 편성령」을, 16일에는 내무부 훈령 제11호로 「해양경찰대 편성령 시행규칙」을 공포하여 해양경찰대의 설치를 명문화하였다. 특히 「해양경찰대 편성령」에서는 내무부 치안국 경비과 소속으로 해양경찰대를 설치하고, 대장은 경무관급 경찰관으로 보임하며, 기지는 부산시에 둔다는 등의 구체적인 내용을 명료하게 규정하였다.

이에 따라 1953년 12월 23일 오후 2시 20분, 부산항이 있는 부산시 중구 중앙동 4가 17-9번지 해양경찰대기지에서 발대식을 갖고 마침내 해양경찰대가 창설되었다. 발대식에는 백한성 내무부장관과 경찰 및 해군의 주요 간부, 관계 기관장들이 대거 참석하여 해양경찰대의 창설을 축하 하였다.

〈그림 2-8〉 해양경찰대 발대식(1953. 12. 23)

(자료: 해양경찰 50년사, 해양경찰청, 국가기록원)

이날 발대식에서 박옥규 해군 총참모장과 이성주 치안국장은 해양경찰대가 해군으로부터 경비정 6척을 인수하여 해양경비에 활용토록 하는 '경비선 인수인계안'에 조인하였다. 181톤급 AMC 소해정 6척 인수 조인식(1953. 12. 23)에 따라 해양경찰대는 해군이 사용하던 181톤급 AMC 소해정 6척을 최초의 장비로 확보하여 본격적인 해양경비 활동을 시작하였다. 백한성 내무부장관은 인수한 경비정에 대해 금성호(861정), 은하호(863정), 직녀호(867정), 칠성호(865정), 화성호(862정), 견우호(866정)라는 이름을 각각 명명 하였다.

이로써 해방병단에서부터 시작된 해양경비업무는 조선해양경비대와 해군을 거쳐 새로 창설된 해양경찰대로 이전되어 안착하였다. 비로소 해양주권 수호를 위한 해양경비와 해상치안 업무가 전담조직에 맡겨짐으로써 보다 효율적이고 전문적으로 수행될 수 있는 계기를 마련하게 된 것이다.

〈그림 2-9〉 해양경찰대 발대 당시 함정에 탑승한 해양경찰대원들(1953. 12. 23)

(자료: 해양경찰 50년사, 해양경찰청, 국가기록원)

2. 창설 초기 조직체제 변동

창설 이후 해양경찰대는 보다 효율적인 운영체제를 갖추기 위해 몇 차례에 걸쳐 기구조직을 개편하고 보완하였다. 몇 번에 걸친 조직변동은 해양경찰대가 장차 자생력을 가지고 소임을 다할 수 있도록 탄탄한 조직력을 갖추는 기반이 되었다. 조직변동 과정에서 해양경찰의 책임과 역할이 보다 명료해지고, 나아가 효율적인 조직을 구성하고 운영하는 방식에 대한 학습효과가 생겼기 때문이다.

1953년 12월 23일 창설 당시 해양경찰대는 181톤급의 소규모 경비정 6척을 가진 작은 조직이었다. 경찰대원도 시·도 경찰국에서 차출된 경찰관 60명과 해군에서 차출하여 예비역으로 편입한 후 경찰관으로 임명한 79명을 포함하여, 경무관 1명, 총경 5명, 경감 27명, 경위 86명, 경사 288명, 순경 251명 등 전체 정원도 658명에 불과 하였다.

초대 대장에는 해군 대령 예편과 동시에 경무관으로 임명된 이상열 대장이 보임되었다. 그리고 군의 조직체계를 준용하여 대장 산하에 총경급의 참모장과 행정참모, 작전참모, 정비참모, 보급참모 등 4개 참모조직을 두고, 행정참모 휘하에는 행정계·기획계·원호계·의무계를, 작전참모 휘하에는 작전계·통신계·정보계를, 정비참모 휘하에는 함정계·전자계·자재계를, 그리고 보급참모 휘하에는 보급계와 경리계를 편제하였다. 동시에 정비참모 소관으로 영선반을 설치하여 경비함정 등 해경장비의 수리보수 등의 업무를 담당토록 하였다. 현장조직으로는 부산을 비롯하여 인천, 군산, 목포, 포항, 묵호, 제주 등 7개소에 경감급의 '기지감'을 책임자로 하는 해양경찰기지대와 해양순찰반을 각각 편성하였다. 이에 따라 최초의 기구조직은 해양경찰대장, 참모장, 4참모실, 12계, 7기지대로 편성돼 운영을 시작하였다.

〈그림 2-10〉 해양경찰대 기구표(1953. 12. 23)

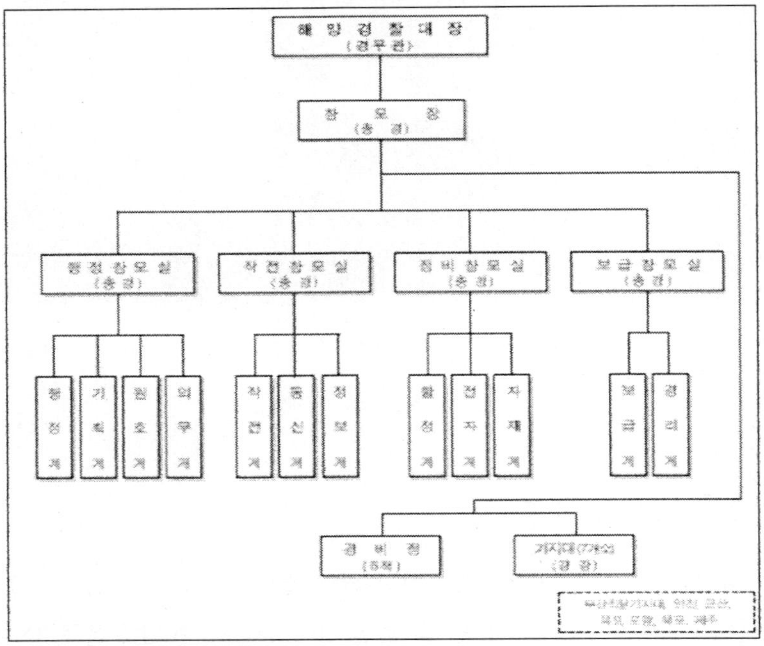

(자료: 해양경찰 50년사, 해양경찰청, 국가기록원)

3. 해양경찰 창설 이전 경비 기능

해양경찰 기능의 역사를 살펴보면 해방된 후에 일본의 영향으로 부산수상경찰서가 존재하였던 점을 고려하면 해양경찰사의 시작은 1953년 해양경찰대 창설 때부터 구분하는 것이 아니라 1945년 해방 때까지 거슬러 생각해봐야 한다.

그리고 1949년 5월에는 인천수상경찰서가 신설된 것도 해양경찰의 역사라고 보아야 한다. 그 이유는 해상에서 불법어업 단속 등의 해양경찰업무를 수행하였기 때문이다. 1953년 해양경찰대 신설된 이후에도 한 동안 해양경찰대와 수상경찰서가 병존한 시기가 있었다. 그 시기는 1953년부터 1961년 7월까지이다.

가. 부산수상경찰서

1924년 3월 3일에는 부산수상경찰서가 총독부령 제8호로 신설되었다. 주 업무는 부산부 해상(수면)일원을 관할구역으로 하고 수상에서의 경찰 및 위생사무 관리, 사법행정업무를 맡았다. 수척의 경비선을 보유하고 있었으며, 경북연안 및 경남, 전남 연안 부정 어업규제도 하였다. 즉 부산과 일본 시모노세키 사이를 왕래하던 관부연락선을 비롯한 부산항에 출입하는 모든 배와 사람들을 통제하는 기관이었다. 당시 학생은 학생증만으로도 가능했으나, 일반인들은 본적지 경찰서장이 발행한 일본도항증명서와 호적등본을 제출하여 부산수상경찰서에서 승선심사를 받아야만 연락선을 탈 수가 있었다. 그리고 도항증명서를 제출해도 수상하게 여겨지면 소지품 검사가 심하였고 특히 학생들의 경우는 더 심했다고 한다. 해외로 나가거나 들어오는 독립운동가를 제일 먼저 검거하는 곳이었다. 수상경찰서는 1936년에 본정에서 대교동으로 이전하였다.

부산수상경찰서는 1924년 3월 3일 창설(현재의 부산시 중구 대교동)하면서 영도주재소(현재 대교파출소), 남항주재소(현재 남항파출소), 대풍포주재소(구 대평파출소) 3개소를 두고 영도구 행정구역과 부산해안 전역 치안을 담당하였고, 1947년 10월 8일 부산시 영도구 대교도 4가 63번지로 청사를 이전하여 1957년 7월 26일 영도경찰서로 개칭(대통령령 제1298호)되면서 청사가 노후하여 1957년 12월 31일 부산시 영도구 대교동 4가 3번지로 청사를 이전하였다.

1946년 7월 20일에는 청학파출소를 개소하고, 치안 및 해안선 취약지를 감안하여 1956년 7월 29일 영선지서를 개소하였고, 같은 해 영도주재소를 대교지서로, 남항주재소를 남항지서로, 대풍포 주재소를 대평지서로 각각 개칭하였다.

또한, 「지방행정기관의 명칭·위치 및 관할구역에 관한 건」(시행 1949. 2.23. 대통령령 제58호)에 의하면 경찰서의 명칭을 행정구역에 의한 명칭으로 변경하여 부산수상경찰서는 제17구 경찰서에서 부산수상경찰서를 명칭으로 변경된다. 그리고 1952년 경찰서의 등급구분 제정에 관한 건(시행 1952. 12. 26, 대통령령 제730호)에서 부산수상경찰서는 1급 경찰서였다.

나. 인천수상경찰서

인천 수상경찰서는 1949년 5월 7일에 신설되었다. 그 관할지역은 인천 월미도, 사도 및 부천군 6개 도서이었고, 1961년 7월 9일 인천수상경찰서가 폐지되었다는 인천중부경찰서 연혁에 나타나고, 신문기사에는 1962년에 「경찰서 직제중 개정 건」에서 인천수상경찰서를 폐지하고 인천경찰서에 병합한다는 기사가 있다.

1949년에 인천수상경찰서 신설의 법적 근거는 「경찰서의 명칭·위치 및 관할구역변경에 관한 건」(대통령령 제101호, 1949. 5. 7)이고, 이 법규에 의해 경기도에 인천수상경찰서와 동인천경찰서를 신설하고 관할구역을 설정하였다.

인천수상경찰서의 폐지는 5.16이후 폐지되는 것으로 인천 중부경찰서 홈페이지에 나오지만 법령변경 내용에 대한 기록은 찾아 볼 수 없었다. 1950년 5월말 당시 경기도 경찰국은 총 26개의 경찰서가 있었다. 이 때의 인천 지방은 인천수상경찰서와 인천경찰서, 동인천경찰서가 있고, 인천수상경찰서의 관할은 인천부근의 도서를 관할하고 있다. 1952년에 「경찰서의 등급구분 제정에 관한 건」(시행 1952. 12. 26, 대통령령 제730호)에서 인천수상경찰서는 1급 경찰서였다.

4. 상공부 시대(1954년)의 해양경찰

가. 해무청

1954년 6월 26일에는 내무부 훈령 제12호로 「해양경찰대 편성령 시행규칙」이 개정되면서 해양경찰대의 관할구역에 변화가 생겼다. 연안으로부터 3마일 이내의 해역은 일반경찰이 관할하고 3마일 밖에서부터 인접 해양주권선까지의 해역을 해양경찰대가 담당하도록 조정하였다. 더불어 참모장 제도를 폐지하고 유선 및 무선경비통신과 전자(電子) 관련 사항을 관장하는 통신참모를 신설하여 해양경찰대장이 직접 관장하는 5인의 참모체제로 기구조직을 재정비하였다. 7개 기지대의 책임자는 기지감에서 '기지대장'으로 호칭을 변경하였고, 각 기지대의 관할구역도 명확히 설정함으로써 해양경비 활동의 효율성을 높이도록 하였다. 상공부 해무청으로 소속 이관 및 '해양경비대'로 명칭 변경 해양경찰대가 창설되어 해군이 담당하던 해양경비업무를 이관받은 것은 국가적인 차원에서 해상치안기능의 실효성을 높이는 중요한 첫걸음이 되었다. 그러나 3면이 바다인 우리나라의 지정학적 특성상 해양경비 외에도 수산자원과 항만, 해운 관련 사항 등 수많은 해양 관련 업무가 산적해 있었다.

정부는 이러한 해양업무가 여러 부처에 흩어져 있어 효과적인 관리가 어려워지고 있다고 판단하고, 마침 범정부 차원에서 추진 중인 '유사기능 통폐합' 방침에 맞춰 해양관련 업무를 통합 일원화하기로 하였다. 이에 따라 1955년 2월 7일 「정부조직법」을 개정하여 해양관련 업무를 담당할 전담조직으로 상공부 산하에 '해무청(海務廳)'을 신설하였다. 그리고 해무청 내에 수산국, 해운국, 시설국을 두고, "수산, 해양경비, 조선, 항만공사에 관한 사무와 일반항만 및 해운행정 등 해양 관련 업무"를 일괄 관장토록 하였다. 해무청의 직제와 역할은 대통령령을 통해 보다 구체적으로 규정되었다. 먼저 2월 17일 공포된 대통령령 제1010호에서는 수산국 내에 어정과(漁政課), 어로과(漁撈課), 제조과(製造課)와 함께 해양경비과를 신설하되, 해양경비과에서는 해양경비원을 두고 "「어업자원보호법」에 관련되는 해양경비와 항로표지 보호에 관한 사항을 분장 한다."고 규정하였다.

그리고 8월 19일 공포된 대통령령 제1083호「해양경비에 종사하는 공무원의 직종, 정원 및 직무권한에 관한 건」에서는 "해양경비를 담당하는 공무원은 「어업자원보호법」제4조(범죄의 수사)에 규정한 사법경찰관리의 직무를 행한다."고 규정하였다.

이를 위해 해양경비과에 해양경비대를 편성하고 필요한 곳에 해양순찰반을 운영토록 하였다. 이에 따라 해양경찰대는 창설 1년여 만에 소속부처가 내무부에서 상공부 산하 해무청으로 이관되고, 조직의 명칭도 '해양경비대'로 개칭 변경되는 큰 변화를 맞게 되었다. 해양경비대는 대장을 포함하여 전체 정원을 572명으로 책정하고, 이 중 대장은 3급 갑(甲) 직급인 서기관급의 해양경비과장이 겸임토록 하였다. 이와 함께 해양경찰의 계급도 새로 조정하였는데, 총경·경감·경위는 경령·경정·경위로, 경사는 경조장·일등경조·이등경조로, 순경은 해군의 사병계급과 유사한 삼등경조·일등경수·이등경수로 재분류하였다. 그해 9월 28일 해무청은 훈령 제1호로「해양경비대편성규정」을 제정하여 상공부 해무청소속으로 새 출발하는 해양경비대의 기구조직을 일부 개편하였다. 훈령에서는 5개 참모조직을 중심으로 하는 기존 해양경찰대 조직의 근간을 그대로 유지하되, 해양경비과장 산하에 경비대 분실과 감찰계를 신설토록 규정하여 조직운영의 효율성을 더욱 높일 수 있게 하였다.

또 같은 날 공포한 훈령 제2호를 통해 처음으로 해양경비대와 해양경비대장의 기(旗)를 제정하였다. 새로 제정된 해양경비대 기는 가로 180cm, 세로 120cm 의 직사각형 크기로, 중심부에는 은색의 독수리와 꼬리, 청홍색의 태극, 그리고 금색의 모장(帽章)을 형상화 하였다. 해양경비대장 기는 해양경비대 기와 크기는 동일하나 대장의 계급장을 중심으로 이미지를 형상화하여 차별화하였다. 이후 해양경비대와 해양경비대장의 기(旗)는 대외적으로는 해양경비대의 존재를 상징적으로 제시하고, 대내적으로는 해양경찰의 사명감을 고양하고 결속력을 다지는 구심점으로서의 역할을 하게 되었다.

〈그림 2-11〉 해양경비대기 및 대장기

〈해양경비대기〉

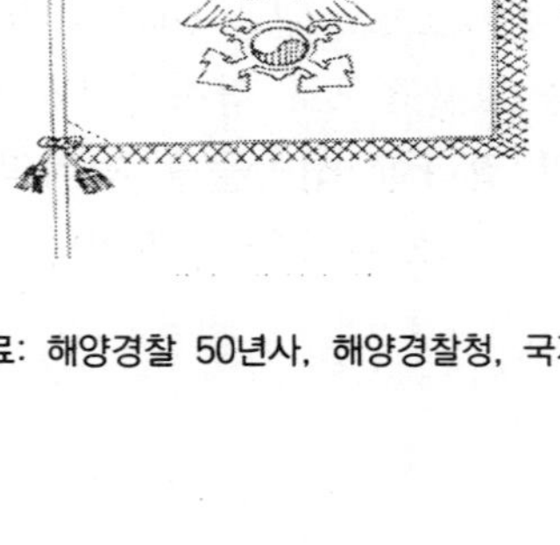

〈해양경비대장기〉

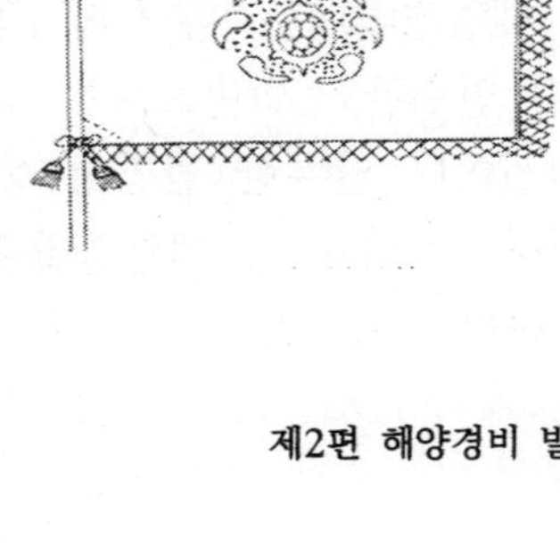

(자료: 해양경찰 50년사, 해양경찰청, 국가기록원)

나. 해양경비대사령부 체제의 운영

1956년 7월 23일 해양경비대는 해무청 훈령 제12호에 의거하여 '해양경비대사령부'로 조직명을 바꾸고 대장을 이사관급의 사령관으로 보임하는 조직개편을 단행하였다. 이는 1955년 12월에 경비임무 수행 중이던 866정의 대원 4명이 중국무장어선과 교전하다 피랍된 사건을 계기로, 해양경비대의 전력을 강화하려 는 목적에서 취해진 조치였다. 군과 경찰의 조직체계 및 운영방식을 혼용하여 운영해 오던 해양경찰은 이를 계기로 사실상 군 조직과 유사한 조직형태로 바뀌게 되었다. 조직개편에서는 참모장제도를 다시 부활하고 참모조직은 행정선임 참모실·작전선임 참모실·후방선임 참모실로 재구성하였으며, 본부사령실과 본부통신대를 신설하는 한편, 현장조직도 제1정대사령, 제2정대사령, 해난구조대사령,항공대사령으로 편제하였다. 또 기존의 7개 기지 가운데 부산기지대를 폐지하고 나머지 6개 기지는 '기지사령'으로 개칭하였다.

해양경비대사령부는 1956년 11월 14일 최초로 함수기(艦首旗)를 제정하는 등 조직분위기를 일신하며 해양경비업무의 효율적인 수행을 위해 노력하였다. 그러나 그러한 노력에도 불구하고 사령부체제는 오래가지 못하였다. 1957년 들어 재정이 부족해진 정부가 범정부 차원에서 대대적인 예산절감 시책을 전개함에 따라, 해양경비대사령부 역시 조직을 축소하고 인원을 감축하는 등 조직의 외형을 크게 줄여야 했기 때문이다.

결국 해양경비대사령부는 사령부체제로 전환한지 불과 1년이 조금 지난 1957년 11월 6일 해양경비대 체제로 복귀하였다. 이때 참모조직은 행정·작전·후방참모로 재조정하고 본부통신대를 통신참모로 전환하는 한편 본부사령실을 폐지하였다. 또 감찰관실은 행정참모실로 흡수하고 해난구조대사령은 폐지하였으며, 기지사령도 원래의 기지대장으로 복원하되 인천, 군산, 포항, 묵호 등 4개 기지대를 추가로 폐지하여 목포, 제주 등 2곳에만 기지대를 남겨두었다.

정부의 예산절감 시책은 인원도 대폭 감축하는 결과로 이어졌다. 근무성적불량자 등을 면직시키고 내무부 전입자를 원대 복귀시키는 등의 방법으로 1958년 1월 106명, 10월 27명, 1961년 3월 61명 등 대규모로 인원을 감축한 것이다. 그 결과 해양경비대의 전체 정원은 1961년 말 현재 창설 당시 658명에서 524명으로 감소하였다.

다. 나포·귀순 어선의 경비정 편입

초기의 해양경찰대는 해군과 USOM(주한미국경제협조처. 지금의 한미경제협력위원회), 미군 등으로부터 인수한 선박만으로는 광활한 해상을 효율적으로 경비하기가 어려워, 나포한 일본어선이나 압류한 범법선 등 각양각색의 잡다한 선박들을 경비정으로 편입하여 운용했다. 이는 당시 해양경찰대의 장비가 그만큼 부족한 상황이었음을 반증하는 것이기도 하다.

해양경찰대는 수시로 평화선을 무단 침범하는 불법어로 선박들을 나포하였는데, 출범 이후 10년 동안 나포한 어선은 중국어선 2척을 포함하여 162척에 달하였다. 이 중 중국어선 2척은 노후하여 폐선시키고 160척의 일본어선 중 38척은 본국으로 송환하였으며, 나머지는 모두 압류조치 하였다. 그리고 압류한 122척의 선박 가운데 104척은 국내 수산업자들에게 유상 또는 무상으로 제공하고, 선박의 상태나 엔진의 성능이 경비정으로 활용하기에 비교적 유효한 18척의 어선을 선별하여 경비정으로 편입하였다.

경비정으로 편입한 일본어선은 1956년 10월에 각각 충무호, 화랑호로 명명한 79톤급, 96톤급 2척, 1957년12월에 S-1정, 101정으로 각각 명명한 2.3톤과 81톤급의 어선 2척, 그리고 1959년에 105정, 106정으로 명명한 98톤급 어선 2척이 대표적이다.

〈그림 2-12 〉 나포한 일본어선 'S-1정'(1957)

(자료: 해양경찰 50년사, 해양경찰청, 국가기록원)

국가의 빈곤만큼이나 이 시기 해양경찰의 장비도 열악했다. 이렇게 각양각색의 선박들을 경비정 혹은 보조 경비정으로 활용하였으나, 이들 선박의 대부분이 소형이고 노후하여 안정적으로 운용하기는 어려웠다. 이 때문에 이들 경비정들은 주로 연안항·포구의 경비에 운용되었고, 그나마도 오래지 않아 반환되거나 폐선, 퇴역시키지 않을 수 없었다. 결국 1963년 해양경찰대는 출범 당시 6척보다 훨씬 많은 총 21척의 경비정을 보유하기는 하였지만, 실제로 평화선 경비에 활용할 수 있는 경비정은 70톤 이상 100톤 미만의 보조경비정을 포함하여 겨우 10척 정도에 불과하였다. 이 밖에도 해양경찰대는 1965년 9월 범법선으로써 순천지방검찰청이 압류했던 4.7톤의 목선 대덕호를 인수하여 S-6정으로 명명하고, 여수기지대에 배치하여 연안경비 및 첩보선으로 운영하였다.

또 1966년 12월에는 그해 9월 27일 북한을 탈출하여 울릉도에 입항한 34톤 규모의 귀순어선 철도1호를 당시 관리 중이던 경상북도로부터 인수하여 경비정 S-9정으로 명명한 후 연안경비 업무에 투입하였다.

라. 경비정 건조

경비정 건조 계획은 1968년 8월 7일 목선 30톤급 고속경비정 7척이 취역식을 가지면서부터 비로소 현실화되었다. 이날 취역한 신조 경비정은 대한조선공사가 건조한 것으로, 척당 3406만 원의 예산이 투입되었다. 해양경찰대는 새로 건조한 신조 경비정에 인천호(301정), 군산호(302정), 목포호(303정), 제주호(304정), 여수호(305정), 포항호(306정), 묵호호(307정) 등으로 각각 명명하였다. 그리고 먼저 준공한 301정, 302정, 303정 등 3척을 1968년 10월 23일 인천·군산·목포기지대에 각각 배치하였고, 그해 12월 30일까지 나머지 4척을 준공하여 제주·여수·포항,·묵호 기지대에 순차적으로 배치하였다. 30톤급 신조 경비정 7척의 취역식을 거행한 지 일주일이 지난 8월 14일에는 100톤급 신조 경비정 2척이 대한조선공사 부두에서 박경원 내무부장관이 참석한 가운데 취역식을 갖고 실전에 투입되었다.

100톤급 신조 경비정은 척당 9140만원을 들여 대한조선공사에서 최초로 우리 기술진으로 건조하였는데, 해양경찰대는 1968년 5월 1일의 편제명령에 따라 이 경비정을 동해호(681정)와 서해호(682정)로 각각 명명하고, 9월 8일자로 681정은 목포기지대에, 682정은 군산기지대에 배치하였다.

마. 해양경찰 항공기 도입

창설 당시 소규모 경비정 6척으로 해양경비의 임무를 시작한 해양경찰대는 낡고 성능조차 부족한 경비정만으로는 광활한 해역을 순찰하고 경비하는 데 어려움이 많았으므로, 하늘에서 바다를 정찰할 수 있는 항공기를 절실하게 필요로 하였다. 하지만 자체적으로 보유한 항공기가 없었으므로 해난구조작업이나 특별한 정찰을 해야 하는 등의 긴급한 필요가 있을 때마다 치안국에 요청하여 지원을 받아야 했다.

그러던 중 1961년 2월 28일 평화선 경비강화 방안의 일환으로, 해군이 사용하던 SX-3 수상쌍발기 1대와 SX-5 단발수상기 1대, 그리고 K-19 단발육행기 1대 등 총 3대의 항공기를 인수하여 처음으로 항공장비를 갖추게 되었다. 수상쌍발기와 단발수상기는 진해함대사령부 소속 조경연 중령이 제작한 국내 유일의 국산 비행기로, 500km의 항속능력을 가진 비행장비였다.

이 항공기들이 도입됨에 따라 평화선 인근해역에서는 불법어로를 감행하던 일본 어선들이 일시에 사라지는 특이한 현상이 나타났다. 이는 항공기를 통한 정찰의 위력을 실감케 한 것이었는데, 해양경찰대에 항공장비가 도입된 것을 알게 된 일본의 제7해상보안청이 라디오 등을 통해 자국 어선들에게 평화선을 침범하지 말라는 경고방송을 하는 일이 벌어지기도 하였다.

해양경찰대는 이 항공기를 운용하기 위해 1962년 5월 5일의 직제개편 시 항공대를 신설하였다. 그리고 이 항공기들을 주축으로 평화선에 대한 정찰임무를 수행케 하여 해상경비를 한층 강화하였다. 그러나 1년 후인 1963년 2월 5일 직제 개편에서는 항공대를 폐지하여 치안국 항공대로 병합하고, 항공대가 보유하고 있던 항공장비들도 치안국 항공대에 위탁 관리하는 방식으로 항공장비 운용체계를 변경하였다. 대신 치안국 항공대의 부산기지대를 신설함으로써, 해양경찰대의 명에 따라 치안국에 요청하여 해상정찰 임무에 항공기를 동원하도록 조정하였다.

〈그림 2-13〉 해군에서 도입한 수상쌍발기(1961)

(자료: 해양경찰 50년사, 해양경찰청, 국가기록원)

제2장 해양경찰 탄생과 경비 활동변화

제1절 1953년~1970년대 경비

1. 1953~1960년 해양경비 배경과 활동

가. 배경

1) 맥아더 라인 (미국 제5함대 사령관 각서 제80호)

광복(1945. 8. 15)후 연합군 최고사령부가 1946년 6월 22일 SCAPIN 제 1033호 3조에서 일본인 어업 및 포경업의 허가구역(맥아더라인)을 설정하였다. 일본에 대한 군사상 통제 및 어족자원보호를 위해 연합군 총사령관 맥아더가 설정한 라인이다. 이는 연합군최고사령부가 독도와 그 영해를 인정하고 접근을 엄격히 통제 한국영토임을 재확인 하였으나, 일본어민들은 맥아더라인의 완화를 요구하며 불법 월선 조업을 감행 우리나라 해군은 퇴거경고 조치만하여 우리 국민들의 불만이 많았다. 6·25 전쟁 중에도 일본어민들은 월선 조업을 자행하였고 미·일 샌프란시스코 평화조약(1951. 9. 8) 조인으로 맥아더라인 철폐위기에 처하였다.

2) 평화선 (1952. 1. 18. 국무원 고시 제14호)

미·일 평화조약으로 맥아더라인이 철폐될 위기에 처하자 이승만 대통령이 "대한민국 인접해양의 주권에 대한 대통령선언"으로 평화선을 선포하였다. 이승만 대통령의 선언에 의한 주권선을 일본인들은 대통령의 이름을 따서 '이승만 라인'또는 'LEE라인'이라고 지칭했다. 평화선의 국제법적 절차에 따라 선포하여 일본의 선박을 나포할 수 있는 국제법적 근거를 마련하였다는 점이다.

3) 클라크 라인 (1952. 9. 27)

맥아더라인이 철폐(1952. 4. 25)되고 전쟁 중 공산세력의 해상침투를 봉쇄하기 위하여 당시 연합군 총사령관 클라크 장군이 한반도 주변수역에 해상방위 수역을 설정된 라인으로 일종의 해상봉쇄라고 할 수 있다. 6·25전쟁이 휴전(1953. 7. 27) 되면서 클라크 라인도 동시 철폐되었다.

4) 어업자원보호법 제정 (1953.12.12)

평화선을 침범하는 외국어선을 단속하고 어업자원을 보호하기 위하여 평화선내의 수역을 보호수역으로 하는 어업자원보호법 제정하여 외국어선의 단속에 국내법적 근거를 마련하였다.

〈그림 2-14〉맥아더 라인

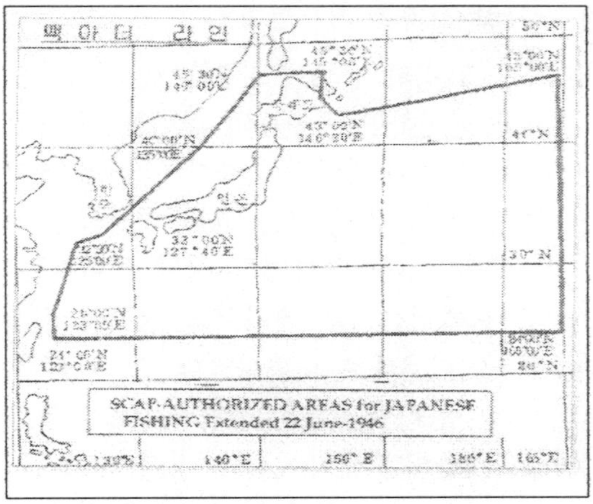

〈그림 2-15〉 클라크 라인과 평화선

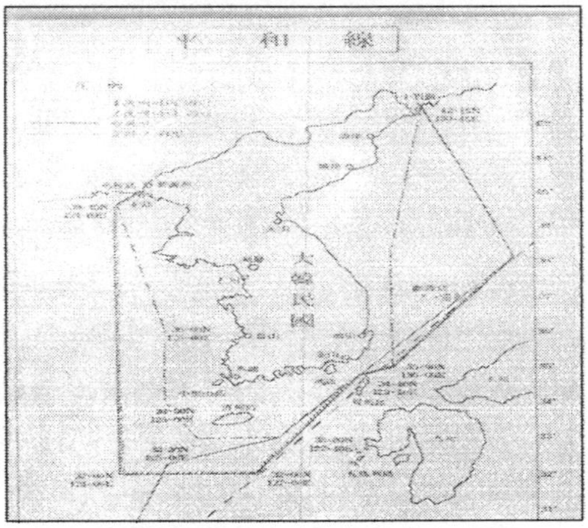

(자료: 해양경찰 50년사, 해양경찰청, 국가기록원)

나. 경비 활동

1) 평화선 수호 및 해양치안 목적 항만경비

1953년 7월 휴전과 동시에 클라크 라인도 철폐되자 일본 어선들이 평화선을 월선하여 불법조업하는 사례가 많았다. 처음에는 평화선의 경비를 해군이 담당하였는데 해군은 한편으로는 국가방위, 다른 한편으로는 해양주권수호의 이중의 임무로 군 작전에 지장을 초래하였고, 또한, 해군 본래의 임무를 벗어나 민간어선을 통제, 나포한다는 것은 국제법상의 원칙에 부합되지 못한다는 문제가 제기가 되어, 이승만 대통령은 위와 같은 이유로 해군이 담당하고 있는 평화선경비를 경찰이 수행할 것을 지시하여, 1953. 12. 23 부산에서 해양경찰대(본대) 발대를 하였다. 해양경찰은 해상경비, 해난구조 해상에서의 해상치안 정보수집 및 범죄수사 등을 목적으로 창설 되었다.

2) 일본 및 중공(중국)어선의 불법조업 대처

1953년 12월 창설하여 해군이 담당하고 있던 해양주권선 경비임무를 이어받은 해양경찰대는, 부족한 장비와 인력에도 불구하고 평화선을 수호하고 우리 어선들의 안전한 어로활동을 보장하기 위해 최선의 노력을 다하였다. 그러나 장비와 인력이 크게 부족하여 온전하게 임무를 수행하기에는 기동력이 크게 떨어졌다. 그나마 보유하고 있는 경비정은 성능이 부족하고 노후하여 불법어선 단속뿐만 아니라 대원들 자신의 안전을 담보하기도 어려운 경우가 적지 않았다. 그럼에도 불구하고 해양경찰대는 강한 사명감을 바탕으로 망망대해의 바다 위에서 해양주권을 지키기 위한 경비 활동에 전력을 다하여 기대 이상의 성과를 거두었다.

창설 1년 만에 평화선을 침범한 일본어선 31척과 중국어선 2척, 선원 471명을 나포한 것이다. 이 같은 업적은 치안 부재를 걱정하던 국민들의 신뢰를 받기에 충분하였다. 그러나 해양경찰대가 단속한 것은 전체 불법어업 건수에 비하면 빙산의 일각에 지나지 않았다. 평화선을 월선하여 불법어로를 일삼는 외국 어선들은 주로 일본 어선들이다. 이들은 한국정부의 치안능력이 해상전반에 미치지 못한다는 점을 이용하여 수시로 평화선을 넘나들었다. 불법어선들은 레이더를 장착한 선박의 지휘에 따라 경비정이 없는 틈을 노려 어장을 마음대로 노획하였다. 그 와중에 무장한 중국 어선들이 출몰하는 일도 잦아졌다. 중국 어선들은 정크선[21]까지 동원하여 주로 성어기에 대규모의 어선단 형태로 대한해협에 나타나 어장을 휩쓸다시피 하였고, 심지어는 한국의 해상치안을 비웃기라도 하듯 한국 어선들을 무력으로 위협하거나 인근 도서지역에도 마음대로 정박하고 떠나는 일도 빈번 하였다.

1954년 1월 17일에는 남해 소흑산도 부근 해상에서 무장한 중국 정크선이 평화선을 침범하여 한국어선을 나포하는 사건이 발생하였다. 이를 계기로 해양경찰대는 해양경비를 한층 강화하게 되었고, 평화선을 침범하는 외국어선을 나포하고, 동시에 우리 경비함정에 대항하거나 충돌을 획책하는 경우에는 무기 등을 사용하였다. 그리고 평화선 근해에서 조업하는 우리 어선단의 안전을 보장하기 위하여 어로작업을 하는 해역에 경비함정을 파견하고, 경비함정의 순찰권 범위 내에서 어로작업을 하도록 원양어선단에 권고하였다.

21) 정크(Junk, 戎克船)는 오늘날까지 쓰이고 있는 중국의 범선이다.

3) 무장 중국어선과 교전

평화선을 월선하여 불법으로 어로행위를 하는 어선들은 주로 일본어선 이었지만 중국 어선들도 적지 않았다. 특히 대규모 선단 형태로 무리지어 다니는 중국 어선들은 무장한 정크선을 앞세워 주로 대한해협의 평화선을 침범하였고, 이들은 우리 경비정에 대한 무력행사도 불사하는 도발적인 행동으로 해양경비에 큰 위협이 되었다. 그중에서도 1955년 12월 25일에 발생한 무장 중국어선과의 교전은 해양경찰 창설 이후 중국어선과 벌인 최초의 교전으로 기록되고 있다. 당시 흑산도 서남쪽 근해에서 경비업무를 수행하던 181톤급 866정(견우호)은 평화선을 침범하여 불법조업을 하고 있던 15척 가량의 중국어선단을 발견하고 이 중 1척을 나포하였다. 해양경찰대는 나포한 어선에 대원 4명을 탑승시켜 연행코자 하였다. 그러나 이 때 무장한 중국어선 5~6척이 갑작스럽게 총격을 가하였고, 이에 우리 경비정이 응사하면서 최초의 교전이 발생하였다. 중국어선들은 수적인 우세를 내세워 해양경찰대를 압박하였다. 결국 열세에 몰린 해양경찰대는 중국어선들을 제압하지 못하고 나포한 1척의 어선마저 놓치고 말았다. 중국어선들은 나포되었던 어선을 탈취하고 이 선박을 연행하기 위해 탑승하고 있던 해양경찰관 경조장 안영진, 이등경조 박래봉, 삼등경조 김창호, 삼등경조 주시완 등 대원 4명을 태운 채 중국으로 도주 하였다. 이때 피랍된 대원들은 중국에서 무려 12년 5개월간의 옥고를 치르고 1967년 4월 22일에야 석방되어 귀환하였다. 이들은 모두 해양경찰대원으로 복직되었으나, 이 사건은 해양경찰대의 부족한 전력이 가져다준 뼈아픈 고통으로 오래도록 기억되고 있다.

4) 독도경비 강화

독도는 역사적으로 신라시대부터 우리나라에 편입되어 우리나라가 관할하는 대한민국의 영토이다. 독도는 약 460만 년에서 250만 년 전 신생대에 용암분출로 형성된 화산섬으로, 북위 37도 14분 26.8초, 동경 131도 52분 10.4초에 위치한다. 울릉도에서 동남쪽으로 87.4km 거리에 있고, 동도 및 서도와 89개의 부속도서로 이루어져 있으며, 총면적은 187.453㎡이다.

일본은 러·일전쟁 시기인 1905년 내각회의 결정에 따른 시마네현 고시를 통해 독도를 시마네현에 편입시켰다. 그리고 독도가 자국의 영토라고 억지주장을 펼치며 독도 주변의 수역에 지속적으로 순시선을 보내는 등 독도의 국제분쟁지역화를 기도하였다. 해방 및 정부수립 이후 우리 정부는 독도가 역사적으로나 지리적으로 너무나 명확한 우리 영토인 데다가, 국내정세가 미 군정기와 한국전쟁으로 불안정한 상황이어서 독도수호에 만전을 기하지 못한 측면이 있었다. 그러나 일본의 도발이 증가하게 되자 독도 경비를 한층 강화하기 시작하였다.

그 일환으로 정부는 1954년 1월 19일 독도에 영토표지를 건립하였다. 이때 해양경찰대는 경비정을 파견하여 영토표지 업무를 지원하고 독도 주변해역에 대한 순찰과 경비를 강화하는 등 정부의 독도경비 강화조치에 적극적으로 이루어졌다. 그해 5월 18일에는 독도 영토표지 강화의 일환으로 이상열 해양경찰대장이 석공 3명을 대동하고 칠성호를 지휘하여 독도에 입도한 후, 석산봉 바위에 태극기와 "대한민국 경남 울릉도 남면 독도"라는 표지를 조각하여 독도수호의 의지를 재천명하기도 하였다.

〈그림 2-16〉 12년 만에 귀환한 866정 승조원들(1967. 4. 22)

(자료: 해양경찰 50년사, 해양경찰청, 국가기록원)

2. 1960~1970년 해양경찰 경비 활동

가. 무장 중국어선 대처 및 사고

1960년 1월 10일 어청도 서쪽 62마일 해상에서 경비활동 중이던 600톤급 경비정 701정이 중국어선의 기습적인 총격을 받아 조타장 삼등경조 김창원과 갑판원 이등경수 김진식 등 대원 2명이 순직하고 3명이 중경상을 입는 사건이 발생한 것이다. 당시 701정은 외국어선단이 평화선을 침범하여 조업 중이라는 정보를 받고 어청도 인근 해상으로 출동하여 검문검색을 하려던 중이었는데, 무장한 중국 어선들이 갑자기 총격을 가하면서 교전이 벌어졌다. 교전 결과 701정은 중국어선들을 평화선 밖으로 격퇴하는 데는 성공하였으나, 이 과정에서 불의의 총격을 받아 5명의 사상자가 발생하는 사고가 발생하였다. 이 사건은 2년 후 해양경찰대가 상공부 해무청에서 내무부 치안국으로 소속부처가 변경되고 「해양경찰대 설치법」을 제정하여 해양경찰대의 사법권을 강화하는 계기가 되었다. 또한 정부로 하여금 해양경찰대의 장비와 인력을 보강하여 평화선 경비를 한층 강화하도록 지원을 확대하는 배경이 되었다.

나. 한·일 어업협정과 한·일 공동제휴 순시

중국 어선들과 무력행사가 많았지만 일본 어선들에 비해 출현빈도가 높지는 않았다. 오히려 일본 어선들은 해양경찰대가 일일이 적발하여 대응하기도 어려울 만큼 많은 숫자가 우리 해역을 넘나들며 별다른 죄의식 없이 우리 어장을 침범하였다. 우리 정부가 어로구역을 보호하기 위해 평화선을 선포하고 곧이어 평화선과 유사한 클라크라인이 설정되면서, 어로구역에 관한 한·일 양국의 당국 간 갈등은 표면적으로는 다소 잦아드는 듯했다. 하지만 일본 어선들은 여전히 우리 해역 깊숙이 침범하여 무차별적으로 어업자원을 남획하는 불법조업을 멈추지 않았고, 이로 인해 양국 간에 충돌이 자주 일어나곤 하였다.

1963년 한 해만 해도 연평도 근해에 1,303척, 흑산도 근해에 629척, 제주 동쪽 근해에 무려 4,149척의 일본 어선들이 출몰한 것으로 해양경찰대는 파악하였다. 이처럼 많은 일본 어선들의 불법조업을 돕기 위해 일본순시선이 우리 경비정을 따라다니며 우리 경비정의 동향을 어선들에게 알려주는 형편이었다. 그러다 보니 부산 근해에서는 밤마다 대규모의 일본 어선들이 모여들어 불야성을 이룬다는 말이 나올 정도였다. 그러던 차에 1965년 6월 22일 '한·일어업협정'이 조인되고 그해 12월 협정이 발효하면서 불법어선 단속에 새로운 전기를 맞게 되었다. 한·일어업협정은 한·일 양국 간 국교정상화의 일환으로 체결된 것인데, 공식명칭은 '대한민국과 일본국 간의 어업에 관한 협정'이며 전문(全文) 10조와 부속문서로 이루어져 있다. 한·일어업협정에서 한·일 양국은 자국의 연안으로부터 각각 12해리까지의 수역을 어업전관수역(漁業專管水域)으로 설정할 권리를 인정하였다. 이에 따라 평화선은 일본에 대해서는 적용하지 않게 됨으로써 사실상 무력화되었다. 또한 양국은 어업전관수역의 바깥쪽에 공동규제수역을 설정하고, 협정의 목적을 달성하기 위해 양국어업공동위원회를 설치하여 필요한 임무를 수행한다는 등의 합의안을 마련하였다. 이때 양국은 "한·일 공동규제수역 내에서 양국 출어선들이 어업규제조치를 성실하게 이행하는지 여부에 대해 효과적으로 감시 단속할 수 있도록 필요시 양국관계당국 간의 사전 합의에 따라 상호 제휴하여 순시한다."는 합의도 이루어냈다. 이 합의에 따라 양국의 수산청이 주관이 되어 매년 6회에 걸쳐 공동제휴 순시를 하게 되었고, 그중 제2차와 제4차 순시는 한국의 해양경찰대 함정과 일본의 해상보안청 순시선이 담당하기로 하였다. 제도적으로는 한·일 양국의 정부가 협력하여 양국 어업종사자들의 불법조업을 감시 차단하는 장치를 갖춘 셈이다.

〈그림 2-17〉 한·일 공동제휴 순시에 참여한 승조원들(1966. 12. 13)

(자료: 해양경찰 50년사, 해양경찰청, 국가기록원)

최초의 공동제휴 순시는 1966년 12월 13일부터 19일까지 해양경찰대의 868함과 869함 등 2척, 일본 해상보안청의 아마구사와 하라도 등 2척이 서귀포 남쪽29마일 해점에서 만나 실시하였다. 한·일어업협정의 발효와 이에 따른 일본 측과의 공동제휴 순시 활동은 일본 어선들의 불법어로행위를 일시적으로나마 감소시키는 효과를 가져왔다. 그뿐만 아니라 함정의 양국 상호방문 등 우호적이고 상호 보완적인 방향으로 발전하면서 어업종사자들의 원활한 조업활동에도 기여하였다. 그러나 일본 어선들의 불법조업은 일시적으로는 줄어드는 듯했지만, 얼마 지나지 않아 그 숫자가 더욱 늘어남으로써 한·일 양국의 갈등요인으로 계속되었다. 공동제휴 순시는 1988년 한·일어업협정이 폐기되고 새로운 한·일어업협정이 마련될 때까지 24년 동안 지속되었다.

다. 해양경찰대설치법과 밀수범죄의 단속

조직적인 일본 어선들과 무장한 중국 어선들의 불법어로 행위를 단속하는 것은 해양주권 수호를 위한 해양경찰대의 핵심적인 임무이지만, 주로 내국인과 일본인에 의해 연안 곳곳에서 이루어지는 밀수 등 범죄행위를 단속하는 것도 해상치안의 확보를 위해 해양경찰이 수행해야 할 주요한 역할 중 하나였다.

그러나 초기의 해양경찰대는 밀수범죄가 의심되어도 효과적인 대응을 하기가 매우 어려웠다. 특히 해양경비대 시절에는 수산자원 보호라는 극히 제한된 범위 안에서만 사법권이 주어졌기 때문에, 특정한 선박에 밀수품이 있다거나 심지어는 간첩이라고 의심이 되어도 현행범 혹은 확증이 드러난 범죄행위자 외에는 함부로 수색을 할 수가 없었다. 밀수는 고질적인 사회범죄 중 하나였다. 해방 직후는 물론 1960년대 초까지도 밀수는 사회 전반에 만연된 범죄로서, 5·16이 일어나기 직전 두 달 동안에 적발된 건수만 해도 무려 1,412건에 이를 정도였다. 그러나 전체 밀수사범에 비하면 검거실적은 미미한 형편이었다. 이 같은 현실을 고려하여 정부는 1962년 5월 「해양경찰대설치법」을 제정하여 해양경찰대에 광범위한 사법권을 부여하였다. 과거에는 수산자원보호를 위한경비업무에 한정되었던 사법권을 "밀수·밀입국의 단속, 해상을 통한 간첩침투 방지, 평화선상의 관할수역 경비와 조난선박의 구조, 항로표지의 보호, 불법어로단속" 등의 임무를 수행할 수 있도록 폭넓게 사법권을 부여한 것이다.

〈그림2-18〉 밀수관련 보도(1962. 5. 4, 경향신문)

密輸는 뿌리뽑혀 가고있다

海洋警備隊設置法發效로

搜索도 맘대로고

앞으로快速艇만解決되면돼

(자료: 해양경찰 50년사, 해양경찰청, 국가기록원)

이에 따라 해양경찰대는 연안경비를 한층 강화하고 밀수범죄가 의심되는 선박에 대해서는 단호하게 검문검색을 실시하는 등 해상범죄 검거 및 예방을 위한 활동을 확대하였다. 그 결과 한때 목도, 홍도, 매물도 등 섬을 중심으로 성황을 이루던 밀수행위는 급속도로 잦아들었다. 더구나 5·16으로 정권을 잡은 새 정부가 밀수사범에 대해 단호한 자세를 취하면서 해상에서 공공연하게 이루어지던 밀수행위는 찾아보기가 어려울 정도가 되었다.

이와 관련하여 1962년 5월 4일자 '경향신문'은 밀수가 성행하였던 남해안의 근거지들이 한산해졌다며, "사실상 밀수행위자들은 거의 뿌리가 뽑힐 단계에 접어들었다"고 낙관하기도 하였다. 이후에도 해양경찰대는 해상범죄를 근절한다는 방침 아래 밀수단속을 위한 순찰활동을 더욱 강화하였다. 그러나 밀수범죄가 줄어든 것은 일시적인 현상이었을 뿐 1960년대 후반으로 접어들면서 밀수는 한층 교묘해진 수법으로 더욱 기승을 부렸다. 이러한 밀수범죄는 1970년대까지도 계속되었다.

라. 독도 경비병력 수송업무 지원

1965년 11월 30일부터는 내무부 치안국의 방침에 따라 독도경비 교체병력의 수송 업무를 지원하기 시작하였다. 이를 위해 해양경찰대는 경상북도 경찰국 소속의 경비정 승리호(108톤)를 인수하여 108정으로 명명하고 독도경비병력 수송 지원업무에 투입하였다. 독도 경비병력 수송 지원업무는 매월 1회씩 정기적으로 경북경찰국장의 요청에 따라 이루어졌는데, 이는 해양경찰대가 독도해역에 대한 경비를 더욱 강화하는 계기가 되기도 하였다.

〈그림 2-19〉 108톤급 경비정 '승리호'(1965. 11. 30)

(자료: 해양경찰 50년사, 해양경찰청, 국가기록원)

마. 해양경비 활동으로 인한 사고

창설 초기 해양경찰대는 부족한 인력과 장비, 시설 등 열악한 근무환경 속에서도 어로보호와 해상치안, 해난구조 등 다양한 임무를 수행하기 위해 최선을 다하였다. 그러나 부족한 노후장비를 가지고 광활한 수역을 순찰하며 해양경비 및 치안활동을 전개하는 동안 해양경찰은 뜻하지 않은 사건과 사고가 발생하기도 하였다. 해양경찰 대원들이 과로로 쓰러지는 것은 물론 노후한 함정장비들이 고장이 발생하거나 좌초하는 바람에 침몰하는 일도 종종 발생한 것이다.

특히 1955년 1월 23일 화성정 소속의 강창준 순경이 과로로 쓰러져 뇌일혈로 사망한 일은 창설 초기 해양경찰대원들의 업무강도가 매우 높았음을 보여주는 대표적인 사건으로 기억되고 있다.

1965년에는 경비정 868정과 107정이 잇따라 좌초하는 사고가 발생하였다. 868정은 7월 4일 소흑산도 근해에서 경비임무를 수행하던 중 짙은 안개와 기상악화로 레이더 고장까지 겹치면서 흑산도 남서연안의 안벽에 좌초하였고, 107정은 20일간의 남해해역 경비임무를 마치고 부산으로 회항하던 중 시계불량으로 부산외항 청사포 앞에서 좌초하였다.

〈그림 2-20〉 868정 경비정 소흑산도 좌초(1965. 7. 4)

(자료: 해양경찰 50년사, 해양경찰청, 국가기록원)

바. 어업자원와 해양주권 보호

어업자원 보호 및 해양주권 수호를 위한 해양경찰의 활동이 본격화하면서 해상치안을 위한 경찰기능이 점차 명확히 정립되고 해양경찰의 역량도 크게 향상되었다. 특히 초라했던 창설 초기의 장비들이 매년 지속적으로 확충되면서 이제는 해양경찰로서의 면모를 상당 부분 갖출 수 있게 되었다. 그러나 해상치안 수요는 해양경찰이 발전하는 그 이상으로 급증하였다. 정부가 핵심정책으로 추진하는 '경제개발 5개년 계획'에 따라 전국적으로 산업화·도시화가 급속도로 진행되고, 이에 따라 해상물동량이 늘어나면서 해양에서의 각종 범죄와 사고 등이 급증 하였던 것이다. 궁핍한 생활을 탈피하고자 일본, 미국 등으로 밀항하려는 밀항범죄가 크게 늘어났고, 밀수와 사기, 해상에서의 폭력, 살인 등 흉악범죄도 적지 않았다.

그뿐만 아니라 평화선을 침범하여 불법으로 조업하는 일본 어선들의 숫자는 더욱 늘어났다. 1965년 6월 22일 한·일 국교 정상화를 위한 한·일기본조약과 동시에 한·일 어업협정이 체결되어 외교적으로 일본과의 해양 분쟁이 일단락된 이후에도, 일본 어선들은 자국 순시선의 비호 아래 대규모로 우리 해역을 침범하여 불법 조업을 일삼았던 것이다. 그러나 레이더 장치를 갖춘 일본 순시선이 자국의 어선단을 지키고 있다가 우리 경비정이 레이더에 포착되면 어선단에게 연락하여 피신케 하는 조직적인 방식으로 불법조업을 감행하였기 때문에 이를 적발하기가 쉽지 않았다. 그러한 와중에 중국의 어선들도 무장을 갖춘 채 선단을 이루어 우리 해안에까지 무단 침범하여 조업하는 일도 점차 증가하였다.

무엇보다도 심각한 것은 해상을 통한 북한의 도발이 급증하였다는 점이다. 북한의 도발은 특히 1960년대 중반을 넘기면서부터 더욱 심해졌다. 1953년 휴전 직후에도 북한의 도발은 적지 않았지만, 특히 1960년대 후반 들어 북한은 동·서해의 어로한계선을 남하하여 월선조업을 하는 것은 물론, 은밀하게 간첩선을 침투시키거나 심지어는 우리 어선을 압류하고 어부들을 납치 한 후 세뇌교육을 시켜 귀향시키는 등 다양한 방법으로 우리 어선들의 평화로운 조업과 국가안보를 위협하였다. 이 때문에 우리의 해양영토를 지키고 치안을 확립하여 어민들의 안전을 담보하는 일은 사회 안정과 국가안보 측면에서도 매우 시급한 문제로 대두되었다. 이 시기에 해양경찰대의 전력이 여전히 미흡하고 인력도 부족하였지만 경비함정 등 치안장비가 절대적으로 빈약하여 광활한 해역에서 완벽하게 해양경비임무를 수행하여 해양주권을 수호한 다는 것은 현실적으로 불가능한 형편이었다. 불법 외국어선들 경비와 우리 어선들 보호하는 임무를 수행하는 것만으로도 어려운 정도였다. 이러한 현상으로 1960년대 중반 무렵에는 경비정을 확충하기 위해 '경비정 건조비 모금운동'이 범국민운동으로 확산되기도 하였다. 당초 이 운동은 1964년 한·일 국교 정상화를 위한 협상이 진행될 무렵 '굴욕외교' 라며 국교정상화 협상 반대시위를 하던 일련의 대학생들이 일본 어선들의 불법행위에 대응하여 평화선을 지키기 위해 용돈을 털어 경비정을 마련해 보겠다고 시작이 되었다.

〈그림 2-21〉경비정 모금운동 보도(1964. 10. 27, 동아일보)

요구
警備艇을 만들자
募金運動에 메아리
中央女中高生들誠金4萬餘원
日漁船侵犯에 怒한 겨레
梨大 全校生들 앞장
1,790,000원 本社기탁
大統領

(자료: 해양경찰 50년사, 해양경찰청, 국가기록원)

이에, 개개인의 이해관계나 정치적 입장을 떠나 평화선을 지키고 해양주권 수호를 위해서는 경비정의 확충이 시급하다는데 공감한 사회단체와 일반 국민들, 심지어는 고등학생들까지도 동참하면서 '경비정 건조비 모금운동'은 범국민적 운동으로 확산되었던 것이다. 그러나 그 정도의 노력만으로 급증하는 해상치안 수요에 적절하게 대응하기는 갈수록 어려워졌다. 1969년 들어 정부가 해양경찰대의 기능을 대폭 확장하고, 이에 맞춰 함정세력을 증강하는 등 경비능력을 강화하기 시작한 것도 이 때문이었다. 해양경찰대의 기능을 강화하여 해양주권을 튼튼히 구축하고자 하였던 것이다. 이에 따라 해양경찰대는 1969년을 기점으로 경찰기능을 보다 강화하며 진정한 해양주권 수호자로서의 면모를 갖춰가기 시작하였다.

사. 해양수호 및 해상치안 활동 강화

1) 북한의 도발 책동과 해양경찰의 대응

1960년대 중반 이후 북한은 전 국민을 불안하게 할 만 큼 무차별적으로 대남도발을 일삼았다. 북한의 도발은 특히 해상에서 빈번하게 발생하였는데, 이는 휴전선으로 대치하고 있는 육지보다는 해상이 침투하기가 용이하다는 점 때문이었다. 더구나 당시는 해군과 해양경찰대의 경비세력이 미약하여 광활한 해상을 완벽하게 경계하기가 어려웠으므로 북한은 다양한 방법으로 바다를 통한 대남도발을 획책하였다. 1960년대 이후 해군 66함 포위공격, 푸에블로호 납치[22], 해군 56함 격침 등 수시로 무력도발을 일삼던 북한은, 1972년 2월 서해안에서 홍어잡이를 하던 오대양61호와 62호를 습격하여 선원 25명을 납북하고, 1974년에는 서해 백령도 앞바다에서 조업 중이던 수원 32호와 33호를 침몰시키고 선원 28명을 납북한데 이어 급기야 해양경찰 863정 피격사건을 일으키는 등의 만행을 저질렀다. 북한의 해상도발이 빈번해지자 해양경찰대는 동·서해 접적해역에서의 어로보호경비와 대간첩 해상침투 봉쇄경비에 치중하는 동시에, 해군과 합동작전을 펼치며 북한의 도발에 대응하였다.

해양경찰대는 우리 어선의 어로한계선 월선조업을 예방하여 북한에 의한 피랍위험을 사전에 예방하는 한편, 북한 간첩선을 퇴치하거나 격침 또는 나포하는 등 수많은 전과를 올리며 든든한 해상수호자로서의 임무를 수행하였다.

특히 1970년대 들어서면서부터는 장비의 현대화, 조직의 재정비, 통신시설의 확충 등 전력 강화를 위한 노력이 구체적인 결실을 맺으면서, 이를 바탕으로 거문도 작전, 격렬비열도 작전, 횡간도 작전 등 수많은 해상작전을 수행하여 국가안보에도 기여하였다.

2) 오식도 대간첩작전의 성공적 완수

1969년 9월 20일 해양경찰대 867정은 전북 옥구군 오식도 앞 해상에서 해군

22) 미 정보함 푸에블로 호 나포사건은 미 린든 B. 존슨 행정부 시절이던 1968년 미 해군 소속 정찰함 푸에블로 호가 동해 공해상(동경 127 °54.3 ', 북위 39 °25 ')에서 북한 해군에 의해 나포되어 82명의 미 해군 인원이 11개월이나 붙잡혀 있다가 풀려난 사건이었다.

과의 합동작전으로 북한 중앙당 연락부 소속 간첩선 김북호(6.4톤) 1척을 나포하는 전과를 올렸다. 이 간첩선은 그해 9월 18일 군산 근해에까지 침투하여 범선으로 어로작업을 하는 것처럼 위장한 채 군산항 출입수로 및 경계태세 정찰, 선박의 출입항 동향 파악, 그리고 도서주민 대동월북 등의 활동을 시작하던 중이었다.

그때 순찰 중이던 867정이 이 선박을 수상하게 판단하고 검문검색을 시도하자 사격을 가하며 도주하려 하였다.

〈그림 2-22〉 간첩선 관련 보도(1969. 9. 22, 매일경제신문)

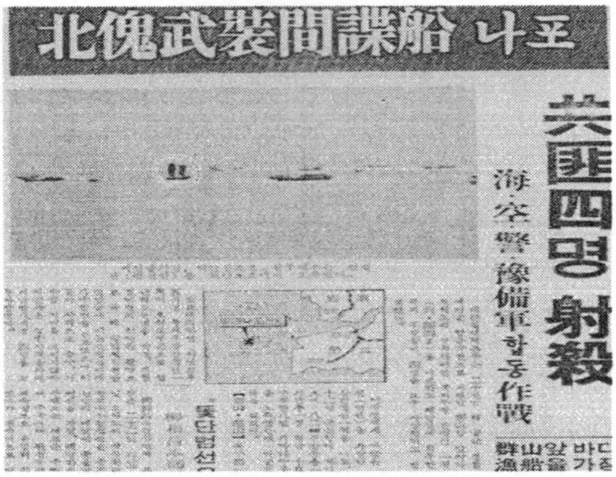
北傀武裝間諜船 나포
共匪四명 射殺
海空警·豫備軍 합동作戰

(자료: 해양경찰 50년사, 해양경찰청, 국가기록원)

이에 867정은 해군과 합동작전으로 약 2시간에 걸친 교전 끝에 해당 선박에 타고 있던 간첩 4명 전원을 사살하고 선체를 군산기지대 전용부두로 예인하였다. 당시 간첩선에는 판식 무전기 2대, 무반동총 1문, 중기관총 1정, 기관단총 4정, 수류탄 12개, 각종 실탄 900발등 각종 장비가 71종이나 되는 무장상태였다.

이 작전의 성공으로 867정의 정장 이경조 경감과 기관사 변상열 경사가 보국훈장을, 나머지 대원들은 표창을 받는 등 정부로부터 포상을 받았고, 해양경찰대에 대한 국민들의 신뢰도 높아지게 되었다.

3) 전투경찰순경 제도의 시행과 인력의 증원

수산청으로부터 어로보호 임무를 이관 받고 정보수사과를 신설하여 대공정보 및 해상범죄에 대한 정보수사 기능을 확대하는 등 해양경찰이 수행할 업무의 범위가 확대됨에 따라, 해양경찰대는 점차 확대되는 기능에 부응할 수 있도록 지속적으로 정원을 늘려나갔다. 1970년 7월 29일에는 경찰직 68명을 증원하고, 1971년 2월

17일에는 76명의 경찰직을 대거 증원하여, 해양경찰대의 전체 정원은 기능직과 기타 인원 16명을 포함하여 총 952명으로 늘어났다.

매년 늘어나던 정원은 1971년 10월 폭발적으로 증가하였다. 1970년 12월 31일 제정된 「전투경찰설치법」에 따라 1971년에 처음으로 '전투경찰순경'을 모집하여 현장에 배치하였기 때문이다. 전투경찰순경제도는 병역의무자가 경찰기관에서 일정기간 근무하면 병역의무를 이행한 것으로 간주하는 일종의 대체근무제도로, 제도시행 첫 해에 해양경찰대는 공무원 정원 외에 총 244명의 전투경찰순경을 배정받았다. 이에 따라 해양경찰대는 1971년 3월 공개경쟁 채용시험을 실시하여 244명을 모집하고, 3개월간의 해군신병훈련 및 자체 직무교육을 이수토록 한 후 그해 10월 13일 이들을 함정요원 등으로 실무 배치하였다. 이때 정부는 해양경찰대 전체 정원 내에서 순경 72명을 감축하고 상위계급인 경장 18명, 경사 36명, 경위 및 경감 각 9명씩을 증원하는 직제 개정을 단행 하였다.

〈그림 2-23〉 전투경찰순경 1기 수료기념사진(1971. 9. 18)

(자료: 해양경찰 50년사, 해양경찰청, 국가기록원)

4) 863정 피격 사건

해양경찰대가 업무기능과 조직의 규모를 지속적으로 확대하며 성장하던 1970년도 전후 시기는 북한의 도발이 더욱 빈번하게 일어난 시기이기도 하다. 북한은 수시로 간첩선을 내려 보내고 우리 어선을 납치하는 등 다양한 방식으로 우리의 안보를 위협하였다. 1974년 6월 28일에는 해양경찰 863정(181톤)이 북한 함정과 교전하다 피격되어 침몰하는 사건이 발생하였다. 이 사건으로 863정에 탑승하고 있던 28명의 승조원 전원이 사망 또는 실종됨으로써 정부는 물론 전 국민이 큰 충격에 빠져들었다. 많은 해양경찰대 요원이 일거에 순직한 것만으로도 비통하지만,

이 사건으로 인해 남북 간의 긴장이 고조되고 전쟁의 악몽이 떠올려지면서 모든 국민들에게 북한의 도발이 현실적인 문제로 다가오기 시작하였다. 863정은 해양경찰의 주력 함정 가운데 하나로, 6월 26일 속초항을 출항하여 동해북부 거진 앞바다에서 대간첩작전 임무는 물론 어장에서 명태잡이를 하는 우리 어선들의 피랍방지와 어로보호 임무를 수행 중 이었다. 그러나 갑작스럽게 레이더가 고장나고 설상가상으로 짙은 안개로 인해 시정이 불량해지면서, 함정의 정확한 위치를 확인하지 못하고 북방한계선 가까운 해역까지 다가가 있었다.

이때 북한의 경비정 3척이 은밀히 접근하여 863정을 포위한 후 포격을 가하며 북한으로 끌고 가려하자 863정의 해양경찰대 요원들은 전투를 개시하였고, 결국 1시간 30여 분에 걸쳐 치열한 교전이 벌어졌다.

그러나 수적인 열세에 밀려 결국 선체가 침몰하고, 정장인 안정일 경감을 비롯하여 경찰관 14명, 전투경찰순경 13명, 그리고 취사고용원 1명 등 28명 전원이 순직을 맞게 되었다. 28명의 승조원 중 경찰관 2명과 전투경찰순경 6명 등 8명은 사체가 확인되어 국립묘지에 안장되었으나 나머지 22명은 실종되었다. 다만 실종자 중 2명은 얼마 후 열린 판문점 군사정전위원회에서 북한에 피랍돼 있는 것으로 확인되었다. 교전 당시 북한 측도 대위급 장교를 비롯하여 다수의 사상자가 있었던 것으로 알려졌으나 정확한 피해규모는 확인되지 않았다. 863정 피격사건이 발생하기 전에도 이미 수차례에 걸쳐 북한의 도발이 있어왔으므로 북방한계선 근방의 해역은 늘 긴장감이 팽배해 있었다. 그러나 863정 피격 사건은 인명피해가 해양경찰 창설 이래 가장 크다는 점에서 그 이전의 도발과는 비교도 되지 않을 만큼 큰 사건이었다.

〈그림 2-24 〉 863정과 故안정일 정장

〈그림 2- 25〉863정 희생자 위령제

(자료: 해양경찰 50년사, 해양경찰청, 국가기록원)

이 사건은 해양경찰대는 물론 정부 차원에서도 북한의 도발에 효과적으로 대응할 수 있도록 해양경찰의 전력증강 방안을 활발하게 강구하는 계기가 되었다.

아. 해양경찰대 전력증강 노력

863정 피격사건이 있은 직후 박정희 대통령은 군특명검열단으로 하여금 해양경찰대의 체제와 업무 전반에 대해 면밀하게 검열을 실시하라고 지시하였다. 해양경찰대의 현주소를 명확히 파악한 후 적절한 전력증강 대책을 세우기 위한 조치였다. 이에 따라 1974년 7월 13일부터 해양경찰대에 대한 대대적인 검열이 시작되었다. 군특명검열단의 검열 결과는 해양경찰이 안고 있는 각종 취약점을 여실히 보여주었다. 대다수 지구대의 청사가 협소한 데다 그마저도 임차로 업무수행에 어려움을 겪고 있고, 경비함정이 크게 부족할 뿐 아니라 노후함정이 많고 정비체제도 제대로 갖춰지지 않아 함정세력이 매우 허약하며, 다양한 임무를 수행하거나 유사시에 체계적으로 대응할 수 있는 각종 매뉴얼도 미비한 것으로 나타난 것이다. 더구나 해양경찰대원의 전문성을 높이고 전투능력을 향상할 수 있는 교육 인프라와 훈련체계가 미흡한 것은 물론, 대원들의 사기가 저하되어 정신력이 약화되고 있다는 점도 큰 문제점으로 지적되었다.

이러한 검열 결과는 곧바로 대통령에게 보고되었다. 이를 계기로 해양경찰대의 전력을 증강하고 조직 체질을 개선하기 위한 노력이 광범위하게 펼쳐졌다.

해양경찰대의 전력증강을 위한 조치는 지구대의 근무환경을 개선과 정부로 부터 특별예산을 배정받아 인천, 묵호, 포항 등 3개 지구대가 청사를 신축하여 이전하였다. 또 해양경찰대원의 정신력과 작전 및 임무수행능력을 높이기 위해 1974년 8월 16일부터 11월 23일까지 100일 동안에 걸쳐 '정신력 강화 100일 훈련'을 실시하는 한편, 작전예규, 전시대비지침서, 태세점검지침, PMS(계획정비제도) 지침, 정수표, 직능별 학습지침서 등 각종 매뉴얼도 작성하여 배포하였다. 이와 함께, 함정운용에 관한 기술교육을 해군교육단 종합기술학교에서, 함정수리는 해군공창에서 지원하도록 제도화하였고, 함정장비를 획기적으로 증강할 수 있는 계획을 세워 연차적으로 추진하도록 하였다.

또한 해양경찰의 전력을 증강하기 위한 방안의 하나로 해양경찰대의 전체 정원이 증원되었다. 특히 1974년 8월 22일 개정된 대통령령 제7233호에서는 전체정원을 1013명으로 증원하였을 뿐 아니라, 전투경찰순경도 753명이라는 파격적인 규모로 늘려 전력을 극대화할 수 있도록 하였다.

이와 함께 1973년 1월 15일에 폐지된 「해양경찰대 설치법」을 대신하여 대통령령에 해양경찰대의 설치근거를 마련하였다. 기존에는 대장과 부대장에 대해서만 「해양경찰대설치법」에서 규정하고 그 이하의 하부조직에 대해서는 대통령령에서 규정하였으나, 「해양경찰대 설치법」이 폐지됨에 따라 이때부터 다시 해양경찰대 조직 전반을 대통령령으로 규정하게 되었다.

이때 정부는, 해양경찰대장으로 하여금 내무부장관의 승인을 받아 해상치안 상황에 맞춰 적절하게 전진기지를 설치하여 운용할 수 있도록 하였다. 해양경찰 대장이 현장의 해상치안상황에 맞춰 탄력적으로 조직을 운영할 수 있도록 통솔권한을 확대하여 부여한 것이다

한편, 해양경찰대의 상급기관인 내무부 치안국은 1974년 8월 15일 광복절 기념식장에서 육영수 여사 피격사건을 계기로 그해 12월 31일 '치안본부'로 개편되어 경찰조직이 새롭게 재구성되었다. 이 사건을 계기로 정부는 경찰활동을 대폭 강화하기로 하고 「정부조직법」을 개정하여 내무부 치안국을 치안본부로 재발족한 것이다. 또 각 지방에는 지방경찰국을 두도록 하였다. 이때 치안본부장을 차관급(치안총감)으로 승격시키고 치안본부내에 중앙관서의 국(局)에 해당하는 3개의 부(部)를 설치하여 치안감으로 보임하며, 각 지방경찰국장도 치안감으로 격상하는 등 경찰조직을 전반적으로 확대 강화하였다.

이에 따라 치안본부는 치안행정, 경찰인력·장비관리, 방범 및 풍속 사범에 관한 지도단속, 교통사범 규제 및 교통안전 지도, 대공정보 수집 및 분석, 외사경찰 업무 등에 관한 사무를 관장하는 중앙행정기관으로서의 지위를 확고히 하게 되었고, 해양경찰대는 치안본부의 지휘를 받게 되었다.

해양경찰의 전력 증강계획은 '해양경찰대 전력화 계획'으로 이어졌다. 해양경찰대 전력화 계획은 1977년 2월 17일 박정희 대통령이 군특명검열단의 보고를 받는 자리에서 해양경찰 함정의 증강, 교육제도의 개선, 함정수리제도 개선, 업무체계 보강 등을 골자로 하는 전력증강계획을 수립하여 추진하라고 지시하면서 구체화되었다. 대통령의 지시에 따라 그해 3월 8일 해양경찰과 해군 등 관계기관이 참여하는 '해양경찰 전력화계획 기획단'이 구성되었다. 기획단은 약 4개월여에 걸쳐 전력화계획의 초안을 작성하고 이 초안을 근거로 해군과의 논의를 거쳐 최종안을 마련한 뒤, 7월 23일 대통령의 재가를 받아 계획안을 최종 확정하였다.

확정된 계획안은 경비정을 연차적으로 증가하여 전력을 보강하고, 통신망을 보강하며, 교육제도를 개선하여 함정수리를 비롯한 해상전문교육을 해군이 전담하여 실시할 수 있도록 해군교육단에 해양경찰교육대를 신설한다는 등의 내용을 담고 있었다. 또 함정운용 및 수리제도를 개선하고, 치안본부와의 업무연계체계를 보강한다는 내용도 포함되었다. 이에 따라 함정장비의 증강을 위한 건조계획이 추진되고 통신장비가 연차적으로 교체 및 보완되기 시작하였다. 또 해군교육단 내에 해양경찰교육대가 신설돼 1978년 1월부터 해양경찰대원들에 대한 교육이 해군위탁교육으로 실시되기 시작하였다. 기존에 해양경찰대가 운영하던 교육대는 1978년 8월 9일 폐지되었다.

정원도 지속적으로 증원되어 1977년 11월에는 전체 정원은 1916명으로 늘어나게 되었다. 이때 해양경찰대는 교육훈련업무를 경무과에서 경비과로 이관하는 한편, 총경이 2명 증원됨에 따라 속초 및 부산지구대장을 총경급으로 격상하여 지구대의 위상을 더욱 강화하였다.

해양경찰과 해군 간의 유대를 강화하고 원활한 협동작전 수행과 관련한 제반 현안을 협의하기 위한 해양경찰·해군합동회의도 1978년 이후부터 정례적으로 운영하기 시작하였다. 해양경찰대 본대와 해군 함대사령부를 오가며 연 2회 개최하게 된 이 회의에서 양 기관은, 해양경비작전과 통신업무 협조, 교육훈련과 함정 수리업무 지원 등 다양한 현안을 협의함으로써 원활한 협조 및 지원체제를 구축하였다. 더불어 치안본부는 1977년 6월 23일 치안본부 제2부 내에 정원 33명으로 구성된 해양경찰과를 신설하여 해양경찰대와의 업무연계성을 더욱 강화하도록 하였다.

863정 사고이후 정신전력을 극대화하는 것이 긴요하다는 판단으로 교육대의 교육프로그램과는 별도로 정신전력 강화를 위한 특별훈련을 실시하였다.

박정희 대통령지시에 따라 이루어진 특별훈련은 이른바 '해양경찰대 100일 훈련'으로, 1974년 8월 16일 부터 11월 23일까지 100일 동안 해군함대 훈련단이 주관하여 전체 대원을 7차수로 나눠 각각 2주간씩 실시되었다. 100일 훈련은 비록 2주일간의 단기훈련으로서 대간첩 작전의 교리와 기본적인 함정운용기술을 습득하는데 불과하였으나, 해군과의 합동작전체제를 강화하고 임무수행능력을 획기적으로 향상발전시키고 대원들의 정신전력을 높이는 데 큰 도움이 되었다.

〈그림 2-26〉 '정신력 강화 100일 훈련'(1974)

(자료: 해양경찰 50년사, 해양경찰청, 국가기록원)

교육대가 주로 직무교육에 치중하느라 해상작전 교리의 습득과 체계적인 작전수행능력 등을 배양하기 위한 훈련이 거의 이루어지지 않았다는 점을 생각하면, 100일 훈련은 사실상 해양경찰대원의 작전수행능력을 강화하기 위해 도입된 최초의 본격적인 훈련프로그램이라고 할 수 있다. 100일 훈련을 계기로 해양경찰대는 실효적인 훈련프로그램을 지속적으로 운영하기 위해 교육대 내에 훈련단을 신설하였다. 그리고 12개 종목에 걸쳐 25명의 자체 교관요원을 선발하여 해군함대훈련단에서 교육을 이수한 후 훈련단의 교관으로 임용하고, 전 함정요원을 대상으로 정기적인 훈련을 실시하였다.

그러나 해양경찰대는 교육대 내에 신설한 훈련단을 통해 지속적인 교육훈련을 실시하였음에도 불구하고 대원들에 대한 교육효과는 기대만큼 나타나지 않았다. 이는 1977년 해양경찰 전력화 계획이 수립될 무렵 실시한 군특명검열 결과에서도 나타났다. 450톤급 바지선 2척을 개조하여 교육장으로 사용하는 교육환경도 그러하지만, 주로 신규채용하는 순경들에 대한 해상직무교육과 기존 대원들에 대한 직무보습교육 위주로 실시하는 현재의 교육체계로는 북한의 도발과 흉폭화하는 각종 해상범죄에 능동적으로 대처하기 어렵다는 진단이었다. 또 급증하는 경비함정과 통신시설 등의 치안장비를 운용·수리할 수 있는 해양전문기술을 확보하기 어렵다는 점도 지적이 되었다.

이 같은 문제점을 극복하기 위해 해양경찰과 해군은 1977년 3월 22일 합동회의를 열고 해양경찰대원에 대한 기술교육을 해군에서 위탁방식으로 실시하기로 확정하였다. 필요한 시설과 예산은 해양경찰대에서 부담하기로 하여 1978년 1월 1일부터 해군위탁교육이 시작되었다. 이와 관련하여 1978년 7월 20일에는 위탁교육을 위한 교육시설도 별도로 신축하여 '해양경찰대 교육대'를 설치하였다. 교육시설은 진해 해군교육단 종합기술학교 부지 내에 420평 규모의 2층 교사와 100평 규모의 식당, 그리고 통제부 전술학교 부지 내에 60평의 교실 등 연건평 580평 규모의 3개 동 규모로 신축되었다. 해군에 해양경찰대 교육대가 설치됨에 따라 기존에 해양경찰대가 자체적으로 운영하던 교육대와 훈련단은 1978년 8월 9일 정식으로 폐지되었다.

자. 경비함정의 증가 및 현대화

1968년 이후 해양경찰대는 수차에 걸쳐 직제를 개정하며 기능을 확장하였고, 이에 맞춰 전체 조직을 빠르게 확대 개편하였다. 그리고 이에 비례하여 경비함정 등 치안장비를 대거 도입하여 전력을 강화하였다. 이 당시 해양경찰대의 함정장비는 대체로 노후하거나 소규모 경비정들이 주류를 이루고 있었다. 그나마도 해군, USOM, 미군 등으로부터 인수하거나 나포한 불법어선을 개조한 경비정들이 대부분이었다.

그러나 이러한 함정세력만으로 해양경찰로서의 임무를 효과적으로 완수하기에는 어려움이 많았다. 특히 1960년대 중반 이후 간첩선 침투와 월선조업, 어선납치 등 급증하는 북한의 도발에 효과적으로 대응하기가 어려웠을 뿐 아니라, 어로보호와 해난구조, 환경오염 방제, 해상 범죄수사 등 더욱 다양해지는 해상치안 수요에 부응하기가 쉽지 않았다.

이에 따라 해양경찰대는 1968년 이후 신조 경비정을 증척하는 함정 건조사업을 적극적으로 추진하였다. 이미 1968년에 노후 경비정 13척을 퇴역시키고, 100톤급 신조 경비정 2척을 취역시킨 해양경찰대는 1969년에도 국내기술로 건조한 30톤급 1척과 15톤급 10척 등 총 11척의 신조 경비정을 대거 도입하였다.

1969년 12월 5일 최두열 치안국장이 참석한 가운데 부산전용부두에서 취역식을 가진 11척의 경비정은 각 기지대에 배치되어 연안경비 임무를 수행하게 되었다. 이때 대한조선공사에서 건조한 30톤급 목선 경비정 1척은 속초호(309정)로, 15톤급 목선 경비정 8척은 죽영호(201정), 월포호(202정), 영일호(203정), 울산호(205정), 수영호(206정), 진해호(207정), 보성호(208정), 순청호(209정)로 각각 명명되었다. 또 15톤급 FRP 경비정 2척에는 아산호(210정), 울진호(211정)라는 이름이 부여되었다.

차. 직접지휘통신망 구성

해양경찰대의 통신환경은 863정 피격사건을 계기로 해양경찰대 전력화 계획이 추진되면서 새로운 변화를 맞게 되었다. 특히 대통령의 지시에 따라 군특명검열단이 실시한 대대적인 검열을 통해 기존의 해양경찰대 통신망이 전반적으로 미흡하다는 문제점이 지적됨에 따라 1978년 이후부터 통신시설을 대거 확충 하였다. 우선, 해양경찰대장이 전 지구대와 경비함정을 직접 지휘할 수 있는 무선전화통신망을 구성하였다. 유사시 본대에서 전국 및 전 해역의 해양경찰대 요원과 세력을 직접 지휘할 수 있는 통신인프라를 구축함으로써 해양경찰대의 구난업무가 중요하게 부각되어 해양경찰 본대에 '구난통신실'을 설치하였다. 남영호 침몰사고는 부산~제주를 오가는 정기여객선 남영호가 1970년 12월 14일 전복돼 침몰한 사고로 326명의 인명피해와 1억 700만 원의 재산피해를 남긴 사상 최악의 해난 사고였다. 이 사고를 계기로 정부는 1971년 1월 23일 내무부·교통부·체신부 등 3개 부처 합동회의를 열고 해양경찰대 본대에 구난통신실을 설치하는 동시에, 조난주파수 500㎑, 2091㎑ 2183.4㎑를 24시간 연중무휴로 운영토록 결정하였다. 이에 따라 해양경찰대는 1972년 7월 18일부터 상선과 어선을 비롯한 각종 선박에서 발신하는 조난통신을 청취할 수 있게 되었고, 조난통신을 받게 되면 신속하게 출동하여 구조하는 구난임무를 더욱 확대하여 수행하게 되었다.

파. 해양사고와 구조 활동

1) 남영호 등 초대형 해난사고의 구조 활동

1970년 12월 15일 부산~제주 간을 오가는 정기여객선 남영호(362톤급)가 승객

338명과 감귤을 싣고 제주도 서귀포항을 출항하여 부산을 향해 가던 중 새벽 1시 27분경 전남 여천군 소리도 동남쪽 9마일 해상에서 전복해 침몰하였다. 사망과 실종 등 인명피해가 326명, 재산피해도 선체와 화물 가격을 합쳐 1억 700만원에 달하는 초대형 사고였다. 해양경찰대는 701함 등 4척의 함정을 현장에 급파하여 대대적인 실종자 수색작업을 펼친 끝에 사체 9구를 인양하였다.

남영호 침몰 사고는 정부로 하여금 1973년 12월 15일 '여객선 운항 관리제도'를 도입하게 하는 계기가 되기도 하였다. 1971년 1월 17일 여수에서 발생한 길자호 침몰사고 등 1976년에는 11월 29일부터 며칠사이에 20여 척의 어선이 침몰 또는 실종되는 사고가 발생했다. 울릉도 근해에서 오징어잡이를 하던 어선들이 초속 20~25m의 강풍과 높이 8~10m의 파도에 휩쓸려 되고 사망 66명, 실종 259명 등 325명이 인명피해를 입는 또 한 번의 초대형 해난사고가 발생한 것이다.

당시 사고해역에는 국내어선 100여 척이 일본어선 500여 척과 함께 조업을 하고 있었는데, 일본 어선들은 본국에서 방송하는 기상예보를 청취하고 대피명령을 받아 모두 피항하여 단 1척도 피해를 입지 않았다. 이에 비해 우리 어선들이 이처럼 대형조난을 당한 것은 소규모 혹은 낡은 어선에 원시적 항해장비, 어업기상예보도 불충분한 상태에서 무리하게 조업을 했기 때문으로 나타났다.

2) 조난선 구조예인 중 전복사고 발생

1972년 6월 28일에는 해양경찰대 함정에 구조되어 예인돼 오던 조난선이 예인도중 전복되는 사고가 발생 하였다. 폭풍이 몰아치는 심야시간에 일어난 이 사고는 선원 9명 중 7명이 실종되는 인명피해를 불러왔는데, 구조되어 예인 중이던 선박이 전복된 사고라는 점에서 특히 안타까운 사고로 기억되고 있다.

당시 79톤의 안강망어선 신성호는 동중국해 해상에서 조업하다 조난되었는데, 조난신호를 받은 870함은 폭풍주의보가 내려진 가운데 초속 18~20m의 강풍과 높이 3~4m의 높은 파도가 치는 위험한 상황에도 불구하고 신성호를 구조하기 위해 출동하였다. 그리고 6월 27일 오전 10시경 제주도 남서쪽 130마일 해상에서 신성호를 발견하고 힘겨운 작업 끝에 예인을 시작하였다. 그런데, 200m 로프에 의해 예인돼 오던 신성호가 28일 새벽 1시경 갑자기 선체의 중심을 잃고 전복되었다. 신성호에 타고 있던 선장과 기관장을 제외한 7명이 결국 실종되고 말았다. 이 사고를 통해 해양경찰대는 조난구조 활동이 최상의 장비를 바탕으로 보다 과학적이고 전문적으로 이루어져야 한다는 소중한 교훈을 배우게 되었다.

또한, 1973년 2월 9일에는 기관고장으로 표류 중인 군산 선적 안강망어선 한진호(68톤)를 구조하려고 출동한 경비정 556정이 조난어선 한진호를 구조하여 예인하던 중 심한 폭풍우에 밀려 전남 신안군 암태도 등대 앞 해상에서 좌초하는 사고가 일어났다. 당시 556정은 정기여객선 한성호가 전복 침몰(19명 사망, 74명 실종)된 진도군 지산도 앞 사고해상에서 실종자 수색작업을 하고 있었는데, 임자도 남쪽 해상에서 기관고장으로 표류 중인 한진호를 구조하라는 지시를 받고 이동하여 한진호를 구조 예인하던 중 사고를 당하였다. 이러한 사고와 구조작업을 통해 해양경찰대는 배가 전복되더라도 선체가 수면 위로 노출되어 있다면 생존자가 있을 가능성이 있다는 점, 전복된 선박이 물위에 떠 있을 때는 가까운 곳으로 끌고가 승양한 다음 선저를 뚫어야 한다는 점 등 구조기술에 대한 많은 노하우를 얻게 되었다.

1976년 11월 14일 발생한 561정의 침몰 사고는 해양경찰대원의 순직피해를 동반함으로써 특히 안타까운 사고로 기억되고 있다. 당시 561정은 경기도 옹진군 덕적면 해상에서 조업 중이던 어선들이 강풍과 높은 파도로 위험에 처하자 이들 어선을 대피시키는 어로보호 작전을 전개 중이었다. 561정은 어선들을 성공적으로 대피시킨 후 선체의 안전을 위해 피항하던 중 삼각파도에 휩쓸려 침몰하고 말았는데, 이때 561정의 정장 손진극 경감은 14명(4명 실종)의 부하들을 먼저 대피시킨 후 순직하고야 말았다. 살신성인하며 어민들과 부하들의 안전을 먼저 생각한 故손진극 경정의 희생은 지금도 많은 해양경찰 대원들의 귀감이 되고 있다.

〈그림 2-27〉 561정 침몰사고 관련 보도(1976. 11. 18, 경향신문)

故孫晉克警正永訣式

殺身成仁의 故孫晉

(자료: 해양경찰 50년사, 해양경찰청, 국가기록원)

제2절 1980년~1990년대 경비

1. 1980년대 해양경찰 조직변화와 경비 활동

가. 해양경비의 발전과 성장

1) 새로운 도전 '인천청사 시대'의 개막

해양경찰대는 창설 이후 계속해서 부산에 본대를 두고 임무를 수행해 왔다. 이는 대한민국 제1의 항구도시인 부산에 해양경찰의 지휘부를 둠으로써 해양관련 업무에 대한 대응력을 높인다는 취지에 따른 것이었다. 그러나 국가경제의 발전으로 국가위상이 높아지면서 다양한 형태의 해상활동이 활발해지고 각종 해상범죄 역시 급증함에 따라 해상치안을 위한 효과적인 지휘체계를 구축해야 할 당위성이 높아졌다. 이 같은 관점에서 해양경찰의 지휘부인 본대 청사를 중앙으로 이전하는 문제가 심각하게 논의되었다.

마침 해양경찰대의 운영체계가 본대 중심체제에서 지구해양경찰대 중심체제로 전환함에 따라 해양경찰대 본대가 수도권이 아닌 부산에 있는 것이 비효율적이라는 지적이 있었다. 중앙정부 또는 내무부 치안본부와 행정적으로 소통하면서, 동·서·남해 해상에서 이루어지는 전관수역의 어로보호와 대간첩작전, 해양경비, 범죄수사, 조난구조, 그리고 해양오염방제 등 각종 현안을 통합하고 조정하여 지휘하기에는 본대가 부산에 있다는 것이 적지 않은 불편함을 초래하였던 것이다.

이에 따라 정부는 해양경찰대가 보다 효율적으로 해상경비 전반의 업무를 수행하는 한편, 내무부, 국방부, 수산청 등 관련 중앙기관과 긴밀하고 원활하게 업무협조체제를 구축할 수 있도록 하기 위하여 본대 청사를 인천으로 이전하기로 확정하였다. 1953년 부산에서 창설한지 26년 만의 일이었다.

최초의 인천청사는 인천시 중구 북성동 1가 105번지로 결정되었다. 해양경찰대는 이 일대 3548평의 대지를 청사부지로 마련하고, 9억 175만 원의 예산을 들여 청사(태홍건설, 연건평 1321평 규모, 지하 1층, 지상 5층의 본관과 연건평 550평 규모의 별관 부대건물 5동 등 총 6개 건물 1871평 규모)를 신축하였다.

1977년 8월 10일 기공식에 이어 1979년 10월 4일 신축 청사의 준공식을 가진 해양경찰대는 부산 청사를 떠나 10월 12일 인천으로 이전하였다. 동시에 정원도 대폭 증원하였다. 1979년 212명, 1980년 196명, 1982년에는 경비함정 6척과 오염관리정 운용 소요인력 확보를 위해 173명을 증원하는 등 지속적으로 정원을 늘려 1982년에는 전체 정원이 1918명이고, 전투경찰순경 1134명을 포함하면 3052명에 달하는 거대한 조직으로 발전하였다.

〈그림 2-28〉 인천 북성동 청사

(자료: 해양경찰 50년사, 해양경찰청, 국가기록원)

2) 1000톤급 경비함 취역

신조 경비함이 도입되어 해양경찰대의 함정장비가 점차 현대화하는 가운데, 1982년 2월 16일에는 무려 1000톤급의 신조 경비함 낙동강호(1001함)가 첫선을 보였다. 1000톤급은 기존에 해양경찰대가 보유하고 있던 경비함보다 월등히 큰 대형경비함으로, 해양경찰대에는 최초로 도입되는 대형 신조 함정이었다.

1001함(44억5천)은 코리아 타코마 조선공사(주)에서 1년여에 걸쳐 건조한 후 1981년 8월 3일 진수식을 하였다.

〈그림 2-29〉1000톤급 경비함 1001함 '낙동강호'(1981)

(자료: 해양경찰 50년사, 해양경찰청, 국가기록원)

당초 1001함은 전 국민의 관심 속에 추진되는 대륙붕 유전탐사에 발맞춰서 대륙붕 제7광구의 경비를 담당하기 위해 건조하였다. 그러나 유전개발 해역의 경비를 정부에서 담당할 것인지 민간 선박에 용역을 주어 맡길 것인지에 대한 정책방향이 불명확해지면서, 1001함은 주로 동중국해 또는 동·서해 어로특정해역의 원해 해난구조 및 어로보호경비를 주임무로 수행하게 되었다.

나. 1980년대 경비활동 및 해난구조

해양경찰대는 1979년 10월 본대 청사를 부산에서 인천으로 옮기며 경비정 55척, 대원 2천375명으로 조직의 기본적인 틀을 갖추게 된다. 1980년대 들어 해양경찰은 조직, 인력, 장비 등의 대폭적인 보강이 이루어지고, 최초로 1천t급 대형 함정을 보유하게 되었으며, 1983년 일반 경찰서 연안정 44척을 넘겨받았다. 1986년에는 해양경찰대장 직급이 치안감에서 치안정감으로 격상, 조직 위상이 한층 강화됐다. 그러나 크고 작은 해상사고도 많이 발생하여 열악한 장비와 조직이지만 해난구조와 경비 활동이 활발하게 이루어지고 있었다.

1) 속초 경비정 72정 침몰사건

속초해경 60t급 경비정인 '72정'은 1980년 1월23일 새벽 5시20분께 강원도 고성군 거진읍 동쪽 2.5마일 해상에서 경비 임무를 수행하던 중 침몰했다. 기상불량과 항해 장비 고장 등에 따른 항로 착오로 200t급 다른 경비정인 207함과 충돌하면서다. 이 사고로 배에 타고 있던 경찰관 9명과 전투경찰 8명 등 승조원 17명 전원이 순직했다. 사고 직후 한 달 동안 해경과 해군 함정, 수산청 지도선, 어선 등 200여척이 사고 해역 반경 80㎞를 수색했지만, 구명뗏목(구명보트) 등 유실물만 인양한 채 실종자는 한명도 찾지 못했다.

2) 점보 카페리호 구조

승객과 승무원 215명을 태우고 제주를 출항, 한밤중에 부산으로 항해하던 여객선 동남상선 소속 점보 카페리호(2,904톤)가 1984년 5월 18일 23:30경 전남 거문도 동북방 4.2마일 해상에서 심한 풍랑으로 화물하역용 선수개폐문이 열려 침수하면서 기관고장을 일으켜 표류, 구명보트로 탈출하던 승객 12명이 익사하는 해난사고가 발생하였다.

사고소식을 접한 해양경찰은 즉시 구난지휘본부를 설치하고 사고현장에 경비정을 급파했다. 당시 사고해역은 폭풍주의보 발효 중으로 5-6m의 높은 파도가 일고 있었음에도 불구하고 출동, 새벽 3:35경에 1차 여수지구해양경찰대 소속 266함이 사고해역에 도착하여 2시간여 동안의 각고의 노력 끝에 사고선박과 동양 카페리5호 간에 생명선을 연결시키는데 성공하여 가까운 완도 근해로 예인을 시작했다. 7:00와 7:30경에 1,000톤급 경비정 2척이 추가로 도착하여 총 3척이 사고선박 호송과 실종자 수색에 임하였다. 이로써 나머지 승객을 안전하게 호송하였고 실종자 수색을 실시하여 9구의 사체를 인양하였다.

3) 중국 해군 어뢰정 망명사건[23)]

1985년 3월 21일 오전, 중국 해군의 북해함대 소속 P-6 후추안급 고속어뢰정 편대 6척이 기동훈련차 산둥반도의 칭다오 항을 출항하였다. 편대가 예정된 훈련을 마치고 귀항하는 도중, 산둥반도 동쪽 20해리 해상에서 편대 소속 어뢰정 3213호정의 통신사 두신리(杜新立)와 항해사 왕중룽(王中榮)이 56식 자동소총을 난사, 6명을 사살하고 2명을 중상입힌 뒤 편대를 이탈하여 동쪽(한국 방향)으로 항진하다가 흑산도 근해에서 연료가 소진되어 표류하였다.

반란 발발 15시간 뒤인 3월 22일 오전 11시경, 조업을 마치고 귀항 중이던 한국 어선 제6어성호가 3213호정의 조난수신호를 발견, 3213호정을 예인하였다. 이때 신고가 늦어졌는데 당시 제6어성호가 어선망인 RF-201 통신기가 고장났기 때문이었다. 같은 날 오후 8시경 군산항에서 인근 하왕등도(전라북도 부안군 위도면 하왕등리)의 경찰 초소에 신고하였다. 이 사실은 항황지서에서 군산 해경을 경유해 해군과 정부에도 통보되었다.

중국 정부는 3213호정이 한국 연안으로 표류할 것으로 예상하여 3213호정을 회수할 함대를 급파함과 동시에 3월 22일 오후 5시경 신화사통신 외신부의 쓰투창(司徒强)을 홍콩 주재 한국총영사관에 보내 구조 협조를 요청했다. 이 요청을 받은 한국 외무부는 한국 해군에 이 사실을 전파하였고, 해군은 즉각 작전중인 전 함정에 긴급전보로 구조지시를 타전하였다. 3213호정의 소속이 당시 미수교국인 중국 해군 함정인 점을 중시하여, 3213호정이 표류한 해역을 전담하는 해군 제3해역사령부는 사건 해역에 함정을 집결시킬 필요성을 느끼고 예하 함정을 동원하였다.

중국은 3,900톤 루다급 구축함 1척, 전투함 2척과 1,500톤급 예인함 1척으로 행동에 나서고, 다음날인 3월 23일 새벽 06시 50분경 하왕등도 근해에서 한국 해군 함정과 대치한다. 한국 해군은 중국 함대에게 한국 영해에서 즉각 퇴거를 요구하였지만 중국 해군이 우리 요구에 순응하지 않자 한국 공군 전투기가 출격하는 등 긴장된 분위기가 조성되었으며, 정부에서는 관계장관회의와 미국 대사관이

23) https://namu.wiki 중국 해군 어뢰정 망명사건. 참조

베이징으로 중계한 한국 정부의 강력한 의사가 전달되어, 당일 09시 38분 중국 해군 함정들이 한국 해군이 요구한 해역 밖으로 물러났다. 한국 정부는 외무부 대변인을 통하여 중국의 한국 영해 침범에 대한 엄중한 항의성명을 발표하였다.

중국 정부는 자신들의 부주의로 인해 한국 영해로 중국 함대가 진입한 사실을 인정하고 3213호정과 그 승조원의 송환 및 한국 영해 침범에 대한 중국 정부의 공식적인 사과는 3일 뒤인 3월 26일 중국 측은 공식사과각서를 한국 정부에 전달했다. 한국 정부가 이 사과를 받아들이고 이틀 뒤인 3월 28일 오전 11시에 양국의 중간 지점인 공해상(위도 36N, 경도 124E)에서 3213호정과 사망한 승조원의 시신 및 생존 승조원 전원을 중국 해군에 인계했다. 어뢰정의 예인은 해양경찰 소속 경비정 258호정이 맡았다. 이로써 일주일 동안 세계의 관심을 모았던 이 사건은 일단락되었다.

4) 월남 보트피플 구조

1987년 7월 1일 17:15경 전남 신안군 소흑산도 동남방 30마일 해상에서 월남 난민 21명(남 14, 여 7)을 태운 20톤가량의 선박이 표류 중인 것을 인근에서 조업 중이던 어선이 발견, 해경에 신고해 왔다. 이에 목포지구 해양경찰대는 즉각 인근 해역에서 경비 수행 중인 '지리산호'를 현지에 급파, 구조하여 7월 2일 08:00경 목포항에 무사히 예인했다.

이 난민들에 대한 해경의 조사결과, 이들은 베트남이 공산화된 이후, 가난과 학정에 시달리면서 인권탄압과 징병정책을 피하여 한국행을 결심하고, 베트남 탈출 1개월 전부터 은밀히 모의한 끝에 1987년 2월 26일 베트남 하이퐁항을 출항, 마카오·홍콩·상해 등을 거쳐 선상생활 4개월 만에 평소 동경하던 우리나라의 품에 안기게 된 것으로 밝혀졌다.

2. 1990~1996년 해양경찰 조직과 경비 활동

가. 조직변경

1) 배경

1990년도 시기는 해양경찰에 매우 의미 있는 시기이다. 1991년 5월 31일 정부는 법률 제4369호로 경찰의 설립 근거가 되는 「경찰법」을 제정하여 "경찰은 국민의 생명·신체 및 재산의 보호, 범죄의 예방·진압 및 수사, 치안정보의 수집, 교통의 단속, 기타 공공의 안녕과 질서의 유지를 그 임무로 한다."고 명시하였다. 이러한 치안에 관한 사항을 관장하기 위하여 내무부 치안본부를 폐지하고 내무부장관 소속의 외청인 경찰청을 독립하여 신설하였으며 지방경찰국은 지방경찰청으로 개편되었다.

2) 조직체계 변화

「경찰법」은 경찰청장 소속하에 해양경찰청을, 해양경찰청 산하에는 해양경찰서를 둔다고 규정하였다. 이 규정에 의거하여 1991년 7월 23일 대통령령 제13431호로 「경찰청과 그 소속기관 등 직제」를 제정하여 해양경찰청의 직제를 보다 세부적으로 규정하였다. 이에 따라 기존 내무부장관 소속의 해양경찰대는 경찰청장 소속의 '해양경찰청'으로 소속기관과 명칭이 변경되고 지구해양경찰대는 해양경찰서로, 지대는 해양경찰지서로 승격되었다. 이로써 현장조직은 1과 16계 1실 1단으로 기본구성으로 하는 11개 해양경찰서와 368개 선박출입항신고기관, 1개의 해양검문소, 6개의 지서, 159척의 함정으로 구성되었으며 1991년 8월 1일 이강년 치안정감이 초대 해양경찰청장으로 취임하면서 정식으로 개청하였다. 본청에 경무부, 경비부, 정보수사부, 해양오염관리부를 두고 정비창을 청장 보좌기관으로 소속을 변경하였으며, 4부 11부 33계 1창 1담당관 체제로 개편하였다. 정원은 3,874명으로 경찰관 3,545명, 일반직 148명, 기능직 191명이다(해양경찰 60년사, 2013). 직제 개정을 통해서 울산해양경찰서가 신설되었으며 이로써 해양경찰서는 부산, 인천, 속초, 동해, 태안, 군산, 목포, 여수, 포항, 충무, 제주를 포함하여 12개로 늘어났고 충무해경서는 1995년 1월 27일 통영으로 명칭이 변경되었다.

나. 업무기능 변화

1) 해양사고에 대한 수색 및 구조기능 일원화(1994)

해양경찰청은 인명구조체계를 갖추고 지속적으로 구조역량을 강화하며 끊임없이 발생하는 해양사고에 인명과 재산을 지키는 해양수호자의 역할을 수행하였다. 급증하는 해난사고에 대응하여 지속적으로 확대해 온 해양경찰청의 해난구조활동은 1994년 「수난구호법」이 개정되면서 일대 전환기를 맞게 되었다.

수난구호란 '해수면 또는 내수면에서 조난된 사람과 선박, 항공기, 수상레저기구 등의 수색, 구조, 구난과 구조된 사람, 선박 및 물건의 보호, 관리, 사후처리에 관한 업무'를 말하는 것이다. 당초 「수난구호법」은 해양사고 발생 시 원활하고 효율적인 구조체계를 가동하여 조난사고로부터 인명과 재산을 보전한다는 목적에 따라 1961년 11월 1일 법률 제761호로 제정되었다.

그 후 1994년 12월 22일 범국가적인 차원의 수난구호체계를 구축하고 동시에 국제 SAR 협약의 이행에 필요한 사항을 반영하기 위해 전문이 개정되었고, 이어 1995년 6월 24일 그 시행령도 개정되었다. 개정된 「수난구호법」과 시행령에서는 '해상에서의 수난구호는 관할 해양경찰서장이 행하고, 하천에서의 수난구호는 관할 소방서장이 행한다.'고 규정하여 모든 해양사고에 대한 구호활동의 책임기관을 해양경찰로 일원화하였다.

SAR협약에 따라 우리나라가 담당해야 할 책임구조해역은 최대 200해리까지 확대되었으며 국적에 관계없이 조난선박에 대해서는 수색 및 구조를 실시하고 필요하다면 타국의 해역에도 진입하여 구조 활동을 펼칠 수 있게 되어 해양경찰의 영역은 매우 넓어지게 되었다.

2) 유선 및 도선 안전기능 신설(1994년)

1994년 1월부터 「유선 및 도선 사업법」이 개정되어 그동안 각 시·도에서 담당하던 유·도선 안전관리 업무를 해양경찰이 인수하여 처리하게 되었다. 유선이란 주로 낚시, 관광 등에 사용되는 선박을 말하는데 그동안 대부분의 유·도선이 노후하고 성능이 떨어져 안전관리가 큰 문제점으로 지적되어 왔다.

1993년 서해 위도에서 발생한 서해 훼리호 사고[24]를 계기로 선박안전에 대한 관심이 높아져 유·도선에 관한 전문관리기구와 인력이 없는 시장·군수가 유·도선 관리업무를 관장하고 있다는 것은 안전운항을 위해 시급히 개선될 문제점으로 대두되어 왔다. 이러한 문제점을 개선하기 위해 정부는 1994년 1월 1일 「유선 및 도선 사업법」을 개정하여 해상을 운항하는 유·도선에 대한 관리업무를 해양경찰청이 담당하도록 하였으며 이에 따라 해양경찰청은 시·도로부터 유선 1,144척, 도선 141척 등 1,285척을 인수하여 업무를 개시하였다.

다. 관계 법령 정비

1) 정부조직법[시행 1990.12.27.] [법률 제4268호, 1990.12.27., 일부개정]

정부조직법 제31조 '①내무부장관은 지방행정·선거·국민투표 및 민방위에 관한 사무를 장리하고 지방자치단체의 사무를 감독한다. ②내무부에 차관보 1인을 둔다. ③치안 및 해양경찰에 관한 사무를 관장하게 하기 위하여 내무부장관 소속하

24) 서해훼리호 침몰사고는 1993년 10월 10일 아침 9시 40분경 군산 서해훼리 소속 110톤급 여객선 서해훼리호가 362명의 승객과 화물 16톤을 적재하고 전북 부안군 위도 파장금항을 떠나 부안 격포항으로 출발하여 10시 10분경 임수도 부근 해상에서 돌풍을 만나 회항하려고 뱃머리를 돌리던 중 파도를 맞아 심하게 흔들리면서 곧바로 전복되어 침몰하였다. 이 선박의 정원은 승무원 14명을 포함 221명이었으나 141명을 정원 초과하여 승선하였으며 이 사고로 292명이 사망하였다.

에 경찰청을 둔다. ④경찰청의 조직·직무범위 기타 필요한 사항은 따로 법률로 정한다.'고 해양경찰이 경찰청 소속하에 둠을 규정하였다.

2) 경찰법[시행 1991.7.31.] [법률 제4369호, 1991.5.31., 제정]

경찰법 제1장 총칙 제1조에 '이 법은 경찰의 민주적인 관리·운영과 효율적인 임무수행을 위하여 경찰의 기본조직 및 직무범위 기타 필요한 사항을 규정함을 목적으로 한다.'고 목적이 규정되어 있으며 제2조 '① 치안 및 해양경찰에 관한 사무를 관장하게 하기 위하여 내무부장관 소속하에 경찰청을 둔다. ② 경찰청의 사무를 지역적으로 분담 수행하게 하기 위하여 서울특별시장·직할시장 및 도지사(이하 시·도지사라 한다) 소속하에 지방경찰청을 두고, 지방경찰청장 소속하에 경찰서를 둔다. ③ 해양경찰에 관한 사무를 관장하게 하기 위하여 경찰청장 소속하에 해양경찰청을 두고 해양경찰청장소속 하에 해양경찰서를 둔다.'고 해양경찰청의 조직을 규정하고 있다. 그리고 제5장 제19조에 '① 해양경찰청에 해양경찰청장을 두되, 해양경찰청장은 치안정감으로 보한다. ② 해양경찰청장은 경찰청장의 지휘·감독을 받아 소관사무를 관장하고 소속공무원 및 소속경찰기관의 장을 지휘·감독한다.'고 규정하고 있으며 제20조에 '① 해양경찰청에 차장을 둘 수 있다. ② 차장은 해양경찰청장을 보좌하여 소관사무를 처리하고 해양경찰청장이 사고가 있을 때에는 그 직무를 대행한다.'고 차장의 근거를 두고 있다.

라. 대형 해양사고 발생

1) 서해훼리호 사고

1990년대에는 대형 또는 외국 국적의 배가 충돌·좌초하는 사고가 다른 시기에 비해 많아졌다. 선박의 대형화에 따른 해양오염 사고도 많아졌다. 1985년부터 1990년까지 해운항만청 집계에 의하면 358척의 선박이 대한민국 연안과 공해상에서 침몰되어 1,520명이 사망 또는 실종되었다. 사고 원인으로는 선박 불량 등 관리 부실로 인한 사고가 87%를 차지하였고 장소는 남해가 가장 높고, 계절별로는 겨울이 가장 많았다. 원양어업이 활발한 1990년대에는 선상 폭력 문제가 대두되었다. 특히 서해훼리호 사고를 계기로 대한민국 중소 선박 건조 업체들의 영세성과 안전성보다 편안함을 중시하는 설계, 해양 인력의 부족 등의 문제가 지적되기도 하였다. 해양경찰청 통계에 의하면, 1993년도 1년 동안에 151척이 침몰되고 333명이 사망과 1백 명이 실종되었다. 선원의 조종 미숙으로 인한 사고와 소형 선박의 사고 비율이 증가하였으며, 제주 해상에서 가장 많은 사고가 발생하였다.

서해훼리호 침몰사고는 1993년 10월 10일 10시 10분경 위도 앞바다(전북 부안군 위도 앞 해상)에서 발생하였다. 사고원인은 출항 당시 기상은 북서풍이 초당 10~14m로 불어 파고 2~3m로 여객선이 출항을 해서는 안 되는 악천후였음에도 불구하고 무리하게 출항하였고, 출항 후 좌현 정횡(배 왼쪽중앙)부분으로 닥치는 파도가 예상보다 높아지자 선장이 뱃머리로 파도를 받기 위해 침로를 60도 회전하여 시속 12노트로 진행하다가 임수도 북서쪽 1.9마일 지점에서 원항로로 복귀하기 위해 남쪽으로 40도 가량 변침하는 등 기기를 무리하게 조작하는 등 운항미숙 및 무리한 기기조작이 원인이었다.

어른 키보다 높은 파도, 정원(221명)보다 141명을 더 태운 배의 앞부분에는 짐이 가득 실려 있었다. 높은 파도에 중심을 잡지 못하고 뒤뚱거리던 여객선은 갑작스러운 키 조작에 뒤집어지고 말았다. 292명이 수장된 대참사는 눈앞의 이익에 급급해 최소한의 안전수칙마저 지키지 않았던 욕심의 결과였다.

사고로 인한 피해는 인명피해 사망 292명(승선인원 362명, 70명 구조), 재산피해는 선박 1척 소실이다. 서해 훼리호 침몰사고는 당시 신문을 비롯한 각 언론 매체에서는 '후진국에서나 있을 수 있는 실로 어처구니없는 일'로 보도되어 온 국민의 관심을 집중시켰던 사건이다. 사망 292명이라는 기록적인 인명피해를 남긴 서해훼리호 참사는 사고 얼마 전 목포비행장 야산에서 민간항공기 추락에 의한 60여 명이 사망한 사고와 맞물려 그 충격은 배가 되었다.

충격이 컸던 만큼 사고원인에 대한 관심도 집중됐지만 원인이 밝혀질수록 국민들의 실망은 더욱 깊어졌다. 기본적으로 지켜야 할 탑승 정원이 지켜지지 않았다. 이에 대한 당국의 관리감독도 형식적으로 이뤄져 있었다. 또 기상체크도 제대로 이뤄지지 않았다. 선장은 선장으로서의 자질이 부족했고, 항해사는 휴가 중이라 그 업무를 갑판장이 대신했다. 승객들이 한쪽으로 몰려 타지 않도록 유도하고, 비상시 구명장비를 사용법 등을 알려야 할 안전요원은 단 2명이었다.

사고 직후의 위급상황을 알려준 사람도 없었고, 구조요청도 하지 않았다. 생존자들은 구명장비가 어디 있는지 몰라 아이스박스 등에 매달려 목숨을 부지했다. 해난 구조체계에도 구멍이 뚫려 있었다. 경찰헬기는 신고 접수 후 30분 뒤에 출동했고, 군산해양경찰서 소속 경비함정은 사고현장에 1시간 뒤에 도착하여 시체인양만 하고 말았다.

사고의 문제점을 살펴보면 사고 당일 기상은 폭풍주의보는 발표되지 않았으나 파도가 높고 초속 10~13미터의 강풍이 불며 돌풍이 예상되어 주의를 했지만, 출발예정 시간인 9시를 지나 9시 40분에 무리한 출항과 안전의식이 결여되었고, 정원(221명)의 2배에 가까운 362명을 무리하게 승선시키는 등 초과승선이 상습화되었지만 행정지도·감독 소홀, 비상사태 발생 시 인명구조에 사용되는 구명장비의 미작동(선체에 설치된 구명정 4대 중 1대만 작동), 소방은 구조작업 및 선박인양 작업에 동원될 수 있는 인력, 장비의 부족 등이 지적되었다.

2) 씨프린스호 사고

씨프린스호 사고는 1995년 7월 23일 14시 20분경 전라남도 여천군(현 여수시) 남면 소리도 앞에서 호남정유(현 GS칼텍스)사의 키프로스 선적 14만톤급 유조선 씨프린스호가 암초에 부딪혀 침몰하면서 5천여 톤의 벙커A/C유와 원유가 유출된 사고이다. 선원 19명은 탈출하였고, 1명은 실종되었다.

유출된 기름을 제거하기 위해 120척의 함정이, 기름을 옮겨 싣기 위해 13만톤급 유조선인 호남 다이아몬드호가 동원되었다. 8월 8일의 작업에서 원유 19,000톤이 옮겨졌다. 하지만, 기상 악화로 작업은 9일부터 중단되었다. 8월말에는 태풍 제니스의 영향으로 선체의 위치가 바뀌었고, 원유를 옮기는 순서가 논란이 되어 작업이 지연되었다. 시프린스호는 11월 26일에 인양되었다. 인양하면서 가라앉은 엔진은 12월 18일에 인양되었다. 인양된 시프린스호는 필리핀으로 예인되어 선체 수리를 위해 필리핀 수비크만 앞바다에서 머무르던 중에 악천후로 12월 24일 침몰되었다.

마. 해상수색과 구조에 관한 국제협약(SAR) 가입

1) 해상수색과 구조에 관한 국제협약(SAR협약)

세계화·국제화로 해상을 통한 물동량이 크게 증가함에 따라 각종 해난사고도 급증하고 해난사고 또한 규모가 대형화됨에 따라 인명 및 재산피해는 물론이고, 해상오염사고 또한 상상을 초월할 정도가 되었다. 이런 대형 사건·사고는 사고 당사국만의 힘으로는 대처하기가 매우 어렵게 되었다. 그리고 언제 발생할지 모르는 사건·사고에 대비하는 것 역시 경제적으로는 실익이 없는 경우가 많다. 이에 해난사고 발생의 사전 억제와 사고발생 시 신속한 수색·구조작업을 실시함으로써 인적·물적 손해를 최소화하기 위한 각국의 준비와 범국제적인 수색·구조제도가 필요하게 되었다. 해난사고에 대한 국제적인 수색 및 구조체제를 확립함으로써 수색 및 구조작업에 참여하는 전 세계 수색 및 구조기구 간의 협력을 촉진할 목적으로 1979년 4월 27일 함부르크에서 개최된 〈정부 간 해사자문기구 총회(IMO의 전신)〉에서 「SAR협약」을 채택하여 1985년 6월 22일 발효되었다.

이에 따라 많은 국가들이 이 협약에 가입하여 자국에 알맞은 수색 및 구조체계를 수립하여 각종 해난사고 시 인접국과 협조하고 있다. SAR협약의 원명은 「해상수색과 구조에 관한 국제협약(International Convention on Maritime Search and Rescue)」

이고, 협약은 본문과 부속서로 구성되어 있다. 협약 본문은 「SAR협약」의 목적을 규정한 전문과 협약시행을 위한 일반규정으로 되어 있다. 일반규정에는 협약시행에 필요한 당사국의 의무, 이 협약의 개정 및 발효절차, 발효요건 및 기탁 등이 포함되어 있다.

부속서에는 「SAR협약」시행을 위한 당사국의 구체적 의무사항이 규정되어 있어 협약 당사국은 자국의 연안해역에서 SAR업무를 수행할 수 있는 적절한 조치(SAR 조직, 장비 비치 등)를 취하여야 하며, 인접국가와 SAR구역의 설정, 시설의 상호이용, 요원에 대한 훈련에 관하여 협정을 체결하도록 권고하고 있다. 또한 당사국은 효율적인 SAR업무 수행을 위하여 SAR업무의 조정을 위한 국가기관, 구조조정본부 및 구조지부를 설치하여야 한다. 아울러 당사국은 조난선의 조기 위치파악 및 구조세력의 조기 투입을 위하여 자국의 SAR구역 내에서 선박위치통보제도를 실시할 수 있다.

2) 우리나라 수색구조(SAR)에 관한 체계

조난선박과 인명의 구호 및 표류물, 침몰품 등의 인양과 이에 수반한 업무처리에 관한 사항을 규정하여 수난구호 업무의 신속하고 적절한 처리를 함으로써 인명과 재산의 보전에 기여함을 목적으로 수난구호법을 1961년 11월 1일 제정하여 그동안 수차례 개정되었다.

1995년 9월에 우리나라가 SAR협약에 가입함에 따라 협약을 이행할 수 있는 근거를 마련하기 위해 1996년에 대폭 개정되었다. 주요 내용은 해상에서의 수난구호는 그 해역을 관할하는 해양경찰서장이 행하고, 하천에서의 수난구호는 그 지역을 관할하는 소방서장이 행하도록 하였다. 특별자치도지사 또는 시장·군수 및 구청장은 해양경찰서장 및 소방서장의 수난구호활동에 협력하여야 하며, 구조된 사람의 보호와 습득한 물건의 보관·반환·공매 및 구호비용의 산정·지급·징수 기타 사후처리에 관한 일체의 사무를 담당한다.

해상에서의 수난구호업무의 효율적인 수행과 수난구호활동의 국제적인 협력을 위하여 해양경찰청에 중앙구조본부, 지방해양경찰청에 광역구조본부, 해양경찰서에 지역구조본부를 두도록 하였다. 중앙구조본부의 장은 광역구조본부의 장 및 지역구조본부의 장을 지휘하고, 광역구조본부의 장은 지역구조본부의 장을 지휘하며, 중앙구조본부와 광역구조본부 및 지역구조본부의 설치·운영 등에 관하여 필요한 사항은 대통령령으로 정한다고 하였다(법 제5조).

2014년 4월 세월호 참사 이후 조난사고로부터 국민의 생명과 신체 및 재산을 보호하고 사고의 재발 방지를 위한 안전관리의 강화, 사고 발생 시 신속한 구호조치 실시, 사고에 대응하기 위한 시스템 개선 등 다양한 대책 마련의 필요성이 강조되었다. 이에 따라 「수난구호법」이 「수상에서의 수색 · 구조 등에 관한 법률(약칭: 수상구조법)」로 개정·변경하여 2016년 1월 25일부터 시행되어, 구조본부의 장으로 하여금 "풍랑"으로 조난사고가 우려되는 경우에도 이동 및 대피명령을 명할 수 있도록 하고 그 대상을 어선에서 모든 선박으로 확대하였다.

구난작업을 실시하기 위해 신고된 내용이 구난작업을 하는데 미흡하다고 인정되는 경우 필요한 사항을 보완한 후 다시 신고하게 하고, 구난작업 현장 안전관리와 환경오염 방지를 위하여 필요한 경우 안전관리 조치를 명할 수 있도록 하였다. 민간해양구조대원으로 하여금 해양경찰청의 조난사고 예방 · 대응활동을 지원할 수 있도록 하여 조난사고의 재발 방지를 위한 안전관리를 강화하도록 하였다.

또한, 구조본부의 장에게 인력의 파견 외에 장비의 지원을 요청할 수 있는 권한 부여와 중앙구조본부(해양경찰청장)로 하여금 매년 수난구호 협력기관 및 수난구호 민간단체 등과 공동으로 수난대비기본훈련을 실시한 후 그 결과를 국회 소관 상임위원회에 보고하도록 하며, 여객선 비상수색구조계획서에 구명설비 배치도를 기재하도록 하고, 조난현장에서의 수난구호 활동의 지휘에 관한 사항으로 수난구호요원의 안전 확보를 위한 조치와 조난현장의 질서유지를 위하여 필요한 사항을 추가하며, 조난된 선박의 선장 및 승무원에 대한 구조 의무를 명시하였다.

해양경찰청장으로 하여금 수상에서 조난된 사람을 구조하기 위한 전문적인 능력을 갖추었다고 인정되는 사람에게 수상구조사 자격을 부여할 수 있도록 하고, 심해에서의 잠수 및 수난구호를 전문으로 하는 심해잠수사의 양성 및 관리를 위하여 심해잠수 구조훈련센터를 설치할 수 있도록 하였으며, 조난사실을 신고하지 아니하거나 구조에 필요한 조치를 하지 아니하여 인명피해를 유발한 경우에 가중처벌을 할 수 있는 근거를 마련하여 사고 발생 시 신속하고 효율적인 구호조치를 실시할 수 있도록 하였다.

아울러, 수난구호 협력기관의 정의에 「재난 및 안전관리 기본법」 제3조제8호에 따른 긴급구조지원기관을 명시하여 유관기관과 체계적인 협력관계를 구축할 수 있도록 하여 사고에 대응하기 위한 시스템을 개선하였다. 그 밖에 법률을 「수상에서의 수색 · 구조 등에 관한 법률」로 변경하고 선박관리인, 선박임차인 또는 선장을 대신하여 그 직무를 수행하는 사람에게도 이 법 또는 이 법에 따른 명령이 적용되도록 명시하여 법률의 목적과 내용을 명확하게 하는 등 현행 제도의 운영상 나타난 일부 미비점을 개선 · 보완하였다.

3) 수색구조(SAR) 국제협력 관계

현재 「SAR협약」에는 일본, 중국, 미국, 러시아 등 세계 80여개 국가가 가입하고 있으며, 체약국은 「SAR협약」에 따라 조난선박·인명에 대한 수색구조 의무와 구조조정본부, 구조대 등을 설치·운영하여야 한다. 또 인접국가간 수색구조 책임구역 획정과 국제적인 지원·협조체제를 강화하는 한편, 선박위치통보제도 실시 및 필요시 일정한 조건하에서 자국해역 내 외국구조세력과 장비 등의 진입허가에 대한 의무를 지게 된다.

해양경찰은 「SAR협약」에 따라 인접국간 수색구조 구역을 획정하고, 책임해역 내에서 조난선박 및 인명을 신속하게 구조하기 위하여 지난 1990년 5월에 일본과 '수색구조협정'을 체결하였고, 2007년 4월에는 '한·중 수색구조 협정' 그리고 2016년 9월 "대한민국 정부와 러시아연방 정부 간의 해상 수색 및 구조 분야에서의 협력에 관한 협정'을 체결하였다. 협정체결의 주요 내용으로는 각 당사국의 수색 및 구조구역에서 지체 없이 필요한 모든 수색 및 구조 조치를 취하고, 사고정보를 상대국에 지체 없이 통보하며, 또한 상대국이 수색구조 지원을 요청하는 경우 가능한 최대한 범위에서 협력 등 상호지원을 보장한다. 그리고 양국은 수색구조기관 간의 합동훈련, 정기적인 연락망 점검, 전문가 상호방문, 정보교환 등 상호 협력 강화를 위한 노력을 하도록 정하고 있다.

제3절 해양경찰청 외청 탄생과 경비

1. 1996~2014년 해양경찰 조직변화와 경비 활동

가. 1차 해양수산부 외청(外廳)시기 (1996. 8. 8.~2008. 2. 28)

1) 배경

200해리 배타적 경제수역 선포로 관할수역이 광역화함에 따라 해양경찰은 광대해진 해역을 관할하게 되었으며 해양주권수호 차원에서 관할해야 할 해역의 범위가 어업자원보호선 내측으로 한정되어 있던 데서 벗어나 배타적 경제수역으로 확대됨으로써 기존보다 약 5.2배 이상으로 넓어지게 되었다. 이에 따라 해양경찰은 광역화한 관할해역에서 실질적인 해상주권을 확보할 수 있도록 관할해역에 대한 치안 및 경비체계를 조기에 확보하는 것이 시급하고 중요한 과제로 대두되었다. 이에 따라 정부에서도 21세기 해양경쟁시대가 본격적으로 도래하고 있다고 판단하고 해양환경보전과 해양개발 등 해양자원을 활용하기 위한 해양관리를 시급한 현안으로 인식하게 되었다. 실제로 1994년 UN해양법 협약 발효 이후 국제적으로 해양의 중요성이 크게 부각되었고, 우리나라에서도 국제교역량의 98% 이상을 해상수송에 의존하는 등 해양의존도가 커지고 있는 상황이었다.

정부는 16개 부처에 산재해 있는 해양행정체제를 일원화하여 해양관리의 효율성을 높이기 위해 1996년 8월 8일 법률 제5153호로 「정부조직법」을 개정하여 해양수산부를 신설하고, 해양경찰청을 해양수산부 소속의 외청으로 독립시켰다. 이로써 해양경찰청은 1953년 창설이후 43년 만에 중앙행정기관으로 그 위상이 격상되었다.

2) 조직

가) 차관급 승격 전

본청은 기존의 부(部)에서 국(局) 체제로 바뀜에 따라 경무부는 경무국, 경비부는 경비구난국, 정보수사부는 정보수사국, 해양오염관리부는 해양오염관리국으로 격상되었다. 기동방제관·감사담당관·해상안전과·외사과를 신설하고 정비보급과를 장비관리과, 시험연구과를 분석과로 명칭을 바꾸고 경비와 구난과를 통합하여 경비구난과로 기획감사과를 기획과로 변경하였다. 해양경찰서에는 해상안전과가 신설되었다. 이로써 4국 1관 3담당관 12과로 확대 개편되고 해양경찰서는 6~8과 17계 1실 체제로, 정비창은 7과 1단 8계 체제로 확대 개편하였다. 경찰공무원의 신분과 인사 등의 근거는 기본적으로 현행 경찰법령 체제를 유지하되 「경찰공무원법」 등 18개 경찰법령에 해양경찰청이 중앙행정기관으로서의 권한과 책임을 보유하고 있음을 명시하였다.

나) 차관급 외청 승격(2005년)

1996년 배타적 경제수역 선포는 국가행정 전반에 걸쳐 해양의 중요성을 일깨우는 계기가 되었으며 정부는 해양주권수호를 위하여 지속적으로 해양관리정책을 강화하였고, 해양관리의 첨병 역할을 하고 있는 해양경찰의 역할과 기능을 확대하였다. 대형함정과 항공기를 비롯한 해양경비 세력을 증강하여 대한민국의 주권이 미치는 해상에 대한 관할권을 공고히 하고 국민들의 해양을 통한 경제활동과 여가생활을 편리하고 안전하게 영위할 수 있도록 해상치안에도 만전을 기하였다.

이 같은 변화와 혁신의 성과로 2005년 7월 22일 대통령령으로 '해양경찰청 직제 개정안'이 국무회의를 거쳐 공포·시행됨으로써 마침내 해양경찰청장의 직급이 차관급인 치안총감으로 격상되고, 해양경찰청은 차관급 기관으로 승격되었다. 본청 조직은 4국 14과 7담당관 1단 체계로 확대되었다. 이는 해양경찰청이 1996년 해양수산부 외청으로 독립한 지 10년 만에 이룬 성과라 할 수 있다. 그동안 16개 외청 중 인력 3위, 예산 5위의 대규모 조직임에도 불구하고 1급(치안정감) 기관으로 국내외의 각종 해양관련법을 집행하고, 해양관리자로서의 임무를 수행하는 데 많은 어려움이 있었다. 해양경찰청이 차관급 조직으로 격상됨으로써 경찰청, 소방방재청 등 국내 치안·재난안전 관리기관과 대등한 위치에서 바다안전망 구축을 위한 교류와 협력이 가능하게 되었다.

3) 기능

가) 수상레저기능 신설(2000년)

본격적인 주5일 근무제 시행 및 국민소득 향상으로 수상레저 인구가 빠른 속도로 증가하면서 이로 인한 안전사고가 많이 발생함에 따라 1999년 2월 제정된 「수상레저안전법」을 2000년 2월 시행하게 되었다. 수상레저 활동의 안전과 질서를 확보하고 수상레저사업의 건전한 발전을 도모하기 위한 이 법의 시행으로 해양경찰은 각종 안전사고에 대비한 예방 및 구호활동을 전개하여 그 위상을 공고히 하게 되었다. 법에 따라 5마력 이상의 동력레저기구를 조종하고자 하는 자는 해양경찰청장으로부터 조종면허를 받아야 하고, 수상레저활동자는 구명조끼 등 안전장비를 착용하는 안전준수 의무를 다해야 하며, 무면허조종과 음주조종은 금지되었다. 이로써 해양경찰 기능은 더욱 확장되었다.

나) 교육기능 강화(2004년)

해양경찰은 그동안 별도의 교육기관이 있는 것이 아니라 육상경찰의 교육기관인 '경찰종합학교'의 '해양경찰학과'에서 신임순경 및 직무교육을 실시하였다. 그러나 해양이라는 특수한 분야의 업무를 교육하는데 한계가 있었다. 이러한 문제를 해결하기 위해 UN해양법 발효 이후 광역경비체제로의 전환과 불법조업 외국선박 단속, 조선족 밀입국 증가 등 늘어나는 치안수요에 효과적으로 대처하기 위한 전문교육기관이 필요함에 따라 1997년 인천해양경찰서 전용부두에 부지 1,000평, 건평 290평 규모의 건물을 신축하여 '직무교육장'으로 이용하였다. 그러나 항해, 기관, 통신 등 선박운용시스템과 국제해사법규, 해양오염방제 등 해양경찰 특성에 맞는 전문화된 교육을 통해 경쟁력 있는 우수한 전문 인력을 양성하기에는 어려움이 많았다. 학교설립을 위해 부단히 노력한 결과 2004년 5월 6일 인천시 중구 운북동 정부기관단지 내 3만평의 대지에 해양경찰특공대가 쓰던 건물을 개조하여 교무과, 총무과, 훈련단 등 2과 1단으로 해양경찰학교를 개교하였다.

4) 관계 법령 제·개정

가) 정부조직법 [법률 제 5153호, 1996.8.8., 일부개정]

해양경찰청 소속 근거는 정부조직법 제41조 '① 해양수산부장관은 수산, 해운, 항만, 해양환경보전, 해양조사, 해양자원개발, 해양과학기술연구·개발 및 해난심판에 관한 사무를 장리한다. ② 해양수산부에 차관보 2인 이내를 둔다. ③ 해양에서의 경찰 및 오염방제에 관한 사무를 관장하기 위하여 해양수산부장관 소속하에 해양경찰청을 둔다. ④ 해양경찰청에 청장 1인을 두되, 청장은 경찰공무원으로 보한다.'고 규정하였다.

나) 해양경찰청과 그 소속기관 직제 [대통령령 제15136호, 1996.8.8, 제정]

해양경찰청의 목적은 제1장 총칙 제1조에 '이 영은 해양경찰청과 그 소속기관의 조직과 직무범위 기타 필요한 사항을 규정함을 목적으로 한다.'고 규정하고 있다. 소속기관은 제2조에 '① 해양경찰청장의 관장사무를 지원하기 위하여 해양경찰청장 소속하에 정비창을 둔다. ② 해양경찰청장의 관장사무를 분장하기 위하여 해양경찰청장 소속하에 해양경찰서를 두고, 해양경찰서장 소속하에 해양경찰지서를 둔다.'고 규정하고 있다. 제3조에 '해양경찰청은 해양에서의 경찰 및 오염방제에 관한 사무를 관장한다.'고 직무를 규정하고, 제4조에 '해양경찰청장은 치안정감으로 보한다.'고 규정하였다.

나. 국토해양부 외청(外廳)시기(2008. 2. 28. ~ 2013. 3. 23)

1) 배경

2008년 출범한 이명박 정부에서는 급변하는 국내·외 환경에 신속하고 능동적으로 대처하도록 작고 유능한 정부를 구현하여 공공부문의 효율성을 높인다는 취지에서 대통령 취임과 동시에 부처 통폐합 등 정부조직을 대대적으로 개편하였다. 국토자원의 통합관리를 위하여 건설교통부와 해양수산부의 해양정책, 항만, 해운

물류를 통합하여 해양수산부를 폐지하고 국토해양부를 신설하였다. 이로써 해양경찰청은 해양수산부 외청에서 국토해양부 외청으로 그 소속이 변경되었다.

2) 조직

해양경찰청은 정부조직개편 방향에 부응하여 급변하는 환경에 유연하게 대처하는 효율성 높은 조직으로 운영하기 위하여 대국(大局)체제로 조직과 기능을 합리적으로 개편하였다. 기획조정관을 신설하고 정책홍보관리관을 대변인으로, 해양오염관리국을 해양오염방제국으로, 총무과를 기획운영과로, 재정기획담당관을 재정담당관으로 혁신단을 창의혁신담당관으로, 인사교육담당관을 인력개발담당관으로, 수상레저안전과를 수상레저과로 명칭을 변경하고 정보화담당관과 정책홍보담당관을 폐지하고 정보화담당관 기능은 장비기술국으로 이관하고 외사과·전략사업과·정비과·보급과를 신설하고 장비과·조함단·항공과를 폐지하였다. 그리고 방제과를 방제기획과·기동방제과로 확대 개편하고 감시과와 해양배출물관리과를 예방지도과로 정보화담당관과 통신과를 정보통신과로 통합하였다. 이로써 유사·중복 기능을 통폐합하는 한편, 현장조직과 상대적으로 취약했던 부분을 보강하여 조직운영의 효율성을 제고하였다.

3) 해양경비법 제정으로 경비기능 강화 (2012년)

UN해양법 협약 발효에 따라 세계 각국은 본격적인 해양경쟁시대에 돌입하게 되었다. 이에 대응하여 우리나라도 이 협약에 가입하는 한편 신 한·일어업협정, 한·중어업협정을 체결해 주변국들과 배타적 경제수역을 확정하고 관할해역을 수호하기 위한 해양경비활동을 더욱 강화하게 되었다. 그러나 경비함정 및 항공기 운용, 해상집단행동 대응, 해양과학 연구조사 지원업무 등에 관한 근거 법령이 없어 문제점이 많았다. 이러한 문제점을 해결하기 위해 2010년 초 「해양경비법안」이 만들어졌고, 2월 18일 공정회를 거쳐 11월 24일 국회에 제출되었다. 1년 동안 심사를 마치고 2011년 12월 29일 본회의를 통과, 2012년 2월 22일 「해양경비법」이 시행하게 되었다.

해양경비법의 제정으로 해양경찰 공무원의 활동에 필요한 권한을 명문화하였고 해상검문검색의 근거를 마련하였다. 아울러 무기사용에 대한 요건과 사용 가능한 장비·장구를 명시해 해양경찰 활동이 법적 절차에 따라 집행하도록 하였다.

4) 관계 법령

가) 정부조직법 [법률 제8852호, 2008.2.29., 전부개정]

해양경찰청 소속 근거는 정부조직법 제37조 '① 국토해양부장관은 국토종합계획의 수립·조정, 국토 및 수자원의 보전·이용 및 개발, 도시·도로 및 주택의 건설, 해안·하천·항만 및 간척, 육운·해운·철도 및 항공, 해양환경, 해양조사, 해양자원개발, 해양과학기술연구·개발 및 해양안전심판에 관한 사무를 관장한다. ② 국토해양부에 차관보 1명을 둘 수 있다. ③ 해양에서의 경찰 및 오염방제에 관한 사무를 관장하기 위하여 국토해양부장관소속으로 해양경찰청을 둔다. ④ 해양경찰청에 청장 1명과 차장 1명을 두되, 청장 및 차장은 경찰공무원으로 보한다.'로 규정하였다.

나) 해양경찰청과 그 소속기관 직제 [대통령령 제20699호, 2008.2.29, 전부개정]

해양경찰청의 목적은 1장 총칙 제1조에 '이 영은 해양경찰청과 그 소속기관의 조직과 직무범위, 기타 필요한 사항을 규정함을 목적으로 한다.'고 규정하고 있으며 소속기관은 제2조에 '① 해양경찰청장의 관장사무를 지원하기 위하여 해양경찰청장 소속으로 해양경찰학교 및 해양경찰연구개발센터를 둔다. ② 해양경찰청장의 관장사무를 분장하기 위하여 해양경찰청장 소속으로 지방해양경찰청과 및 직할해양경찰서를 두고, 지방해양경찰청장 소속으로 해양경찰서를 둔다. ③ 해양경찰청장의 관장사무를 지원하기 위하여 「책임운영기관의 설치·운영에 관한 법률」 제4조제1항, 같은 법 시행령 제2조제1항 및 같은 법 시행령 별표 1에 따라 해양경찰청 소속의 책임운영기관으로 해양경찰정비창을 둔다.'고 규정하였다. 제2장제3조에 '해양경찰청은 해양에서의 경찰 및 오염방제에 관한 사무를 관장한다.'고 직무에 관한 것을 규정하였으며 제4조에 '해양경찰청장은 치안총감으로 보한다.'를 제5조에 '해양경찰차장은 치안정감으로 보한다.'고 규정하였다.

다. 2차 해양수산부 외청(外廳) 시기 (2013. 3. 23~2014. 11. 19)

1) 배경

2013년 2월 박근혜정부가 출범하여 3월 23일 「정부조직법」이 개정되면서 2008년 2월에 폐지되었던 해양수산부가 부활하였다. 동북아 해양환경 변화에 능동적으로 대응하고 해양·항만정책과 수산정책의 상호 연계를 통해 해양기능의 융합효과를 제고하기 위하여 해양수산부를 신설하고 농림수산식품부 및 국토해양부를 각각 농림축산식품부 및 국토교통부로 개편하였다. 이에 따라 해양경찰청은 국토해양부 외청에서 다시 해양수산부 외청으로 그 소속이 변경되었다.

2) 조직

이에 따라 지방해양경찰청장과 직할해양경찰서장 밑에 두고 있는 직할단(항공단 및 특수구조단)과 직할대(특공대) 근거 규정을 신설하였으며 조직이 전반적으로 안정적인 체제를 갖추고 있어 큰 변화는 없었다. 본청에는 2관 4국 22과를 두고 소속기관인 4개 지방해양경찰청과 17개(인천, 평택, 태안, 보령, 속초, 동해, 포항, 여수, 완도, 목포, 군산, 울산, 부산, 창원, 통영, 제주, 서귀포) 해양경찰서, 해양경찰교육원, 해양경찰연구소, 해양경찰정비창로 구성되었다.

3) 기능

가) 교육기능 강화(2013년)

해양경찰교육원이 점차 조직의 규모가 커지고 이에 따라 신임경찰관 및 재직 중인 경찰관에 대한 교육 필요성이 크게 대두되자 꾸준히 정부 관련 기관에 예산 및 직제를 요구하였다. 해양경찰교육원은 2011년 6월 15일 여수시 오천동에서 건축을 시작한 후 2013년 11월 12일에 준공하여 개원을 하게 되었다. 대지 2,305,468㎡(70만평), 건물 43,603㎡(2만4천평) 규모로 강의동, 도서관, 식당, 체육관, 소화방수훈련장, 해상구조잠수훈련장, 수상레저훈련장, 시뮬레이션훈련장, 기관정비실습장, 재난훈련장, 해양오염방제훈련장, 실내사격장 등 이론과 실습·훈련을 모두 할 수 있는 최첨단 시설을 갖추게 되었다. 아울러 4,200톤급 훈련함을 보유하여 신임 경찰관과 함정 장비 운용자들에 대한 경비함정 운용술 교육이 가능하게 되었다. 교육훈련 고도화, 전문(Specialty) 인재배출, 교육선진화 등을 표방하여 다양한 현장중심 대응역량을 높이는데 중요한 역할을 하고 있으며 매년 연인원 9,190여명의 교육생을 배출하고 있다.

나) 해양안전관리 기능강화(2013년)

2013년 창설 60주년을 맞아 '해양사고 30% 줄이기'운동을 전개하여 그동안 해양사고에 대해 사후대응 방식으로 운영되던 체계에서 벗어나 사전예방 중심으로 전환하여 다양한 정책을 추진하였다. 범정부 관계기관 대책회의를 실시하여 해양사고 예방종합대책과 해수욕장 안전관리대책을 수립시행하고, 해상교통안전 분야 전문가들로 구성된 '준사고 분석팀'을 만들어 관제구역 내 해양사고를 분석해 재발하지 않도록 방안을 모색하였다. 그 결과 전년도 대비 선박사고는 32%, 연안 안전사고 및 인명피해는 55% 감소하였다.

4) 관계 법령

가) 정부조직법 [법률 제11690호, 2013.3.23., 전부개정]

정부조직법 제43조에 '① 해양수산부장관은 해양정책, 수산, 어촌개발 및 수산물 유통, 해운·항만, 해양환경, 해양조사, 해양자원개발, 해양과학기술연구·개발 및 해양안전심판에 관한 사무를 관장한다. ② 해양에서의 경찰 및 오염방제에 관한 사무를 관장하기 위하여 해양수산부장관 소속으로 해양경찰청을 둔다. ③ 해양경찰청에 청장 1명과 차장 1명을 두되, 청장 및 차장은 경찰공무원으로 보한다.'고 규정하였다.

나) 해양경찰청과 그 소속기관 직제 [대통령령 제24457호, 2013.3.23, 일부개정]

해양경찰청의 목적을 제1장 총칙 제1조에 '이 영은 해양경찰청과 그 소속기관의 조직과 직무범위, 그 밖에 필요한 사항을 규정함을 목적으로 한다.'고 규정하고 있으며 제2조에 '① 해양경찰청장의 관장사무를 지원하기 위하여 해양경찰청장 소속으로 해양경찰학교 및 해양경찰연구소를 둔다. ② 해양경찰청장의 관장사무를 분장하기 위하여 해양경찰청장 소속으로 지방해양경찰청과 및 직할해양경찰서를 두고, 지방해양경찰청장 소속으로 해양경찰서를 둔다. ③ 해양경찰청장의 관장사무를 지원하기 위하여 「책임운영기관의 설치·운영에 관한 법률」 제4조제1항, 같은 법 시행령 제2조제1항 및 같은 법 시행령 별표 1에 따라 해양경찰청장 소속의 책임운영기관으로 해양경찰정비창을 둔다.'고 규정하고 있다. 그리고 제2장 제3조에 '해양경찰청은 해양에서의 경찰 및 오염방제에 관한 사무를 관장한다.'고 직무를 규정하고 있으며 제4조에 '해양경찰청장은 치안총감으로 보한다.'고 해양경찰청장의 직급을 규정하고 제5조에 '해양경찰차장은 치안정감으로 보한다.'고 규정하였다.

라. 세월호 사고 (2014. 4. 16)

2014년 4월 15일 오후 9시 세월호가 인천에서 제주도를 향해 출발했다. 원래 출발시각은 오후 6시 30분이었지만 악천후로 출발이 늦춰졌다. 탑승자는 제주도 수학여행을 떠나는 경기도 안산 단원고 2학년 학생 325명을 포함해 교사 14명, 인솔자 1명, 일반탑승객 74명, 화물기사 33명, 승무원 29명 등 모두 476명이었다.

4월 16일 오전 8시 49분 전남 진도군 앞바다인 조류가 거센 맹골수도에서 세월호는 급격하게 변침을 했고, 배는 곧 중심을 잃고 기울어져 표류하기 시작했다. 8시 51분 단원고 학생이 119에 구조요청 신고를 했다. 배는 침몰하고 있었지만 선내에서는 "이동하지 말라"는 방송이 연방 흘러나왔다. 9시 35분 해경 함정 123정이 도착했다. 기관부 선원 7명이 승객을 버리고 탈출해 구조됐고 조타실 선원들도 뒤따라 탈출했다. 침몰 전까지 172명이 구조됐지만, 10시30분께 침몰한 이후 단 1명도 구조되지 못하고 희생자는 304명이다. 이 같은 상황 속에서 일부 언론은 '전원구조'라는 오보를 냈고, 해경 등 구조당국은 구조작업에 우왕좌왕해 희생자·실종자 가족들의 불신의 대상이 됐다. 검찰은 승객들을 버리고 탈출한 이준석 선장 등 세월호 선원 15명에 대해 살인, 살인미수, 업무상 과실 선박매몰, 선원법 위반 등의 혐의를 적용해 2014년 5월 15일 구속기소했다.

2. 2014~2017년 해양경찰 조직변화와 경비 활동

가. 국민안전처 해양경비안전본부 탄생(2014.11.19~2017.7.26)

1) 해양경찰청 폐지와 해양경비안전본부 탄생

2014년 4월 16일 진도해상에서 발생한 세월호사고 대응 미흡으로 같은 해 11월 19일 「정부조직법」을 개정하여 각 부처에 분산되어 있던 안전관련 조직을 통합하고, 지휘체계를 일원화하기 위해 해양경찰청과 소방방재청을 폐지하여 육상과 해상에서 발생하는 모든 유형의 재난을 중심으로 대응할 수 있도록 국무총리실 소속으로 국민안전처를 신설하였다.

이에 따라 해양경찰의 임무는 "해양에서의 경비, 안전, 오염방제 및 해상발생 사건의 수사사무"로 축소되었으며, 조직개편에 따라 정보수사국, 기획조정관, 국제협력관 등의 직제가 폐지되고, 그 업무는 해양경비안전국으로 통합되었다. 해양경비안전국에는 해양경비안전총괄과, 해양경비과, 해상안전과, 해양수색구조과, 수상레저과, 해상수사정보과 등 6개로 축소되었다. 해양오염방제국은 방제기획과, 기동방제과, 해양오염예방과로 축소되었으며 해양장비기술국도 해양장비기획과, 해양장비관리과, 해양항공과, 해양정보통신과, 해상교통관제과로 조직이 대폭적으로 축소되었다. 이로써 2관 4국 22과에서 3국 14과가 되었다.

차관급이었던 치안총감 계급의 해양경찰청장 직제는 없어지면서 해경 최고 고위직은 해양경비안전본부장으로 되었다. 외청이 아닌 본부이지만 본부장을 1급이 아닌 차관급(치안총감)으로 임명하여 조직의 독립을 최대한 보장해주었으며, 이를 법적으로 보장하기 위해 해양경비안전본부는 국민안전처 장관의 지휘 아래 인사와 예산의 독자성을 유지할 수 있도록 조직 구조를 개편하였다. 해양경비안전본부 아래 각 동·서·남·중부·제주지방해양경찰청은 각각 지방해양경비안전본부로, 해양경찰서는 해양경비안전서로 그 명칭이 각각 변경되었으며 각 지방해양경비안전본부장 및 해양경비안전서장은 기관장으로서 역할을 수행하였으나 해양경비안전본부장은 그 상급관청인 국민안전처장관의 지휘를 받는 조직이 되었다.

2) 기능 변화

가) 수사·정보·외사 업무 일부 경찰청 이관(2014년)

수사업무 조정으로 해양범죄의 일부가 경찰청으로 이관됨에 따라 정보·수사부서에서 근무하는 경찰관 792명중 정원 505명이 경찰청으로 이체되고(실제 경찰청 소속으로 넘어간 인원은 200명) 305명은 파출소 등 현장에 배치되고 287명이 수사관련 업무를 맡게 되었다. 「정부조직법」에 나와 있는 '해상발생 사건의 수사사무'란 개념이 모호하여 경찰청과 수사협의를 통해 '해상에서 발생한 사건'이란 '범죄의 원인행위나 결과 중 어느 하나가 해상에서 발생하면 되는 행위를 말함'으로 개념을 정리하여 업무를 수행하였다.

나) 해양경비기능 보강(2014년)

해양경찰청이 국민안전처 소속 해양경비안전본부로 개편되어 인천에서 세종시로 이동함에 따라 서해중부해역 북방한계선(NLL), 서해 5도 조업관리, 불법중국 어선단속, 국제여객선 안전관리 등을 위해 '중부해양경비안전본부'를 2014년 11월 28일 신설하고 인천, 평택, 태안, 보령해양경비안전서를 관할하게 되었다. 이로써 동해·서해·남해·제주를 포함해서 5개의 지방해양경비안전본부가 되었으며 이는 각각 독립기관으로 임무를 수행하였다.

그리고 서해 북방한계선(NLL), 배타적 경제수역(EEZ)에서 불법조업 외국어선 단속·수사 및 사후처리를 주 임무로 하고, 서해5도에서 위기 발생 시 우리 어민의 보호활동 뿐만 아니라 수색·구조의 임무를 수행하기 위해 2017년 4월 4일 총경을 단장으로 하고 직원 362명과 함정 9척(대형함정 3척, 중형함정 6척)과 고속방탄정 3척 규모의 '서해5도특별경비단'을 신설하였다. 경비함정은 인천해양경찰서 소속 대형함정인 3005함, 3008함, 1002함 3척과 중형함정인 501함, 502함, 503함, 511함 4척과 목포·창원해양경찰서 중형함정 513함, 515함 6척이다. 인력은 수시직제로 인원 150명과 경비함정 편제 및 자체 조정 인력을 확보하여 362명으로 출범하였다. 조직은 2과 6계 1실

1대로 구성되었다. 중국어선 조업 동향을 항상 살피고 단속 전담 기동전단을 운영함으로써 서해 NLL 해역에서의 경비·작전 및 단속능력이 대폭 향상되었다. 서해5도특별경비단 신설에 따라 영해를 넘어와서 불법으로 조업하는 중국어선이 70% 감소하는 효과를 거두었으며 단속현장에서 공용화기 사용여부를 신속히 판단할 수 있도록 '선조치 후보고'로 무기사용 관련 법규도 개정하였다. 이로써 어민들이 안심하고 조업할 수 있는 서해5도가 될 수 있는 기틀을 만들었다.

다) 수색구조 기능 강화(2014년)

세월호사고 이후 해양사고 발생 시 신속하고 완벽한 수중 수색 구조업무를 수행하기 위해 전문성을 갖춘 특수구조를 전담할 수 있는 '중앙해양특수구조단'을 2014년 12월 23일 창단하였다. 중앙해양특수구조단의 임무는 대형화 사고와 특수한 해양사고의 구조, 수중수색 및 현장지휘, 인명구조 등 관련 국내·외 기관과의 교류 협력, 중·대형 해양오염사고 발생 시 현장출동과 상황파악 및 응급방제조치 등이다. 2015년 11월 30일에는 동·서해 해양특수구조대를 신설하여 동해 및 서해에 사고발생 시 신속하게 출동할 수 있게 되었다.

라) 해상교통관제센터(VTS) 이관

기존 해양수산부 소속 항만 VTS센터와 해양경찰청 소속 연안 VTS센터로 이원화로 운영되었던 해상교통관제센터가 국민안전처 해양경비안전본부로 이관되었다.

3) 관계 법령

정부조직법 [법률 제12844호, 2014.11.19. 일부개정]이 개정되면서 해양경찰청이 폐지되고 국민안전처가 신설되면서 「정부조직법」 제22조의2 '① 안전 및 재난에 관한 정책의 수립운영 및 총괄 조정, 비상대비, 민방위, 방재, 소방, 해양에서의 경비·안전·오염방제 및 해상에서 발생한 사건의 수사에 관한 사무를 관장하기 위하여 국무총리 소속으로 국민안전처를 둔다. ② 국민안전처에 장관 1명과 차관 1명을 두되, 장관은 국무위원으로 보하고, 차관은 정무직으로 한다. ③ 국민안전처에 소방사무를 담당하는 본부장을 두되 소방총감인 소방공무원으로 보하고, 해양에서의 경비·안전·오염방제 및 해상에서 발생한 사건의 수사에 관한 사무를 담당하는 본부장을 두되 치안총감인 경찰공무원으로 보한다. ④ 제3항에 따른 본부장은 각각의 소관 사무에 관하여 국민안전처장관의 지휘아래 인사 및 예산에 대한 독자적인 권한을 수행한다. ⑤ 국민안전처장관은 안전 및 재난에 관하여 국무총리의 명을 받아 관계 중앙행정기관을 총괄 조정한다. ⑥ 국민안전처장관은 소관 사무에 관하여 지방행정의 장을 지휘 감독한다.'고 규정하였다.

제4절 2017년 이후 해양경찰 조직과 경비변화

1. 해양수산부 해양경찰청 재탄생 (2017.7.26)

가. 조직 변화

2017년 5월 10일 대통령 선거를 통해 당선된 후 대통령직인수위원회 없이 문재인 정부가 수립되었다. 2017년 6월 5일 정부 여·야당 합동으로 발표한 「정부조직법」 개정안은 7월 20일 국회를 통과하고 7월 25일 국무회의를 거쳐 7월 26일 공포·시행되었다. 「정부조직법」 개편으로 해양경찰청, 소방청은 해양수산부, 행정안전부 독립 외청으로 부활하게 되었다. 이로써 해양경찰청은 경찰청이 수행하던 '육지에서의 해양 수사정보' 기능이 이관됨에 따라 '수사정보국'을 신설하였다.

2017년 7월 26일 해양경찰청으로 독립하면서 조직의 대부분은 해양경찰청 폐지 이전의 모습으로 되돌아왔다. 해양경찰청은 세월호 사고를 교훈으로 구조역량을 강화하기 위해 '구조안전국'을 신설하였다. 이로써 해양경찰청은 기획조정관, 경비국, 구조안전국, 수사정보국, 해양오염방제국, 장비기술국으로 직제가 개편되었다. 또한 해양경찰청은 2관 5국 24과(담당관, 센터 포함), 5개 지방해양경찰청, 19개 경찰서, 서해5도특별경비단, 중앙해양특수구조단, 해양경찰교육원, 해양경찰정비창으로 개편되었다.

나. 기능측면 변화

2017년 7월 26일 재출범한 해양경찰에 대한 우려를 불식시키고 해양주권수호 및 해양안전 확보를 위한 비전 "내일보다 오늘이 더 안전한 바다"를 제시하였다. 그리고 조직을 신속하게 안정화하면서 현장과 바다안전중심 조직체계를 개편하기 위한 해양경찰 혁신 100일 프로젝트를 추진하였다.

구체적인 실현을 위해 5대 전략목표는 ① 든든한 안전, ② 당당한 주권, ③ 공정한 치안, ④ 깨끗한 바다 ⑤ 탄탄한 해경으로 하고, 25개 실천과제와 79개의 세부과제를 정하여 거듭나는 해양경찰의 모습을 보여주었다.

해양수산부 외청에 걸맞은 조직역량을 키우고 권위주의, 형식주의, 폐쇄주의 등 불합리한 조직문화 개선을 통해 새로운 재조해경(再造海警)을 외치며 전 직원이 동참하여 추진동력 확보에 노력을 기울였다. 이는 과거 세월호사고로 침체된 조직문화를 개선하고 국민에게 더 한층 다가갈 수 있는 계기를 만들었다.

그리고 해양경비안전본부 시기 때 경찰청으로 이체되었던 정원 505명이 다시 해양경찰청으로 이체되고 경찰청으로 넘어갔던 해양경찰 직원 23명과 경찰청직원 105명 총 128명이 해양경찰청으로 배치되어 수사·정보 기능이 정원 805명 대비 54%에서 70%로 564명 충원되었다. 해양경찰청은 경찰청에서 넘어온 105명에 대해 해양경찰교육원에서 적응교육을 시키는 등 새로운 환경에 적응하도록 하고, 해양민생치안 역량을 강화하기 위한 수사 활동을 재정립하여 선박구조변경, 해양시설 부실공사 등 해양안전을 저해하는 원천적인 위해요소에 대한 기획수사를 강화하는 등 수사·정보 정상화를 꾀하였다. 그리고 해양안전 위해요소 발굴 및 안전기준 미비에 대한 정책제언 강화로 국민의 해양안전을 최우선으로 하는 정보활동도 전개하였다.

다. 관계 법령 변화

1) 정부조직법 [법률 제14839호, 2017.7.26., 일부개정]

해양경찰청 설치 근거는 「정부조직법」 제43조에 '① 해양수산부장관은 해양정책, 수산, 어촌개발 및 수산물 유통, 해운·항만, 해양환경, 해양조사, 해양자원개발, 해양과학기술연구개발 및 해양안전심판에 관한 사무를 관장한다. ② 해양에서의 경찰 및 오염방제에 관한 사무를 관장하기 위하여 해양수산부장관 소속으로 해양경찰청을 둔다. ③ 해양경찰청에 청장 1명과 차장 1명을 두되, 청장 및 차장은 경찰공무원으로 보한다.'고 규정하였으며 이로써 해양경찰청은 폐지된 지 2년 8개월 만에 부활하게 되었다.

2) 해양경찰청과 그 소속기관 직제 [대통령령 제28217호, 2017.7.26, 제정]

해양경찰청 설치 목적은 제1장 총칙 제1조에 '이 영은 해양경찰청과 그 소속기관의 조직과 직무범위, 그 밖에 필요한 사항을 규정함을 목적으로 한다.'고 규정하고 제2조에 '① 해양경찰청장의 관장사무를 지원하기 위하여 해양경찰청장 소속으로 해양경찰교육원 및 중앙해양특수구조단을 둔다. ② 해양경찰청장의 관장사무를 분장하기 위하여 해양경찰청장 소속으로 지방해양경찰청을 두고, 지방해양경찰청 소속으로 해양경찰서를 둔다. ③ 해양경찰청장의 관장사무를 지원하기 위하여 「책임운영기관의 설치·운영에 관한 법률」 제4조제1항, 같은 법 시행령 제2조제1

항 및 별표 1에 따라 해양경찰청장 소속의 책임운영기관으로 해양경찰정비창을 둔다.'고 소속기관의 근거를 마련하였다. 제2장 제3조에 '해양경찰청은 해양에서의 경찰 및 오염방제에 관한 사무를 관장한다.'고 해양경찰의 직무를 규정하고 있다. 또한 제4조에 '해양경찰청장은 치안총감으로 보한다.'와 제5조에 '해양경찰차장은 치안정감으로 보한다.'고 규정하였다.

이상과 같이 해양경찰청이 1953년 12월 창설부터 2017년 7월 해양수산부 독립 외청으로 부활하기까지 주요 기점을 나누어 살펴보면, 1953년 창설당시 조직은 4개 12계였으며, 1996년 해양수산부 외청으로 독립 시에는 4국 13과 4담당관으로 조직이 커지기 시작했다. 2005년 해양경찰청장 직급이 치안정감에서 경찰청장과 동일한 치안총감으로 차관급 기관이 되면서 조직은 더욱 비대해졌다.

그러나 2014년 4월 세월호 사고로 해양경찰청은 해양경비안전국, 해양오염방제국, 해양장비기술국으로 축소되었으며 기획조정관 조직은 국민안전처로 통합하게 되었다. 아울러 조직명에서 '해양경찰'을 쓸 수 없게 되었다. 해무청 시절에만 유일하게 해양경찰 신분이 '해상경비원'으로 특별사법권을 가졌으나 그 이외 현재까지 해양경찰 신분은 일반사법권을 가지고 있다. 2017년 7월 문재인 정부가 들어서면서 해양경찰청은 2017년 7월 해양수산부 독립 외청으로 다시 부활되면서 2관 5국 18과 5담당관, 1센터 조직으로 환원하게 되었다. 조직인원도 창설 당시 658명에서 2017년 독립 외청으로 환원 시 10,016명으로 늘어났다.

그리고 '해양경찰대'시기에는 영해경비 및 어업자원보호 기능을 수행하였으며, '해양경비대'시기에는 특히, 영해경비 및 어업자원보호 업무와 항로표지 기능까지 수행한 것이 특별하다. 내무부장관 직속인 '치안본부소속 시기'에는 항로표지 업무가 빠지면서 수사·정보기능, 해양오염감시기능, 선박 출입항 기능이 새로이 수행하게 되었다. 치안본부가 '경찰청으로 승격'되면서 해양경찰대는 수색 및 구조 기능, 즉결심판 업무, 유선 및 도선사업 기능이 추가 되었으며 '해양경찰청으로 승격'되면서 수상레저안전관리 기능이 늘어났다. 세월호 사고 이후 해양경찰은 해양수산부에서 수행하는 '항만 교통관제기능'을 인수받아, 연안·항만 교통관제기능을 총괄하게 되었다.

2. 해양경찰법 제정(시행 2020.2.21. 법률 제16515호, 2019.8.20. 제정)

해양경찰이 해양주권을 수호하고 해양 안전과 치안 확립에 필요한 책임을 다할 수 있도록 해양경찰의 특수하고 다양한 직무를 제도적으로 뒷받침할 필요가 있는바, 국가

해양관리 정책 환경의 변화를 수용하고 미래의 직무수행에 대비할 수 있도록 해양경찰의 책무, 해양경찰위원회의 설치, 해양경찰청의 조직과 직무, 해양안전 확보를 위한 협력과 참여, 해양경찰 직무수행의 기반 조성 등에 관한 법제도적 기반을 마련하기 위해 2019년 8월 20일 제정하고, 2020년 2월 21일부터 시행하도록 하였다.

「해양경찰법」의 목적은 해양주권을 수호하고 해양 안전과 치안 확립을 위하여 해양경찰의 직무와 민주적이고 효율적인 운영에 필요한 사항을 규정함을 목적으로 하며, 제2조에서 해양경찰의 책무로 "① 해양경찰은 해양에서 사람의 생명·신체 및 재산을 보호하고, 해양사고에 효율적으로 대응하기 위한 시책을 추진하여야 한다. ② 해양경찰은 대한민국의 국익을 보호하고 해양영토를 수호하며 해양치안질서 유지를 위하여 필요한 조치와 제도를 마련하여야 한다. ③ 해양경찰은 해양경찰의 정책에 대한 국민의 의견을 존중하고, 민주적이고 투명한 조직운영을 위하여 노력하여야 한다."그리고 제11조의 해양경찰청장에 대하여 "① 해양경찰청에 해양경찰청장을 두며, 해양경찰청장은 치안총감으로 보한다. ② 해양경찰청장은 해양경찰위원회의 동의를 받아 해양수산부장관의 제청으로 국무총리를 거쳐 대통령이 임명한다. ③ 해양경찰청장은 해양경찰에 관한 사무를 총괄하고 소속 공무원 및 각급 해양경찰기관의 장을 지휘·감독한다. ④ 해양경찰청장의 임기는 2년으로 하고, 중임할 수 없다"고 규정하고, 제12조 해양경찰청장 임명자격은 "해양경찰청장은 해양경찰에서 15년 이상 국가경찰공무원으로 재직한 자로서 치안감 이상 국가경찰공무원으로 재직 중이거나 재직했던 사람 중에서 임명 한다"라고 규정하였다.

〈표 2-1 〉 해양경찰청 조직 변천 요약

연도	소속	해경청 조직	지방청	경찰서
1953년	내무부	4실 12계		7
1955년	상공부	4실 12계		6
1962년	내무부	4과 9계		7
1991년	경찰청(해양경찰청)	4부 11과 1담당관		11
1996년	해양수산부	4국 13과 4담당관		12
2008년	국토해양부	2관 4국 17과 5담당관	3	14
2013년	해양수산부	2관 4국 17과 5담당관	4	16
2014년	국민안전처	3국 14과	5	17
2017년	해양수산부	2관 5국 18과 5담당관 1센터	5	19

〈표 2-2〉 해양경찰청 소속 변경 요약

① 해양경찰대(내무부) ② 해양경비대(상공부) ③ 해양경찰대(내무부) (1953. 12 - 1991. 7)	1953. 12.	내무부 치안국 소속 「해양경찰대」창설
	1955. 2.	상공부 해무청 소속 「해양경비대」변경
	1962. 5.	내무부 치안국 소속 「해양경찰대」복귀
④ 해양경찰청 (경찰청) (1991. 7 - 1996. 8)	1991. 7.	경찰청 소속 「해양경찰청」개편
	1992. 10.	울산해양경찰서 신설
	1995. 9.	해양경찰정비창 신설
⑤ 해양경찰청 (해양수산부) (1996. 8 - 2008. 2)	1996. 8.	해양수산부 소속 외청 승격
	2002. 7.	완도해양경찰서 신설
	2004. 1.	해양경찰학교 신설
	2006. 12.	3개 지방해양경찰청 신설(동해, 서해, 남해)
⑥ 해양경찰청 (국토해양부) (2008. 2 - 2013. 3)	2008. 2.	국토해양부 소속 외청 변경
	2008. 8.	서귀포해양경찰서 신설
	2011. 3.	평택해양경찰서 신설
	2012. 6.	제주지방해양경찰청 신설
	2012. 12.	창원해양경찰서 신설
⑦ 해양경찰청 (해양수산부) (2013. 3 - 2014. 11)	2013. 3.	해양수산부 소속 외청 변경
	2013. 11.	해양경찰학교→해양경찰교육원 개편
	2014. 3.	보령해양경찰서 신설
⑧ 해양경비안전본부 (국민안전처) (2014. 11 - 2017. 7)	2014. 11.	국민안전처 소속 해양경비안전본부 변경 중부본부 및 중앙해양특수구조단 신설
	2016. 4.	부안해양경비안전서 신설
	2017. 4.	서해5도 특별경비단 신설
⑨ 해양경찰청 (해양수산부) (2017. 7 - 현재)	2017. 7.	해양수산부 외청 변경
	2017. 11.	울진해양경찰서 신설

3. 해양경찰 시대별 경비기능 변화

〈표 2-3〉 해양경찰시대별 경비기능 변화

구분	기간	소속	기능	
해양경찰대	1953-1955	내무부	▶영해경비	▶어업자원보호
해양경비대	1955-1962	상공부	▶영해경비 ▶항로표지보호	▶어업자원보호
해양경찰대 (2기)	1962-1991	내무부	▶영해경비 ▶범죄수사정보 ▶해양오염방제	▶어업자원보호 ▶동·서 어로보호본부 설치 ▶선박출입항 통제
해양경찰청	1991-1996	내무부 (해양경찰청)	▶영해경비 ▶범죄수사정보 ▶해양오염방제·예방 ▶수색·구조기능 일원화 ▶즉결심판	▶어업자원보호 ▶동·서 어로보호본부 설치 ▶선박출입항통제 ▶유선·도선안전관리
	1996-2014	해양수산부 국토해양부 해양수산부	▶영해경비 ▶범죄수사정보 ▶해양오염방제·예방 ▶수색·구조기능 일원화 ▶즉결심판	▶어업자원보호 ▶동·서 어로보호본부 설치 ▶선박출입항통제 ▶유선·도선안전관리 ▶수상레저안전관리
해양경비 안전본부	2014-2017	국민안전처	▶영해경비 ▶범죄수사정보 ▶해양오염방제·예방 ▶수색·구조기능 일원화 ▶즉결심판 ▶해상교통관제	▶어업자원보호 ▶동·서 어로보호본부 설치 ▶선박출입항통제 ▶유선·도선안전관리 ▶수상레저안전관리
해양경찰청	2017- 현재	해양수산부	▶영해경비 ▶범죄수사정보 ▶해양오염방제·예방 ▶수색·구조기능 일원화 ▶즉결심판 ▶해상교통관제	▶어업자원보호 ▶동·서 어로보호본부 설치 ▶선박출입항통제 ▶유선·도선안전관리 ▶수상레저안전관리

제3편

해양경비 법령체계

제1장
해양경비 법적 근거와 한계

제1절 해양경비 활동 법적근거

1. 헌법

헌법 제37조제2항 「국민의 자유와 권리의 존중제한」에서 국민의 모든 자유와 권리는 국가안전보장이나 사회질서를 극도로 위태롭게 함으로써 공공질서의 유지상 불가피한 경우에는 국민의 자유와 권리를 제한할 수 있도록 규정함으로써 경찰의 경비 활동의 근거를 제시하고 있다. 또한, 이는 경비의 활동을 제한하는 근본 규정으로 의미를 가진다고 볼 수 있다.

2. 법률

가. 경찰법

경찰법 제3조 「경찰의 임무」에서 경찰은 국민이 생명·신체 및 재산의 보호와 범죄의 예방, 진압 및 수사, 치안정보의 수집, 교통단속 기타 공공의 안녕과 질서유지를 그 임무로 한다고 규정하여 경찰의 임무에 전반적 내용으로 하고 있다. 그러나 해상경비의 직접적 근거로 볼 수 없다.

나. 경찰관 직무집행법

경찰관 직무집행법 제1조 「목적」에서 이 법은 국민의 자유와 권리보호 및 사회공공의 질서유지를 위한 경찰관의 직무수행에 필요한 사항을 규정함을 목적으로 한다고 규정하고, 제2조 「직무의 범위」에서 범죄의 예방·진압 및 수사, 경비·요인경호 및 대간첩작전 수행, 치안정보 수집·작성 및 배포, 교통의 단속과 위해의 방지, 기타 공공의 안녕과 질서유지라고 규정하고 있다. 그 밖에도 업무수행 시 사용하는 수단으로 불심검문, 보호조치, 범죄의 예방과 제지, 위험방지를 위한 출입, 무기사용 등 경비권 발동의 가장 주된 법률이라고 할 수 있다.

다. 해양경찰법 [법률 제16515호, 2019. 8. 20., 제정]

해양경찰법은 제1조「목적」이 법은 해양주권을 수호하고 해양 안전과 치안 확립을 위하여 해양경찰의 직무와 민주적이고 효율적인 운영에 필요한 사항을 규정함을 목적으로 하고, 제2조「해양경찰의 책무」에서 해양경찰은 해양에서 사람의 생명·신체 및 재산을 보호하고, 해양사고에 효율적으로 대응하기 위한 시책을 추진하여야 한다. 또한 해양경찰은 대한민국의 국익을 보호하고 해양영토를 수호하며 해양치안질서 유지를 위하여 필요한 조치와 제도를 마련하여야 한다. 라고 규정하고, 제14조「직무」에서 ① 해양경찰은 해양에서의 수색·구조·연안안전관리 및 선박교통관제와 경호·경비·대테러작전에 관한 직무를 수행한다. ② 해양경찰은 해양에서 공공의 안녕과 질서유지를 위하여 해양관련 범죄의 예방·진압·수사와 치안정보의 수집·작성·배포에 관한 직무를 수행한다. ③ 해양경찰은 해양오염 방제 및 예방활동에 관한 직무를 수행한다. ④ 해양경찰은 직무와 관련된 외국 정부기관 및 국제기구와 협력하여야 한다. 라고 규정하고 있다.

라. 해양경비법

경비수역에서의 해양안보 확보, 치안질서 유지, 해양수산자원 및 해양시설 보호를 위하여 해양경비에 관한 사항을 규정함으로써 국민의 안전과 공공질서의 유지에 이바지함을 목적으로 한다고 규정하고 있다. 제7조에서 해양경비 활동의 범위에서 해양관련 범죄에 대한 예방, 해양오염 방제 및 해양수산자원 보호에 관한 조치, 해상경호, 대(對)테러 및 대간첩작전 수행, 해양시설의 보호에 관한 조치, 해상항행 보호에 관한 조치, 그 밖에 경비수역에서 해양경비를 위한 공공의 안녕과 질서유지를 위해 경비세력을 사용하여 경비수역에서 선박 등을 대상으로 정선(停船) 요구, 승선(乘船), 질문, 사실 확인, 선체(船體) 수색이나 그 밖에 필요한 조치를 할 수 있도록 규정하고, 제5조에는 해양경비에 관하여 이 법에서 규정한 것을 제외하고는「경찰관 직무집행법」을 적용한다고 되어 있어 해양경비권 발동의 가장 주된 법률이라고 할 수 있다.

마. 재난 및 안전관리기본법

재난으로부터 국민의 생명과 재산을 보호하기 위하여 국가 및 지방자치단체의 재난관리체제 확립하고 재난의 예방과 수습, 긴급구조 기타 재난관리에 관한 필요한 사항을 규정하고 있다.

바. 집회 및 시위에 관한 법률

이 법은 평화적인 집회시위의 보호, 공공안녕 질서유지, 집회의 신고, 시간과 장소의 제한, 집회 또는 시위의 해산, 경찰관의 지시 또는 출입 등에 관하여 규정하고 있다. 해상시위에 관하여 직접적으로 명문규정이 없다.

사. 의무경찰대 설치 및 운영에 관한 법률

법 제1조의 설치 및 임무에서 간첩(무장공비를 포함)의 침투거부(浸透拒否), 포착(捕捉), 섬멸(殲滅), 그 밖의 대(對)간첩작전을 수행하고 치안업무를 보조하기 위하여 지방경찰청장 및 대통령령으로 정하는 국가경찰기관의 장 또는 해양경찰기관의 장 소속으로 의무경찰대를 둔다. 즉, 대간첩작전에 대비한 전담부대의 육성을 목적으로 만들어진 법으로 운용에 관한 근본적인 사항을 규정하고 있다.

아. 수상에서의 수색·구조 등에 관한 법률

수상에서 조난된 사람, 선박, 항공기, 수상레저기구 등의 수색·구조·구난 및 보호에 필요한 사항을 규정함으로써 조난사고로부터 국민의 생명과 신체 및 재산을 보호하고 공공의 복리증진에 이바지하는 것을 목적으로 하며, 태풍이나 풍랑 등 해상기상의 악화로 조난이 우려되는 선박이나 구난작업에 방해가 되는 선박은 이동 및 대피를 명할 수 있고, 인명이나 해양환경에 손상을 초래할 수 있는 조난된 선박의 선장 또는 소유자는 계속 항해 시의 위험을 줄이기 위하여 긴급피난을 명할 수 있도록 규정하고 있다.

자. 통합방위법

적(敵)의 침투·도발이나 그 위협에 대응하기 위하여 국가 총력전(總力戰)의 개념을 바탕으로 국가방위요소를 통합·운용하기 위한 통합방위 대책을 수립·시행하기 위하여 필요한 사항을 규정함을 목적으로 하고 있다.

차. 대통령 등의 경호에 관한 법률

대통령 등에 대한 경호를 효율적으로 수행하기 위하여 경호의 조직·직무범위와 그 밖에 필요한 사항을 규정함을 목적으로 하고, 경호실장이 직무상 필요하다고 인정할 때 국가의 각 기관 및 지방자치단체의 장에게 공무원 파견 기타 필요한 사항을 협조를 요청할 수 있도록 규정하고 있다.

대통령경호안전대책위원회규정(대통령령 제30039호) 제4조 「책임」에서 대통령경호안전대책활동(이하 "안전대책활동"이라 한다)에 관하여는 위원회 구성원 전원과 그 구성원이 속하는 기관의 장이 공동으로 책임을 지며, 각 구성원은 위원회의 결정사항 기타 안전대책활동을 위하여 부여된 임무에 관하여 상호간 최대한의 협조를 하여야 한다.로 규정하고 제4조제2항제12호의 분장책임에서 해양경찰청 경비국장은 ① 입수된 경호 관련 첩보 및 정보의 신속한 전파 · 보고 ② 해상에서의 경호 · 테러예방 및 안전조치 ③ 그 밖에 국내 · 외 경호행사의 지원으로 규정하고 있다.

타. 선박교통관제에 관한 법률(2019.12.3.제정, 2020.6.4. 시행]

선박교통의 안전을 증진하고 해양환경과 해양시설을 보호하기 위하여 선박의 위치를 탐지하고 선박과 통신할 수 있는 설비를 설치 · 운영함으로써 선박의 동정을 관찰하며 선박에 대하여 안전에 관한 정보 및 항만의 효율적 운영에 필요한 항만운영정보를 제공하는 것을 말한다.

제2절 해양경비 활동 한계

1. 법규상의 한계

해양경비권의 발동은 전형적인 권력작용으로 그 활동은 반드시 법적 근거를 요한다. 즉 헌법을 비롯한 각종 법률·명령 등의 근거에 의하여 발동되어야 하며, 그렇지 않는 경우에는 위법한 경찰권행사이다.

2. 조리상의 한계

현실적으로 모든 사항은 예측하여 법규를 제정하기가 어렵고, 경찰작용의 다양성, 급박성 때문에 경찰법규는 광범위한 재량조항을 두지 않을 수 없다. 이 경우 재량은 기속재량으로 경찰권행사의 목적, 성질에 비추어 필요한 일정한 한도 내에 그쳐야 한다는 조리상 한계이다.

가. 경찰 소극목적의 원칙

경찰경비는 소극적인 사회질서 유지를 위해서만 발동하는데 그치며, 적극적으로 공공복리의 증진을 위한 발동은 허용되지 않는다. 이는 경찰경비의 특징으로 현상 유지적 활동과 관련을 가진다.

나. 경찰공공의 원칙

사회공공의 안녕과 질서유지에 직접 관계없는 특정 개인의 생활범위 내에 한정되는 활동에 대해서는 경찰이 관여할 수 없고, 직접 공중과 접촉되지 않는 사주소(私住所) 내부에는 경찰권 침해는 불가하다.

다. 경찰비례의 원칙

경비권의 한계로서 주장되어 온 대표적인 원칙으로, 경비의 발동의 조건과 그 정도는 공공질서의 유지를 위하여 개인의 자유를 제한할 경우에 필요한 최소 범위 내에서 발동되어야 한다는 원칙이다.

진압조치의 경우에 사회질서유지상 「묵과할 수 없는 장애」를 제거하기 위하여만 발동할 수 있고, 예방조치의 경우에는 「묵과할 수 없는 장애발생의 직접적 위험 또는 상당한 확실성」있을 때에만 발동 할 수 있다.

라. 경찰평등의 원칙

경찰이 경비권을 행사함에 있어서 모든 국민에 대해 성별, 종교, 인종, 기타, 사회적 신분 등을 이유로 불합리한 차별을 하여서는 안 된다.

마. 보충성의 원칙

경비경찰이 법집행은 공공의 안녕과 질서의 유지를 목적으로 하는 공권력에 의한 활동이므로 다른 사회 일반적인 방법으로 통제 불가능할 때 최후수단으로서 개입해야 된다.

3. 한계이탈의 효과

법규상과 조리상 원칙에 위반한 경비경찰권의 발동은 위법·부당한 행위이다. 위법을 전제로 한 효과로서 행정구제 문제가 발생된다. 행정상 구제로는 당해 경찰관에 대한 징계, 행정쟁송제도 등이 있고 형사상 구제로는 당해 경찰관에 대한 형사책임, 정당방위, 고소, 고발 그리고 민사상 구제는 국가배상법에 다른 행정상 손해배상제도 등이 있다.

제2장 해양경비법

제1절 해양경비법 일반

1. 해양경비법 목적

해양경비법은 경비수역에서의 해양안보 확보, 치안질서 유지, 해양수산자원 및 해양시설 보호를 위하여 해양경비에 관한 사항을 규정함으로써 국민의 안전과 공공질서의 유지에 이바지함을 목적으로 한다.

2. 해양경비법령 체계도

해양경찰의 창설과 함께 시작된 해양경비 임무는 해양경찰청의 핵심임무로써 현재까지 인식되어 오고 있다. 다만, 현대적 경비개념이 1996년 UN해양법협약의 가입으로 새롭게 전환되고 있는 상황으로 1987년 개정된 「대한민국 헌법」에 그 역할에 대한 명시적인 규정이 없고, 「정부조직법」상 해양경찰청의 임무가 "해양에서의 경찰 및 오염방제에 관한 사무"로 규정되어 다소 추상적이며 경비임무에 대한 법적근거로써 상당한 제약이 있다는 점이 인정된다. 이렇게 해양경비 임무는 법적근거가 매우 미약한 상태로 오랜 기간 수행되어 왔으며, 해양경찰법 등 조직·작용법적 근거가 없는 상황에서 직무의 기본으로 작용하는 「경찰관 직무집행법」상 직무의 범위에 '경비'는 요인경호와 병렬 기술되어 있는 것을 보면 육상에서의 경비 임무는 상당히 제한적인 의미에서 사용되고 있으며 해양에서의 경비 활동과는 의미상 많은 차이가 있음을 짐작해 볼 수 있다.

다만 2012년 2월 22일 「해양경비법」이 제정·공포되어 동년 8월 23일자로 시행되면서 해양경비에 대한 법적기반이 처음으로 마련되었으며, 이에 근거한 기본계획의 수립 및 하위법령의 제정과 관련 훈령의 정비가 지속 이행되고 있어 해양경비 분야 법령체계가 정립되고 있는 상황이다.

〈그림 3-1〉 해양경비 법령 체계도

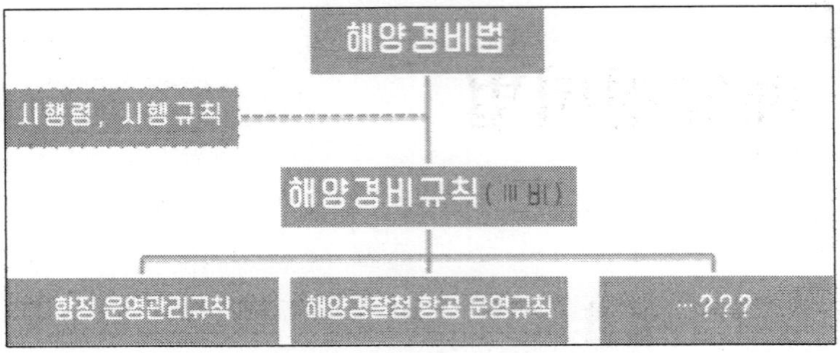

3. 해양경비관련 법령과 조약

「해양경비법」의 제정·시행으로 해양경비 분야에 대한 기본 법체계가 마련되었지만, 아직까지는 시행 초기 단계로써 구체적인 집행은 기존의 각종 국내법령, 조약 등 국제법적 근거 및 해양경찰청 내부 행정규칙에 규정된 사항을 기준으로 활동을 수행한다고 할 수 있다. 이러한 법적 근거들을 강학 상의 분류기준인 4가지인 ① 영해 경비 ② 배타적 경제수역 경비 ③ 해양안보 경비 ④ 경비세력 운영 측면에서 정리해 보면 아래 〈표 3-1〉와 같다.

〈표 3-1〉 해양경비 관련 법령과 조약

구분	국내법령	조약 등 국제법적 근거	행정규칙
영해 경비	▶해양경비법 ▶영해 및 접속수역법 ▶출입국관리법, 관세법, 마약법, 밀항단속법 ▶해사안전법, 개항질서법 ▶무인도서의 보전 및 관리에 관한 법률	▶UN해양법협약 ▶한·일/한·중 어업협정 ▶UN헌장 ▶해양환경보호를 위한 각종 국제환경규범 ▶각종 공해어족 보호협약 ▶국제형사법 ▶범죄인 인도 조약 〈기타 ICJ규정 제38조〉 ▶국제관습법 ▶법의 일반원칙 ▶판결과 학설 ▶형평과 선	▶함정 운영관리 규칙 ▶해양경찰청 항공운영규칙 ▶함정 기본조직에 관한 규칙 ▶해상특수기동대 운영규칙 ▶국가위기관리 세부운영규칙 ▶해상경호규칙
EEZ 경비	▶배타적 경제수역 및 대륙붕에 관한 법률 ▶배타적경제수역에서의외국인어업등에대한주권적권리의행사에관한법률 ▶해저광물자원개발법 ▶해양과학조사법 ▶해양환경관리법 ▶수산업법, 안전조업규칙		
해양	▶경찰관 직무집행법	▶남북해운합의서	▶특공대 운용규칙

안보 경비	▶의무경찰대 설치 및 운영에 관한 법률 ▶통합방위법 ▶비상대비자원관리법 ▶국제항해선박 및 항만시설의 보안에 관한 법률 ▶선박 및 해상구조물에 대한 위해행위의 처벌에 관한 법률 ▶국가대테러활동지침 ▶대통령 등의 경호에 관한 법률 ▶대외무역법	▶UN안보리 대북제재결의 1718 · 1874 · 2094호 등 ▶해상항행의 안전에 대한 불법적 행위의 억제를 위한 협약 ▶대륙붕에 위치한 고정플랫폼의 안전에 대한 불법적 행위의 억제를 위한 의정서 ▶외교관등 국제적 보호인물에 대한 범죄의 방지 및 처벌에 관한 협약 ▶인질억류방지에 관한 국제협약 ▶폭탄테러행위의 억제를 위한 국제협약	▶국가대테러활동 세부운영규칙 ▶해상치안상황실 운영규칙 ▶비상소집 및 근무규칙 ▶계선부표 관리 규칙 ▶기타 각종 지침 및 매뉴얼 ☞ 행정규칙은 주로 경비세력 운영과 관련된 사항을 규정하고 있음
경비 세력 운영	▶재난 및 안전관리 기본법 ▶수상구조법 ▶수상레저안전법 ▶선박교통관제에 관한 법률	▶SAR 협약 ▶ICAO 협약	

제2절 해양경비법 주요내용

1. 용어 정의

가. 해양경비

제2조제1호에서 '해양경비'를 '해양경찰청장이 경비수역에서 해양주권의 수호를 목적으로 행하는 해양안보 및 해양치안의 확보, 해양자원 및 해양시설의 보호를 위한 경찰권의 행사를 말한다.'라고 정의하고 있다.

「경찰관 직무집행법」 제2조(직무의 범위)에서 말하는 경비의 개념은 인명과 재산을 인위적 · 자연적 위해로부터 보호하기 위하여 특정한 지역, 국가시설 및 중요시설을 경계 · 순찰 · 경비하는 것이라고 하고 있다. 이 법에서 해양경비는 「경찰관 직무집행법」상의 경비의 개념과 유사하지만 기본적인 내용인 해양주권의 수호 및 해양안보 치안 뿐 아니라 해양자원 및 해양시설의 보호까지 위 조항에 설시함으로써 그 범위를 해양으로까지 확장시켰다.

나. 경비수역

제2조제2호에서 '경비수역'을 '대한민국의 법령과 국제법에 따라 대한민국의 권리가 미치는 수역으로서 연안수역, 근해수역 및 원해수역을 말한다.'라고 정의하고 있다. '대한민국의 법령'은 「영해 및 접속수역법」 등이 해당하고 '국제법'은 「유엔해양협약」과 같이 헌법에 의하여 체결, 공포된 조약 및 일반적으로 승인된 국제법규 등이 해당된다.

1) 연안수역의 개념

제2조제3호는 '연안수역'을 '「영해 및 접속수역법」 제1조 및 제3조에 따른 영해 및 내수(「내수면어업법」 제2조제1호에 따른 내수면은 제외한다)를 말한다.'라고 정의하고 있다. 「영해 및 접속수역법」 제1조는 기선으로부터 그 외측 12해리까지 이르는 수역을 영해라고 규정하고 제3조에서는 기선으로부터 육지 측의 수역은 내수라고 규정하고 있는 바, 위 영역이 연안수역이 된다. 다만 「내수면어업법」 제2조제1호의 내수면은 제외한다고 규정하고 있는 바, 하천, 댐, 호수, 늪, 저수지 및 그 외 인공적으로 조성된 담수, 기수의 물 흐름 또는 수면은 이 법의 적용범위에서 제외된다.

2) 근해수역의 개념

제2조제4호는 '근해수역'을 '「영해 및 접속수역법」제3조의2에 따른 접속수역을 말한다.'라고 정의하고 있다. 대한민국의 접속수역은 기선으로부터 측정하여 그 바깥쪽 24해리의 선까지에 이르는 수역에서 대한민국의 영해를 제외한 수역을 말하며, 이 수역을 이 법에서는 근해수역으로 규정하였다.

3) 원해수역의 개념

제2조제5호는 '원해수역'을 '「해양수산발전 기본법」 제3조제1호에 따른 해양 중 연안수역과 근해수역을 제외한 수역을 말한다.'라고 정의하고 있다. 「해양수산발전 기본법」 제3조제1호의 '해양'은 대한민국의 내수, 영해, 배타적 경제수역, 대륙붕 등 대한민국의 주권, 주권적 권리 또는 관할권이 미치는 해역과 헌법에 의하여 체결, 공포된 조약 또는 일반적으로 승인된 국제법규에 의하여 대한민국의 정부 또는 국민이 개발 이용 보전에 참여할 수 있는 해역을 의미하고 이때의 '해양'에서 연안수역과 근해수역을 제외한 부분을 이 법에서 원해수역으로 규정하고 있다.

다. 해양자원

제2조제6호는 '해양자원'을 '「해양수산발전 기본법」 제3조제2호에 따른 해양자원을 말한다.'라고 정의하고 있다. 「해양수산발전기본법」 제3조제2호에서 규정한 '해양자원'은 개발, 이용이 가능한 해양생물자원, 해양광물자원, 해양에너지, 해양관광자원 및 해양공간자원 등 국가경제 및 국민생활에 유용한 자원을 말한다.

라. 해양시설

제2조제7호는 '해양시설'을 '「해양환경관리법」 제2조제17호에 따른 해양시설을 말한다.'라고 정의하고 있다. 해양환경관리법 제2조제17호에서 규정한 '해양시설'은 해역(「항만법」 제2조제1호의 규정에 따른 항만을 포함한다)의 안 또는 해역과 육지 사이에 연속하여 설치, 배치하거나 투입되는 시설 또는 구조물로서 해양수산부령으로 정하도록 권한이 위임되어 있다.

〈표 3-2〉 해양환경관리법 시행규칙 별표(해양시설의 범위)

해양시설의 범위		
구분	시설의 종류	범위
1. 기름, 유해 액체물질, 폐기물, 그 밖의 물건의 공급(공급받는 경우를 포함한다)·처리 또는 저장 등의 목적으로 해역 안 또는 해역과 육지 사이에 연속하여 설치·배치된 시설 또는 구조물(해역과 일시적으로 연결되는 시설 또는 구조물을 포함한다)	가. 기름 및 유해액체물질 저장 (비축을 포함한다) 시설	계류시설(돌핀), 선박과 저장 시설을 연결하는 이송설비, 저장 시설, 자가처리시설
	나. 법 제38조에 따른 오염 물질 저장시설	저장시설, 교반시설, 처리시설
	다. 선박 건조 및 수리시설, 해체시설	저장시설, 상가시설 및 수리시설 (이동식 시설은 제외한다)
	라. 시멘트·석탄·사료·곡물·고철·광석·목재·토의 하역시설	국토해양부장관이 정하여 고시 하는 계류시설, 하역설비 (컨베이어 벨트를 포함한다)
	마. 폐기물 해양배출 업자의 폐기물 저장시설	폐기물저장시설, 교반시설 및 이송관
2. 해양레저, 관광, 주거, 해수이용, 그 밖의 목적으로 해역 안 또는 해역과 육지 사이에 연속하여 설치·배치·투입된 시설 또는 구조물	가. 연면적 100㎡ 이상의 해상 관광시설, 주거시설 (호텔·콘도), 음식점 (「선박 안전법」상 선박은 제외 한다)	해역 안에 설치된 시설, 해역과 육지 사이에 연속하여 설치된 시설의 경우에는 취수 및 배수 시설(배관을 포함한다)
	나. 관경의 지름이 600㎜ 이상의 취수·배수시설 (관이 2개 이상인 경우는 각각의 지름을 합한다)	취수 및 배수시설(배관을 포함 한다)
	다. 유어장	유어시설, 가두리낚시터
	라. 그 밖의 시설	해상 송전철탑, 해저 광케이블, 해상 부유구조물

3. 그 밖에 해역 안에 설치·배치·투입된 시설 또는 구조물	해양수산발전기본법 제17조제1항에 따른 국가해양관측을 위한 종합해양과학기지	기상관측 등 그 밖의 목적시설

마. 경비세력

제2조제8호는 '경비세력'을 '해양경찰청장이 해양경비를 목적으로 투입하는 인력, 함정, 항공기 및 전기통신설비 등을 말한다.'라고 정의하고 있다. 여기에서 "경비세력"이라 함은 해양경찰청장이 해양경비를 목적으로 투입하는 인력, 함정, 항공기 및 전기통신설비 등을 의미하는 것으로서 동 조항은 예시규정에 해당한다. 따라서 이 법에서 의미하는 경비세력이란 해양경비업무를 위해 일반적으로 투입되는 모든 해양경찰청의 인력과 설비 등을 총칭하는 것이다. 또한 경비세력의 운용에 있어서 구체적으로 해양경찰청장의 지시가 필요한 것은 아니다.

바. 해상검문검색

제2조제9호는 '해상검문검색'을 '해양경찰청장이 경비세력을 사용하여 경비수역에서 선박 등을 대상으로 정선(停船) 요구, 승선(乘船), 질문, 사실 확인, 선체(船體) 수색이나 그 밖에 필요한 조치를 하는 것을 말한다.'라고 정의하고 있다.

이는 경찰관 직무집행법에서 사용되고 있는 불심검문[25]에 해당하는 것이지만, 해양의 특수성을 고려하여 이보다 폭넓은 권한을 부여한 것이다. 따라서 해상검문검색은 정선요구, 승선, 질문, 사실확인, 선체 수색, 그 밖의 조치를 집행할 수 있는 포괄적 의미의 용어이다. 다만, '그 밖에 필요한 조치'라 함은 이 법 제8조 등의 규정을 고려할 때, 해상검문검색에 필요한 범위, 즉 본 법 제12조 각 호의 의심 사유를 확인하는 범위 내에서 제한적으로 해석되어야 할 것이다. 왜냐하면 '필요한 조치'라는 법문은 법령상 불확정개념에 해당하여, 자의적인 공권력행사 또는 재량권의 남용에 원인이 될 수 있고, 이는 국민의 재산과 권리의 불법적 침해로 이어질 수 있기 때문이다(최영규, 2007: 292).

사. 선박 등

제2조제10호는 '선박 등'을 '「선박법」 제1조의2제1항에 따른 선박(이하 "선박"이라 한다), 「수상레저안전법」 제2조제3호에 따른 수상레저기구, 그 밖에 수상에서 사람이 탑승하여 이동 가능한 기구를 말한다.'라고 정의하고 있다.

25) 불심검문이란 거동이 수상한 자를 정지시켜 조사하는 것을 말한다. 질문 외에 경찰관서에의 동행과 흉기 소지 여부의 조사가 포함된다.

여기서 '선박 등'이란 「선박법」 제1조의2 각 호에서 규정한 기선, 범선, 부선과 「수상레저안전법」 제2조제3호의 것으로서 모터보트, 동력요트, 수상 오토바이, 고무보트, 스쿠터 호버크래프트, 수상스키, 패러세일, 조정, 카약, 카누, 워터슬레드, 수상자전거, 서프보드, 노보트(「수상레저안전법 시행령」 제2조 각 호), 무동력 요트, 윈드서핑, 웨이크보드, 카이트보드, 케이블수상스키, 케이블웨이크보드, 수면비행선박, 수륙양용기구(「수상레저안전법 시행규칙」 제1조의2제1항 각 호) 및 이와 유사한 방식을 가진 수상에서의 탈것이 모두 포함된다 할 것이다.

아. 임해중요시설

제2조(정의)제11호는 '임해 중요시설'을 '바다와 인접하고 있는 공공기관, 공항, 항만, 발전소, 조선소 및 저유소(貯油所) 등 국민경제의 기간(基幹)이 되는 주요 산업시설로서 대통령령으로 정하는 시설을 말한다.'라고 정의하고 있으며, 이 법 시행령 제2조(임해 중요시설의 범위)는 '임해 중요시설의 범위'를 아래와 같이 규정하고 있다.

1) 국가, 지방자치단체 또는 「공공기관의 운영에 관한 법률」 제4조에 따른 공공기관의 청사
2) 「항공법」에 따른 비행장 및 공항
3) 「항만법」에 따른 항만 및 항만시설
4) 발전소 · 조선소 · 제철소 및 저유소(貯油所) 등 국가기간 산업시설

「항공법」에 따른 '비행장'은 「항공법」 제2조(정의)제6호에 따라 항공기의 이 · 착륙을 위하여 사용되는 육지 또는 수면(水面)의 일정한 구역으로서 대통령령으로 정하는 것을 말하고 대통령령인 「항공법 시행령」 제9조의3(비행장의 구분)은 1. 육상 비행장, 2. 육상 헬기장, 3. 수상 비행장, 4. 수상 헬기장, 5. 옥상 헬기장, 5의2. 선상(船上) 헬기장, 6. 해상 구조물 헬기장이 해당된다.

또한, 「항공법」 제2조(정의)제7호 따른 '공항'이란 공항시설을 갖춘 공공용 비행장으로서 국토교통부장관이 그 명칭·위치 및 구역을 지정·고시한 것을 말한다.

「항만법」에 따른 '항만'은 「항만법」 제2조(정의)제1호에 따라 '선박의 출입, 사람의 승선·하선, 화물의 하역·보관 및 처리, 해양친수활동 등을 위한 시설과 화물의 조립·가공·포장·제조 등 부가가치 창출을 위한 시설이 갖추어진 곳'이며, '항만시설'은 같은 법 제2조(정의)제5호에 따라 항만구역 안과 밖의 시설로 항로 · 방파제 등 기본시설과, 대합실 · 하역시설 등 기능시설, 보관창고 · 후생복지시설 등 지원시설과 해양레저용 시설 · 해양공원시설 등 항만친수시설 및 국토해양부장관이 지정·고시한 시설을 말한다.

「임해 중요시설 지정 고시(해양경찰청 고시 제2012-9호, 시행일 2012. 12. 27)」에는 다음 세 가지 기준에 해당하는 임해중요시설 140개를 정하여 고시하였다. 지정된 임해중요시설은

① 해양경비법시행령 제2조1~4호에 열거된 국가 중요시설일 것
② 장소적으로 시설이 바다와 인접(1㎞이내)해야 하며, 해상집단행동으로 직·간접적인 영향을 받을 수 있는 시설일 것
③ '국가의 안전보장 또는 공공의 이익'을 위해 특별히 보호가 필요한 국가 중요시설일 것 등 3가지 기준으로 적용하여 지정하였다.

2. 해양경비기본계획의 수립(법 제6조)

가. 중·장기 해양경비기본계획 수립·추진

해양경찰청장은 제6조(해양경비기본계획의 수립)에 따라 5년마다 해양경비 기본계획을 수립하고 추진하여야 한다. 계획에 포함되어야 할 사항으로는

1) 주변정세의 변화에 따른 해양치안 수요 분석에 관한 사항
2) 해양치안 수요에 따른 경비세력의 운용방안 및 국제공조에 관한 사항
3) 경비세력 증감에 대한 전망 및 인력·재원의 조달에 관한 사항
4) 경비수역별 특성에 알맞은 경비 방법에 관한 사항
5) 그 밖에 해양경비 운용에 필요한 사항

나. 해양경비계획 수립·추진

해양경찰청장은 중·장기 해양경비기본계획에 따라 전년도 해양경비 실적이나 치안여건 등을 분석하여 당해 연도 중점 경비대상과 달성목표 등을 포함한 연간 해양경비계획을 매년 수립·시행하여야 한다.

3. 해양경비 활동의 범위(법 제7조)

가. 해양관련 범죄에 대한 예방(제1호)

해양범죄의 증가추세와 범죄양상이 광역화·기동화·다국적화 하는 현상은 선박, 해양시설 등에서의 범죄예방 및 초동조치 등 해양경찰청의 제반 경비 활동의 확대를 요구하고 있다. 특히, 오늘날 경찰권행사는 진압목적의 사후통제보다는 예방목적의 사전 예방적 집행을 중요시하고 있기 때문에 '해양 관련 범죄에 대한 예방'을 해양경찰청의 직무범위에 포함시켰다.

나. 해양오염 방제 및 해양수산자원 보호에 관한 조치(제2호)

해양환경사범의 높은 발생빈도에 따라 경비업무의 일환으로 해양경찰청의 해양환경 및 자원보호 활동의 요청이 지속적으로 확대되고 있다. 선박좌초, 침몰 등으로 인한 원유유출 등의 해양오염 사고는 오염원 제거에 많은 시간과 비용이 소모되며, 지속가능한 해양 및 국토발전에 큰 위해가 되기 때문에 무엇보다도 이를 최소화하기 위한 방안이 강구되어야만 한다. 이에 해양경찰청의 직무로 해양오염 방제 및 해양수산자원 보호를 포함시킨 것이다.

다. 해상경호, 대테러 및 대간첩작전 수행(제3호)

남북 분단으로 인해 끊임없이 발생하고 있는 북한의 국지적 도발과 테러 위협으로부터 국민의 생명과 재산을 보호하기 위해 해상에서의 경호, 대테러 및 대간첩작전 등 수행할 수 있도록 하였다.

라. 해양시설의 보호에 관한 조치(제4호)

해양의 시설들은 특성상 경계 및 보호 상태의 취약성 때문에 테러의 손쉬운 대상이 된다. 따라서 바다와 접해 있는 발전소, 가스·유류 저장소, 항만 등의 시설과 같은 임해 주요시설에 대한 해경의 보호경비의 필요성이 대두되어 이와 같은 규정을 두었다.

마. 해상항행 보호에 관한 조치(제5호)

해상에서의 집단시위 및 선박 충돌, 좌초·침몰 등 해상의 각종 사건, 사고뿐만 아니라 원활하고 안전한 해상교통질서 확보를 위해 사후조치보다는 예방에 필요한 집행 근거를 포괄적으로 규정하였다.

바. 그 밖에 경비수역에서 해양경비를 위한 공공의 안녕과 질서유지(제6호)

공공의 안녕과 질서유지와 같은 포괄적, 추상적 용어를 사용하여 제1호부터 제6호까지의 사유가 아니더라도 해양경비의 목적을 달성하기 위한 조치가 필요할 경우 해양경찰청이 탄력적인 해양경비업무를 수행할 수 있도록 규정한 것이다.

4. 경비수역별 중점 경비사항(법 제11조)

해양경찰청의 구역별 중점 경비사항을 연안수역, 근해수역 및 원해수역으로 분류하여 각 구역별 특수성에 따른 맞춤형 경비를 규정하고 아울러 해양경찰청의 활동범위를 명확히 하고자 하였다.

이에 따라 연안수역에서는 해양관계 국내법령을 위반한 선박의 단속 등 민생치안 확보 및 임해 중요시설의 보호 경비를 중점사항으로 정하였으며, 근해수역에서는 영해 및 접속수역 내에서 법령을 위반한 외국선박의 단속을 위한 경비를 중점사항으로 정하고, 원해수역에서는 해양수산자원 및 해양시설의 보호, 해양환경의 보전·관리, 해양과학조사 실시 등에 관한 국내 법령 및 대한민국이 체결하고 비준한 조약을 위반한 외국선박의 단속을 위한 경비를 중점사항으로 정하여 경비세력의 낭비를 최소화하고 효율적인 경비 활동을 수행할 수 있도록 하였다. 다만, 세부경비사항에 대해서는 해양경비의 핵심인 경비전략이 외부에 노출되는 것을 방지한다.

5. 해상검문검색(법 제12조)

가. 정의

'해상검문검색'의 정의는 법 제2조제9호에 '해양경찰청장이 경비세력을 사용하여 경비수역에서 선박등을 대상으로 정선요구, 승선, 질문, 사실 확인, 선체 수색이나 그 밖에 필요한 조치를 하는 것을 말한다.'라고 정의하고 있다.

이는 「경찰관 직무집행법」에서 사용되고 있는 불심검문에 비하여 폭넓은 권한을 부여한 것으로 해상검문검색은 정선요구, 승선, 질문, 사실 확인, 선체 수색, 그 밖의 조치를 집행할 수 있는 포괄적 의미의 용어이다.

나. 대상

해양경찰관은 해양경비 활동 중 다음 각 호의 어느 하나에 해당하는 선박등에 대하여 주위의 사정을 합리적으로 판단하여 상당한 이유가 있는 경우 해상검문검색을 실시할 수 있다. 다만, 외국선박에 대한 해상검문검색은 대한민국이 체결·비준한 조약 또는 일반적으로 승인된 국제법규에 따라 실시한다.

1) 다른 선박의 항행 안전에 지장을 주거나 진로 등 항행상태가 일정하지 아니하고 정상적인 항법을 일탈하여 운항되는 선박
2) 대량파괴 무기 및 그 밖의 무기, 관련물자의 수송이 의심되는 선박
3) 국내법령 및 대한민국이 체결, 비준한 조약을 위반하거나 위반이 의심되는 선박

다. 판단요소

해상검문검색의 필요 여부에 대한 판단기준은 대상선박에 대한 주의사정을 합리적으로 판단하여 상당한 이유가 있는 경우로 한정한다. 제1호에 해당하는 선박의 경우, 항행상태로 미루어볼 때 해당 선박에 문제가 발생한 것으로 보아 선박 자체에 대한 안전을 유지하는 측면과 해당 선박으로 인해 발생되는 항행안전에 대한 위험제거 등의 측면을 모두 고려한 것으로 볼 것이다. 따라서 다른 선박의 항행 안전이 위협받는 경우는 물론, 다른 선박의 항행 안전을 위협하지 않는 경우라도 항행상태로 선박 자체의 안전성이 의심이 가면 해상검문검색이 가능할 것이다.

제2호에 해당하는 선박의 경우, 대량파괴 무기 및 그 밖의 무기, 관련물자의 수송이 의심되는 선박으로 의심되는 것으로 이때의 판단은 추상적, 주관적으로 이루어질 것이 아니라 구체적이고 객관적인 근거에 의할 것이다.

「경찰관 직무집행법」 제3조제1항은 '경찰관은 수상한 거동 기타 주위의 사정을 합리적으로 판단하여 어떠한 죄를 범하였거나 범하려 하고 있다고 의심할 만한 상당한 이유가 있는 자 또는 이미 행하여진 범죄나 행하여지려고 하는 범죄행위에 관하여 그 사실을 안다고 인정되는 자를 정지시켜 질문할 수 있다.'고 규정하고 있는 것과 유사하게 본 조항에서의 '의심'도 주위 사정을 합리적으로 판단하여 해당선박에 대량파괴 무기나 그 밖의 무기, 관련 물자 등이 선적되었다고 의심할 만한 상당한 이유가 있는 경우로 해석되어야 할 것이다.

제3호에 해당하는 선박의 경우, 국내법령 및 대한민국이 체결 비준한 조약을 위반

하거나 위반이 의심되는 선박으로 이때의 국내법령은 단순히 해양 관련한 법률뿐만 아니라 형법, 행정법, 세법 등 국내법의 포괄적 적용이 가능할 것이다.

라. 방법

본 조의 제2항은 해상검문검색 시 해양경찰청의 절차준수에 대해 규정하고 있다. 이는 「경찰관 직무집행법」 제3조제4항과 같은 취지의 것으로 헌법상 요구되는 적법절차의 원칙을 명문화한 것이다. 이 법에서 해양경찰청의 경찰관이 선박에 승선할 때에는 선장에게 소속, 성명, 해상검문검색의 목적과 이유를 고지할 것만을 규정하고 있으나 그 외의 부분은 본 법의 일반법관계에 있는 경찰관 직무집행법을 준용할 수 있을 것이다.

「경찰관 직무집행법」은 제3조제1항에 우선 정지시킨 뒤 질문을 할 수 있다고 규정하고 있고, 이때의 정지 및 질문은 임의수단일 뿐 실력행사는 부적법한 것이라 해석한다. 다만 해상검문검색에 따르지 않고 도주하는 선박의 경우는 이 법 제13조의 추적, 나포에 의해 해결할 수 있을 것이다.

선박을 검문검색의 과정에 확성기나 무전기를 사용하여 정선명령을 내리고 선박이 정지한 후에 승선하여 소속, 성명, 목적 및 이유를 고지하면 될 것으로 보인다. 그러나 해상검문검색은 적법한 사전영장 없이 선박 또는 사람의 신체를 수색하는 것이므로 헌법에서 인정하고 있는 신체의 자유와 인권의 보장을 위하여 형사소송에 관한 법률에 따르지 아니하고는 신체를 구속당하거나 그 의사에 반하여 답변을 강요할 수 없는 한계가 있다.

마. 외국선박에 대한 해상검문검색

외국 선박에 대한 해상검문검색은 본조 제1항 각 호에 해당되는 선박이나 또는 「유엔해양법협약」 제110조제1항에 규정된 선박에 대하여 행사할 수 있으며, 해상검문검색의 방법은 영해 내에서는 「해양경비법」 제1항 단서 규정을 적용 무해통항권을 침해하지 않도록 국제 법규에 따를 것을 명시하였다.

임검권에 대한 「유엔해양법협약」 제110조를 살펴보면, 함정은 임검의 결과로 만족할 만한 혐의의 제거가 이루어지지 않을 때에 혐의선박에 대하여 장교의 지휘아래 보조선을 파견할 수 있도록 하고 있다. 또한 서류를 검열한 후에도 혐의가 남아있는 경우, 가능한 한 신중하게 그 선박 내에서 계속하여 검사를 진행할 수 있도록 하고 있다(제2항). 이때 혐의선박의 선장이나 승무원은 적극적으로 검색에 협조할 의무는 없으나 선박 내의 각 결실을 개방하여야 한다.

또한 선박의 검색은 질서정연하고 효율적으로 실시되어야 하며 그 선박의 기물이나 탑재된 화물에 손해를 주지 않게 하여야 하고 검색이 완료된 후에는 모든 기재와 화물을 제자리에 복귀해 놓아야 한다. 검색의 결과, 혐의 없음이 판명된 때는 검색실시의 증명을 교부하거나 그 선박의 항해일지에 이를 기록하게 하고 본래의 항해에 복귀하게 한다. 항해 지체와 기타 검색 실시 과정 등에서 손해가 발생한 것이 증명될 수 있을 때에는 정부는 그 선박이나 혐의선박의 기국의 요청에 따라 그 선박이 입은 손실이나 피해에 대하여 보상을 하여야 한다(협약 제110조제3항).

바. 벌칙

제12조제1항에 따른 해상검문검색을 정당한 사유 없이 거부, 방해 또는 기피한 자는 1년 이하의 징역 또는 1천만원 이하의 벌금에 처하도록 규정하여 해상검문검색에 대한 실효성을 담보하고 있다.

6. 추적 · 나포(법 제13조)

가. 의의

본 조는 선박의 추적, 나포와 관한 규정으로서 각 호에서 추적, 나포할 수 있는 사유를 제한적으로 규정하였다. 이는 효과적인 해양경비를 수행하기 위하여 강제적인 수단 사용에 대한 법적 근거를 명시한 것이다.

단순히 해상검문검색에 따르지 아니하고 도주하는 선박(제1호)과 국내법령 및 대한민국이 체결, 비준한 조약을 위반하거나 위반할 우려가 있는 선박(제2호)에 대한 추적, 나포권을 인정하고 있으며 혐의선박에 대한 사후적인 처분은 물론 사전 예방적인 처분도 가능하도록 규정하였다.

나. 형법 및 특별법 위반 시의 형사처리절차

형법 및 「EEZ어업주권법」[26]을 제외한 특별법 위반에 대한 형사소송절차 적용에 대하여 「경찰관 직무집행법」 제3조의 규정을 적용 상대방의 승낙 하에 임의동행을 할 수 있다. 그러나 임의동행을 거절할 경우에는 현행범이나 긴급체포의 요건이 되는 때에는 영장 없이 현행범 체포[27] 또는 긴급체포를 할 수 있고, 체포한 현행범인을

26) 배타적 경제수역에서의 외국인어업 등에 대한 주권적 권리의 행사에 관한 법률(약칭: 경제수역어업주권법).
27) 현행범인을 체포하기 위하여 범죄와 범인의 명백성이 인정되어야 하고 비례성의 원칙이 요구되나 체포의 필요성에 대하여는 견해 대립이 있다(이재상. 신형사소송법. 2011. 242-243면 참조).

구속하고자 할 때에는 체포한 때로부터 48시간 이내에 영장을 청구하여야 하며, 그 기간 내에 구속영장을 청구하지 아니한 때에는 즉시 석방하여야 한다(「형사소송법」 제213조의2, 제200조의2제5항). 다만 48시간 이내에 구속영장을 청구하면 족하고 그 기간 내에 구속영장이 발부되어야 하는 것은 아니다(이재상, 2011: 244). 그리고 구속영장이 청구된 피의자는 「형사소송법」 제201조의2에 의거 판사에게 구속 전 피의자심문 절차를 거쳐야 하는데 영장을 청구 받은 판사는 특별한 사정이 없는 한 구속영장이 청구된 다음 날까지 심문하여야 한다(동조제1항). 이때 원거리로 인하여 피의자의 법원 인치시간이 장시간 소요될 경우에는 「형사소송법」 제201조의2제1항에서 규정하고 있는 '특별한 사정'의 이유를 들어 법원 인치 시간의 예외를 적용하거나 「형사소송규칙」 제96조의13제1항[28]에 의거 피의자 출석 없이 구속영장을 발부 받을 수 있도록 형사절차를 진행할 수 있다.

다. 「EEZ어업주권법」위반 선박에 대한 형사처리절차

「배타적 경제수역에서의 외국인어업 등에 대한 주권적 권리의 행사에 관한 법률(이하 'EEZ어업주권법'이라 한다)」을 위반한 외국선박을 나포한 경우에는 형사소송법의 현행범인에 해당한다고 보아야 할 것이다. 그러므로 현행범인이 구속을 필요로 하는 경우에는 48시간 이내 구속영장을 청구하는 것이 필요한 것으로 본다. 다만, 체포 시점을 「EEZ어업주권법」 제23조제1항에 따른 '나포 등 필요한 조치'한 후의 시점을 적용하여 '경찰서 도착' 또는 '담보금납부 거부의사 표명 시'를 영장청구 기산점으로 적용할 수 있는 것으로 판단된다. 그 근거로 '나포 등 필요한 조치'의 의미는 나포한 선박이 수사 가능한 상태로 예인 조치가 필요한 것으로 해석할 수 있기 때문이다.

※ 일본의 경우에도 현행범체포 후 48시간 내 영장청구 규정이 있으나, 외국어선 담보금 납부시까지 48시간 경과 후에도 석방하지 않고 있음

라. 외국 선박에 대한 추적권 행사

본 조 단서에서는 '외국 선박에 대한 추적권의 행사는 「유엔해양법협약」 제111조를 따른다.'고 하여 위 협약을 국내법으로 수용하였다. 이에 따라 종래 협약으로만 인정되던 외국 선박에 대한 추적, 나포권에 대한 국내법적 근거가 마련되었다. 다만 추적의 대상이 된 선박이 다른 국가의 영해나 선적국에 들어갔을 때는 그 국가의 관할권을 존중해야 하기 때문에 추적권이 소멸한다고 함이 타당할 것이다.

---

28) 「형사소송규칙」 제96조의13(피의자의 심문절차) ① 판사는 피의자가 심문기일에의 출석을 거부하거나 질병 그 밖의 사유로 출석이 현저하게 곤란하고, 피의자를 심문 법정에 인치할 수 없다고 인정되는 때에는 피의자의 출석 없이 심문절차를 진행할 수 있다.

7. 해상항행 보호조치(법 제14조)

가. 의의

해상에서는 위험의 발생에 대한 사후조치보다는 사전예방이 보다 중요하다는 현실적 요청과 이와 같은 요청이 국민의 일반적 행동 자유권 내지 직업수행의 자유를 침해할 우려가 있다는 사정을 감안하여, 제한적인 경우에만 해양경찰이 특정선박에 대하여 경고, 이동, 해산 등을 명령하거나 보호조치를 수행하고자 규정하였다. 제14조(해상항행 보호조치 등) ① 해양경찰관은 경비수역에서 다음 각 호의 어느 하나에 해당하는 행위를 하는 선박등의 선장에 대하여 경고, 이동·해산 명령 등 해상항행 보호조치를 할 수 있다. 다만, 외국선박에 대한 해상항행 보호조치는 연안수역에서만 실시한다.

1. 선박등이 본래의 목적을 벗어나 다른 선박등의 항행 또는 입항·출항 등에 현저히 지장을 주는 행위
2. 선박등이 항구·포구 내외의 수역과 지정된 항로에서 무리를 지어 장시간 점거하거나 항법상 정상적인 횡단방법을 일탈하여 다른 선박등의 항행에 지장을 주는 행위
3. 임해 중요시설 경계 바깥쪽으로부터 1킬로미터 이내 경비수역에서 선박등이 무리를 지어 위력적인 방법으로 항행 또는 점거함으로써 안전사고가 발생할 우려가 높은 행위

② 해양경찰관은 경비수역(이 항에서 「선박의 입항 및 출항 등에 관한 법률」에 따른 무역항의 수상구역등의 수역은 제외한다)에서 다음 각 호의 어느 하나에 해당하는 사유로 선박등이 좌초·충돌·침몰·파손 등의 위험에 처하여 인명·신체에 대한 위해나 중대한 재산상 손해의 발생 또는 해양오염의 우려가 현저한 경우에는 그 선박등의 선장에 대하여 경고, 이동·피난 명령 등 안전조치를 할 수 있다. 다만, 외국선박에 대한 안전조치는 연안수역에서만 실시한다.

1. 태풍, 해일 등 천재(天災)
2. 위험물의 폭발 또는 선박의 화재
3. 해상구조물의 파손

③ 해양경찰관은 선박등의 통신장치 고장 등의 사유로 제2항에 따른 명령을 할 수 없거나 선박등의 선장이 제2항에 따른 명령에 불응하는 경우로서 인명·신체에 대한

위해, 중대한 재산상 손해 또는 해양오염을 방지하기 위하여 긴급하거나 불가피하다고 인정할 때에는 합리적으로 판단하여 필요한 한도에서 다음 각 호의 조치를 할 수 있다.

1. 선박등을 안전한 곳으로 이동시키는 조치
2. 선박등의 선장, 해원(海員) 또는 승객을 하선하게 하여 안전한 곳으로 피난시키는 조치
3. 그 밖에 대통령령으로 정하는 조치

④ 해양경찰관은 제3항에 따른 조치를 하려는 경우에는 선박등의 선장에게 자신의 신분을 표시하는 증표를 제시하고 조치의 목적·이유 및 이동·피난 장소를 알려야 한다. 다만, 기상상황 등으로 선박에 승선할 수 없는 경우에는 무선통신 등을 이용하여 자신의 신분 고지 등을 할 수 있다.

⑤ 해양경찰서장은 제3항제1호에 따른 이동조치와 관련하여 발생한 비용을 대통령령으로 정하는 선박등의 소유자에게 부담하게 할 수 있다.

나. 적용대상 및 방법

이 법 제14조는 불특정 선박이 고의 또는 과실로 해상교통 및 타 선박들의 안전을 위협할 경우에 대비한 규정으로서 해상에서는 육상의 경우보다 특히 사건, 사고발생에 대한 사전예방이 중요하므로 이 점을 고려한 것이다. 「집회 및 시위에 관한 법률」상 집회 및 시위는 여러 사람이 공동의 목적을 가지고 도로·광장·공원 등 일반인이 자유로이 통행할 수 있는 장소에서 행하여져야 한다. 일반인이 자유로이 통행할 수 있는 장소가 아닌 곳에서는 아무리 다수인이 행진을 한다고 해도 집시법상의 시위가 아닌 것으로 본다. 이에 따르면, 해상에서의 집단적 행동을 하는 경우에는 집시법의 적용대상에서 제외된다는 주장과 적용된다고 보는 견해가 대립하고 있다.

그러나 본 조항이 신설됨으로 인하여 더 이상 이러한 논란 없이 해상에서의 집단행동에 대하여 본 조항을 적용하여 이동·해산·피난 명령 등을 발동할 수 있게 되었다. 해양경찰관은 경비수역에서 ① 선박 등이 본래의 목적을 벗어나 다른 선박등의 항행 또는 입항·출항 등에 현저히 지장을 주는 행위를 하거나 ② 선박등이 항구·포구 내외의 수역과 지정된 항로에서 무리를 지어 장시간 점거하거나 항법상 정상적인 횡단방법을 일탈하여 다른 선박 등의 항행에 지장을 주는 행위를 하거나 ③ 임해 중요시설 경계 바깥쪽으로부터 1킬로미터 이내 경비수역에서 선박등이 무리를 지어 위력적인 방법으로 항행 또는 점거함으로써 안전사고가 발생할 우려가 높은 행위에 대하여 선장에 대하여 경고, 이동·해산 명령 등 해상항행 보호조치를 할 수 있도록 규

정하고 있다.

본 시행규칙 제2조(해상항행 보호조치 등의 순서)는 해양경찰청 소속 경찰공무원(해양경찰관)은 「해양경비법」 제14조제1항부터 제3항까지에 따른 해상항행 보호조치 등을 하는 경우 다음 각 호의 순서에 따라야 한다.

1) 경고 : 법 제14조제1항 각 호의 어느 하나의 행위를 하는 선박등의 선장(선박등을 운용하는 자를 포함한다)에게 그 행위를 중단할 것과 해양경찰관의 이동 · 해산 · 피난 명령 또는 이동 · 피난 조치를 따르지 아니하는 경우 벌칙이 부과된다는 내용을 경고할 것
2) 이동 · 해산 · 피난 명령 : 제1호에 따른 경고에도 불구하고 법 제14조제1항 각 호의 행위를 멈추지 아니하거나, 법 제14조제2항에 따른 인명 · 신체에 대한 위해나 중대한 재산상 손해의 발생 또는 해양오염의 우려가 현저한 경우에는 선박등을 이동 · 해산하거나 선장, 해원(海員) 또는 승객에게 피난할 것을 세 번 이상 명령할 것
3) 이동 · 해산 · 피난 실행 : 제2호에 따른 이동 · 해산 · 피난 명령을 따르지 아니하는 경우에는 직접 선박 등을 이동 · 해산시키거나 선장, 해원(海員) 또는 승객을 피난시킬 것

이러한 해상항행 보호조치를 하는 경우에 해양경찰관은 필요한 최소한의 범위에서 행사되어야 함을 규정하고 있다.

한편, ① 태풍, 해일 등 천재(天災) ② 위험물의 폭발 또는 선박의 화재 ③ 해상구조물의 파손 등의 사유로 선박등이 좌초 · 충돌 · 침몰 · 파손 등의 위험에 처하여 인명 · 신체에 대한 위해나 중대한 재산상 손해의 발생 또는 해양오염의 우려가 현저한 경우에는 그 선박등의 선장에 대하여 경고, 이동 · 피난 명령 등 안전조치를 할 수 있다. 다만, 외국선박에 대한 안전조치는 연안수역에서만 실시한다(제14조제2항).

선박 이동 · 피난명령에 불응할 경우 인명 · 재산에 대한 위해 · 손해 방지를 위해 불가피하다고 인정될 경우 선박 · 선원 등에 대하여 강제이동 · 피난 조치를 취할 수 있게 하였다(제14조제3항).

다. 벌칙

제14조(해상항행 보호조치)에 따른 이동 · 피난 명령 또는 이동 · 피난 조치를 거부, 방해 또는 기피한 자는 6개월 이하의 징역 또는 500만원 이하의 벌금에 처하도록 규정함으로써 해상항행보호조치에 대한 실효성을 확보하였다.

8. 무기의 사용(법 제17조)

가. 의의

육상과 달리 해상은 해양경비의 과정에 있어서 해당 선박이 소극적인 저항만 하더라도 그 목적을 달성하기가 쉽지 않으므로 해당 선박의 저항 등에 맞설 수 있는 강한 유형력 사용이 요청되었다. 이에 따라 제17조에서 무기사용에 대한 법적 근거를 마련하였다. 다만, 이 경우 해양경찰의 유형력 행사의 남용이 우려될 수 있으므로 무기를 사용할 수 있는 특수한 경우를 제한적으로 설시하고 그 사용 기준은 「경찰관 직무집행법」 제10조의4 규정을 따른다고 규정하였다.

> **제17조(무기의 사용)**
> ① 해양경찰관은 해양경비 활동 중 다음 각 호의 어느 하나에 해당하는 경우에는 무기를 사용할 수 있다. 이 경우 무기사용의 기준은 「경찰관 직무집행법」 제10조의4에 따른다.
> 1. 선박등의 나포와 범인을 체포하기 위한 경우
> 2. 선박등과 범인의 도주를 방지하기 위한 경우
> 3. 자기 또는 다른 사람의 생명 · 신체에 대한 위해(危害)를 방지하기 위한 경우
> 4. 공무집행에 대한 저항을 억제하기 위한 경우
>
> ② 다음 각 호의 어느 하나에 해당하는 경우에는 개인화기(個人火器) 외에 공용화기를 사용할 수 있다.
> 1. 대간첩 · 대테러 작전 등 국가안보와 관련되는 작전을 수행하는 경우
> 2. 제1항 각 호의 어느 하나에 해당하는 경우로서 선박등과 범인이 선체나 무기 · 흉기 등 위험한 물건을 사용하여 경비세력을 공격하거나 공격하려는 경우
> 3. 선박등이 3회 이상 정선 또는 이동 명령에 따르지 아니하고 경비세력에게 집단으로 위해를 끼치거나 끼치려는 경우

나. 요건

1) 선박 등의 나포와 범인의 체포하기 위한 경우

제1항제1호는 같은 법 제13조(추적 · 나포)에서 선박의 나포를 제한적으로 규정하였는바 이러한 나포의 사유가 인정될 정도면 무기사용의 유형력이 필요할 것으로 충분히 인정되므로 무기 사용을 규정한 것이다.

또한 범인체포의 경우도 해상의 경우는 선박의 나포가 선행되어야 할 것이므로 선박의 나포와 함께 본 호에 규정되었다. 이때의 '범인'은 포괄적인 의미의 것으로서 비단 해상관련 법률 및 조약을 위반한 자로 한정되게 해석할 것이 아니다.

서울고법 2006나43790, 2006.11.16

경찰관이 도난번호판 부착차량의 운전자에게 정지명령과 경고사격을 하였으나 운전자가 계속하여 도주하므로 그를 검거하기 위하여 실탄을 발사하여 허벅지 부위에 부상을 입힌 사안에서,

운전자가 역주행하며 수차례의 경고사격에도 불구하고 필사적으로 도주하는 상황에서 경찰관이 위 운전자가 강도 등 다른 강력범죄까지 범하였고 그를 검거하지 않으면 다시 다른 사람에게 중대한 위해를 가할 수 있다고 판단한 것은 합리적이며 실탄을 발사하는 방법밖에는 도주를 막을 방법이 없는 상황이었으므로 이 사건의 총기사용은 적법하다는 판결.

대법원 2003다57956, 2004.5.1

50cc 소형 오토바이 1대를 절취하여 운전중인 15~16세의 절도 혐의자 3인이 경찰관의 검문에 불응하며 도주하자, 경찰관이 7km가량 추적하며 수차례 정지명령과 경고사격을 하였으나 계속 도주하자 체포 목적으로 오토바이의 바퀴를 조준하여 실탄을 발사하였으나

오토바이에 타고 있던 1인이 총상을 입게 된 경우, 원고 등이 15~16세에 불과한 점, 거칠게 저항하지 않고 도주만 계속한 점, 도주 오토바이는 50cc에 불과한 소형이므로 순찰차로써 충분히 거리를 근접하면서 추격하거나 다른 경찰관에게 연락하여 범인을 검거하도록 하는 등의 방법으로 범인일행을 제압할 여지가 있었던 점을 고려할 때 비록 경찰관이 오토바이 바퀴를 맞히려 시도하였더라도 근접한 거리에서 도주하는 범인일행을 향하여 실탄을 발사한 행위는 사회통념상 허용범위를 벗어나 위법함.

2) 선박 등과 범인의 도주를 방지하기 위한 경우

제1항제2호는 해상에서는 도주의 경우 선박이나 기계, 설비의 성능의 우월성으로 이를 제압하기가 어렵다. 그렇기 때문에 도주를 사전에 방지하기 위해서 무기사용의 필요성이 인정되므로 본 호를 규정하였다. 따라서 통상적인 추적행위 만으로 해상 도주를 방지하기 어려운 경우 무기를 사용할 수 있다.

대법원, 71다1987, 1971.11.9 (손해배상)

해안초소복무 군인이 목선을 정선 검문키 위해 추격하여 약 300미터 거리까지 접근하였으며, 여자 2명을 포함하여 여러 명의 민간인들이 타고 있음을 확인하였고,

추격선의 속도가 목선보다 2배나 빨라 10분 이내에 나포할 수 있었던 상황에서 배의 발동기 소음 때문에 칼빈 소총정도의 약한 소리로서는 정선신호를 알아차리기 어려움에도, 공포탄을 2발 발사하여 정선하지 않자 선수를 맞출 의도로 발사한 실탄에 원고가 명중되어 상해를 입힌 것은 부득이 총기를 발사하지 않을 수 없는 사정이라 보기 어려우므로 과실을 인정함.

3) 자기 또는 다른 사람의 생명·신체에 대한 위해를 방지하기 위한 경우

제1항제3호는 형법 제21조의 정당방위를 고려한 규정이다. 형법상 정당방위의 요건을 충족하기 위해서는 상대방 위해의 정도를 고려하여야 하고 경우에 따라 무기 사용의 방위행위는 자칫 과잉방위가 될 수 있는 것이나 해상에서는 그 특성상 작은 유형력 행사가 큰 위험으로 이어질 수 있으므로 본 규정으로서 해양경찰관의 무기사용 요건을 형법보다 완화한 것이다.

대법원 2004.3.25, 2003도3842

"남편 갑이 집에서 칼로 아들을 위협하고 있다"라는 신고를 받고 출동한 경찰관 2인에게 갑이 달려들어 경찰관 2인을 넘어뜨려 곤봉을 빼앗고 그 중 경찰관 1명의 몸에 올라탄 채 공격하는 상황에서 다른 경찰관이 공포탄을 발사하여 경고하였으나

갑의 공격이 계속되어 실탄을 발사하여 복부를 관통, 사망에 이르게 한 사건에 대해, 실제로는 갑이 칼을 소지하지 않았다고 하나, 출동 경찰관이 볼 때 갑이 칼을 소지하고 있었다고 생각할 정당한 이유가 있었고

계속하여 경찰관을 공격하고 있던 급박한 상황에서 경찰관을 구출하기 위해 총기를 발사한 것은 경찰관 직무집행법 제10조의4제1항의 허용범위를 벗어난 위법한 행위라거나 피고인에게 업무상 과실치사의 죄책을 지울만한 행위라고 할 수 없음.

4) 공무집행에 대한 저항을 억제하기 위한 경우

제1항제4호는 역시 해상이라는 장소적 특성상 무기 사용의 요건을 완화시킨 것이라 할 것이다.

다. 개인화기 외에 공용화기의 사용

제2항에서는 제1항에 비해 직무수행의 난이도가 높거나 위험성이 큰 사안에 대해 공용화기를 사용할 수 있다고 규정하여 실효성 있는 해양경비임무 수행을 꾀하고자 한다. 공용화기 사용 요건은 다음과 같다.

1) 대간첩·대테러 작전 등 국가안보와 관련되는 작전을 수행하는 경우
2) 제1항 각 호의 어느 하나에 해당하는 경우로서 선박등과 범인이 선체나 무기·흉기 등 위험한 물건을 사용하여 경비세력을 공격하거나 공격하려는 경우
3) 선박등이 3회 이상 정선 또는 이동 명령에 따르지 아니하고 경비세력에게 집단으로 위해를 끼치거나 끼치려는 경우

이는 불법외국어선 단속시 공용화기사용 정책 추진과 함께, 기존 "선박등과 범인이 선체나 무기·흉기 등 위험한 물건을 사용하여 경비세력을 공격한 때"에 제한되었던 공용화기 사용범위를 확대한 것이다.

라. 「경찰관 직무집행법」상의 무기사용[29]의 기준에 대한 준용

같은 조에서 무기사용의 기준에 대하여 「경찰관 직무집행법」제10조의4에 따른다고 규정 하였는바 그 기준을 살펴보면 위해를 수반하지 않는 경우로서

1) 범인의 체포, 도주 방지를 위한 때
2) 자기 또는 타인의 생명, 신체에 대한 방호가 필요한 때
3) 공무집행에 대한 항거의 억제를 위한 때,
4) 필요하다고 인정되는 상당한 이유가 있는 때를 들 수 있고, 위해를 수반하는 경우로서는 ① 정당방위 ② 긴급피난 ③ 중범인의 체포시 및 체포에 대한 경찰관의 직무집행에 항거할 때 ④ 영장 집행의 경우 ⑤ 위험한 물건을 소지한 범인의 경우 ⑥ 대간첩작전 수행의 경우 ⑦ 무기를 사용하지 아니하고는 다른 수단이 없는 경우를 들 수 있다.

대판 2008.2.1, 2006다 6713

무기 사용기준에 대하여 '경찰관은 범인의 체포, 도주의 방지, 자기 또는 타인의 생명·신체에 대한 방호, 공무집행에 대한 항거의 억제를 위하여 무기를 사용할 수 있으나, 이 경우에도 무기는 목적 달성에 필요하다고 인정되는 상당한 이유가 있을 때 그 사태를 합리적으로 판단하여 필요한

---

29) [경찰관 직무집행법] 제10조의4 (무기의 사용)
① 경찰관은 범인의 체포·도주의 방지, 자기 또는 타인의 생명·신체에 대한 방호, 공무집행에 대한 항거의 억제를 위하여 필요하다고 인정되는 상당한 이유가 있을 때에는 그 사태를 합리적으로 판단하여 필요한 한도 내에서 무기를 사용할 수 있다. 다만, 형법에 규정한 정당방위와 긴급피난에 해당하는 때 또는 다음 각 호의 1에 해당하는 때를 제외하고는 사람에게 위해를 주어서는 아니 된다.
1. 사형·무기 또는 장기 3년 이상의 징역이나 금고에 해당하는 죄를 범하거나 범하였다고 의심할 만한 충분한 이유가 있는 자가 경찰관의 직무집행에 대하여 항거하거나 도주하려고 할 때 또는 제삼자가 그를 도주시키려고 경찰관에게 항거할 때에 이를 방지 또는 체포하기 위하여 무기를 사용하지 아니하고는 다른 수단이 없다고 인정되는 상당한 이유가 있을 때
2. 체포·구속영장과 압수·수색영장을 집행할 때에 본인이 경찰관의 직무집행에 대하여 항거하거나 도주하려고 할 때 또는 제삼자가 그를 도주시키려고 경찰관에게 항거할 때 이를 방지 또는 체포하기 위하여 무기를 사용하지 아니하고는 다른 수단이 없다고 인정되는 상당한 이유가 있을 때
3. 범인 또는 소요행위자가 무기·흉기등 위험한 물건을 소지하고 경찰관으로부터 3회 이상의 투기명령 또는 투항명령을 받고도 이에 불응하면서 계속 항거하여 이를 방지 또는 체포하기 위하여 무기를 사용하지 아니하고는 다른 수단이 없다고 인정되는 상당한 이유가 있을 때
4. 대간첩작전수행에 있어 무장간첩이 경찰관의 투항명령을 받고도 이에 불응하는 경우
② 제1항의 "무기"라 함은 인명 또는 신체에 위해를 가할 수 있도록 제작된 권총·소총·도검등을 말한다.
③ 대간첩·대테러작전등 국가안전에 관련되는 작전을 수행할 때에는 개인화기외에 공용화기를 사용할 수 있다.

한도 내에서 사용하여야 하는바 (구「경찰관 직무집행법」(1999. 5. 24. 법률 제5988호로 개정되기 전의 것) 제11조),

경찰관의 무기 사용이 이러한 요건을 충족하는지 여부는 범죄의 종류, 죄질, 피해법익의 경중, 위해의 급박성, 저항의 강약, 범인과 경찰관의 수, 무기의 종류, 무기 사용의 태양, 주변의 상황 등을 고려하여 사회통념상 상당하다고 평가되는지 여부에 따라 판단하여야 하고, 특히 사람에게 위해를 가할 위험성이 큰 권총의 사용에 있어서는 그 요건을 더욱 엄격하게 판단하여야 한다고 판시함

9. 해양경찰의 경찰 장비 및 장구의 사용(법 제18조)

가. 의의

제18조는 해양경찰관의 직무수행을 위해 필요한 경찰장비의 사용근거를 규정하기 위해 설치하였으며, 다만「경찰관 직무집행법」의 규정과 같이 장비와 장구는 그 사용요건이 다르기에 장구의 경우 별개의 조문으로 규정하도록 하였다.

제18조(해양경찰장비 및 장구의 사용)
① 해양경찰관은「경찰관 직무집행법」 제10조제2항 및 제10조의2제2항에 따른 경찰장비 및 경찰장구 외에 다음 각 호의 어느 하나에 따른 경찰장비 및 경찰장구를 사용할 수 있다.
1. 해상검문검색 및 추적·나포 시 선박 등을 강제 정선, 차단 또는 검색하는 경우 경비세력에 부수되어 운용하는 경찰장비 및 경찰장구
2. 선박등에 대한 이동·해산 명령 등 해상항행 보호조치에 필요한 경찰장비 및 경찰장구
3. 제1호 및 제2호에 따른 경찰장비 및 경찰장구 외에 정당한 직무수행 중 경비세력에 부당하게 저항하거나 위해를 가하려 하는 경우 경비세력의 자체 방호를 위한 경찰장비 및 경찰장구
② 제1항에 따른 경찰장비 및 경찰장구의 종류 및 사용기준은 대통령령으로 정한다.

나. 종류 및 사용기준

해상에서의 경비는 육상과 다른 특수한 어려움이 있고 나날이 과격해지는 중국 어선이나 시위 양상에 대항하여 해양경비를 수호하기 위해서는 경찰 장비, 장구의 사용이 필요하므로 이에 대한 법적 근거를 별도로 마련하여, 이 법에 규정된 경찰장비 및 경찰장구는 제18조에 따르고, 그 외 경찰장비 및 경찰장구는「경찰관 직무집행법」제10조제2항 및 제10조의2제2항에 따라 사용하도록 규정하였다.

다.「경찰관 직무집행법」에 의한 경찰장비 및 장구 종류 및 사용기준

「경찰관 직무집행법」 제10조제2항의 경찰장비는 무기, 경찰장구, 최루제 및 그 발

사장치, 감식기구, 해안감시기구, 통신기기, 차량·선박·항공기등 경찰의 직무수행을 위하여 필요한 장치와 기구이며, 경찰장비의 종류 및 사용기준 등은 「경찰관 직무집행법」제10조제4항에 의해 대통령령인 「경찰장비의 사용기준 등에 관한 규정」으로 위임되어 있는바 동 규정을 엄격하게 준수할 것이 요구된다.

또한 같은 법 제10조의2제2항의 경찰장구는 경찰관이 휴대하여 직무수행에 사용할 수 있는 수갑·포승·경찰봉·방패 등이 해당된다. 위 장구들은 동 조항에 따라 ① 현행범이나 사형, 무기 또는 장기 3년 이상의 징역, 금고에 해당하는 죄를 범한 범인의 체포, 도주의 방지 ② 자기 또는 타인의 생명 신체에 대한 방호 ③ 공무집행에 대한 항거의 억제를 위해 필요한 경우 ④ 상당한 이유가 있을 때 사용할 수 있다. 특히 '상당한 이유가 있을 때'의 의미가 문제가 될 수 있는데 다른 사유와 상응할 정도의 필요성이 인정되어야 할 것이므로 장구를 사용하지 않고는 다른 수단이 없는 경우에 한한다고 해석할 것이다.

라. 「해양경비법」 제18조에 의한 경찰장비 및 장구 종류 및 사용기준

「해양경비법」 제18조는 「경찰관 직무집행법」에서 언급된 경찰장비 및 경찰장구를 사용하도록 규정하였을 뿐만 아니라, 해상에서의 경찰작용을 위해 필요한 경찰장비 및 경찰장구를 별도로 규정 사용할 수 있도록 하였다. 이에 따라 ① 해상검문검색 및 추적·나포 시 선박 등을 강제 정선, 차단 또는 검색하는 경우 경비세력에 부수되어 운용하는 경찰장비 및 경찰장구와 ② 선박등에 대한 이동·해산 명령 등 해상항행 보호조치에 필요한 경찰장비 및 경찰장구를 사용할 수 있도록 규정하였다.

그리고 그에 따른 경찰장비 및 경찰장구의 종류 및 사용기준은 제18조제2항에서 하위법령에 위임토록 규정, 이 법 시행령 제5조제1항에서 경찰장비 및 경찰장구의 종료와 사용기준을 정하였다. 경찰장비는 소화포로, 경찰장구는 페인트볼 및 투색총을 열거하고 있으며, 사용기준에 대하여는 제5조제2항에 ① 통상의 용법에 따라 사용할 것 ② 목적 달성에 필요한 최소한의 범위에서 사용할 것 ③ 다른 사람의 생명 · 신체에 대한 위해를 최소화할 것 등 3가지 기준을 충족시켜 사용하도록 규정하였다.

제 4 편

불법선박 단속 및 경비세력 운용

제1장
불법선박 단속 및 경비활동

제1절 불법선박 단속

1. 불법 외국선박 단속 근거

가. 국제법적 근거

1) UN해양법협약(제111조 추적권 등)

2) 한・중 어업협정, 한・일 어업협정 등 주변국과의 어업협정

나. 국내법적 근거

1) 영해 및 접속수역법(제5조 외국선박의 통항, 제6조 정선 등, 제8조 벌칙)

> 제6조 : 외국선박이 제5조를 위반한 혐의가 있다고 인정될 때에는 관계 당국은 정선(停船)·검색·나포(拿捕), 그 밖에 필요한 명령이나 조치를 할 수 있다.

2) 배타적경제수역법(제5조 대한민국의 권리행사 등)

> 제5조제3항 : 대한민국의 배타적 경제수역에서 제3조에 따른 권리를 침해하거나 그 배타적 경제수역에 적용되는 대한민국의 법령을 위반한 혐의가 있다고 인정되는 자에 대하여 관계기관은 협약 제111조에 따른 추적권(追跡權)의 행사, 정선(停船)·승선·검색·나포 및 사법절차를 포함하여 필요한 조치를 할 수 있다.

3) 배타적경제수역에서의외국인어업등에대한주권적권리의행사에관한법률
(제5조 어업의 허가 등, 제6조의2 불법 어업활동 혐의 선박에 대한 정선명령)

4) 배타적경제수역에서의외국인어업제한위반선박등에대한사법절차에관한규칙

5) 형사소송법(제211조 현행범인과 준현행범인, 제212조 현행범인의 체포)

6) 경찰관 직무집행법(제10조의4 무기의 사용)

7) 해양경비법(제12조 해상검문검색, 제13조 추적・나포, 제17조 무기의 사용 및 제18조 경찰장비 및

장구의 사용)

2. 불법 외국어선 단속역사[30]

가. 이승만 라인 선포 이전(以前) (1945~1952년)

1) 미국 5함대사령관 명의(맥아더 라인) 어로제한수역 각서 제80호 일본정부 전달 (1945년) 〈일본 수산업계「맥아더 라인」철회요구 및 침범조업 자행〉
2) 이승만 대통령, "맥아더 라인 월선 조업 일본어선 나포" 특명 지시
   - 서남해역 침범 조업중인 일본어선 나포로 한・일 간 외교적 논란 쟁점

나. 이승만 라인 선포 이후(以後) (1952~1953년)

1) 인접해양의 주권에 대한 대통령선언(이승만 라인, 평화선) 선포(1952. 1)
   - 미국의 對 일본평화조약 조인으로「맥아더 라인」철폐될 단계에 대비 해양의 천연자원 개발과 어업자원 보존을 위해 국무원 고시 제14호로 선포
2) 연합군 총사령관, 해상방위수역(클라크 라인) 설정(1952. 9)
3) 대통령 긴급명령 제12호로 포획심판령 제정·공포(1952. 10)
   - 포획심판소 및 고등포획심판소 개설로 클라크라인 및 평화선 침범어선 나포
4) 외국어선 단속 및 어업자원 보호를 위해 어업자원보호법 제정(1953. 10)
   - 휴전으로 클라크라인 철폐 후 일본어선 평화선 침범 등에 대비
5) 해양주권선 경비임무를 경찰이 수행하라는 대통령 諭示에 의거, 해양경찰대 창설(1953. 12)

다. 해양경찰대 창설 이후 (1953~1996년)

1) 해양경찰대 창설 이후 평화선 경비 중 침범조업 한 중국・일본어선 나포
   - 866정, 무장한 중공어선의 총격으로 대원 4명 납치(1955. 12)
   - 701정, 무장한 중공어선의 총격으로 대원 2명 순직(1960. 1)
     ※ 10년간(1953~1962년) 일본어선 160척, 중공어선 2척 나포
2) 한・일어업협정체결(1965년)에 따라 한・일 경비함정 공동제휴순시 (1966~1998년)

---

30) 해양경찰교육원 (2020).「해양경비·상황관리·해상수색구조」. 신임경찰과정교재. 62-69면.

- 한·일 공동규제수역내 잠정적 어업규제조치 이행 여부 감시·단속

3) 영해법 시행(1977년) 이후 영해침범 중국·일본어선 나포 및 구속
- 일본 대양어업 소속 제8대양(135톤)호 서귀포 남방 10해리에서 나포(1986년)
- 중국 해양어업공사 호어 603·604·705·706호 제주 서방 7.5해리 나포(1992년)
- 총리 주관 회의결과 어업자원보호선은 해군, 영해는 해양경찰 분담결정 (1992년)

4) 유엔해양법 발효 이후 연안국들의 200해리 배타적 경제수역 설정(1994년)
- 한(1996년)·중(1998년)·일(1996년) 유엔 해양법 비준 및 자국 법제 반영

라. 중앙행정기관 승격 이후 (1996년~)

1) 개정 한·일 어업협정 발효(1999년) 및 한·중 어업협정 발효(2001년)
- 영해 중심의 경비체계에서 EEZ해역 경비개념으로 경비구역 확장

2) 대청도 남서방 중국어선 공무집행방해 사건 발생(2002. 5. 18)
- 해상 상황별 검문검색 대응지침 보강, 해상 진압·단속장비 보강

3) 한·중 어업협정상 한국 측 과도수역 편입(28,926㎢/경기도 2.8배) (2005. 6. 30)

4) 목포해경서, 중국어선 단속중 경찰관 사망사건 발생(2008. 9. 25)
- 해상 공권력 확보 강화를 위한 전환점으로 대대적 단속강화 방안 강구

5) 군산해경서, 중국어선 단속중 중국 어선 침몰사건 발생(2010. 12. 18)

6) 태안해경서, 중국어선 단속중 폭력·저항 선원에게 총기발사(2011. 3. 3)

7) 인천해경서, 중국어선 단속중 경찰관 사망사건 발생(2011. 12. 12)
- 국무총리실 주관 정부합동 불법조업 근절 종합대책 수립(2011. 12. 26)
  * 총기지급, 특수기동대 특수부대 출신 보강, 안전장비·단속장비 추가, 대형함정 9척 증강 추진 등

8) 목포해경서, 중국어선 단속중 저항 선원에게 40mm 비살상무기(고무탄) 발사, 선원사망 (2012. 10. 16)

9) 목포해경서, 중국어선 단속중 저항 선원에게 총기발사, 선원사망(2014. 10. 10)

10) 불법조업 단속전담 기동전단 운영(2014. 11월)
- 외국어선 집단침범에 대응하기 위해 다수의 경비세력을 구성, 관할해역 구분없이 외국어선 집중조업 해역에서 감시·단속 활동 수행
  * 대형함정 4척, 헬기, 특공대로 구성 / 2교대, 7박8일

11) 불법외국어선 근절 당정청 협의회(2014. 12. 22)

- 백령·대청 어업인 50여명 인천시청 및 국회 항의 방문 (2014. 11. 12)
- 당정청 협의회 개최, 유관기관과 협의 "중국어선 불법조업 대책" 발표 (12. 22)
  * 대형함정 증강·대형단정 교체, 특수기동대 인력 증원 등

12) 불법조업 중국어선의 고의추돌로 인한 단속임무 고속단정 침몰(2016. 10. 7)

- 유관기관과 협의 "불법 중국어선 단속강화 대책" 발표(2016. 11)
  * 우리 해역내 불법행위에 대한 공용화기 사용방침 등 발표

3. 불법 외국어선 단속체계

해양경찰청은 불법 외국어선 단속 메뉴얼을 작성하여 일반문서로 관리되어 오다 '불법 외국어선 단속역량 강화 T/F'결과, 세부 단속전술의 구체화 등으로 인해 '대외비'로 비밀에 준하여 관리하고 있다. 매뉴얼의 운영목적은 ① 외국어선 단속 분야에 있어 해양경찰청 단속 공무원이 관련법규에 따라 이행해야 할 제반 절차를 규정 ② 일반적 상황에서 가장 안전한 작전을 수행하기 위한 기본 원칙 제공 ③ 외국어선 단속 업무가 해양경찰 업무에 미치는 비중을 고려하여, 단속임무를 전담하는 해상특수기동대 뿐만 아니라 모든 해양경찰관이 단속체계・절차를 충분히 숙지할 수 있도록 교육・훈련자료로 활용하기 위함이다.

※ 단, 현장지휘관은 상황에 맞게 가장 유효・적절한 수단과 방법으로 작전 전개

가. 단속 체계

〈그림 4-1〉 불법외국어선 단속체계

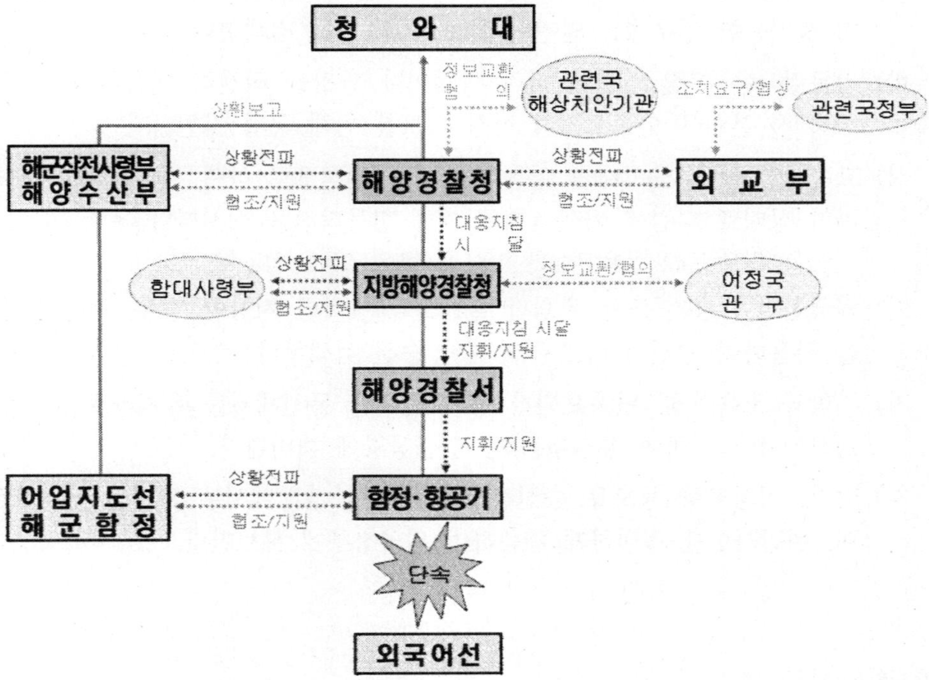

【보고 기준】

- 불법외국어선 단속 시 해경청, 지방청, 해경서, 함정간 문자망 회의실을 통해 진행사항을 실시간 보고
- 문자망 회의실은 '준비단계'에서 개설 (상황에 따라 구두보고 후 작전전개 가능)
- 단속 중 무기사용 등 긴급한 상황은 선(先)조치 후(後)보고 원칙
  ※ 무기를 사용한 경우에는 현장지휘관은 지휘계통에 따라 보고

나. 기본 사항

1) 외국어선 검문검색 기본원칙(10계명)

가) 외국어선에 대한 검문검색은 국내법과 국제법에 근거하여 필요한도 내에서 시행되어야 하며 이를 남용하지 않는다.

나) 해상의 특수성을 고려하여 인적·물적 안전 확보를 최우선으로 하며, 돌발 상황 대응체제를 갖추어야 한다.

다) 유효한 정선명령을 비롯한 검문검색 전 과정과 위반사항은 반드시 채증을

실시하여 증거자료로 활용한다. (채증 없는 검문검색은 없다!)

라) 위반행위, 위험성 등을 고려하여 우세한 단속세력을 투입한다.

마) 외국어선의 저항이 예상될 경우 인근함정과 편대검색을 실시하고, 편대검색이 불가능한 경우에는 안전이 확보된 후 단독 검색한다.

바) 검문검색은 현장 상황에 따라 함정이나 단정을 적절히 이용하며, 고속단정 검색 시 본함은 단속요원의 안전 확보를 위해 근접 지원한다.

사) 고속단정 이용 시 2대를 이용하는 것을 원칙으로 하며, 상호 지원체계를 유지한 상태로 피검색 어선 1척에 대해 합동작전을 실시한다.

※ 고속단정 1대만 운용 가능한 경우, 본함과의 긴밀한 합동작전 전개

아) 외국선원이 흉기 또는 위험한 물건을 사용하여 저항할 경우, 적정한 물리력을 사용하여 안전이 확보된 후에만 승선 검색한다.

자) 본함과 고속단정, 단속요원간 상시 긴밀한 통신체계를 유지하고, 수시로 안전상태를 확인하여 통신두절 등 위급상황에 대비한다.

차) 야간, 기상불량 등으로 승선검색이 곤란한 상황에서는 퇴거를 원칙으로 하며, 위반사항을 정밀하게 채증하여 외국정부에 통보한다.

2) 보고 기준

가) '공무집행방해, 서해 NLL해역 단속작전'은 속보사항에 준해 실시

※ 속보기준 : 함정(15분 이내)→서(10분 이내)→지방청(10분 이내)→본청

나) 저항이 예상되는 외국어선을 검문검색 할 경우에도, '준비단계'에서 나포계획을 속보사항에 준하여 보고(상황에 따라 구두보고 후 작전전개)

다) 나포결과는 속보사항에 준하여 1차 보고(구두) 후, 상세내용 2차 보고(서면)

※ 나포 시점 : 승선하여 위반혐의 발견 또는 제압완료(정선명령위반어선 등) 시

다. 불법조업 외국어선 단속 절차

〈표 4-1〉 불법조업 외국어선 단속절차

1 단계 (준비·채증) 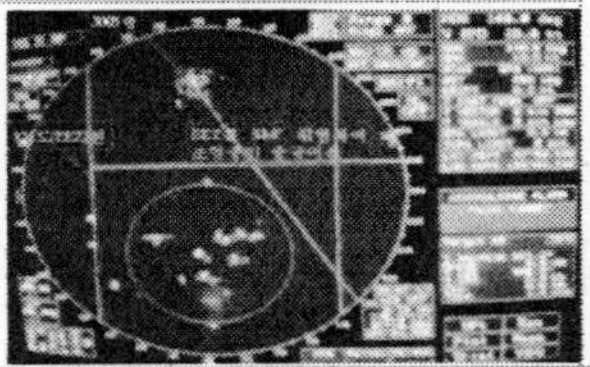	① 가용 탐지수단을 활용, 불법조업 혐의 외국어선 식별 ② 검문검색 사전회의 실시 및 나포계획 보고 ③ 본함 채증요원 R/D, ECDIS, ENG.카메라 채증 시작 ④ 총원상황배치 및 검색팀 '주요임무 장비' 지급 ⑤ 검색팀 안전교육 및 단정하강 준비
2 단계 (추적·정선) 	① 피검선박 적정거리에서 단정(2척) 하강, 합동 추적 ② 본함 정선명령 실시(1차) ③ 단정 정선명령 실시(2차) 및 선수횡단 차단기동 ④ 저항 없을 경우 1번 단정 접근·등선(2번 단정:엄호) ⑤ 정선명령 불응시 소화포, 경고사격 등으로 정선경고
3 단계 (진압·검색) 	① 경고사격 등에도 지속도주시 단정이용 강제승선 시도 ※ 선체충돌 시도 또는 위험물 사용 공격시는 승선보류 ② 단정 또는 모함 개인/공용화기 경고사격 및 사격 ③ 1번 단정 강제 등선검색, 2번 단정 엄호 ※ 선(先) 안전확보, 후(後) 등선검색 원칙 준수 ④ 조타실 장악 통신기 차단 및 검색 실시 ⑤ 안전해역 이동조치
4 단계 (나포·조사) 	① 추가저항 우려 시, 선원 선수 집결 후 포승·감시 ② 선내 정밀검색 실시하여 흉기 등 위해물품 색출 ③ 집단저항 우려 시, 본함에 나포어선 계류(또는 접근) ※ ① ~ ③은 폭력저항 등 특수 상황에 적용 ④ 조업형태별로 관련법규 위반사항 확인·조사 ⑤ 1차 결과보고 후, 본함으로 조사대상자 이송·상세조사
5 단계 (압송·처리) 	① 현장조사제의 경우, 석방 시까지 조타실 장악·관리 ② 2차 나포결과보고 및 육상(전용부두) 압송여부 결정 ③ 최소 인력을 제외한 모든 선원 본함 이송(방역 실시) ④ 압송인력 배치하여 압송 시작(기관고장 外 예인 금지) ⑤ 검색팀 부상여부 정밀 확인 및 사후 강평회의 실시

라. 해상특수기동대

1) 중·대형 경비함에서 불법 외국어선 단속 등 특수임무 수행을 위해 편성 및 운영되는 기능을 말한다.

2) 대상 함정

가) 서해 특정해역과 NLL 해역 단속에 투입되는 함정(300톤이상 중·대형함정)

나) 한·중, 한 · 일 간 어업협정수역 경비를 위해 투입되는 함정(대형함정)

※ 기타 함정은 특수직무분담표에 의거하여 검문검색을 이행하고, 단속절차 등에 대해서는 기본적으로 본 교범에 의거하여 임무 수행

3) 구성 원칙

대상 함정의 함장은 소속 직원 중 해상경력, 체력, 외국어능력, 개인의사 등을 종합적으로 고려하여 외국어선 단속 최정예 요원을 선발

1 **편성 :** 단속임무를 부여 받은 경찰관
※ 검색팀은 현장경험 및 체력조건 등을 고려, 가능한 한 45세 이하로 편성

2 **인력 구성 :** 각 단정별 9명 1개팀으로 구성
(단정이 2척인 때 가능한 경우 편대장 1명 추가편성)

3 **편성 기준**
- 검색팀장 : 해상특수임무 수행경력, 지휘 · 통솔 및 위기상황 대처능력 보유자
- 단정장 : 단정운용 경력, 관련 교육이수 또는 자격증 보유자
  ※ 사전 교육 · 훈련을 통해, 가능한 특임직별 이외의 자로 편성
- 기타 검색팀 주요임무 및 편성은 '세부 편성기준'에 의거하여 지정 · 운영
- 의무 경찰순경을 단속활동에 투입시 채증·통역 등 보조임무 부여

4) 세부 편성기준(전 검색요원 K-5 기본)

〈표 4-2〉 검색요원 세부 편성기준

연번	직 책	임 무	지참무장
1	검 색 팀 장	검색팀 지휘, 조타실 진압	
2	통 역 요 원	중국어 통역, 조타실 진압	12게이지
3	선수검색요원	선수선원 진압	12게이지
4	〃	〃	6연발 다목적발사기
5	선미검색요원	선미 및 실내선원 진압	12게이지

6	〃	〃	6연발 다목적발사기
7	채 증 요 원	증거확보 및 채증	
8	단 정 장	단정조종	
9	통신·지원요원	통신기 작동 및 공용화기 지원	K-1A소총

※ 최류탄 및 섬광탄, 대방패, 절단기 등 공용장구는 검색팀장이 지정 지참
※ 단발 다목적발사기는 검색팀장이 지참여부 판단

4. 중국어선 불법조업 단속

가. 불법조업의 원인

중국은 경제성장을 위해 지속적인 연안해역 개발을 추진하고 있어 이로 인한 해양환경의 급속한 변화가 중국 연안어장의 황폐화를 불러일으키고 있다. 이렇게 중국 주변해역에서의 어족자원은 계속 감소하고 있는 반면, 중국 내 수산물 소비량은 대폭 증가하고 있어 인접국가인 우리나라 해역에서의 불법어로 행위는 증가하고 있는 추세이다. 과거 우리나라에서도 불법어업 문제가 심각했으나 포획위주 수산업 구조를 양식업 중심으로 개선해 나가고 해양생태계 복원을 위해 엄청난 시간과 자원을 투입하였던 것을 비교해 보면, 수산업 종사 인구가 훨씬 많은 중국은 수산업 구조개선 등에 장기간이 소요 될 것으로 보이며 당분간 포획 중심의 불법어업은 지속될 것으로 전망된다(김종선·임채현, 2017: 163-199).

한편 2001년 6월 30일 부로 발효된 「한·중 어업협정」[31]에 의거 설정된 잠정조치수역과 현행조업유지수역이 매우 광범위하게 설정되어 있어 실효적인 어업지도단속이 이루어지지 못하고 있는 것도 하나의 원인으로 분석된다(김종선, 2012: 3-35).

---

31) 1989년 12월, 한국과 중국 양국의 민간단체 사이에 '어선 해상사고 처리에 관한 합의서'가 체결된 뒤 1993년 12월부터 정부간 어업협정 체결을 위한 실무회담을 시작해 19회에 걸친 마라톤회담 끝에 2000년 8월 3일 정식 서명하고, 이듬해 4월 5일 중국 베이징에서 열린 한·중 수산당국 간 고위급 회담에서 최종 합의함으로써 2001년 6월 30일부터 발효한 한국·중국 사이의 어업협정이다. 역사적으로 볼 때 1980년대 초까지는 한국어선이 중국 연안에서 더 많은 조업을 했으나, 1980년 중반 이후에는 중국어선의 한국 측 수역 조업이 급증하고, 그에 따른 자원의 고갈과 한국 어민들의 피해 누적 등 계속해서 문제가 발생하였다. 더욱이 1994년 UN해양법협약이 발효된 뒤 1996년 한국·중국·일본 3국이 이를 비준함으로써 새로운 어업질서 구축의 필요성이 대두하였는데, 이에 따라 진행된 일련의 협상 끝에 1998년 11월 가조인한 뒤 2000년 8월 정식 서명을 거쳐 이듬해 드디어 최종 합의에 이른 것이다. 그러나 양국 사이에 놓여 있는 황해(서해)는 UN해양법협약이 인정하는 200해리 배타적 경제수역으로 볼 때 양국 수역의 거리가 최대 280해리에 불과해 수역 확정에 많은 문제점이 있었다. 따라서 한·중 어업협정에는 ①잠정조치수역 설정, ②발효 후 4년이 지나면 자동적으로 양국의 배타적 경제수역으로 편입되는 과도수역 설정 ③구조 및 긴급피난 시 상호 협조, ④어업공동위원회 설치 등을 주요 내용으로 채택하였다.

나. 불법조업의 동향

불법조업 어선들은 단속 인력의 접근을 방해하기 위해 어선 측면에 쇠창살, 철판 등을 설치하고 흉기를 사용하는 등 점차 지능적이고 폭력적으로 저항하고 있으며, 이러한 양상은 갈수록 더욱 심해지고 있다. 특히 서해 북방한계선(NLL) 해역은 야간·기상불량 시 우리해역을 침범하여 불법조업을 자행하고 북한 측으로 도주할 경우 단속이 힘든 점을 악용하고 있으며 점차 저항 행태가 극렬해지고 있는 실정이다. 한편 불법조업으로 단속된 중국어선의 대부분은 요녕성과 산동성에서 출어한 어선(약 80%) 이며, 선종별로는 쌍끌이·외끌이 등 저인망 어선이 70% 이상을 차지하고 있다.

이러한 폭력·저항 중국어선에 대한 단속과정에서 故박경조 경위[32]와 故이청호 경사[33]가 순직하는 안타까운 사건이 발생하였으며, 최근에는 단속경찰관 뿐만 아니라 중국선원의 사상 등 우발사고 발생 가능성이 점차 증가되고 있다. 특히 서해 북방한계선(NLL) 해역의 경우 불법조업 중국 어선을 단속하기 위해서 남·북 경비세력이 진입하게 되어 군사적 대치 및 충돌상황 등 우발상황이 발생할 가능성이 상존하고 있어 단속 작전에 매우 높은 주의가 요구되고 있다.

다. 해양경찰의 임무(권리의 보호)

대한민국 해양경찰은 '불법 외국어선 단속(Fishery Law Enforcement)' 분야에 있어 세계 최고의 기술과 역량을 보유하고 있는 것으로 평가 받고 있다. 이는 두 차례의 단속경찰관 순직사건에 대한 후속대책을 추진하면서 한층 더 발전되고 있으며, 다시는 소중한 생명을 희생하지 않으려는 해양경찰 내부의 굳은 의지 및 전 국민의 관심, 정부의 지속적인 지원을 통해 이루어낸 성과라고 할 수 있다.

특히 해양경찰청에서는 「불법외국어선 단속 매뉴얼(대외비[34])」을 고도화하여 폭력·저항어선을 안전하게 검거할 수 있는 다양한 전술을 개발하여 운영 중에 있으며, 이를 바탕으로 지속적인 교육·훈련을 시행하고 있다.

---

32) 2008년 9월 25일 19:00경 가거도 서방 약 39마일 해상에서 무허가로 추정되는 중국어선 10여척을 3003함이 발견하고, 19:20경 고속보트(RIB) 이용 나포를 위해 정선명령을 시도하였으나, 도주하면서 쇠파이프 등으로 격렬히 저항(중국어선 제원 : 요금어 15138〈17톤, 목선, 승선원 11명〉), 19:40경 중국어선에 승선하는 과정에서 중국선원이 휘두른 흉기(삽)에 맞아 해상에 추락실종되어, 9월 26일 13:15경 사고발생 해점으로 부터 3.5마일 해상에서 수색 중이던 경비함정에 의해 시신으로 발견되었다.

33) 2011년 12월 12일 07:00경 경비 중이던 인천해양경찰서 3005함이 소청도 남서방 약 46마일 해상에서 불법조업 중인 중국어선 2척을 발견하여 나포하던 중 경찰관 2명이 중국어선의 선장이 휘두른 흉기에 의해 공격을 당하였다. 중국어선 갑판상의 선원에 대해 제압 후 조타실 선장에 대한 제압을 위해 조타실 문을 부수고 섬광탄을 터뜨리는 등 매뉴얼에 따라 단속을 실시하였으나, 조타실의 문 폭이(60cm) 좁아 1명씩 진입하는 과정에서 중국선원이 찌른 흉기에 사고가 발생한 것이다.

34) 불법 외국어선 단속매뉴얼에는 해양경찰의 기본단속체계와 단계별 전술, 저항유형별 대응전술 등이 상세히 기술되어 있어, 외부로 노출될 경우 단속활동에 지장을 초래할 가능성이 높아 대외비(對外秘)로 수립하여 내부 지침서로만 활용하고 있다. 서해5도 특별경비단 특수진압대 운영규칙(중부지방해양경찰청훈령) 제4조에서도 특수진압팀 세부 편성 기준 및 개인별 임무는 「불법외국어선 단속 매뉴얼」을 준용한다고 되어있다.

다만, 불법 외국어선 단속은 어업에 대한 고도의 전문성이 요구되는 분야로써 어업지도전문기관과의 협조체계 구축이 무엇보다도 우선시 되어야 한다. 우리나라는 해양수산부 소속 어업관리단에서 어업지도선을 운영하며 우리해역에서 허가받고 조업하는 중국어선에 대해 제한조건 위반 단속을 중점적으로 실시하고 있다. 하지만 해양경찰 경비세력에 비해 매우 열악한 인력·장비를 운영함에 따라 제대로 된 단속활동을 수행하고 있지 못하여, 해양경찰이 제한조건 위반 단속활동까지 수행하고 있는 것이 사실이다.

〈표 4-3〉 불법 외국어선 단속 분야 주요 추진 대책 (해양경찰청)

추진 배경	추진 대책	주요 내용
故박경조 경위 사건	「해상공권력 강화 대책」 (2008. 10. 2)	○ 「해상특수기동대」창설, 불법외국어선 단속매뉴얼 작성·배포 ○ 경비세력 집중·단속체계 정비(가용세력 총동원 일제 단속실시) ○ 안전장비 보강 및 공권력 확립을 위한 진압장비 개선(총 46억) ※ 고속단정 신규도입(11척) 및 개선(28척), 비살상무기 등 도입
故이청호 경사 사건	「불법조업 근절 종합대책」 (2011. 12.26)	○ 대형함정 6척(신규 건조)·단정 18대 개선 및 장비 확충 (총 456억) ○ 특수기동대 전원 총기 지급 및 '총기사용 가이드 라인' 마련 ○ 단속 매뉴얼 보강(내부격실 대응 전술) 및 중국어선 정보 DB화 ○ 특수기동대 102명 신규채용 및 경비함정 전진기지 확충 ○ 담보금 상향 조정(1억→2억원) 및 지방청별 4개 훈련단 신설

주변국과의 해양경계가 획정되지 않은 상황에서 배타적 경제수역 및 대륙붕에서의 해양권익 보호 수요가 급증하고 있는 현실을 직시하고, 불법조업 중국어선 단속에 대부분의 경비세력을 투입하여 해양경찰 본연의 임무수행에 차질을 빚어서는 안 될 것이다. 이를 위해서는 잠정조치수역과 현행조업유지수역으로의 순찰범위 확대를 통해 향후 대한민국 배타적 경제수역으로 편입될 해역에 대한 관리활동을 강화하고, 주권적 권리의 대상이 '해양자원'인 점을 감안하여 어업자원 외에도 광물·에너지 자원 등에 대한 해양권익을 보호할 수 있는 해양경비체계를 구축하여 경비세력을 균형 있게 배치·활용하여 경비공백을 최소화 시켜 나가야 할 것이다.

〈그림 4-2〉 중국어선의 어구 어법(참고 자료)

① 타망 (저인망) : 긴 자루형의 그물을 배 2척 또는 1척이 끌면서 고기를 잡는 어업

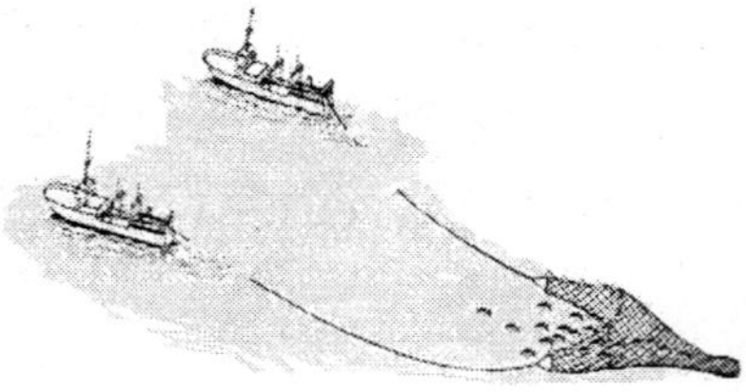
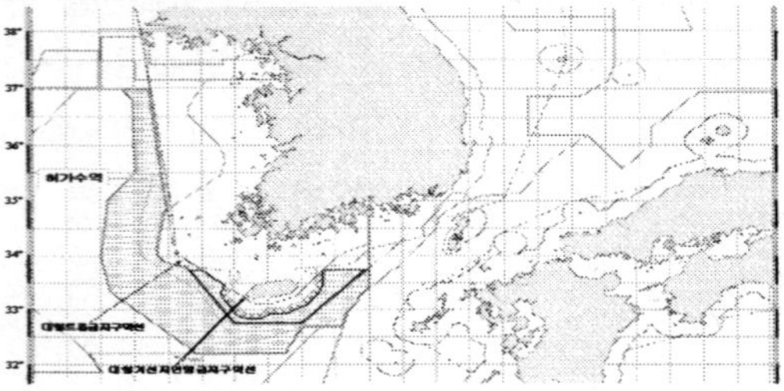

② 위망 (선망) : 네모 모양의 그물로 어군을 둘러싼 후 범위를 좁혀서 잡는 어업

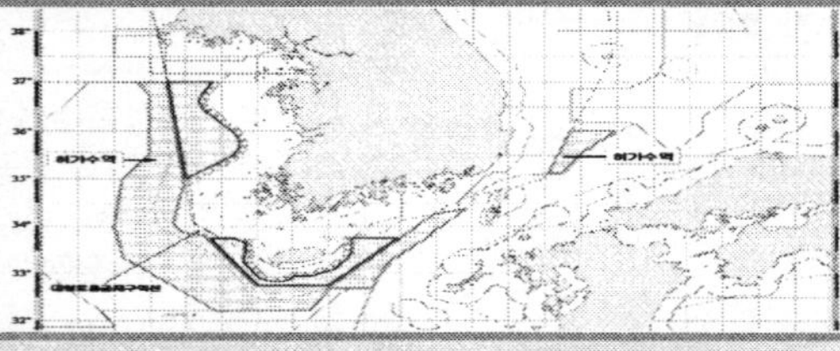

③ 유망 (유자망) : 긴 사각형 모양의 그물을 조류를 따라 흘러가도록 커튼처럼 펼쳐 놓고 잡는 어업

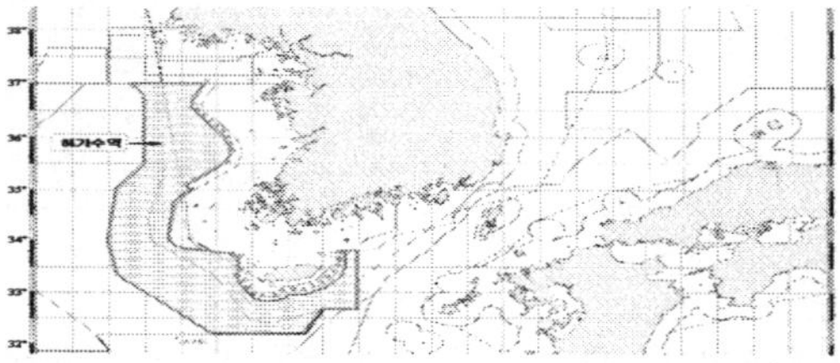

④ 우조 (채낚기 어업) : 낚시를 1개 또는 여러 개 달아 대상생물을 채어 낚는 어업

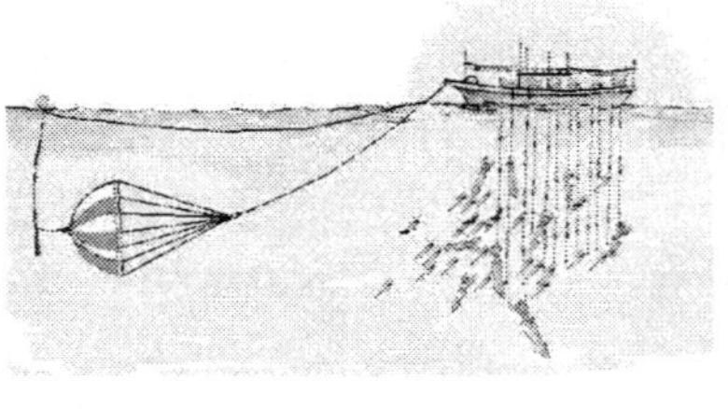
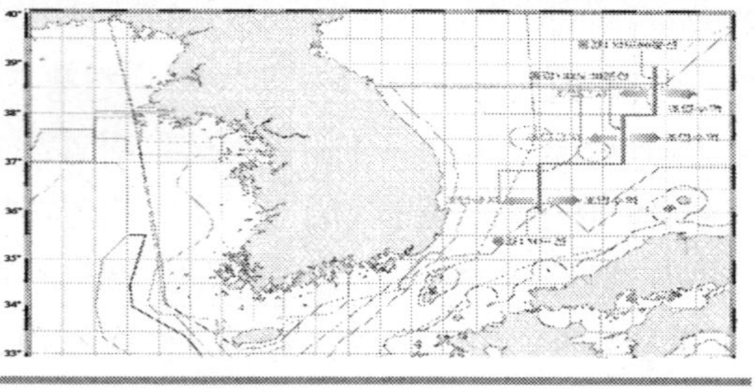

제2절 해양경찰 해상검문검색

1. 일반 사항

가. 방침

1) 검문검색 시 근거법령에 의거 필요한 최소한도 내에서 행사되어야 하며, 이를 남용하여서는 아니 된다.
2) 해상에서의 검문검색 시는 인적・물적 안전 확보를 최우선으로 한다.
3) 현장지휘관은 상황에 따라 합리적인 판단 하에 실시하여야 한다.

나. 근거

1) 해양경비법 제12조(해상검문검색)
2) 경찰관 직무집행법 제3조(불심검문)
3) 주민등록법 제26조(주민등록증의 제시요구)
4) 영해및접속수역법 제6조(정선 등)
5) 선박안전조업규칙 제28조(정선명령의 준수)
6) 배타적경제수역법 및 해양과학조사법
7) 한・일 어업협정 및 한・중 어업협정 등(남북해운합의서 포함)
8) 유엔해양법협약 제111조(추적권행사)

2. 해양경비법상 주요내용

가. 해상검문검색(제12조)

1) 해양경찰청 소속 경찰공무원은 해양경비 활동 중 다음 각 호의 어느 하나에 해당하는 선박 등에 대하여 주위의 사정을 합리적으로 판단하여 상당한 이유가 있는 경우 해상검문검색을 실시할 수 있다. 다만, 외국선박에 대한 해상검문색은 대한민국이 체결·비준한 조약 또는 일반적으로 승인된 국제법규에 따라 실시한다.

가) 다른 선박의 항행 안전에 지장을 주거나 진로 등 항행상태가 일정하지 아니하고 정상적인 항법을 일탈하여 운항되는 선박등

나) 대량파괴무기나 그 밖의 무기류 또는 관련 물자의 수송에 사용되고 있다고 의심되는 선박등

다) 국내법령 및 대한민국이 체결·비준한 조약을 위반하거나 위반행위가 발생하려 하고 있다고 의심되는 선박등

▶ "선박등"이란 선박법 제1조의2제1항에 따른 선박(이하 "선박"이라 한다), 수상레저안전법 제2조제3호에 따른 수상레저기구, 그 밖에 수상에서 사람이 탑승하여 이동 가능한 기구를 말한다.

2) 해양경찰청 소속 경찰공무원은 해상검문검색을 목적으로 선박 등에 승선하는 경우 선장(선박 등을 운용하는 자를 포함한다. 이하 같다)에게 소속, 성명, 해상검문검색의 목적과 이유를 고지하여야 한다.

나. 추적·나포(제13조)

해양경찰청 소속 경찰공무원은 다음 각 호의 어느 하나에 해당하는 선박 등에 대하여 추적·나포(拿捕)할 수 있다. 다만, 외국선박에 대한 추적권의 행사는 「해양법에 관한 국제연합 협약」 제111조에 따른다.

1) 제12조에 따른 해상검문검색에 따르지 아니하고 도주하는 선박등

2) 해당 경비수역에서 적용되는 국내법령 및 대한민국이 체결·비준한 조약을 위반하거나 위반행위가 발생하려 하고 있다고 확실시되는 상당한 이유가 있는 선박 등

3. 검문검색의 기본원칙

1) 여건이 허락하면, 인근함정과 편대 검색을 실시한다.

2) 단독 검색시 피검색선박이 검문 불응할 것을 인식하고 충분한 거리에서 관찰하면서 접근한다.

3) 선원들의 저항에 대비 즉각적인 대응이 가능하도록 한다.

4) 편대 검색시 기동성이 양호한 함정이 검색임무를 수행하고 대형함정이 지원함이 된다.

5) 위치, 시간, 유기물표 등을 배경으로 위반사실에 대한 채증을 실시한다.

4. 검문검색의 절차

탐지 · 감시단계 ⇨ 검문·접근 및 정선 ⇨ 승선 검색 ⇨ 사후조치

1) 1단계(탐지 · 감시)

가) 레이더, 시각, 인근 작전요소 간 정보교환 등을 통해 관할 해역 내 검문검색 대상 선박을 탐지·식별한다.

나) 현재 자함 위치와 상대선박의 위치 및 행동사항을 기점 및 확인한다.

다) 현 위치에서의 국내·외 법적 지위를 확인한다.

라) 전탐기지 및 해안부대, 유관기관 출동함정의 정보를 최대 활용하여 대상선박의 전 이동항로와 행동사항 등을 파악한다.

마) 대상선박의 행동사항과 혐의점을 면밀히 관찰하여 검색 시 착안사항 및 유의사항을 사전식별 확인한다.

바) 상황실에 보고 및 필요한 사항을 요청한다.

사) 인근 경비함정 또는 협조 가능한 해군함정 등을 파악하여 협조체제를 구축하여 검색의 효율성을 높인다.

아) 예상도주로를 차단하여 외해 도주를 방지하고 연안으로 유도시켜 소형정 또는 육상에서 검거할 수 있도록 사전 준비한다.

자) 통항선박, 수심, 장애물 등을 고려하여 1, 2차 검색지점을 결정한다.

2) 제2단계 : 검문·접근 및 정선요구

가) 통신기, 확성기 등을 이용하여 선박명, 선적, 입출항지, 적재물, 입항예정시간, 선주, 선원 등 검색대상 선박의 정보를 확인한다.

나) 통신검색 결과 검색의 필요성이 확인되면 검색대상 선박에 접근한다.

다) 총원 상황배치로 검색대상 선박의 저항 등 돌발 상황에 대비한다.

라) 채증 요원을 배치하여 검문검색 전 과정과 검색대상 선박의 행동사항, 위치

등을 채증한다.

※ GPS에 표시된 위치와 시간을 채증 후 육지물표 등을 배경으로 촬영하여 증거자료로 활용될 수 있도록 한다.

마) 검색요원은 경찰장구 및 검색장비를 지참하고 검색 선박에 투입준비 한다.

바) 3회 이상 검색대상 선박이 인지할 때 까지 정선명령을 실시한다.

① 기적(단성 6발), 발광(AA), 기류(L기) 및 경광등 점등 등

② 통신기(VHF, SSB) 확성기, 문자전광판 이용 정선요구

사) 정선불응 선박에 대해서는 규정된 절차에 따라 단계별 물리력을 사용하여 강제 정선시킨다.

아) 본함 계류시에는 계류현측에 계류요원을 배치하고 휀다를 설치하여 안전 확보 후 계류의사를 전달한다.

자) 단정을 이용한 검색은 다음 장에 규정된 절차에 따라 시행한다.

차) 검색대상 선박에 계류하기 전에 함정의 소속, 검문사유를 고지하고 협조를 요청한다.

타) 검색대상 선박의 선원 총원을 선수 등 잘 보이는 곳에 집결시켜 행동을 통제한다.

3) 제3단계 : 승선 검색

가) 검색요원은 안전이 확보된 후 검색대상 선박에 승선하여야 한다.

나) 검색대상 선박의 효과적인 통제를 위해 선장과 기관장의 신병을 먼저 확보한다.

다) 검색대상 선박 선원이 저항하는 경우에는 전자봉, 가스총, 섬광폭음탄 등 경찰장비 및 장구를 사용하여 기선을 제압한다.

※ 경찰장비 및 장구의 사용은 경찰관 직무집행법의 규정에 의한다.

① 검색대상 선박 승선 후 조타실과 기관실을 장악하여 선박 정지

② 선원을 통제가 용이한 곳에 집결시키고 감시조 배치

③ 격렬 저항선원은 격리조치

④ 비저항 선원에 대해서는 총구를 겨냥하는 등 위화감 조성 금지

라) 인원과 서류에 대한 검색을 먼저 실시한 후 선내 정밀검색을 실시한다.

마) 선내 정밀검색은 선장의 안내에 따라 실시되어야 하며, 검색전 선장에게 협조를 구하여야 한다.

바) 검색 시에는 선장 또는 간부선원으로 하여금 각종 격실, 창고 등을 개방토록 하고 검색요원은 이들 뒤에 위치하여 돌발사항에 대비한다.

사) 밀입국, 밀수 용의선박은 각 창고(어창), 격벽 등 밀폐부분, 기관실 바닥, 구석진 곳, 그릇, 식음료, 부식, 이불수량 등을 면밀히 검색한다.

아) 고의성 육체적 충돌 및 무기피탈 방지를 위해 선원 및 승객과 안전거리를 유지한다.

자) 검색이 길어지면 선원 또는 승객들이 침실, 갑판 또는 다른 통제 가능한 구역으로 이동하여 지정된 장소에 머무를 수 있도록 조치하며, 통로에서 안전을 감시한다.

차) 검색대상 선박의 권리와 검색의 적법성 한도 내에서 검색을 실시한다.

4) 제4단계 : 사후 조치

가) 검색결과 혐의가 없으면 검색 협조에 대한 감사인사를 하고, 검색요원은 본함으로 철수한다.

나) 혐의가 확인되면 증거물에 대한 채증 및 선장 등에 대한 초동수사를 실시한다.

다) 현장지휘관은 위반내용에 따라 항로변경, 회항, 강제입항, 퇴거 등의 조치와 필요시에는 지휘계통에 보고 후 지시에 따라 나포 등의 조치를 실시한다.

5. 검문검색 시 유의사항

1) 검문검색은 국내법 및 국제법에 근거하여 대상선박을 선별하여 실시하여야 하며, 정상적인 선박은 특별한 사정이 있는 경우를 제외하고는 실시하지 않는다.

가) 통신검문 및 시각검색 후 용의점 발견시 승선검색을 실시한다.

나) 기상불량, 환자수송 등 입항시간이 촉박한 선박은 파출소, 출장소에서 검색하도록 한다.

다) 신속한 검문검색으로 검색대상 선박의 대기시간을 최소화 한다.

라) 안전과 합법성 확보에 최대 유의한다.

2) 검문이유 고지 등 사전·사후 절차를 준수한다.

가) 검문검색 대상선박에 접근 시에는 경비함정의 소속과 검문이유 등을 고지한다.

나) 검문검색을 실시하기 전에는 협조를 요청하고 종료 시에는 협조에 대한 감사의 뜻을 전한다.

다) 승선 검색 시 검색대상선박과의 위화감을 최소화 한다.

> ▶「해양경비법」 제12조제2항은 "해양경찰관은 해상검문검색을 목적으로 선박 등에 승선하는 경우 선장에게 소속, 성명, 해상검문검색의 목적과 이유를 고지하여야 한다"고 규정하고, 제3조제2항은 "해양경비에 관하여 이 법에서 규정한 것을 제외하고는 「경찰관 직무집행법」을 적용한다."고 규정하고 있다.

3) 검색대상 선박 선원들의 저항 등 돌발 상황에 대비하여 경계태세를 유지해야 하며, 협력하는 경우에도 위장된 협력일 수도 있으므로 경계를 늦추지 않는다.

가) 흉기소지 저항 범인 진압요령

① 권총을 뽑아들고 1명은 흉기대항자들의 정면, 1명은 측면으로 경계 접근한다.

② 상대가 다수인 경우 다른 요원들은 선박내 우발적 도발자를 경계하고, 대항에 가담하지 않는 선원들을 분리 조치한다.

③ "꼼짝마, 흉기버려, 안 버리면 쏜다." 등 경고를 하고, 불응 시 공포탄을 발사하며 재차 경고한다.

④ 재차 경고에도 불응하며 저항 등 위해 행동 시에는 실탄을 대퇴부 이하에 사격하여 제압한 후 범인을 엎드리게 하고 수갑을 채운다.

⑤ 총기는 무기사용 이외 다른 수단이 없을 때 사용해야 하며, 반드시 요건과 절차를 준수해야한다.

나) 흉기난동 범인 제압 후 수갑 채우는 요령

① 1명은 총을 겨누며 경계를 유지하는 가운데 범인 제압 후 여유를 주지 말고 단시간 내 수갑을 채운다.

② 1명은 범인에게 "엎드려, 다리 벌려, 두 손 모두 등 뒤로 내밀어"라고 명령하고 체포준비를 한 후 무릎으로 상대방의 등을 누르고 수갑은 오른손부터 먼저 제압하여 채운다.

③ 수갑을 채운 뒤 완전히 채워졌는지 확인하고 흉기소지 여부를 확인한다.

다) 총기피탈 방지를 위한 총기휴대·관리 기본규칙

① 경찰혁대를 절대 풀지 말고 권총집 똑딱 단추, 연결 줄, 안전고무판을 수시 확인한다.

② 권총 연결 줄을 권총과 절대로 분리하지 않는다.

③ 권총을 손에 든 상태로 상대와 근거리 접근 또는 신체접촉을 하지 않는다.

④ 권총 사용 후 다시 권총집에 넣을 때에는 반드시 안전고무판을 끼우고 단추를 잠근 후 확인한다.

⑤ 상대와 불시에 몸싸움이 벌어졌을 때에는 가급적 거리를 유지한다.

6. 총기의 안전사용 관련 법규

1) 경찰관 직무집행법(제10조의4 무기의 사용)

가) 경찰관 직무집행법상 무기의 개념

사람을 살상하는 성능을 가진 기구로 주로 사람을 살상하는 용도에 공할 목적으로 제작된 것으로 통상 경찰관이 직무수행 중 휴대하도록 되어 있는 소형 총기를 말함.

나) 무기 사용의 요건

① 위해를 수반하지 않는 무기의 사용 ⓐ 범인의 체포 · 도주의 방지를 위해 필요한 때 ⓑ 자기 또는 타인의 생명 · 신체에 대한 방호를 위하여 필요한 때 ⓒ 공무집행에 대한 항거를 억제하기 위해 필요한 때 ⓓ 필요하다고 인정되는 상당한 이유가 있을 때 ※ 범인의 체포 등 현장의 사태에 직면한 경찰관이 사회통념에 비추어 객관적으로 그 필요성이 인정되는 것 ⓔ 무기 사용의 정도 ※「사람에게 .위해를 주지 않는 사용」으로 총기 등을 겨누거나 공포탄 발사, 실탄 위험사격을 하는 것으로 사람의 신체에 직접적인 위해를 가하지 않는 것

② 위해의 수반이 허용되는 무기의 사용

ⓐ 형법에 규정된 정당방위와 긴급피난에 해당할 때

- 정당방위의 경우 : 자기 또는 타인의 법익에 대한 현재의 부당한 침해를 방위하기 위한 상당한 이유가 있는 때(형법 제21조1항)
- 긴급피난의 경우 : 자기 또는 타인의 법익에 대한 현재의 위난을 피하기 위한 행위는 상당한 이유가 있는 때(형법 제22조1항)

ⓑ 다음 어느 하나에 해당하는 때에 그 행위를 방지하거나 그 행위자를 체포하기 위하여 무기를 사용하지 아니하고는 다른 수단이 없다고 인정되는 상당한 이유가 있을 때

- 사형·무기 또는 장기 3년 이상의 징역이나 금고에 해당하는 죄를 범하거나 범하였다고 의심할 만한 충분한 이유가 있는 사람이 경찰관의 직무집행에 항거하거나 도주하려고 할 때
  ※ 누구나 위에 해당하는 범인이라고 의심할 수 있는 정도로 충분할 것으로 족하고 공소를 제기할 수 있을 정도일 필요는 없음
- 체포·구속영장과 압수·수색영장을 집행하는 과정에서 경찰관의 직무집행에 항거하거나 도주하려고 할 때
- 제3자가 가목 또는 나목에 해당하는 사람을 도주시키려고 경찰관에게 항거할 때
- 범인이나 소요를 일으킨 사람이 무기·흉기 등 위험한 물건을 지니고 경찰관으로부터 3회 이상 물건을 버리라는 명령이나 항복하라는 명령을 받고도 따르지 아니하면서 계속 항거할 때
  ※ 3회 이상의 투기·투항 명령은 시간적 간격을 두어야 함

ⓒ 대간첩 작전 수행 과정에서 무장간첩이 항복하라는 경찰관의 명령을 받고도 따르지 아니 할 때이다. 대간첩 · 대테러 작전 등 국가안전에 관련되는 작전을 수행할 때에는 개인화기(個人火器) 외에 공용화기(共用火器)를 사용할 수 있다.

〈표 4-4〉 경찰관 직무집행법(제10조의4 무기의 사용)

구분	경직법 제10조의4 본문	경직법 제10조의4 단서 및 각호
성질	위해를 주지 않는 무기사용	위해를 수반한 무기사용
사용 요건	① 범인의 체포・도주의 방지 ② 자기 또는 타인의 생명・신체의 방호 ③ 공무집행에 대한 항거억제	① 좌측 ①~③이 정당방위·긴급피난에 해당하는 경우 ② 장기 3년 이상의 죄를 범한 자가 항거・도주하는 경우 ③ 구속영장등 집행에 항거・도주하는 경우 ④ 무기・흉기 등 위험한 물건 소지자가 3회 이상 투기・투항 명령에 불응한 경우 ⑤ 대간첩작전 시 무장간첩이 투항명령에 불응하는 경우
사용 한계	① 합리성(합리적 판단) ② 필요성(필요한 한도내) ③ 상당성(상당한 이유)	① 합리성(합리적 판단) ② 필요성(필요한 한도내) ③ 상당성(상당한 이유) ④ 보충성(다른 수단이 없음)
사용 요령	3회 이상의 경고를 하고 이에 불응할 경우 공중이나 안전한 곳을 향하여 발사	공포탄 1발 발사 후 범인의 대퇴부 이하를 조준 하여 발사

2) 위해성 경찰장비의 사용기준 등에 관한 규정(제9조, 제10조/대통령령)

가) 총기 사용의 경고(규정 제9조), 사람을 향하여 권총 또는 소총을 발사하고자 하는 때에는 미리 구두 또는 공포탄에 의한 사격으로 상대방에게 경고하여야 한다. 다만, 다음 각 호의 어느 하나에 해당하는 경우로서 부득이한 때에는 경고하지 아니할 수 있다.

① 경찰관을 급습하거나 타인의 생명·신체에 대한 중대한 위험을 야기하는 범행이 목전에 실행되고 있는 등 상황이 급박하여 특히 경고할 시간적 여유가 없는 경우

② 인질·간첩 또는 테러사건에 있어서 은밀히 작전을 수행하는 경우

나) 권총 또는 소총의 사용 제한(규정 제10조),

① 경찰관은 법 제10조의4의 규정에 의하여 권총 또는 소총을 사용하는 경우에 있어서 범죄와 무관한 다중의 생명·신체에 위해를 가할 우려가 있는 때에는 이를 사용하여서는 아니 된다. 다만, 권총 또는 소총을 사용하지 아니하고는 타인 또는 경찰관의 생명·신체에 대한 중대한 위험을 방지할 수 없다고 인정되는 때에는 필요한 최소한의 범위 안에서 이를 사용할 수 있다.

경찰관 직무집행법 **[시행 2017.7.26.] [법률 제14839호, 2017.7.26., 타법개정]**
제10조의4(무기의 사용) ① 경찰관은 범인의 체포, 범인의 도주 방지, 자신이나 다른 사람의 생명 · 신체의 방어 및 보호, 공무집행에 대한 항거의 제지를 위하여 필요하다고 인정되는 상당한 이유가 있을 때에는 그 사태를 합리적으로 판단하여 필요한 한도에서 무기를 사용할 수 있다. 다만, 다음 각 호의 어느 하나에 해당할 때를 제외하고는 사람에게 위해를 끼쳐서는 아니 된다. 1. 「형법」에 규정된 정당방위와 긴급피난에 해당할 때 2. 다음 각 목의 어느 하나에 해당하는 때에 그 행위를 방지하거나 그 행위자를 체포하기 위하여 무기를 사용하지 아니하고는 다른 수단이 없다고 인정되는 상당한 이유가 있을 때 가. 사형 · 무기 또는 장기 3년 이상의 징역이나 금고에 해당하는 죄를 범하거나 범하였다고 의심할 만한 충분한 이유가 있는 사람이 경찰관의 직무집행에 항거하거나 도주하려고 할 때 나. 체포 · 구속영장과 압수 · 수색영장을 집행하는 과정에서 경찰관의 직무집행에 항거하거나 도주하려고 할 때 다. 제3자가 가목 또는 나목에 해당하는 사람을 도주시키려고 경찰관에게 항거할 때 라. 범인이나 소요를 일으킨 사람이 무기 · 흉기 등 위험한 물건을 지니고 경찰관으로부터 3회 이상 물건을 버리라는 명령이나 항복하라는 명령을 받고도 따르

> 지 아니하면서 계속 항거할 때
> 3. 대간첩 작전 수행 과정에서 무장간첩이 항복하라는 경찰관의 명령을 받고도 따르지 아니할 때
> ② 제1항에서 "무기"란 사람의 생명이나 신체에 위해를 끼칠 수 있도록 제작된 권총·소총·도검 등을 말한다.
> ③ 대간첩·대테러 작전 등 국가안전에 관련되는 작전을 수행할 때에는 개인화기(個人火器) 외에 공용화기(共用火器)를 사용할 수 있다.

② 경찰관은 총기 또는 폭발물을 가지고 대항하는 경우를 제외하고는 14세 미만의 자 또는 임산부에 대하여 권총 또는 소총을 발사하여서는 아니 된다.

3) 위해성 경찰장비 사용을 위한 안전교육(규정 제17조)

제17조(위해성 경찰장비 사용을 위한 안전교육) 법 제10조제1항 단서에 따라 직무수행 중 위해성 경찰장비를 사용하는 경찰관은 기준에 따라 위해성 경찰장비 사용을 위한 안전교육을 받아야 한다.

《위해성 경찰장비 사용을 위한 안전교육기준》

> **경찰관 직무집행법**
> **[시행 2017.7.26.] [법률 제14839호, 2017.7.26., 타법개정]**
>
> **제10조(경찰장비의 사용 등)**
> ① 경찰관은 직무수행 중 경찰장비를 사용할 수 있다. 다만, 사람의 생명이나 신체에 위해를 끼칠 수 있는 경찰장비(이하 이 조에서 "위해성 경찰장비"라 한다)를 사용할 때에는 필요한 **안전교육**과 **안전검사를 받은 후 사용하여야 한다.**
> ② 제1항 본문에서 "경찰장비"란 무기, 경찰장구(警察裝具), 최루제(催淚劑)와 그 발사장치, 살수차, 감식기구(鑑識機具), 해안 감시기구, 통신기기, 차량·선박·항공기 등 경찰이 직무를 수행할 때 필요한 장치와 기구를 말한다.
> ③ 경찰관은 경찰장비를 함부로 개조하거나 경찰장비에 임의의 장비를 부착하여 일반적인 사용법과 달리 사용함으로써 다른 사람의 생명·신체에 위해를 끼쳐서는 아니 된다.
> ④ 위해성 경찰장비는 필요한 최소한도에서 사용하여야 한다.
> ⑤ 경찰청장은 위해성 경찰장비를 새로 도입하려는 경우에는 대통령령으로 정하는 바에 따라 안전성 검사를 실시하여 그 안전성 검사의 결과보고서를 국회 소관 상임위원회에 제출하여야 한다. 이 경우 안전성 검사에는 외부 전문가를 참여시켜야 한다.
> ⑥ 위해성 경찰장비의 종류 및 그 사용기준, 안전교육·안전검사의 기준 등은 대통령령으로 정한다.

4) 총기사용 관련 판례

가) 경찰관은 범인의 체포, 도주의 방지, 자기 또는 타인의 생명, 신체에 대한 방호, 공무집행에 대한 항거의 억제를 위하여 상당한 이유가 있을 때에는 필요한 한도 내에서 무기를 사용할 수 있다.

나) 무기 사용이 이러한 요건을 충족하는지 여부는 범죄의 종류, 죄질, 피해법익의 경중, 위해의 급박성, 저항의 강약, 범인과 경찰관의 수, 무기의 종류, 무기사용의 행태, 주변의 상황 등을 고려하여 사회통념상 상당하다고 평가되는지 여부에 따라 판단하여야 한다.

다) 검문불응 등으로 도주하는 상대방에 대한 총기사용은 특별한 경우(공포탄 발사)를 제외하고는 사용한계를 벗어난 위법이다.

라) 흉기 등을 소지한 상대방이 난동을 부리더라도 그 목적이 타인 또는 경찰관에 대한 적극적 위해 의사가 아닌 단순한 접근을 저지하려는 소극적 위해 의사로 볼 수 있다면 이에 대한 총기 사용은 일반적으로 위법이다.

※ 공포탄 발사, 가스총, 경찰봉 등 보충적 수단 우선 사용하며 부득이 총기 사용 시 대퇴부이하 조준으로 위해 최소화

제3절 관할권 경비 활동

1. 독도·이어도 경비

가. 독도 경비

1) 독도주소 : 경상북도 울릉군 울릉읍 독도리 1~96번지

2) 위치 : 동도, 북위 37도 14분 26.8초, 동경 131도 52분 10.4초 서도, 북위 37도 14분 30.6초, 동경 131도 51분 54.6초

3) 거리 : 울릉도 동남쪽 87.4km에 위치〈일본 오키섬 북서쪽 157.5km〉

〈그림 4-3〉 독도위치와 거리

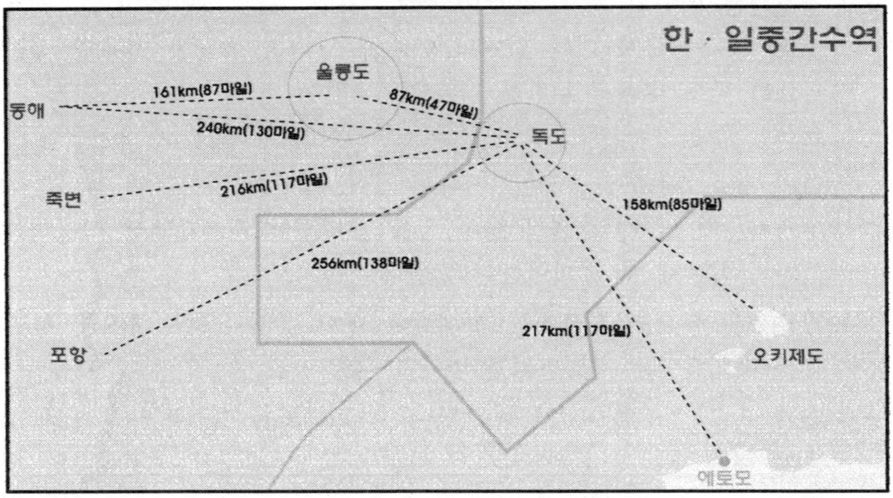

4) 법적 지위

가) 국유재산법 제6조에 의한 행정재산(관리청 : 해양수산부)

※ 91개섬 101필지로 구성되며, 지목은 임야, 대지, 잡종지로 구분

나) 문화재보호법 제7조에 의한 천연기념물 제336호 독도 천연보호구역 관리

※ 1999.12. 문화재청 고시(제1999-25호)로 지정

※ 1982.11 '천연기념물 제336호 독도 해조류번식지'로 지정된 것을 '천연기념물 제336호 독도천연보호 구역'으로 명칭 변경

다) 「독도 등 도서지역의 생태계 보전에 관한 특별법」 제4조에 의한 '특정도서'

※ 2000.9. 환경부 고시(제2000-109호)로 지정

라) 「국토이용관리법」에 의한 '자연환경보전지역'

※ 1990.8 건설부 고시(제487호)로 지정)

5) 독도 관련 관계부처별 임무

가) 해양경찰청 : 독도 입도 여객선 호송 및 독도 주변해역 해상경비

나) 외교부 : 독도 문제에 대한 외교전략 방안 수립, 논리개발, 홍보

다) 해양수산부 : 독도 생태계 보호 및 수산자원 개발 종합계획 수립

라) 환경부 : 특정도서로 지정, 독도 자연환경 및 생태계 보전

마) 문화재청 : 천연보호구역으로 지정, 독도의 보존/관리대책 마련

바) 경상북도 : 독도 입도 신고업무 시행, 독도/주변해역 관리 보전

사) 경북경찰청 : 독도 경비대 운용

아) 동북아역사재단 : 독도 관련 역사 및 국제법 연구

6) 독도 관련 일본의 동향

가) 일본은 2005년 이후 방위백서에 독도(일본명 다케시마)를 자국영토로 기술하고 있으며, 해상보안청 역시 백서에서 독도를 일본 영토라고 기술

나) 지난 2005년 시마네현에서 2월 22일을 '다케시마의 날'로 지정하여 매년 시마네현 주관 행사를 개최하며 독도 영유권 주장을 지속

※ 일본인 10명중 7명은 "독도는 일본 땅"으로 인식

다) 2008년에는 일본 중학교 사회과목 신(新) 학습지도요령 해설서에 독도영유권 주장을 수록하였고, 2010년 이후에는 독도 영유권 주장 내용이 담긴 초·중·고등학교 교과서를 검정, 통과시킴

※ 초등 교과서(2010.3.30), 중등 교과서(2011.3.30), 고등 교과서(2012.3.27)

라) 동해에서 해양관할권 확장을 목적으로, 순시선을 독도와 그 주변해역에 보내 순찰하며(매년 90-100회 정도), 분쟁지역화 기도를 끊임없이 진행

7) 일본정부 입장

2012년 재집권에 성공한 자민당 정부는 독도에 대한 영유권주장을 더욱 강화해 나가겠다는 공약을 발표

〈일본 자민당 정부의 총선당시 공약〉

- ▸ 現(현) 평화헌법을 개정하여 '자위대'를 '국방군'으로 전환
- ▸ 자위대의 인원·장비·예산을 확충하고, 해상보안청을 강화
- ▸ 영토문제와 관련 역사적, 학술적 조사연구를 수행할 기관 신설
- ▸ 센카쿠제도를 수호하기 위해 공무원 상주 및 주변 어업환경 정비 검토
- ▸ 시마네현 주관 지역행사인 '다케시마(竹島)의 날(2.22)'을 국가행사로 승격

나. 이어도 경비

최근 중국은 주변해역에 대한 관할권 강화를 목적으로 이어도 주변해역에 관공선과 항공기를 이용해 순찰활동을 확대하고 이어도를 포함한 공역에 방공식별구역을 일방적으로 선포하는 등 동북아 해양질서를 'UN해양법협약'에 근거한 합리적이고 합법적인 관리활동이 아닌 힘의 논리에 의한 외교안보 측면에서의 전략적 행동을 자행하며 혼돈의 장으로 만들려고 하고 있다. 이러한 시기에 우리나라는 이어도를 포함한 제주 남부수역에 대한 경비 활동을 보다 강화하고 있는데, 이러한 경비역할은 선택이 아닌 필수적인 관할해역 관리로 인식되어야 하며 해양영토에 존재하는 수중암초인 이어도 관리는 주변국과의 해양경계획정 문제와 직결된 것으로서 이어도 해양과학기지에 대한 관할권 행사와 보호, 주변해역에 대한 배타적 경제수역과 대륙붕에서의 해양권익 보호라는 거시적 측면에서 다루어져야 할 것이다. 이어도는 섬이 아닌 '수중암초'로써, 마라도로부터 서남방 149km에 위치하고 있으며, 한·중 간 중간선을 기준으로 할 경우 우리 해역에 포함하고 있으며, 한편, 어업협정 상 한·중 잠정조치수역 하단에 위치하고 있으며, 여기는 현행조업유지수역으로 한·중어선 모두 조업이 가능한 해역이다.

1) 이어도 해양과학기지 현황

주요시설(총 400여평)은 헬기장, 옥상(등대관측장비), 주갑판(관측실, 회의실), 선박계류시설(수면상 5m에 길이 12m)로 구성되고 우리나라는 1995년 한국해양연구원(現 한국해양과학기술원)이 최초 해양조사 실시하였고, 2000. 10월~2003. 5월까지 총 공사비 212억원을 투입하여 해양과학기지를 준공하여 해양조사원(2명) 및 용역업체(8명) 총 10명이 1달 간격으로 7일간 체류하고 있다.

〈그림 4-4〉 이어도 위치와 거리

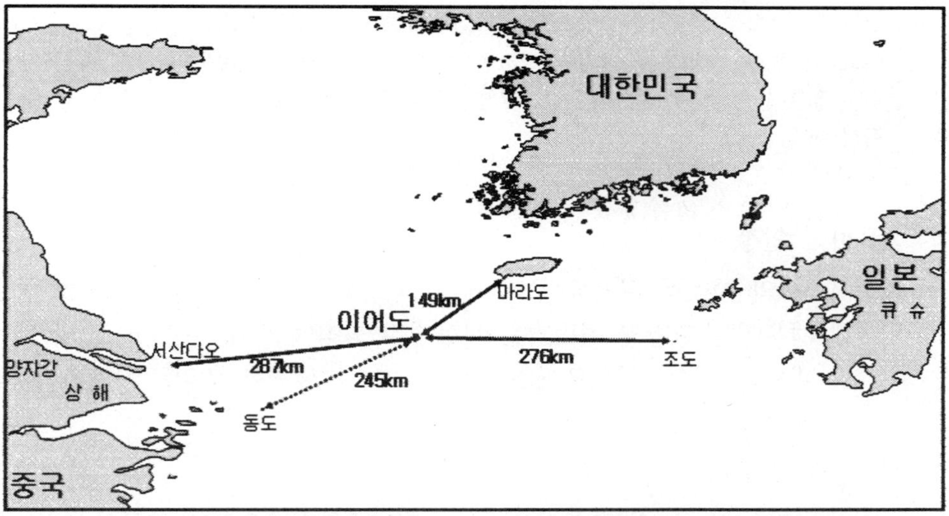

□ 이어도까지 거리 및 소요시간 비교

구 분	지 명	거 리	소요시간(15노트 기준)
한 국	마라도	81마일(149km)	5시간 20분
	서귀포	97마일(180km)	6시간 30분
중 국	서산다오	155마일(287km)	10시간 50분

※ '09. 4. 13 중국 측 이어도 가점을 기존 퉁다오(童島)에서 서산다오(佘山島)로 변경(퉁다오↔이어도 거리 245km, 132마일)

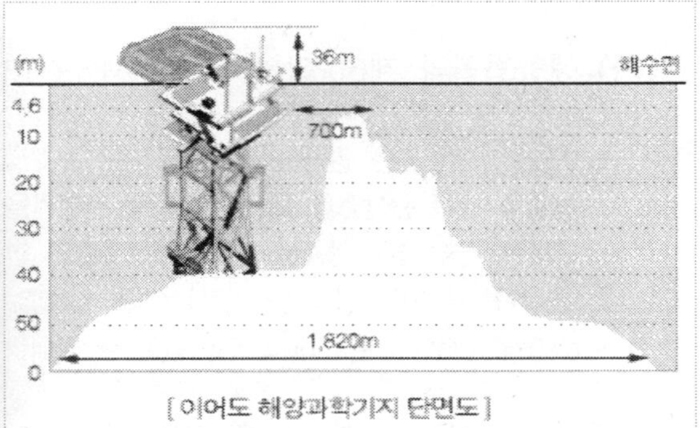

[이어도 해양과학기지 단면도]

2) 이어도의 국제법적 관할권 검토

이어도는 한·중 어업협정상 어느 국가에도 속하지 않는 공동 조업수역이며, 항공기 방공식별구역은 일본에 포함되어 있으나, UN해양법협약의 200해리 EEZ 해역 개념상 한·중·일 3국의 중첩수역임

가) 한국 입장

이어도의 지리적 위치상 우리나라 마라도와 가장 근접한 해역으로 중첩수역의 경우에는 관할권 설정기준인 등거리 원칙에 의해 우리 EEZ 및 대륙붕으로 판단되는 수역이므로 UN해양법협약 상 당연한 권리로 이어도 해양과학기지 건설 운영

나) 중국 주장

이어도는 한·중 양국이 주장하는 EEZ 중첩수역으로서 양국간 EEZ 경계획정이 이루어지지 않은 상황에서 동 수역에서 어느 국가가 일방적인 조치를 취하는 것은 바람직하지 않음을 주장(동 수역의 경계획정 시 중간선을 이용할 이유가 없으며 중국으로부터 200해리 이내에 속해 있으므로 중국 측의 권원이 미치는 분쟁수역에 해당 한다는 주장)

다) 일본 동향 : 현재까지 특별한 문제제기 없음

3) 이어도 경비 근거

가) 해양법협약 제60조(배타적 경제수역에서의 인공섬, 시설 및 구조물)

- (제2항) 연안국은 인공섬, 시설 및 구조물에 대하여 관세·재정·위생·안전 및 출입국관리 법령에 관한 관할권을 포함한 배타적 관할권을 가진다.
- (제4항) 연안국은 인공섬·시설 및 구조물의 안전을 보장하기 위하여 주위에 적절한 조치를 취할 수 있는 합리적인 안전수역을 설치할 수 있다.
- (제5항) 안전수역은 500미터를 넘을 수 없다.

나) 선박 및 해상구조물에 대한 위해행위의 처벌 등에 관한 법률

- 제5조 (폭행·협박·상해·살인죄)
- 제7조 (선박 등 손괴죄)

4) 해양경찰의 역할

이어도는 법적 지위 상 '섬'이 아니라 수중암초이다. 따라서 자체의 영해, 배타적 경제수역, 대륙붕을 가지지는 못한다. 하지만 향후 자연스럽게 우리나라의 해양영토로 편입될 수역 내에 위치하고 있으므로 지금처럼 안정적으로 관할권을 행사하고 보호활동을 수행할 수 있도록 '관리'하는 것이 중요하다.

해양경찰은 배타적 경제수역에 대한 해양권익 보호활동을 큰 축으로 하여, 해양과학기지에서의 정상적인 해양활동이 가능하도록 든든한 경비역할을 수행하는 것이 무엇보다 중요할 것이다. 한편 해양경계획정, 어업협정, 방공식별구역 운영 문제 등은 동북아 해양질서와 한반도의 해양안보 유지 측면에서 종합적으로 고려되어야 하며, 이어도나 해양과학기지를 단편적인 보호대상으로 간주하는 경비 활동보다는 주변해역의 지정학 및 해양전략적 의미를 항상 염두에 두고 세계로 뻗어나가는 대한민국의 해양 관문을 확보한다는 생각을 가지고 보다 전략적인 경비활동을 수행해 나가야 할 것이다.

2. 해양영토의 조사·관리에 따른 경비

가. 해양과학조사

제2차 세계대전 이후 해양자원의 중요성이 인식되며 해양과학조사에 대한 국제적 관심이 증대되었으며, 1958년 공해협약에 대륙붕 조사활동은 연안국의 동의를 받도록 규정하고 1982년 UN해양법협약에서 해양공간을 기능적으로 '영해-접속수역-EEZ-공해'로 구분하면서 해양과학조사 제도에 대해 각국이 국내법으로 정비하면서, 해양과학조사를 둘러싼 주변국간 갈등이 표면화되기 시작하였다.

1) 해양과학조사의 개념

UN해양법협약에는 개념에 대한 명문규정을 두지 않았으나, 통상적 과학조사 개념을 유추할 때, "해양환경의 자연현상에 관하여 과학적 지식을 확대하기 위해 해양에서 취해진 활동"으로 정의되며, 「해양과학조사법」 제2조(정의)에서는 "해양의 자연현상을 구명하기 위하여 해저면·하층토·상부수역 및 인접대기를 대상으로 하는 조사 또는 탐사 등의 행위"로 정의하고 있다.

또한 UN해양법협약에서는 '① 오로지 평화적 목적을 위해 수행, ② 협약에 합치하는 과학적 수단과 방법을 사용, ③ 다른 적법한 이용행위를 부당히 방해하지 말 것, ④ 협약상 환경보호 관련 규칙을 준수 할 것'이라는 해양과학조사 기본원칙을 규정하고 있으며, 해양과학조사를 근거로 해양환경 또는 자원에 대한 권리 주장을 인정하지 않는다.

2) 해양과학조사 관련 법제

동북아 해양전략의 핵심적 요소로 다루어지고 있는 해양과학조사 관련 절차는 법제의 형식과 절차 등에 약간의 차이만 있을 뿐 유사한 형태를 보인다. 우리나라의 법제인 「해양과학조사법」에는 외국인등이 대한민국의 관할해역에서 해양과학조사 활동을 수행하기 위해서 영해와 그 외측해역을 구분하여 해양수산부장관의 허가 또는 동의를 받도록 규정하고 있다.

〈표 4-5〉 우리나라의 해양과학조사 법제(「해양과학조사법」 주요 조문)

조 문 명	주요 내용
제6조(영해에서의 해양과학조사에 대한 허가)	① 대한민국의 영해에서 해양과학조사를 실시하려는 외국인등은 해양수산부장관의 허가를 받아야 한다. ② 제1항에 따른 허가를 받으려는 외국인등은 해양과학조사 실시 예정일 6개월 전까지 대통령령으로 정하는 사항이 포함된 조사계획서(이하 "조사계획서"라 한다)를 외교부장관을 거쳐 해양수산부장관에게 제출하여야 한다. ③ 해양수산부장관은 제2항에 따라 허가 신청을 받은 경우에는 관계 중앙행정기관의 장과 협의하여 그 신청일부터 4개월 이내에 허가 여부를 결정하고, 지체 없이 그 결정 사항을 신청인에게 알려야 한다.
제7조(배타적 경제수역 또는 대륙붕에서의 해양과학조사에 대한 동의)	① 대한민국의 배타적 경제수역 또는 대륙붕에서 해양과학조사를 실시하려는 외국인등은 해양수산부장관의 동의를 받아야 한다. ② 제1항에 따른 동의를 받으려는 외국인등은 해양과학조사 실시 예정일 6개월 전까지 조사계획서를 외교부장관을 거쳐 해양수산부장관에게 제출하여야 한다. ③ 해양수산부장관은 제2항에 따라 동의 신청을 받은 경우에는 관계 중앙행정기관의 장과 협의하여 그 신청일부터 4개월 이내에 동의 여부를 결정하고, 지체 없이 그 결정 사항을 신청인에게 알려야 한다.

나. 우리나라의 해양영토 조사 및 관리활동

1) 관할해역에 대한 국가 해양기본도 조사

우리나라는 관할해역에 대한 과학적 자료를 확보하기 위해, 국립해양조사원 주관으로 국가 해양기본도 조사를 실시 중에 있다. 항행안전 확보를 위한 해도 발간에 필요한 자료수집 활동, 즉 수로측량[35]의 일환으로 진행되고 있지만 해양과학조사와의 경계선 상에서의 활동으로 이해되어 주변국 특히 중국의 방해활동이 계속되고 있는 실정이다.

2) 최외곽 해양관측소(KOGA : Korea Ocean Gate Array) 사업 추진

한편, 관할해역 관리 및 해양재해(태풍, 지진해일 등) 사전 감시를 위해 가상중간선 최외곽 내측해역에 관측부이 설치사업 추진하고 있는데, 주변국과의 역학관계 등으로 인해 제주 남부해역 설치 이후 동·서해권 설치작업이 지연되고 있는 상황이다.

3) 영해기점 설치 및 관리

해양을 내수, 영해, 배타적 경제수역 등으로 구분하기 위해서는 기준이 필요한데, 이 역할을 수행하는 것이 바로 '영해기점'이다. 일반적으로 육지와 바다가 만나는 해안의 저조선을 의미하지만, 해안선의 굴곡과 인접도서의 존재 등을 이유로 대부분의 국가는 직선기선 제도를 이용하고 있다. 따라서 육지 본토에 비해 관리가 어려운 영해기점 도서, 특히 무인도서에 대한 관리는 무엇보다 중요하며 우리나라는 「무인도서의 보전 및 관리에 관한 법률」에 의거 영해기점 무인도서를 특별관리 중에 있다.

이에 해양경찰청은 점검계획을 수립하여 직선기선 영해기점무인도서 형상의 훼손상태를 정기적으로 점검하는 등 해양영토관리의 최전방 보루로서 가치가 새롭게 부각되고 있는 영해기점 무인도서에 대한 점검체계를 구축하고 있다. 한편 최근 중국, 일본 등 주변 국가들이 섬(Island)으로 인정받기 힘든 암초(Rock)나 간조노출지 등에 영해기점표와 상징물 설치를 추진하고 국가안보 측면에서의 관리활동을 강화해 나가고 있어, 향후 해양경계획정 시 기준이 될 영해기점에 대한 부당한 선

---

35) 이용희(2013), '해양과학조사와 연안국의 관할권'. 수로측량과 해양과학조사. 〈해양경찰청 연구용역 자료〉

1. 전통적 의미에서의 수로측량 : 해양의 수심 측량 및 파도, 해류, 조수현상의 연구, 수중암석·사주·기타 숨겨진 위험의 조사를 포함하는 것으로서 이러한 수로측량에서 수집된 대부분의 자료는 항행용 해도의 작성과 같은 항행의 안전을 지원하기 위해 사용된다.
2. 유엔해양법협약의 입법태도 : ①해양과학조사와 수로측량을 별도의 용어로 규정함으로서 양자의 활동을 구분하였다는 점, ②연안국의 영해, 국제항행용해협, 군도수역에서 행하여지는 수로측량이 연안국의 평화, 공공질서 또는 안전을 해치는 행위로 분류하고, 연안국의 의사에 반하여 행하여지는 동 행위를 국제법 위반행위로 보았다는 점, 즉 해양과학조사의 경우는 내수, 영해, 국제항행용해협, 군도수역, 배타적 경제수역, 대륙붕, 공해 및 심해저에 이르기 까지 모든 해양공간에 관련규정을 두고 있는 반면에 수로측량은 오로지 영해와 국제항행용해협 및 군도항로대 관련규정에서만 명시적으로 언급하고 있을 뿐 배타적 경제수역이나 대륙붕과 같이 연안국의 관할수역이나 공해 또는 심해저에 대해서는 아무런 규정을 두고 있지 않다.
3. 문제점 : 수로측량자료는 해도 편찬뿐만 아니라 연안역관리, 환경 감시, 석유 및 광물자원의 개발, 법적 및 관할권문제, 해양 및 기상 모델링, 공학 및 건축설계를 비롯한 많은 분야에 사용되고 있다. 즉, 해상교통안전을 위한 해도작성이라는 전통적 목적 이외에 수로측량의 결과가 해양환경보전, 국방 및 해양자원의 개발을 지원할 수 있는 목적으로 행하여지거나 이용될 수 있다면, 배타적 경제수역에서 행하여지는 수로측량은 그 자료의 활용목적에 따라 연안국의 관할권을 배제하기 힘들 것으로 보인다.

점활동 등의 동향을 예의주시하고 우리나라의 영해기점 관리정책에 대한 재점검이 필요한 때이다.

4) 국내외 해양지명 제정과 사용 확산

우리나라는 그간 지속적인 해양 측량을 통해 확인된 각종 해저지형에 고유의 해양지명을 제정·부여 하고 사용을 확산하여, 국내외 해양영토에 대한 인식을 제고하기 위하여 노력하고 있다. 2002년 7월 해양지명위원회(現 국가지명위원회)를 발족하여 국제위원회에 진출하였으며, 현재까지 동해 및 태평양 해역에 30여건 이상을 국제지명으로 등재하고 이어도, 파랑초 등 500여건 이상을 국내지명으로 대한민국 관보에 고시하였다.

다. 해양경찰의 임무(권리의 보호)

UN해양법협약을 통해 새롭게 창설된 배타적 경제수역 제도는 연안국에 '해양과학조사'에 대한 관할권을 부여하였다. 이는 체계적인 해양영토 및 자원 조사를 통해 해양권익을 보호하고 해양을 적극적으로 활용하는데 큰 의의가 있다. 다만, 우리나라는 해양조사를 수행하는 기관과 해양법집행기관이 분리되어 있어 조사활동에 수반되는 각종 보호 및 관리활동이 미진한 상황이다. 주변국의 경우에는 법집행기관인 'COAST GUARD'에서 자체 측량선이나 해양과학조사선을 직접 운영하며 해양 정보에 대한 관리역량을 집중시키고 있는 것과는 매우 비교된다. 따라서 대한민국 해양경찰은 앞으로 해양조사에 대한 기능을 확충시키고 해양 정보 수집 및 관리에 대한 역량을 강화해 나가야 할 것으로 보인다.

한편, 해양조사를 수행하는 선박이나 시설에 대한 보호임무 수행은 해양경찰의 고유 업무로써, 해양조사 수행기관으로부터 조사계획을 사전에 통보받고 필요시 외교부 등 관련기관과의 협조회의를 통해 조사시기 조정여부 및 대응강도를 결정하여야 한다. 배타적 경제수역 및 대륙붕에 대한 해양경계가 미획정된 상황에서 중첩해역 등 민감해역에 대한 조사활동은 주변국의 방해로 인한 국가세력간 해상대치 상황으로까지 발전될 가능성이 높으므로 관계기관 간 긴밀한 협조체계를 구축하여 해양영토에 대한 관할권 행사에 지장이 없도록 해야 한다.

3. 해양경계획정과 해양경찰 임무(권리행사)

가. 해양경계획정과 해양법협약

국제사회는 1973년부터 시작된 제3차 해양법회의에서 대륙붕과 배타적 경제수역 획정 문제에 대한 근본적 해결책을 제시하지 못하고, 결국 유엔해양법협약 제74조(제83조)라는 절충방안을 이끌어 내었다. 해당 규정은 "서로 마주보고 있거나 인접한 연안을 가진 국가간의 EEZ(대륙붕) 경계획정은 형평한 해결(equitable solution)에 이르기 위하여, ICJ 제38조에 언급된 국제법을 기초로 하는 합의에 의하여 이루어진다."고 규정하고 있다. 그러나 이 규정은 실제 해양경계획정 과정에서 실질적인 기준이나 원칙으로 적용되기에는 너무 모호하고 추상적인 해결방식을 제시하고 있다. ICJ 제38조는 "ⓐ 일반적인 또는 특별한 국제협정으로 분쟁국이 명백히 인정하는 규칙, ⓑ 법으로 인정되고 있는 일반관행의 증거로서 국제관습, ⓒ 문명국에 의하여 인정된 법의 일반원칙, ⓓ 재판상의 판결과 세계 우수한 국제법학자의 학설"로서 국제재판소에 부탁된 분쟁을 해결하도록 하고 있는 바, 이는 이미 일반적으로 승인된 국제법 연원(淵源)으로서, 해양경계획정의 적용에는 실질적 의미가 없기 때문이다. 협약 규정은 또한 제3차 유엔해양법회의 기간동안 해양경계획정에 대한 지속적인 대립의 기본 원칙이었던 "중간선(혹은 등거리, 이하 '중간선')원칙"과 "형평의 원칙"이라는 문구를 모두 배제하고 해양경계획정 문제에 모호한 태도를 제시함으로써, 많은 국가와 학자들의 비판을 받기도 하였다 (양희철, 2013: 16).

결국, 1982년협약 규정 자체가 해양경계획정 원칙에 대하여 소극적 태도를 취하였다는 것은 해양경계획정을 도출하는데 있어서 일방적 원칙과 의무적인 적용규칙은 없으며, 여전히 국가간 협정 혹은 국제재판소의 해석과 관행 축적을 통해 형성되는 과정에 있다는 것을 의미한다. 즉, 해양경계획정협상에서 연안국은 자국의 해양영토 확보를 위해 어떠한 방법과 고려요인도 주장가능하며, 이것이 많은 국가들이 최대·최적의 해양관할권 확보를 위한 사회과학적, 자연과학적 기초자료 축적과 연구에 국가적 역량을 결집하는 이유이기도 하다. 특히, 한반도 주변해역을 둘러싸고 중국과 일본이 지속적으로 진행해온 해양 지질 및 지형조사는 그 기초자료의 과학적 활용을 논외로 하고라도 주변해역의 해양경계획정과 밀접한 관련성을 가지고 해석될 여지가 있다는 점에서 중요하다.

나. 해양경계획정과 국제법 질서

해양경계획정을 둘러싼 국제법상의 일반적 흐름 혹은 질서는 다음과 같이 형성되고 있다고 할 수 있다. 첫째, 모든 해양경계획정에 적용될 수 있는 일반적 원칙은 없다. 둘째, 해양경계선을 획정하는 데 있어서 당사국 해역의 중간선을 긋고, 해역의 특별한 사정을 고려하여 임시중간선을 조정, 최종 경계선을 획정하는 것이 일반적 추세로 형성되고 있다. 셋째, 해양경계획정에서 고려되는 소위 '특별한 사정'에는 자국에 유리한 모든 요소들을 포함할 수 있으며, 법적으로 제한된 사항은 없다. 넷째, 단일선을 통해 EEZ와 대륙붕 경계선으로 하는 것이 관리적 측면에서 유리하게 형성되고 있다. 다섯째, 국제 판례와 국가 간 협정을 통해 해양경계획정에 대한 특정한 흐름 혹은 절차가 형성되고 있으나, 이는 어디까지나 추세일 뿐, 당사국에 적용을 강제하지 못한다. 각국이 막대한 투자를 통해 자국에 유리한 이론과 과학적 자료 축적에 총력을 기울이는 이유 역시 여기에 있다(양희철, 2013: 17).

다. 해양경찰의 임무(권리의 행사)

「해양경비법」상 해양경찰 해양경비 활동의 범위에는 '해양자원 보호에 관한 조치'가 명시되어 있다. 하지만 지금까지 해양경찰은 해양자원 중 현재 피부에 와 닿고 손에 잡히는 '어업자원'에 대한 보호에 집중해 왔다. 이는 해양경계가 획정되지 않은 상황에서 우리나라의 명확한 배타적 경제수역 경계를 확정하여 경비 활동을 수행하는 것은 사실상 불가능하나, '어업자원'의 경우 주변국 간의 어업협정을 통해 잠정적인 어업협정 경계선이 정해져 있으므로 법 집행 기준이 명확하다는 이유에서였다.

하지만 법 집행 기준이 명확하지 않다는 이유에서 어업자원을 제외한 기타 모든 해양자원에 대한 주권적 권리 행사와 보호를 포기하여서는 안 된다. 앞서 언급하였던 「배타적 경제수역법」 제5조(대한민국의 권리 행사 등)에서는 '대한민국의 배타적 경제수역에서의 권리는 대한민국과 관계국 간에 별도의 합의가 없는 경우 대한민국과 관계국의 중간선 바깥쪽 수역에서는 행사하지 아니한다.'라고 규정하고 있는데, 이는 대한민국의 해양권익 보호전략의 기준이 되는 조항으로 현재와 같은 해양경계 미획정 상황에서는 중간선 원칙에 따라 경비임무를 전략적으로 수행하여야 할 의무를 해양경찰에게 부여한 것이라고 해석하는 것이 바람직 할 것이다.

한편, 배타적 경제수역 및 대륙붕에 부존하는 해양자원에 대한 주권적 권리를 제대로 보호하기 위해서는 해양시설·조사·환경에 관한 관할권 행사를 적극적으로 실시하여 해양영토에 대한 체계적인 조사와 해양자원의 부존 가능성 및 분포해역에 대한 철저한 데이터베이스화를 통해 향후 해양경계 획정에 적극적으로 대응하는 것이 국익에 긍정적인 영향을 미칠 것으로 보인다. 최근 주변국과 동북아의 해양 정세는 해양자원을 둘러싼 해양 전략의 표출, 즉 해양안보로 이어지는 상황이므로 해양자원에 대한 해양경찰의 경비임무는 한 국가의 경제적 이익을 넘어서 국가의 안보적 차원에서 다루어져야 하는 매우 중대한 사명임을 명심해야 할 것이다.

제4절 해양경비 무선통신망

1. 무선통신망 운용

가. 무선통신의 원칙

1) 무선통신은 필요한 최소 내용만을 교신하여야 한다.

2) 무선통신에 사용하는 용어는 간명하여야 한다.

3) 무선통신을 할 때에는 자국의 호출부호, 호출명칭 등을 붙여 그 출처를 명확히 하여야 한다.

4) 통신 중에 오류를 인지한 때에는 즉시 정정하여야 한다.

5) 무선통신은 통신보안에 취약한 통신망이므로 비밀 등 중요사항은 암호장비 또는 음어자재 등을 이용하여 교신하여야 한다.

6) 무선국은 신속하고 원활한 통신소통을 위하여 다음의 통신을 하여서는 아니 된다.

가) 지휘관의 허가 없는 전문소통

나) 목적 외 사용

다) 임의약호 제정사용

라) 과도한 호출 및 전파발사

나. 무선통신망의 소통 및 통제

1) 긴급 사태가 발생된 경우를 제외하고는 중간 개입과 같은 타국의 교신을 방해하는 통신을 하여서는 아니 된다.

2) 3개국 이상이 통신할 경우에는 통제 통신소에서 통제를 하여 통신질서를 유지하여야 한다.

3) 통제 통신소는 최상급 부서 또는 선임 함정의 무선국이 된다.

4) 통제 통신소는 예하 통신소에 대하여 사용 통신망 및 통신 순위 등을 지정하여 통신망을 통제하여야 한다.

다. 전보의 우선순위 및 처리시간

1) 전보의 우선순위

가) 위급전보(FLASH) : "Z"

① 최초 직접 상황 또는 작전에 최고도로 긴급을 요하는 전보에 부여하며 전보의 내용은 지극히 간단명료하여야 한다.

② 긴급히 필요한 전술 전략, 아군 간 상호교전 발생대비 등 중요한 전보의 처리는 최우선하여야 한다.

③ "Z"전보는 처리자가 직접 송신, 전파하여야 하며 모든 전보의 우선순위에 앞서 최단 시간 내 처리하여야 하고 모든 하급전보의 처리를 중단하여야 한다.

나) 긴급전보(IMMEDIATE) : "O"

① 국가 및 연합군 또는 주민의 안전에 중요한 영향을 미칠 사항에 관계되는 주요 작전전보에 부여하며 전보의 내용은 간단명료하여야 한다.

② 즉시 행동하여야 할 긴급한 지시전보 및 중요작전에 관한 전보는 신속히 처리할 것

③ "P"전보 이하의 모든 전보에 앞서 처리하여야 하며 필요시는 송신 중인 우선순위의 전보도 중단하여야 한다.

다) 지급전보(PRIORITY) : "P"

① 수신인으로 하여금 어떤 행동을 요구하는 전보이며 우선순위는 보통 전보에 우선하며 중요한 작전에 관계되는 전보는 신속히 처리하여야 한다.

② 전투의 예상 및 육·해·공 부대 상호간의 긴급한 행동에 관한 전보는 즉시 보고 및 전파하여야 한다.

③ 모든 "R"전보에 앞서 처리되어야 하며 특별한 경우를 제외하고 "R" 전보가 전송중이라도 이를 중단하고 "P"를 전송하여야 한다.

라) 보통전보(ROUTINE) : "R"

① 우선순위의 적용이 필요 없는 보통전보이나 가능한 한 신속히 처리 하여야 한다.

② 평시작전계획, 해상 대간첩 작전훈련 등 해상치안에 관계되는 전보는 특별한 경우의 전보에 영향을 주지 아니하는 범위 내에서 취급하여야 한다.

2) 처리시간

전보의 처리시간은 규정된 시간은 아니며 단순히 표준치만을 나타낸 것으로서 단일 고정회선에서 지점대 지점간 국문 100자, 영문 80자 이내의 본문을 가진 평문전보를 발신국의 접수시간으로부터 수신인에 전달되는 전체 경과시간을 수치로 나타낸 것이다.

가) 위급("Z")전보 - 규정한 시간 없이 인간능력으로서 가능한 한 최단 시간으로 신속히 처리하되 10분 이내를 목표로 할 것.

나) 긴급("O")전보 - 60분 이내

다) 지급("P")전보 - 360분 이내

라) 보통("R")전보 - 다음날 과업 시까지

라. 무선통신 순서

해상이동업무에 있어서의 통신의 우선순위는 조난통신, 긴급통신, 안전통신 및 그 밖의 통신 순이다. 조난사고시 통신의 종류와 규칙은 다음과 같다.

1) 조난신호(Distress signal)

조난신호는 선박, 항공기 등이 중대하고 급박한 위험에 처하여, 즉각적인 구조를 요구한다는 것을 표시하는 것으로 조난호출의 앞에 송신하는 신호이다.

① 무선전신의 조난신호

단일 신호로서 송신하는 "SOS(··· - - - ···)"의 3회 반복으로 구성

② 무선전화의 조난신호

"MAY DAY"의 3회 반복으로 구성

2) 긴급신호(Urgency signal)

긴급신호는 호출국이 선박, 항공기 혹은 기타 이동체의 안전, 또는 사람의 안전에 관한 긴급한 통보를 전송하고자 하는 것을 표시한다. 즉, 선박이 비교적 위험한 상태에 있으나 조난신호를 발하기까지는 되지 않았을 때, 승객 또는 승무원이 물에 빠져 다른 선박의 원조를 필요로 할 때, 선내에 위급 환자가 발생하여 그 의료처치에 관한 지시를 받기 위하여 의사통보를 보내기 전 등 다른 선박과의 긴급한 연락이 필요할 때 사용한다.

① 무선전신의 긴급신호

"XXX (---------)"의 3회 반복으로 구성

② 무선전화의 긴급신호

"PAN PAN"의 3회 반복으로 구성

3) 안전신호(Safety message)

안전신호는 국이 중요한 항해경보 또는 중요한 기상경보를 포함하는 통보를 전송하고자 하는 것을 표시한다. 즉, 항행의 안전에 관한 통보(등대 고장, 표류물, 유기물, 기뢰, 빙산 등에 관한 정보 등)나, 중요한 기상 경보를 전송하고자 할 때 사용한다.

① 무선전신의 긴급신호

"TTT (- - -)"의 3회 반복으로 구성

② 무선전화의 긴급신호

"SECURITY"의 3회 반복으로 구성

조난통신에 관련한 규정에서 무선통신규칙((Radio Regulations: RR)[36])은

1) 조난통신을 인지한 선박이, 스스로 조난국을 구조할 수 없는 경우는, 구조가 행해지고 있다는 것이 명백하게 될 때까지 그 통신을 추종하여야 한다.
2) 조난통신을 인지하고 조난통신에 참가하지 아니하는 모든 국은 통상 업무를 재개하여도 좋다는 통보를 수신할 때까지, 조난통신에 사용되고 있는 주파수로 송신하는 것을 금지한다.
3) 다만, 현재 조난통신이 행해지고 있는 경우에, 조난통신에 사용 중인 주파수를 사용하지 아니하고, 또한 조난통신을 방해하지 아니하는 것을 조건으로, 조난통신을 추종하면서 그의 통상 업무를 계속할 수 있다.
4) 조난 선박국이 그 선체를 포기하고자 할 때는 사정이 허락하는 한 그 송신설비를 계속하여 전파를 발사하는 상태로 두어야 한다.

SOLAS 규정의 조난신호의 남용 금지에서 선박 또는 항공기가 조난 중에 있다

36) 국제전파규칙(Radio Regulations)의 제 · 개정, 신규 주파수 분배, 인접국가간 전파간섭 방지를 위한 보호기준 등을 결정 등을 위하여 전파통신총회(RA)와 연계하여 3~4년 주기로 개최한다. 전파 올림픽이라 불릴 만큼 전 세계 190여개 회원국 3,000여 명이 4주간 치열한 경쟁을 통하여 범세계적인 모든 전파통신 문제를 논의한다.

는 것을 나타내는 목적 이외의 조난신호의 사용 및 국제 조난신호와 혼동될 염려가 있는 각종 신호의 사용은 모든 선박 또는 항공기에 금지한다. 그리고 조난 통보의 의무 및 조치에서

1) 조난신호를 수신한 선박의 선장은 가능하면 구조하러 간다는 것을 조난자에게 통보하고 전속력으로 조난자를 구조하기 위하여 항진해야 한다. 이것이 불가능하거나, 특수한 사정에 의해 구조하러 가는 것이 불합리하거나, 불필요하다고 인정되는 때에는 조난자를 구조하러 가지 못하는 이유를 항해일지에 기입하여야 한다.
2) 조난선박의 선장은 구조를 위한 호출에 응답한 여러 선박 중 구조하기에 가장 적당한 한 척 또는 두 척 이상의 선박을 요청하는 권리를 가지며, 이때 요청된 선박의 선장은 조난자의 구조를 위하여 전속력으로 항행을 계속하여 요청에 따를 의무가 있다.
3) 기타 선박의 선장은 자선 이외에 한 척 또는 두 척 이상의 선박이 요청되고, 또 그 구조의 요청에 따르고 있다는 것을 인지한 때는, ①에 의한 의무를 면제받는다. 또한 조난자 또는 조난자의 소재지에 도착한 다른 선박의 선장에 의해 이미 구조가 필요 없다는 통보를 받은 선박의 선장은 ①의 경우 및 ②에 의한 의무를 면제 받는다.

전파관리법에서는 조난통신, 긴급통신 또는 안전통신의 발신 명령을 받고 불이행한 자 및 조난통신의 불취급 혹은 지연시킨 자 또는 누구를 막론하고 조난통신의 취급을 방해하는 자는 1년 이상의 유기징역에 처하며 이의 미수범도 처벌한다고 규정하고 있고 선원법의

1) 선박 충돌시의 조치에서 선박이 서로 충돌한 경우에는 각 선박의 선장은 서로 인명과 선박을 구조하는데 필요한 조치를 다하여야 하며, 선박의 명칭, 소유자, 선적항, 출항항 및 도착항을 상대방에게 통보하여야 한다. 다만, 자기가 지휘하는 선박에 급박한 위험이 있는 경우에는 그러하지 아니한다. 선장이 이 규정에 위반하여 인명과 선박의 구조에 필요한 조치를 다하지 아니한 때에는 징역 또는 벌금에 처한다고 규정하고 있다.
2) 조난 선박의 구조에서 선장은 다른 선박 또는 항공기의 조난을 안 경우에는 인명을 구조하는데 필요한 조치를 다하여야 한다. 다만, 자기가 지휘하는 선박에 급박한 위험이 있는 경우와 교통부령이 정하는 경우에는 그러하지 아니한다. 선장이 이 규정에 위반한 때에도 징역 또는 벌금에 처한다고 규정하고 있다.

마. 무선통신 표준발성법

〈표 4-6〉 한글자모 발성법

ㄱ	기러기	ㅋ	키다리	ㅏ	아버지	ㅔ	엑스레이
ㄴ	나포리	ㅌ	통 신	ㅑ	야자수	ㅐ	앵무새
ㄷ	도라지	ㅍ	파고다	ㅓ	어머니	ㅖ	예보
ㄹ	로오마	ㅎ	한강	ㅕ	연못	ㅚ	외출
ㅁ	미나리	ㅃ	뻐스	ㅗ	오징어	ㅟ	위생병
ㅂ	바가지	ㅆ	싸락눈	ㅛ	요지경	ㅢ	의사
ㅅ	서울	ㄲ	까치	ㅜ	우편	ㅝ	원기소
ㅇ	잉어	ㅉ	찚차	ㅠ	유달산	ㅘ	왕비
ㅈ	지게	ㄸ	딸기	ㅡ	은방울		
ㅊ	치마			ㅣ	이순신		

〈표 4-7〉 영어음표(PHONETTIC ALPHABET)

문자	음표	발 음 표	문자	음표	발 음 표
A	ALFA	AL FAH	N	NOVEMVER	NO VEM BER
B	BRAVO	BRAH VOH	O	OSCAR	OSS CAH
C	CHARLIE	CHAR LEE	P	PAPA	PAH PAH
D	DELTA	DELL TAH	Q	QUEBEC	QUE BECK
E	ECHO	ECK OH	R	ROMEO	ROW ME OH
F	FOXTROT	FOKS TROT	S	SIERRA	SEE AIR RAH
G	GOLF	GOLF	T	TANGO	TANG GO
H	HOTEL	HOH TELL	U	UNIFORM	YOU NEEFFORM
I	INDIA	IN DEE AH	V	VICTOR	VIK TAH
J	JULIETT	JEW LEE ETT	W	WHISKEY	WISS KEY
K	KIRO	KEY LOH	X	XRAY	ECKS RAY
L	LIMA	LEE MAH	Y	YANKEE	YANG KEY
M	MIKE	MIKE	Z	ZULU	ZOO LOO

〈표 4-8〉 숫자발음

숫 자	국 어	영 어	발 음
0	공	ZERO	ZE RO

1	하나	WUN	WUN
2	둘	TWO	TOO
3	삼	THUH-REE	TREE
4	넷	FO-WER	OWER
5	오	FI-YIV	FIVE
6	여섯	SIX	SIX
7	칠	SEVEN	SEV-EN
8	팔	ATE	AIT
9	아홉	NINER	NIN-ER

〈표 4-9〉 기호발음

기호	국 어	영 어	기호	국 어	영 어
(	괄호열고	PAREN	,	구절점	COMMA
)	괄호닫고	RAREM	.	종 점	PERIOD
/	사선	SLANTSIGN	:	중 점	COLON
-	장선	DASH	“	인용표	QUOTE/
×	가 위 표	XRAY	”		NQUOTE
[	음호열고	SHACKLE			
]	음호닫고	UNSHAC -KLF			

2. 항공기 통신망 운용

해양경찰청에서 운용중인 고정익 및 회전익 항공기(이하 "항공기")의 표준화된 항공통신 운용절차를 규정하여 효율적이고 안전한 수색구조 임무를 수행하기 위함이다. 적용범위는 해양경찰청에서 운용중인 모든 항공기에 본 매뉴얼을 적용한다.

※ 본 매뉴얼에 정하지 아니한 사항은 「항공 및 탐색구조 편람 (IAMSAR Vol Ⅲ) 제2절(Rendering Assistance)」의 내용을 준용한다.

가. 용어의 정의

1) U/VHF(Ultra/Very High Frequency)

전자기파의 주파수 대역이 30MHz ~ 3GHz사이에 할당된 주파수를 말하며, U/VHF 광대역 통신을 할 수 있는 무선장비이며, 공대지, 공대공, 군용, 해사용 통신 등에 사용된다.

* 본부 보유장비 : AN/ARC-210, AN/ARC-189, C-5000 등

2) VHF(Very High Frequency)

전자기파의 주파수 대역이 30MHz~ 300MHz 범위의 초단파 대역을 말하며, 항공용·해사용 등으로 사용된다.

* 항공 주파수 대역(108.0 ~ 137.975MHz), 해사용(156.0 ~ 163.0MHz)

3) HF(High Frequency)

전자기파의 주파수 대역이 3MHz~ 30MHz 범위로, 전리층에 반사되는 전파의 특성으로 원거리 통신에 주로 사용된다.

4) FMS(Flight Management System)

비행 관리 시스템으로 비행관련 다양한 데이터를 저장 관리하는 항공용 항법/항공 통신용 컴퓨터 시스템을 말한다.

5) NOTAM(Notice To Airman)

항공운항에 관련된 종사자들에게 반드시 적시에 인지하여야 하는 항공시설, 업무, 절차, 비행금지구역 또는 위험의 발생, 변경에 관한 정보를 전기통신 수단에 의해 배포되는 공고문(항공 고시보)을 말한다.

6) AMC : Air Mission Commander(항공 통제관)

2대 이상 항공기가 수색구조에 투입시 항공 통제관(AMC)은 ① 최초 도착항공기 기장, ② 해당지역 선임기장, ③ 기타 임무를 부여받은 조종사 순으로 자동지정 수행되고, 고정익 항공기 도착시 고정익 항공기 선임기장이 그 임무를 수행한다. AMC의 주 임무는 SAR 참여 항공기에 대한 현장지휘 및 공역통제이다.

7) ACO : Aircraft Coordinator(항공 조정관)

SAR 수행시 다수의 항공기의 개입을 조정하는 임무를 수행한다.

8) OSC : On-Scene Coordinator(현장 조정관)

특정 구역 내에서 수색 및 구조작업을 조정하기 위하여 지명된 인원을 말하며,

2척 이상의 함정이 수색구조 활동을 수행하는 경우 수색구조 임무 조정관(SMC)은 현장조정관(OSC)을 임명한다. OSC가 임명되기 전에 사고현장에 최초로 도착한 함정장은 OSC 임무를 수행한다.

9) SMC : SAR Mission Coordinator(수색구조 임무 조정관)

현장 조난상황에 대응을 조정하기 위하여 임명된 관리자를 말한다.

* 출처 : 항공 및 해상 탐색구조 편람 IAMSAR Vol Ⅲ.

나. 항공기 통신망 지정 운용

1) 사고현장 수색구조에 참여하는 항공기의 통신망은 다음과 같이 지정한다.

가) LTE통신망 장착 항공기는 (주)LTE통신망, (예비)U/VHF, VHF, HF를 사용한다.

나) LTE통신망 미장착 항공기는 (주)U/VHF, (예비)VHF, HF를 사용한다.

* LTE통신망 비상채널(#1또는#2)을 사용하고, 필요시 해당 지방청 채널을 활용

2) 항공기 상호간, 항공기와 관제기관간 통신은 (주)VHF, (예비)U/VHF, LTE통신망, HF를 사용한다.

3) 통신상태가 원활하지 않을 때는 「주→예비」로 순차적으로 교신하여 최적의 통신망을 활용한다.

다. 각관의 임무 및 책임

1) 항공 임무통제관(AMC)

가) 다수의 항공기가 동시 투입시 항공 임무통제관(AMC)은 참여 항공기에게 현장상황을 설명하고, 해당지역 공역통제를 수행한다.

나) 기장(AMC)은 수색구조 참여 항공기간 VHF 123.1MHz* (예비 121.5MHz)로 항공기 통제망을 구성한다.

* VHF 123.1MHz : 국제적으로 통용되는 해상 항공수색구조 통신주파수

다) (주)LTE통신망, U/VHF, (예비)VHF, HF망을 이용하여 상황실 및 함정(OSC), 항공 조정관(ACO) 등과 긴밀히 협조한다.

라) 항공기간 충돌방지, 통신중계(수색항공기↔상황실, MCRC 등), 순차적 헬기투입, 타기관 항공기 안전통제 등의 임무를 수행한다.

2) 기장

가) 항공기를 조종하고, 통신기 운용 전반에 대한 책임을 지며, 주요 결정사항에 대해서는 직접 교신한다.

나) 실내통화 시스템(ICS)을 사용하여 승무원 업무를 분담하고 조정한다.

다) 항공 임무통제관(AMC)이 임명되면 지정된 주파수(VHF)를 이용하여 교신을 수립하고 통제에 따른다.

3) 부기장

가) 관제기관(공항, 공군 MCRC) 및 타 항공기등과 교신을 담당한다.

나) FMS, GPS 등의 항법자료를 확인 및 입력한다.

4) 전탐사

가) 상황실(SMC), 함정(OSC) 및 수색구조에 참가하는 세력과 교신을 담당하고, 현장의 변화되는 상황정보를 교환한다.

나) 이착륙 상황을 보고하고, 함정 등과 교신을 유지한다.

다) 의아 선박에 대한 통신검색, 영상장비를 활용한 현장 채증을 실시한다.

5) 정비사 : 항공기 통신장비의 고장시 응급조치 수행한다.

6) 항공 구조사 : 구조 임무시는 요구조자의 상태와 구조방법에 대해 기장에게 조언한다.

7) 응급 구조사 : 환자 상태에 따라 지역 응급의료기관에 준비사항을 사전 요청한다.

3. 해양경찰 무선통신

해양경찰청 정보통신망은 LTE통신망, 위성통신망(KOSNET), 전용통신망, 관공선망, SSB망, 항무통신망, 군경합동망(J-101망), 항공기유도망(J-201망), 항무용 워키토키, 소형정 업무망으로 구분한다.

〈표 4-10〉 해양경찰 무선통신망 특징

통 신 망	통신망의 특징
LTE통신망	동시 상황보고, 전파 및 지시등을 위한 통신망, 상용무선통신망을 이용하여 함정, 파출소, 상황실, 항공기 등에 사용하는 휴대통신망을 말한다.
위성통신망 (KOSNET)	무궁화위성을 이용하여 본부·소속기관·함정 간 지휘·데이터·영상통신 등 다기능 통신망.을 말한다. 주요기능은 음성, 화상전화, 데이터통신(전자결재), 함정위치표시, ENG영상전송 등 다양하다. 육상에서는 본청, 지방청 및 해경서에 설치 운용하고 해상에서는 100톤 이상 함정에 설치 운용
전용통신망	해양경찰 기본업무 수행을 위한 전용 아날로그 통신망, VHF대역의 전파를 이용하여 해상 및 상황실에서 기본임무 수행을 위한 해양경찰 전용 무선통신망
군경합동망	군(해군, 육군, 육경)세력과 비화 통신망(J-101망, J-201망)
관공선망	VHF대역의 전파를 이용하여 해군 함정 및 다른 행정기관 선박과의 교신하기 위한 통신망
SSB망	어선 및 상선 등 조난통신 및 어업정보통신국과 정보교환, 특정·조업자제·일반해역에서 어선과 통신하는 통신망이고 설치대상은 해경서 상황실 및 전 경비함정(형사기동정). VHF전용통신망 불가 시 대체수단으로 사용
항무통신망	조난통신 및 항행업무 수행 시 사용하는 해상이동통신망, 설치대상은 해경서 전 함정, 채널 16번(156.8MHz)은 조난 구조 비상주파수, 채널 70(156.525MHz)은 DSC 조난 주파수로 사용해야 함.
군경합동망 (J-101)	해군함정 및 해안레이더기지, 항공기 등 육해공 합동 통신망, 설치대상은 전 경비함정(형사기동정 포함)
항공기유도망 (J-201)	함정에 설치되어 항공기와 이착륙 및 유사시 전투기 유도망, 설치대상은 1,500톤 이상 함정으로 헬기 이·착륙이 가능한 함정에 설치
항무용 워키토키	근거리 업무연락 및 조난선 구조를 위한 통신망
소형정 업무망 (모바일네트워크)	100톤 미만 내부망용 데이터 전용 통신망, 모바일 네트워크와 모바일 현장 영상지휘 카메라 및 모바일오피스 조회기 등에 사용.

제2장 해양경찰 경비세력 운용

제1절 함정운영(함정운영관리 규칙: 훈령)37)

1. 함정운영관리

가. 용어 정의

1) "함정"이란 해양경찰 업무수행을 위하여 운용되는 선박(부선 및 부선거를 제외한다)을 말한다.
2) "경비함정"이란 해상경비를 주 임무로 하는 함정을 말한다.
3) "특수함정"이란 해양경찰 특수목적 수행을 위해 운용되는 함정을 말한다.
4) "배속함정"이란 해양경찰서, 서해5도 특별경비단(이하 '서특단'이라 한다) 소속 함정을 일정한 기간 다른 해양경찰서, 서특단에 소속시키는 것을 말한다.
5) "대기함정"이란 전용부두 안전관리 및 각종 상황에 대한 조치 목적으로 매일 09:00부터 다음날 09:00까지 특별히 임무가 부여된 함정을 말한다.
6) "대기예비함정"이란 대기함정이 긴급 출동 시 대기함정 임무를 수행하기 위해 매일 09:00부터 다음날 09:00까지 지정된 함정을 말한다.
7) "대기유보함정"이란 대기함정, 대기예비함정을 제외한 정박함정을 말한다.
8) "전용부두(기지)"란 함정운항의 근거지로서 평상시 정박장소로 지정된 항·포구의 부두를 말한다.
9) "출동"이란 함정이 출동 지시서를 받고 임무수행을 위하여 전용부두(기지)를 출항하는 경우를 말한다(기상악화로 인하여 피항 중인 경우를 포함한다).
10) "정박"이란 출동임무를 마치고 모항(전진기지를 포함한다)에 입항 하는 것을 말한다.
11) "모항"이란 함정운항의 근거지로서 평상시 관할 해양경찰서 소속 함정의 정박

37) 함정 운영관리 규칙, [해양경찰청훈령 제170호, 2020. 2. 10., 일부개정], 해양경찰청(경비과).

장소로 지정된 전용부두가 있는 항·포구를 말한다.

12) "대기근무"란 정박 중인 함정의 각종 기동장비 관리 등 함정의 전반적 안전관리와 긴급출동 등 긴급 상황에 대응하기 위해 함정에서 토요일, 공휴일, 휴무일 및 일과시간 후에 근무하는 것을 말한다.

13) "해상종합훈련"이란 함정직원의 정신자세와 근무기강 확립으로 함정의 안전운항, 긴급상황의 효과적 대처, 해상사격 등 직무수행 능력의 향상을 위하여 실시하는 종합적인 훈련으로 해양경찰교육원 종합훈련지원단에서 수립하는 연간 함정 교육훈련계획에 따라 실시하는 훈련을 말한다.

14) "지방해양경찰청 주관 함정훈련"이란 함정의 안전운항과 대형 해양사고 등 긴급 상황 대응, 해상 대간첩 작전 등 직무수행능력 향상을 위하여 지방해양경찰청 자체 계획에 따라 실시하는 종합적인 훈련을 말한다.

15) "직무훈련"이란 지방해양경찰청 훈련단 및 해양경찰서에서 정기수리를 완료한 함정에 대하여 수리기간 동안 침체된 임무수행 능력을 정상수준으로 향상시키기 위한 훈련을 말한다.

16) "취역훈련"이란 지방해양경찰청 훈련단 및 해양경찰서에서 신조함정에 대하여 장비 운용 및 함정 안전운항능력 확보와 해상치안 임무수행 능력향상을 위하여 실시하는 훈련을 말한다.

17) "함정자체훈련"이란 함정 승무원의 기본임무 수행에 필요한 지식 및 기술의 습득과 행동요령의 숙달을 위하여 함정별로 자체계획에 따라 실시하는 훈련으로 해양경찰교육원 종합훈련지원단에서 수립하는 연간 함정 교육훈련계획에 따른 함정별 자체계획에 따라 실시한다.

18) "특수직무"란 함정의 출·입항, 상황배치, 그 외의 특정한 상항에 따라 승무원에게 부여되는 직무를 말한다.

19) "통합대기근무"란 중형함정, 소형함정 또는 특수함정이 전용부두에 2척 이상, 동일한 장소에 정박계류시 통합하여 대기근무를 편성·운용하는 것을 말한다.

20) "복수승조원제"란 경비함정 출동률을 향상시키기 위해 2개 팀 이상의 승조원이 1척 이상의 함정에서 교대근무를 실시하는 인력 중심의 제도를 말한다.

21) "대외지원"이란 관련 법령에 따라 해상경비 등 해양경찰 고유임무 수행을 제외한 국가기관, 지방자치단체, 공공기관, 언론사, 민간단체 등의 요청에 따라 관련 사람을 편승하여 함정이 출항하거나 항공기가 이륙하는 것을 말한다.

22) "운용부서"란 함정과 항공기 운항일정을 수립하는 부서로 해양경찰청은 경비과(형사기동정은 형사과, 방제정 및 화학방제함은 방제기획과), 지방해양경찰청은 경비과 및 경비안전과, 해양오염방제과, 해양경찰교육원은 교육훈련과, 해양경찰서는 경

비구조과(형사기동정은 수사과, 방제정 및 화학방제함은 해양오염방제과, 순찰정, 순찰차 및 연안구조장비는 해양안전과)를 말한다.

나. 소속 및 지휘

1) 함정은 해양경찰청장(이하 '해경청장' 이라 한다.), 지방해양경찰청장(이하 '지방청장'이라 한다.), 해양경찰서장(이하 '해경서장'이라 한다.), 서해5도 특별경비단장(이하 '서특단장'이라 한다)이 지휘한다.
2) 해양경찰 파출소에 대한 함정의 배치는 해경서장이 한다.
3) 지방청장, 해경서장, 서특단장과 해양경찰교육원장은 함정의 지휘권을 갖는다. 다만, 파출소에 배치된 함정에 대한 지휘권은 파출소장에게 위임할 수 있다.
4) 배속함정에 대한 지휘권은 배속받은 해양경찰관서의 장, 서특단장에게 있다.
5) 해경청장 및 지방청장은 구난사항과 그 밖의 임무수행을 위하여 필요한 경우에는 제3항의 규정에 불구하고 함정을 직접 지휘할 수 있다.

다. 함정호칭 및 분류

1) 경비함정의 호칭에 있어서는 250톤 이상 함정은 "함", 250톤 미만 함정은 "정"이라고 하며 특수함정은 500톤 이상은 '함', 500톤 미만은 '정'이라 한다.
2) 함정은 그 운용목적에 따라 경비함정과 특수함정으로 구분한다.
3) 경비함정은 톤수에 따라 다음 각호와 같이 경비함과 경비정으로 구분한다.
   가) 대형 경비함(영문표기 MPL) : 1,000톤급 이상
   나) 중형 경비함(영문표기 MPM) : 1,000톤급 미만 250톤 이상
   다) 소형 경비정(영문표기 MPS) : 250톤 미만
4) 경비함정은 해상경비 및 민생업무 등 해상에서의 전반적인 업무를 수행하는 함정을 말한다.
5) 특수함정은 그 운용 목적에 따라 다음 각 호와 같이 구분한다.
   가) 형사기동정 : 해상범죄의 예방과 단속활동을 주 임무로 하는 함정
   나) 순찰정 : 항·포구를 중심으로 해상교통 및 민생치안 업무를 주 임무로 하는 함정
   다) 소방정 : 해상화재 진압업무를 주 임무로 하는 함정

라) 방제정 : 해양오염 예방활동 및 방제업무를 주 임무로 하는 함정

마) 예인정(영문표기 T) : 예인업무를 주 임무로 하는 함정

바) 수리지원정 : 함정수리 지원업무를 주 임무로 하는 함정

사) 공기부양정(영문표기 H) : 천해, 갯벌, 사주 등 특수해역에서 해난구조와 테러예방 및 진압 임무를 수행하는 함정

아) 훈련함 : 해양경찰교육원에서 실시하는 신임·기본·전문교육 및 대형 해양오염 방제 업무 등을 수행하는 함정

자) 훈련정 : 불법외국어선 단속 훈련용으로 사용되는 함정

차) 잠수지원함(영문표기 D) : 해상 수색구조 및 잠수 지원업무를 수행하는 함정

타) 화학방제함 : 해상 화학사고 대비·대응 업무를 주 임무로 하는 함정

파) 특수기동정(영문표기 S) : 불법조업 외국어선 단속 임무, 해양사고 대응 임무, 해양테러 및 PSI 상황 대응 임무를 수행하는 함정

〈표 4-11〉 특수기동정(영문표기 S)

구 분	영문표기	톤 수
중형특수기동정	SM (Special Medium)	50톤 이상
소형특수기동정	SS (Special small)	50톤 미만

라. 함정 명명

1) 경비함정은 톤급별 명칭을 지정 취역순서(또는 함정번호순서)로 다음 각호와 같이 부여한다.

가) 5000톤급 : 역사적 지명, 인물

나) 3000톤급 : 태평양 1호, 2호, ……

다) 1500톤급 : 제민 1호, 2호, ……

라) 1000톤급 : 한강 1호, 2호, ……

마) 500톤급 : 태극 1호, 2호, ……

바) 500톤급 미만 250톤급 이상 : 해우리 1호, 2호, ……

사) 250톤급 미만 50톤급 이상 : 해누리 1호, 2호, ……

아) 50톤급 미만 : 함정번호를 사용

2) 경비함정의 번호는 톤급별로 구분하여 취역일자 순으로 부여하되, 번호부여 방법은 해경청장이 따로 정하여 시행한다.

3) 특수함정의 명칭 및 번호는 그 용도와 취역 순위에 상응하도록 따로 부여한다.

4) 함정의 명명은 해경청장이 행한다.

5) 함정을 명명할 때에는 ① 함정번호 및 명칭 ② 소속 ③ 톤수 ④ 건조회사 ⑤ 건조번호 ⑥ 건조년·월·일을 명명장에 기재하고, 함정에 교부하여야 한다.

마. 함정운용

1) 편제

가) 신조 또는 편입된 함정의 배치와 운용중인 함정의 지방해양경찰청간 이동배치는 해경청장의 편제명령에 따르고, 지방해양경찰청 소속 해양경찰관서간 이동배치(대형함정 제외)는 지방청장의 편제명령에 따른다.

나) 해경청장과 지방청장은 해역별 특성 및 치안수요를 감안하여 함정의 편제를 조정한다. 다만, 지방청장이 함정의 편제를 조정할 경우 서면으로 해경청장에게 보고하여야 한다.

다) 지방청장 또는 해경서장은 함정의 배속이 필요한 경우 서면으로 해양경찰청장의 승인을 받아야 한다.

2) 증가배치

지방청장 또는 해경서장, 서특단장이 함정 증가배치를 하는 경우는 다음 각호와 같다.

가) 간첩선 출현 등 적정상황 발생시

나) 대형 해양오염사고 발생시

다) 대형 해양사고 발생시

라) 해상 집단 행동 발생시

마) 중앙언론매체 보도 등 사회적 이목이 집중되는 사고

바) 그 외의 중요 긴급 상황으로 함정증가 배치가 불가피한 경우라고 판단될 때

긴급상황 발생시 1차 초동조치는 인근 출동함정이 2차는 상황에 따라 연안해역

출동함정, 특수함정, 대기함정이 대응하도록 한다.

3) 대기함정 및 대기예비함정

가) 해경서장, 서특단장은 대기함정, 대기예비함정을 매일 1척씩 09:00시부터 다음날 09:00시까지 지정하여 운용한다.

나) 관할해역, 서특단 구역 내 상황발생시 인근 출동함정이 초동조치하고, 상황에 따라 2차 대응을 위해 대기함정은 긴급출동에 대비하여야 한다.

다) 대기함정이 긴급 출동 시 대기예비함정이 대기함정 임무를 수행한다.

라) 출동함정이 전용부두로 피항 시에는 피항함정이 대기함정 임무를 겸하여 수행하며 총원대기 긴급출동에 대비한다. 다만, 출동함정 2척 이상이 전용부두에 피항한 경우 대기함정 임무를 겸하는 함정을 제외한 피항함정은 기상, 치안수요 등을 고려하여 해경서장, 서특단장이 적의 조정할 수 있다.

마) 경비함정에 복수승조원제 운영 시 대기함정의 대기자는 복수승조원 팀 중 정박함정에 근무하는 승조원 팀 직원으로 한다.

바) 대기근무자를 제외한 다른 직원은 일과시간 후 긴급출동에 대비하여 자가대기를 원칙으로 한다.

4) 안전 운항

함·정장은 함정의 안전을 위하여 필요한 예방조치와 인명 및 재산의 보호에 최선을 다하여야 한다. 기상악화나 농무 등으로 인하여 임무수행이 불가능하거나 함정안전에 위험이 있다고 판단될 때에는 해경서장, 서특단장, 해양경찰교육원장의 승인을 받아 안전해역으로 피항하여야 한다. 다만, 사전승인을 받을 시간적 여유가 없는 경우에는 먼저 피항조치를 한 후 지체 없이 보고하여 승인을 받아야 한다. 함·정장이 직접 함정을 지휘하는 경우는 다음 각 호와 같다.

가) 출입항, 투양묘, 해상에서 다른 선박과 계류할 때

나) 협수로를 통과하거나 저시정 상태에서 항해할 때

다) 함정 승무원 전원을 특수직무 분담표에 따라 배치할 때

라) 그 외에 함정에 위험이 있거나 위험하다고 판단될 때

바. 공기부양정 운용

공기부양정은 중형공기부양정과 대형공기부양정의 구분하고 대형공기부양정은 서해5도 위기상황 발생 시 도서주민 안전후송, 대응전력 및 복구물자 이송 지원에 관한

임무를 수행하며, 평상시에는 대체세력이 없고 긴급한 상황인 경우 저수심, 갯벌 등 연안해역 해양사고시 구조활동 및 안전관리 임무를 수행한다. 중형공기부양정은 저수심, 갯벌 등 연안해역 해양사고시 구조활동 및 안전관리 임무를 수행한다. 중·대형 공기부양정을 운용하는 해경서장은 필요한 경우 「해양경비법」에 따른 해양경비활동을 수행하게 할 수 있다.

〈표 4-12〉 공기부양정 영문표기(톤수별)

구 분	영문표기	톤 수	비 고
대형공기부양정	HL (Hovercraft Large)	80톤 이상	200인승
중형공기부양정	HM (Hovercraft Medium)	25 ~ 80톤	70인승

사. 예인정 운용

예인정의 주요임무는 다음 각 호와 같다.

1) 함정 출·입항 보조 및 수리함정 예인 이동
2) 연안 구조활동 및 구조선박의 항·포구 등 안전지대 예인 이동
3) 유류바지 및 전용부두 압송선박(외국선박) 등 예인 이동

주요 임무 이외에도 상황발생시 선박화재 진압 및 해양오염 방제활동 등을 지원할 수 있다. 그리고 예인정을 운용하는 해경서장은 필요한 경우 「해양경비법」에 따른 해양경비활동을 수행하게 할 수 있다.

2. 함정 근무방법

가. 출동중 근무

1) 함정이 출동 시에는 함·정장의 허가 없이 하선하여서는 아니 된다.
2) 함정이 항해 중에는 항해·기관·통신부서등 항해 당직을 편성 운용한다.
3) 항해 당직근무는 함·정장을 제외한 총원에 대하여 각 기능별로 00:01시 기준으로 4시간씩 3직제로 편성하여 윤번제로 근무함을 원칙으로 하며, 항해목적

및 근무인원 등을 고려하여 함정장이 적의 조정할 수 있다.

4) 기상악화 등으로 출동 중 전용부두 이외의 항·포구 또는 연안해역에서 피항 중인 함정은 항해 당직조를 편성하여 배치하여야 한다. 다만, 전용부두로 피항 시는 총원 대기하되 대기 근무로 전환하며 긴급출동에 대비한다.

5) 중형 경비함정 이상의 출동 중 함정근무는 별표 1의 표준일과표에 의한다.

6) 출동 중 표준일과표 근무의 적용 배제 사항은 다음 각 호와 같다

가) 기상 불량, 미세먼지·혹서기·혹한기·대설 등 기상 이변 발생시

나) 해상종합훈련, 함정 행사 지원 등으로 표준일과표대로 운영이 불가하다고 함정장이 판단할 시

다) 다수의 승조원들이 외국어선 단속·해양사고 대응 등 상황 발생으로 휴식을 하지 못하여 표준일과표대로 운영이 불가한다고 함정장이 판단할 시

나. 휴무일의 지정 등

해경서장, 서특단장은 함정이 출동으로 인하여 연일 근무한 경우에는 출동에 따른 피로를 감안하여 출동임무를 종료하고 모항에 입항한 후 정박 기간 중에 근무일 및 휴무일을 지정하여 운용한다. 비함정의 함정 휴무에 관한 사항은 다음 각 호와 같다.

1) 함정장은 출동결과 보고시 근무일을 포함한 업무계획(근무일은 차기 출동 전 정박기간의 최대 1/3 비율을 지정한다.) 해경서장, 서특단장에게 보고하고 이를 시행한다.(복수승조원제 운영 함정은 제외한다.)

2) 함정장이 보고한 근무일 외 기간(복수승조원제 함정은 팀별 휴무 기간)을 추가적으로 근무하려면 업무계획서를 제출하여, 해경서장 및 서특단장의 승인을 받은 후 추가적으로 근무를 실시하고 실시 후 결과를 보고하여야 한다.

3) 휴무일은 출동임무 종료 후 근무일을 제외한 나머지 일수를 실시하는 것을 원칙으로 한다.

4) 특수함정의 휴무는 해양경찰서 자체계획에 따른다.

5) 해경서장, 서특단장은 긴급 출동상황 발생, 해상종합훈련 수검 등 불가피한 경우를 제외하고는 휴무실시를 보장한다. 휴무를 실시하는 함정은 비상소집 체제를 유지하여야 한다. 그러나 지정한 근무일 외 추가로 더 근무가 필요한 사항은 다음과 같다.

1) 각종 훈련 수검 및 준비
2) 긴급수리 발생으로 추가 정비 필요
3) 해상 안전관리 등 업무 지원
4) 그 외 함정장이 필요하다고 판단할 때

다. 정박중 근무 등

함·정장은 일과시 함정 직원을 지휘 감독하고 각 부서장은 함·정장을 보좌하여 소관 업무를 관장 집행하며 제반사항을 기록·유지하여야 한다. 정박중인 함정의 전반적 안전관리와 긴급출동 등 긴급상황에 대응하기 위해 토요일, 공휴일, 휴무일 및 정상 근무시간 이후에는 대기근무를 편성·운용한다. 태풍내습, 해상 대간첩작전 등 비상시 대기 근무인원은 해경서장, 서특단장 또는 함정장의 지시에 따라 편성한다.

라. 대기업무

함정 대기업무는 부장이 관장한다. 함·정장은 토요일, 공휴일, 휴무일 및 정상근무가 종료된 때부터 다음날 정상근무나 통합대기근무가 개시될 때까지 대기근무를 편성·운용한다. 대기근무의 기본 근무요령은 다음과 같다.

1) 대기근무 중에는 함정내 근무를 원칙으로 한다.(통합대기근무자의 순찰, 전용부두 순찰 등은 예외로 한다.)
2) 함정장은 대기근무자를 2조로 편성, 1조씩 대기실 근무를 명한다.(조별 교대시간 : 13:00, 02:00〈1시간 내외 조정 가능〉)
3) 대기실 근무자는 순찰, 출입자 관리, 장비 점검 등 임무를 수행하며, 그 외의 인원은 함정 내에서 자율 복장으로 취침 등 휴식을 취할 수 있다.

대기 근무인원은 함정의 크기 및 함정 승조원(의무경찰 제외)의 수를 고려하여 다음 각 호와 같이 편성하되, 대기관은 대기자와 함께 대기 근무를 편성 운용한다. 단 예인정은 톤급에 관계없이 250톤급 미만 기준에 따른다.

1) 5,000톤급 이상 : 4명 이내(대기함정은 4명)
2) 3,000톤급 이상 : 3명 이내(대기함정은 4명)
3) 1,000톤급 이상 : 3명 이내(대기함정은 3명)
4) 250톤급 이상 : 2명 이내(대기함정은 2명)
5) 250톤급 미만 : 1명

중형함정, 250톤 미만의 소형함정 또는 특수함정이 전용부두에 2척 이상이 동일한 장소에 정박 계류 중일 때에는 ① 중형함정 : 척당 2명 이내, ② 소형함정 : 척당 1명 이내로 통합대기 근무를 편성·운용할 수 있다.

대기관의 임무는 다음 각호와 같다.

1) 대기근무 관련 긴급상황에 대한 초동조치
2) 의경관리 및 무기·탄약고 관리
3) 대기자의 근무지정 및 관리감독
4) 일지기록 유지 등 제반 안전관리
5) 그 밖의 함·정장이 지시하는 사항

대기자의 임무는 다음 각호와 같다.

1) 출입자 통제 및 함내 보안점검
2) 함정 자체경비 및 화재, 총기 등의 안전사고 예방 순찰
3) 통신망 관리 및 계류상태, 기상변화에 따른 안전관리 확인
4) 발전기, 보일러 운전 및 필요시 배수펌프 등 보조장비 작동
5) 누전, 침수 등 함정 전반에 대한 안전관리 및 기관실 화재 예방
6) 그 밖의 대기관이 지시하는 사항

통합대기근무자의 임무는 다음 각호와 같다.

1) 계류색 연결상태 확인
2) 현문 및 동초근무자 지도 감독
3) 의무경찰 관리감독 및 무기탄약고 열쇠 관리
4) 대기근무 관련 긴급상황에 따른 초동조치
5) 그 밖의 선임정장 및 선임대기관이 지시한 사항

대기자가 2인 이상일 경우에 순찰시간을 분할한다. 대기자의 복장은 근무복(일반직은 기동복)에 단화를 착용하고 대기근무표찰을 패용하여야 한다.

순찰자는 손전지, 경적등을 휴대하여 함정내외를 매 2시간마다 1회 이상 순찰하고 순찰표에 이상유무를 기록하여야 하며 특이사항 발견시 초동조치 후 대기관에게 즉

시 보고한다. 단, 전자순찰시스템일 경우 순찰 리더기를 전자태그에 접촉함으로써 순찰표 기록을 대신한다.

함정의 순찰함 비치 장소는 다음 각 호와 같다. 단, 소형정은 4호, 5호 장소에 대해 정장이 판단하여 조정할 수 있다.

1) 무기·탄약고
2) 기관실
3) 조타실(전탐·통신)
4) 함수·함미의 포대 또는 상비상자
5) 타기실 등
6) 그 밖의 함·정장이 필요하다고 판단되는 장소

마. 대기의 유예 및 휴무

대기근무의 효율성을 기하기 위하여 신규채용자 및 전입자는 7일간, 그 밖의 유예승인을 받은 자는 그 기간 중 대기근무를 유예할 수 있다. 함정장은 출동명령서에 의한 출동 임무 수행, 해상종합훈련 수검 등 불가피한 경우를 제외하고는 대기 근무자에 대하여 다음날 1일 휴무하게 하여야 한다.

바. 함정근무자의 복무

함정소속에서 근무하는 공무원은 현업 공무원으로 본다. 해경서장, 서특단장은 함정 승무원의 직무의욕을 고취시키고 사기를 진작시키기 위하여 경찰공무원 복무규정에 따라 포상휴가를 실시할 수 있다.

1) 함정근무자의 출동기간 중의 연가는 그 일수로(공휴일 포함) 산정한다.
2) 함정근무자는 출동기간 중 연가를 원하는 때에는 출동기간과 동일한 연가일수를 신청하여야 한다. 다만, 개인 사정 등이 있는 경우 출동기간 일부에 대하여 연가를 신청할 수 있다.
3) 함정근무자가 출동기간 중 일부의 기간에 대하여 연가, 공가(출장·교육을 포함한다), 병가 또는 특별휴가를 받은 경우, 함정에서는 이를 소속기관의 장에게 보고하여야 한다.
4) 제3항의 경우 소속기관의 장은 출동기간의 나머지 기간에 대하여 해당 근무자를 파출소 등 다른 부서에 근무하도록 할 수 있다. 다만, 해당 함정근무자가

출동기간 중 함정에 복귀하는 경우에는 그러하지 아니하다.

5) 함정근무자의 특별휴가·공가·병가 및 정박 중의 연가에 대해서는 일반근무자와 동일하게 처리한다.

사. 함정의 대외지원

해양경찰 고유 임무 외에 국가시책 추진에 필요하거나 국가기관, 지방자치단체, 공공기관 등의 요청에 따라 함정을 운용하는 대외지원 업무를 실시한다.

함정 지원시에는 기본 업무수행에 지장이 없는 범위 내에서 지원하여야 하고, 대외지원 중인 함정은 가능한 해상 순찰활동을 병행하여 실시한다. 함정 지원을 검토할 경우 안전확보를 최우선으로 하여 지원여부를 결정하여야 한다. 함정 지원기간 (주말·공휴일 여부 등), 지원 규모 등을 종합적으로 검토하여 경비활동에 지장을 초래하는 경우에는 지원을 자제하며, 대체수단이 있는 경우에는 지원하지 않는 것을 원칙으로 한다. 함정을 대외기관 업무에 지원할 수 있는 경우는 다음 각 호와 같다.

1) 국가기관, 지방자치단체가 추진하는 공익성 업무 지원
2) 해양경찰 홍보와 직접적으로 관련된 사항
3) 해양경찰 기관과 업무 협력에 관한 협정서(양해각서)가 체결된 경우
4) 해양경찰 정책추진에 부합하는 대외기관의 업무

제2절 해상 특수기동대 운영(훈령)[38]

1. 특수기동대 편성 운영

「해상특수기동대(이하 "특수기동대"라 한다.)」란 해양경찰청 소속 경비함정에 특수임무 수행을 위해 편성·운영되는 기능을 말하고, 「특수진압대」란 서해5도 특별경비단 소속으로 NLL을 침범한 불법조업 외국어선 단속 및 퇴거를 주 임무로 하고 그 밖에 특수임무를 수행하기 위해 편성·운영되는 단위조직을 말한다.(단, 특수진압대의 운영에 있어서 제3조1항의 "특수기동대"로 간주하며, 중부지방해양경찰청장은 특수진압대 세부 운영규칙을 별도 수립 할 수 있다.)

38) 해상특수기동대 운영 규칙, [해양경찰청훈령 제130호, 2019. 7. 10., 일부개정], 해양경찰청(경비과).

1) 각 지방해양경찰청 소속 대형 경비함과 인천해양경찰서 및 서해5도 특별경비단(이하 "서특단"이라 한다.) 소속 중형 경비함에 특수기동대를 운영하고, 편성기준은 다음 각 호와 같다.

가) 중부·서해·제주지방청 소속 대형 경비함 : 18명(2개팀 × 9명)

나) 동해·남해지방청 소속 대형 경비함 : 9명(1개팀)

다) 서특단 소속 특수진압대 : 6명(1개팀)

2) 특수기동대원은 함정 구조팀과 그 외 부서 경찰관으로 구성하되, 구조·특공직별 경찰관은 함정 구조팀에 우선 지정한다.

2. 임무

1) 불법외국어선의 단속
2) 해상 대테러 임무 수행
3) 해상 범죄 단속
4) 해상집단 행동 대응
5) 그 밖에 함정의 임무 수행을 위해 실시하는 검문검색 등 필요한 사항

3. 지휘·감독

1) 함장은 특수기동대 편성, 운영, 관리, 교육·훈련 및 복무 상황 등을 지휘·감독한다.(단, 서특단 소속 특수기동대 및 특수진압대의 지휘·감독은 「서해5도 특별경비단 운영규칙」에 따른다.)

2) 구조팀장 또는 선임 특수기동대원은 함장을 보좌하여 특수기동대원 편성, 운영 및 교육· 훈련에 관한 사항과 그 외 특수기동대 운영에 관한 사항을 담당한다.

4. 근무 및 교육훈련

가. 근무

특수기동대원의 정박 중 근무는 소속부서 임무수행과 계획에 따라 실시되는 특수기동대 전체 전술훈련, 팀워크 훈련, 장비숙달 훈련 및 체력단련을 한다. 출동 중 근무는 다음 각 호와 같다.(단, 단속 및 훈련 등 치안수요 등을 감안하여 함장이 적의 조정할 수 있다.)

1) 구조팀 소속 특수기동대원

가) 13:00~17:00까지 단정 등 진압 장비·장구 관리와 임무수행능력 향상을 위한 교육·훈련 및 그 밖에 특수기동대 운영에 관한 사무 처리

나) 20:00~익일 08:00(4시간)까지 항해당직 근무

2) 그 외 부서 소속 특수기동대원

소속부서의 항해당직명령에 따르되, 임무수행 및 교육·훈련 참가 등의 시간을 고려하여 함장이 항해당직을 탄력적으로 운영할 수 있다. 함장은 단속 등으로 인한 특수기동대의 피로도 등을 고려, 항해당직을 제외시킬 수 있다.

나. 교육훈련

1) 지방해양경찰청장은 특수기동대 임무수행 능력 향상을 위해 다음 각 호의 내용을 반영하여 연간교육계획을 수립, 감독한다.

가) 단정 운용, 관리 및 정비에 관한 사항

나) 소병기 사용, 관리 및 정비에 관한사항

다) 잠수교육 및 훈련(단, 수중훈련은 정박 중에 한함)에 관한 사항

라) 나포, 진압, 검문검색 등 특수임무 수행에 필요한 교육·훈련

마) 그 밖의 임무 수행에 필요한 전술 및 팀워크 숙달 교육·훈련

2) 해양경찰서장 및 서특단장은 연간교육훈련 계획에 따라 매월 자체계획을 수립·시행 한다.

3) 지방해양경찰청장은 특수기동대원의 작전 능력 향상을 위해 필요시 소집(구조대, 특공대)교육·훈련을 실시 할 수 있다.

4) 서특단장 및 함장은 특수기동대원의 체력 관리를 위하여 일과 중 기초체력 강화를 위한 프로그램을 운영할 수 있다.

제3절 서해5도특별경비단 운영(서특단)(중부청훈령)[39]

1. 조직 및 임무

가. 조직

1) 서특단에는 경비지원과, 경비작전과, 특수진압대를 두고, 경비지원과에는 기획운영계·경리계·정비보급계·정보통신계, 경비작전과에는 경비작전계·외사계·상황실, 특수진압대에는 교육훈련지원팀·(연평·대청)특수진압팀·특수기동정운영팀을 둔다.
2) 서특단 소속 함정은 해양경찰청장의 편제명령에 따른다.

나. 서특단 임무

1) 전담임무
   가) 불법조업 외국어선 단속
   나) 불법조업 외국어선과 필요시 기타 외사사범의 수사 및 사후처리
   다) 북한 국지도발에 대비 우리국민 보호활동
   라) 접적해역 관할 군부대와 업무협조
2) 지원임무
   가) 월선 북어선 또는 귀순어선·어민에 대한 초동조치
   나) 각종 해양사고 및 해양오염 사고에 관한 초동조치
   다) 그 밖에 전담임무 이외의 초동조치

2. 지휘 및 해양경비 활동

가. 지휘

1) 서해5도특별경비단장(서특단장)은 배속 함정의 지휘권을 갖는다. 다만, 연평·대

39) 서해5도특별경비단 운영규칙, [중부지방해양경찰청훈령 제20호, 2019. 12. 3., 일부개정], 중부지방해양경찰청(서해5도특별경비단).

청·백령전진기지에 배치된 특수진압대의 지휘권은 특수진압대장에게 위임할 수 있다.

2) 중부지방해양경찰청장은 구난사항과 그 밖의 임무수행을 위하여 필요한 경우에는 제1항의 규정에도 불구하고 서해5도특별경비단 배속함정을 지휘 할 수 있다.

3) 서특단장은 경비구역 내에서 임무에 명시된 전담임무 이외 지원임무 상황 발생 시 권한의 범위 내에서 초동조치 후 지체 없이 인천해양경찰서장에게 상황 지휘권을 인계한다.

나. 해양경비 활동

1) 해양경비구역

서특단의 경비구역은 해양경비규칙에 의하여 지정된 구역으로 하고, 함정의 출동은 월간 함정운용계획에 따라 서특단장의 출동명령에 따른다. 다만 긴급 상황이 발생한 경우에는 유·무선 전화 등을 이용하여 구두로 지시할 수 있다.

2) 경비방법

가) 광역구역은 서특단장 지휘 하에 대형함정을 운영하여 경비한다. 다만, 치안수요 증가 등 필요시에는 중형함정도 경비 하게 할 수 있다.

나) 서특단 구역은 서특단장 지휘 하에 중형함정을 운영하여 경비한다. 다만, 치안수요 증가 등 필요시에는 대형함정도 경비 하게 할 수 있다.

다) 광역구역 경비함정은 항공순찰 결과를 공유하여 해·공 입체적 경비활동이 이루어질 수 있도록 한다.

라) 광역구역에서는 우리어선 NLL 월선·조업 방지, 외국어선 불법조업 감시·단속, 북한 상선 감시, 수색구조, 한중간 EEZ 경계획정 및 대륙붕 관련 분쟁 대응에 중점을 두고, 경비단 구역에서는 우리어선 NLL 월선·조업 방지, 외국어선 불법조업 감시·단속 등에 중점을 두고 경비활동을 수행한다.

3) 경비함정 배치

가) 서특단장은 경비구역별 1일 1척씩 경비함정을 배치하고 긴급수리·상황발생·치안수요 등을 고려, 중부지방해경청장의 승인을 얻은 경우에는 경비구역 및 경비함정 배치를 조정할 수 있다.

나) 서특단장은 해상치안상황 및 외국어선 분포도 등에 따라 중부지방해경청장의 승인을 얻어 중부지방해양경찰청 관할 내에서 경비단 임무를 수행할 수 있다.

3. 함정 운용

가. 함정운용

서특단 소속 함정은 출동, 정비, 출동대기(훈련·휴무)의 3교대 개념으로 운용함을 원칙으로 한다. 다만, 중형함정은 별도 지침을 수립하여 복수승조원을 운용할 수 있다. 긴급한 사유 및 함정수리 등 필요시에는 3교대 근무를 변경하여 실시할 수 있다. 정박 중인 함정은 계획된 정비와 교육·훈련을 실시하여야 하며, 복수승조원을 운영하는 중형함정은 교대팀과 인계팀이 공동으로 정비하여야 한다.

나. 대기함정지정·지휘

서특단장은 서특단 및 인천해경서 소속 함정 중 대기함정을 매일 1척씩 지정하여 통합 운용하고, 대기함정은 불법조업 외국어선 관련 상황발생 시에는 서특단장이, 그 외 상황발생 시에는 인천해경서장이 지휘할 수 있다. 대기함·정장은 전용부두 정문당직자 운용, 나포 불법외국어선 감시 등 전용부두 전반적인 안전관리 임무수행 및 전용부두에서 발생하는 상황에 대하여 초동조치를 하여야 한다.

4. 특수진압대 운영[40)]

서해5도특별경비단 운영규칙 제18조에 따라 서해5도특별경비단(서특단) 소속 특수진압대의 편성·운영한다. 사용하는 용어의 뜻은 다음 각 호와 같다.

1) 「특수진압대」란 NLL을 침범한 불법조업 외국어선 나포단속 및 퇴거를 주 임무로 하고 그 밖에 특수임무를 수행하기 위해 편성·운영되는 단위조직을 말한다.
2) 「특수진압팀」이란 본조 1)호의 임무를 수행하기 위해 단정1척을 운영하는 최소단위 조직을 말한다.
3) 「교육·훈련지원팀」이란 특수진압대 임무수행에 대해 현장 보급지원 및 현장관리, 상황관리 지원과 특수진압대에 필요한 예산, 교육훈련, 장비관리 등 업무를 하는 팀을 말한다.

---

40) 서해5도특별경비단 특수진압대 운영규칙, [중부지방해양경찰청훈령 제21호, 2019. 12. 3., 일부개정], 중부지방해양경찰청(서해5도특별경비단).

4) 「특수기동정 운용팀」이란 특수진압대 임무수행을 위한 특수기동정을 운용하는 최소단위 조직을 말한다.
5) 「특수임무」란 주 임무 외에 해상특수범죄 초동조치 및 진압 지원, 해상경호, 해상대테러 지원 및 해난구조 초동조치 등의 임무를 말한다.
6) 「임무대기태세」란 야간근무를 지정받지 않은 상태에서 즉시출동이 가능한 상태로 근무지 내에서 대기하는 것을 말한다.
7) 「비번」이란 교대근무자가 출동임무 종료 후 다음 출동임무 시작 전까지 근무지 외 지역 등에서 자유롭게 쉬는 것을 말한다.
8) 「방탄정」이란 불법외국어선 단속활동, 해난구조와 테러예방 및 진압 임무를 수행하는 고속단정을 말한다.
9) 「특수기동정」이란 불법조업 외국어선 단속 임무, 해양사고 대응 임무, 해양테러 및 PSI 상황 대응 임무를 수행하는 함정을 말한다.

가. 특수진압팀 임무

1) NLL 침범 불법 외국어선 검문검색 및 검거
2) 해상특수범죄 단속 등 초동조치 및 지원
3) 해양관련 경호경비 및 국가중요행사의 안전 활동 지원
4) 해상대테러 지원에 관한 사항
5) 자체 교육훈련 계획 수립 및 집행에 관한 사항
6) 해난구조·구급 초동조치 및 지원과 관련 장비 관리·운영

나. 편성·운영

서해5도특별경비단장(이하 "서특단장"이라 한다.)은 교육·훈련지원팀, 연평도와 대청도에 특수진압팀 및 특수기동정 운용팀을 배치 운영하고, 편성기준은 다음 각 호를 기준으로 하여 운영한다.

1) 교육·훈련지원팀
2) 연평특수진압팀 : 3개팀, 각 1개팀 3교대
3) 대청특수진압팀 : 3개팀, 각 1개팀 3교대
4) 특수기동정 운용팀

각 팀의 인적구성은 특공 직별 경찰관을 중심으로 편성하되 통역요원, 항해·기관 직별 경찰관과 구조 및 구급 직별 경찰관 각 1명을 포함하여 편성할 수 있다. 단, 인력사정 감안 항해·기관·구급 직별 경찰관은 관련 면허 또는 자격을 가진 자로 대체 편성할 수 있다.

다. 지휘·감독

서특단장은 특수진압대 편성, 운영, 관리, 교육·훈련 및 복무 상황 등을 지휘·감독한다. 특수진압대장은 서특단장을 보좌하여 특수진압대원 편성, 운영 및 교육·훈련에 관한 사항과 그 외 특수진압대 운영에 관한 사항을 담당하고, 각 특수진압팀장은 각각의 진압팀을 지휘하여 임무를 수행하며, 특수기동정 운용팀장은 운용팀을 지휘하여 임무를 수행한다.

라. 근무

특수진압대장(교육·훈련지원팀원 포함)은 필요시 특수진압팀에 편성하여 운영하고, 특수진압팀, 특수기동정 운용팀은 출동, 일근(교육·훈련), 비번 등으로 3교대 근무를 원칙으로 하고, 각 특수진압팀, 특수기동정 운용팀의 출동기간은 7일을 기준으로 한다. 각 특수진압팀장은 출동기간 중 다음 각 호를 포함하는 업무계획을 수립·시행하여야 한다.

1) 외국선박의 불법행위 방지를 위한 순찰
2) 자체교육·훈련
3) 체력관리 프로그램

마. 작전구역

특수진압대의 활동구역은 서특단의 작전구역으로 한다. 단, 서특단장은 특수기동정, 방탄정의 안정성을 고려하여 활동구역을 제한할 수 있다.

바. 임무수행방법

1) 연평특수진압팀은 불법외국어선 나포, 퇴거 및 차단 작전시 해군함정 및 규칙 제16조의 규정에 따른 서특단 구역을 담당하는 경비함정과 합동작전을 수행함을 원칙으로 한다.
2) 대청특수진압팀은 불법외국어선 나포, 퇴거 및 차단을 위한 단독작전을 지양하

며, 규칙 제16조의 규정에 따른 서특단 구역 및 중부광역 1구역을 담당하는 경비함정과 합동작전을 수행함을 원칙으로 한다.

3) 서특단장은 필요시 특수진압대를 대형함정에 편승시켜 단속임무를 수행토록 할 수 있다.

4) 특수진압대는 NLL주변해역의 외국어선 불법조업 감시·단속 등에 중점을 두고 임무를 수행한다.

5) 각 특수진압팀은 서특단 구역을 담당하는 경비함정과 수시로 정보교환을 통해 유기적인 협력체계를 유지하여야 한다.

사. 무기·탄약 및 장비관리

1) 특수진압대 임무수행에 필요한 장비의 지참 기준은 「불법외국어선 단속 매뉴얼」의 기준을 준용하며, 무기, 탄약의 보관 및 관리는 「무기탄약류 등 관리규칙」을 준용한다. 단, 관련 시설이 완비될 때까지 해당지역 파출소 무기고 등에 위탁 보관할 수 있다.

2) 특수진압팀장은 출동교대 전에 무기·탄약 및 차량, 방탄정 등 주요장비의 이상유무를 확인 후, 인계인수를 하여야 한다.

3) 개인 및 공용화기의 사용시에는 경찰관 직무집행법, 해양경비법, 해상총기사용가이드라인 및 무기사용매뉴얼을 준수하여야 한다.

4) 특수진압대장은 배치된 차량을 항상 안전관리 및 치안활동에 투입할 수 있도록 선량한 관리자로서의 의무를 다하여야 하고, 차량은 불가피한 경우를 제외하고는 2명 이상 탑승을 원칙으로 하고, 차량 운전자는 제1종 보통운전면허 이상을 소지하여야 한다.

아. 특수기동정, 방탄정

특수기동정, 방탄정은 특수진압대의 임무수행을 위하여 연평도 및 대청도에 배치하며, 서특단장 지시를 받아 특수진압대장이 운용하고, 상시 운용이 가능하여야 한다. 다만, 현지 기상 등을 고려하여 운항여부를 판단하여 운용한다.

특수기동정, 방탄정 운항시에는 구명조끼, 구명환 등 인명구조장비와 무전기, TRS 등 통신장비를 필히 적재하여야 한다.

제4절 해양경찰 함정훈련(훈령)

해양경찰 함정훈련 규칙(해양경찰청훈령 제68호)[41]에 의거 해양에서의 경비·안전·오염방제 등 임무수행 역량강화를 위해 해양경찰청에서 실시하는 함정훈련을 체계적이고 효율적으로 시행하는데 필요한 사항을 규정하는 것을 목적으로 하고, 해양경찰기관에 소속된 함정에서 실시하는 훈련에 적용을 한다. 사용하는 용어의 뜻은 다음과 같다.

1) "함정"이란 해양경찰의 임무수행을 위해 운용되는 선박(부선 및 부선거 제외)을 말한다.
2) "특수함정"이란 해양경찰의 특수임무를 수행하기 위하여 운용되는 함정(훈련함, 잠수지원함, 화학방제함, 방제정, 형사기동정 및 순찰정 등)을 말한다.
3) "함정훈련"이란 함정을 대상으로 임무수행 역량 강화를 위해 각급 해양경찰기관에서 실시하는 훈련을 말한다.
4) "해양경찰기관"이란 해양경찰청, 해양경찰교육원, 중앙해양특수구조단 및 지방해양경찰관서를 말한다.
5) "지방해양경찰관서"란 지방해양경찰청, 해양경찰서 등 특별지방행정기관을 말한다.
6) "훈련 주관기관"이란 함정훈련을 주관하여 계획을 수립하는 해양경찰교육원 및 지방해양경찰관서를 말한다.
7) "현장부서"란 해양경찰 함정, 안전센터, 구조대, 특공대 및 항공대 등을 말한다.
8) "훈련 교수"란 해양경찰교육원 교수요원 및 지방해양경찰청 훈련단 소속직원 중 훈련 연구, 기획, 집행 및 평가를 담당하는 자를 말한다.
9) 그 외 용어는 「함정 운영관리 규칙」, 「해양오염 방제훈련 규칙」, 「방제정 및 방제바지 운영 규칙」 등에 따른다.

1. 함정훈련의 종류

1) "해상종합훈련"은 해양경찰청 소속 함정의 안전운항 및 긴급상황 대응 등 직무수행능력 향상을 위해 실시하는 종합훈련을 말한다.
2) "취역훈련"은 신조함정 및 노후대체 함정을 대상으로 승조원간 팀워크를 조성하고 장비 운용 및 임무수행 역량을 강화하기 위해 실시하는 훈련을 말한다.

41) 해양경찰 함정훈련 규칙, [해양경찰청훈령 제68호, 2018. 6. 18., 제정], 해양경찰청(종합훈련지원단).

3) "직무훈련"은 장기 수리함정 대상 팀워크 강화를 위해 실시하는 훈련을 말한다.
4) "자체교육훈련"은 연간 교육훈련 계획에 따라 함·정장이 자체적으로 실시하는 교육·훈련을 말한다.
5) "그 밖의 훈련"은 제1호부터 제4호에 속하지 아니하는 훈련으로 훈련주관 기관에서 필요에 의해 자체적으로 실시하는 훈련을 말한다.

2. 훈련계획 수립

1) 해양경찰교육원장은 매년 함정훈련의 시기 및 종목 등이 포함된 함정 교육훈련 계획을 수립, 해양경찰청장에 보고하고 지방해양경찰청장에 통보하여야 한다. 지방해양경찰청장은 자체계획을 수립하고 소속 해양경찰서 함정을 대상으로 훈련을 실시한다.
2) 훈련계획을 수립할 때에는 훈련의 중복방지 및 효율적 시행을 위해 훈련실무협의회 개최 등 각 부서의 의견을 수렴하고 반영하여야 한다. 그리고 다음과 같은 사항을 유의하여야 한다.

가) 훈련대상의 직무수행 역량강화를 위해 필요한 훈련 목표 및 전략 설정

나) 훈련 목표에 맞는 적절한 훈련 일정, 장소, 형식, 참여대상 등을 선정

다) 안전 위해요소 사전점검, 안전교육 등 훈련 안전관리방안 포함

라) 종합적인 훈련을 위해 필요시 다양한 세력, 유관기관 및 민간 등 참여

마) 자체회의·유관기관회의 등 관련부서 간 충분한 사전협조 등의 준비

바) 훈련의 근거가 되는 법령, 매뉴얼, 훈련교범 등의 사전 확인·정비

사) 훈련 평가, 지도점검 절차 등을 포함한 개선사항 발굴 등 사후조치

3. 함정훈련별 내용

가. 해상종합훈련

1) 함정의 안전운항, 긴급 상황의 효과적 대처, 해상사격 등 직무수행 능력의 향상을 위해 지방해양경찰청장은 매년 상·하반기 해상종합훈련을 시행하여야 한다. 훈련종목은 다음 표와 같이 실시하며, 특수함정의 경우는 별도 훈련종목을 편성하여 실시할 수 있다.

〈표 4-12〉 해양경찰 함정훈련 종목

함정훈련 종목 (8개 분야 23개 종목)

분야	연번	평가종목
구조구급	1	인명구조(다수, 현측, 단정)
	2	선내진입 탈출유도
	3	응급처치
안전	4	불법조업 외국선박 검문검색
	5	일반 검문검색
	6	단정 양.하강
	7	예선.피 예선
	8	투.양묘
항해	9	해상수색
	10	기동항해
	11	연안항해(지문·전탐)
	12	비상조타
병기	13	해상사격
	14	야간사격
	15	상황배치, 포사고 처치
기관	16	기관종합문제 해결
	17	기관제어시스템 고장처치
	18	발전기 병렬운전
보수	19	소화.방수(주·야간)
	20	타선소화
	21	비상이함
통신	22	정보통신장비 운용
방제	23	해양오염방제

* 훈련대상 함정 및 실시횟수 등은 해양경찰교육원의 연간 훈련계획에 의한다.

※ 특수함정의 경우, 자체실정에 따라 종목을 변경하여 시행할 수 있다.

2) 훈련대상 및 기간 등은 해양경찰교육원의 연간 함정 교육훈련 계획에 따라 실시한다. 지방해양경찰관서장은 함정 외 다양한 현장부서가 훈련에 참여하도록 유도하고 안전관리에 만전을 기하고 시정요구 등 훈련결과를 수검함정 소속기관의 장에게 통보하며 수검함정 소속기관의 장은 시정요구에 대해 즉시 시정하여 그 결과를 지방해양경찰청장에게 보고하여야 한다. 지방해양경찰청장은 해상종합훈련 집행 후 집행결과를 해양경찰교육원장에게 통보하여야 한다.

나. 취역훈련

신조함정 및 노후대체 함정에 대하여 장비 운용 및 임무수행역량 강화 등을 위해 취역훈련을 시행하여야 한다. 훈련종목도 해상종합훈련에 따라 실시하며, 특수함정의 경우는 별도 훈련종목을 편성하여 실시할 수 있다.

다. 직무훈련

정기수리 또는 톤급별 동 기간 이상 수리함정에 대하여 임무수행 역량 및 팀워크 강화 등을 위해 직무훈련을 시행하여야 한다.

라. 자체교육훈련

함·정장은 연간 자체 교육훈련 계획을 수립하여 시행하여야 하며, 특수함정의 경우는 별도 훈련종목을 편성하여 실시할 수 있다. 해양경찰관서장은 소속 함정의 자체교육훈련 이행여부를 지도·감독하여야 한다.

4. 훈련 지도점검 및 우수함정 선발

해양경찰교육원장은 매년 1회 이상 함정훈련에 대한 집행현황 및 안전관리 실태 등을 지도·점검하여야 한다. 지도·점검결과는 해당연도 종합우수함정 선발에 반영한다. 그리고 해양경찰교육원장 및 지방해양경찰청장은 함정 간 선의의 경쟁을 유도하여 훈련 효과를 제고하고, 명예 및 자긍심 고취를 위해 매년 우수함정을 다음과 같이 구분하여 선발할 수 있다.

1) 훈련 우수함정 : 지방해양경찰청장이 주관하여, 소속 함정 해상종합훈련 평가 결과로 선발한다.

2) 종합 우수함정 : 해양경찰교육원장이 주관하여, 5개 지방해양경찰청 소속 훈련 우수함정을 대상으로 심사위원회를 거쳐 선발한다.

또한 함정훈련 교수는 경위 이상의 경찰공무원 또는 6급 이상의 일반직 공무원으로서 담당 분야와 관련된 실무경력이 3년 이상이거나 담당 분야와 관련된 자격증 및 석사 이상의 학위를 가진 자 중에 선발한다. 대상자가 없는 경우에는 자격요건을 갖춘 자 중 경사 이하의 경찰공무원 또는 7급 이하의 일반직 공무원을 선발할 수 있다. 해양경찰교육원장은 훈련 교수의 전문역량 향상을 위하여 별도 전문교육과정을 운영할 수 있다. 훈련 교수는 원활한 함정훈련 집행 및 평가를 위해 해양경찰교육원장이 지정한 모자, 점퍼 등 별도의 복제를 착용할 수 있다.

제5절 긴급피난 선박관리

기상악화 또는 긴급사태로 인하여 우리나라 영해 내에 긴급피난 하는 외국선박에 대한 적절한 보호와 감시로써 피난선박의 안전과 편익을 도모하는 한편, 긴급피난을 빙자한 영해침범, 무력행사 및 불순분자 침투 등의 불법행위를 방지하는 것을 목적으로 해양경찰청은 「긴급피난 선박관리규칙」[42]을 훈령으로 제정하여 긴급피난선박을 관리하고 있다.

이 규칙의 적용범위는 개항장 이외의 항포구와 해역에 피난한 선박에 대하여 적용한다. 그러나 지방해양항만청장의 허가·신고사항인 개항(무역항, 지정항을 포함한다.) 피난선박은 관계기관의 지원요청 및 별도 지시 등 특별한 사유가 있는 경우에 적용한다.

42) 긴급피난 선박 관리규칙, [해양경찰청훈령 제130호, 2019. 7. 1., 일부개정], 해양경찰청(경비과).

1. 선박의 긴급피난

선박의 긴급피난이란 선박이 불가항력 또는 조난에 의해 외국의 영해 또는 내수로 들어가는 것을 말한다. 이 경우 선박은 무해통항으로 인정되어 피난국의 관할권으로부터 면제 당하나 피난국에 체재중 피난국의 법령을 위반했을 경우는 피난국의 관할권으로부터 면제가 인정되지 않는다(UN해양법협약 제18조). 긴급피난의 권리는 절대적인 것은 아니다. 즉 선박의 조난상태가 피난처를 구하는 과정에서 항만에 중대한 위험을 미칠 수 있기 때문에 그 선박의 입항을 거절할 수도 있다(예 : 위험물 적재 선박, 전염병 확산 위험이 있는 선박). 긴급 피난한 선박은 불가항력 또는 조난 등의 피난 이유를 다음 각 호를 증명할 의무를 갖는다.

1) 현실의 긴급성
2) 해당 피난 항 이외에 다른 피난 가능한 장소가 없었던 사실
3) 불가항력 또는 조난 등의 피난이유를 자신이 조작하여 제출하지 아니한 사실 위험이 있는 경우

가. 요건

1) 선체 및 기관의 중대한 손상 등의 사고에 의하여 선박에 급박한 위험이 있는 경우
2) 태풍 등의 황천 때문에 선박에 급박한 위험이 있는 경우
3) 연료, 청수 또는 식료품 등이 불의의 사태로 결핍되어 선박의 안전 또는 승무원의 생명에 급박한 위험이 있는 경우
4) 해적 및 폭동 등의 위험으로부터 피난할 경우
5) 선박 내에 있는 사람이 중상 또는 위급한 병에 걸려 신속히 전문의의 치료를 필요로 하는 경우
6) 긴급피난은 아니지만 이에 준하여 피난이 인정되는 경우
   가) 조난선 구조 때문에 입항하는 경우
   나) 공해상에서 구조한 조난자를 인도하기 위하여 그 조난자의 국가영해나 내수에 입항하는 경우

나. 외국선박의 긴급피난

긴급피난한 일본국선박과 중화인민공화국 선박은 다음 각 호에 따라 우리나라에 긴급피난 할 수 있다.

1) 「대한민국정부와 일본국 정부간의 해상에서의 수색, 구조 및 선박의 긴급피난에 관한 협정」(제1004호 1990. 5. 25 발효)

2) 「대한민국 정부와 중화인민공화국정부간의 어업에 관한 협정」(제1567호 2001. 6. 30. 발효)

3) 「대한민국 정부와 중화인민공화국 정부 간의 해상 수색 및 구조에 관한 협정」(제1849호 2007. 5. 16발효)

다. 북한선박의 긴급피난

「남북해운합의서」에 근거하여 대한민국의 관할해역을 통항하는 북한선박의 긴급피난은 「남북해운합의서 부속합의서」 제2조제7항에 따른다.

제2조제7항. 남과 북의 선박은 상대 측 해역을 항행하는 동안 정지 또는 정박할 수 없다. 다만, 긴급 인명구조를 위한 경우와 기관고장수리, 기상 악화로 인한 피항 등을 위해 사전에 상대 측 해사당국에 통보를 한 경우는 예외로 한다.

라. 긴급피난 해역

1) 선박의 긴급피난해역은 지정되어 있지 않으나, 안보 등 우리나라 안전을 위하여 테러지원국가 선박 및 중국어선의 긴급피난은 불법행위의 감시가 쉬운 해역으로 유도한다.

2) 관할 해양경찰서장은 안전관리 및 긴급상황 발생 시 신속한 대응을 위해 긴급피난 안전해역을 운영할 수 있다.

3) 긴급피난 안전 해역은 육지로부터 원거리 해상으로 하되, 피난장소 주변에 임해산업시설 및 군사시설이 없는 해역으로 한다.

2. 선박의 긴급피난 절차

가. 긴급피난 절차

1) 긴급피난은 허가나 사전 통보를 필요로 하지 않으나 일본·중국어선은 협정에 따라 사전 통보를 접수하며 전후에 확인하여야 한다. 다만, 「수상에서의 수색·구조 등에 관한 법률」 제12조에 따라 조난된 선박이 긴급피난을 하려는 때에는 허가를 신청하여야 한다.

> **제12조(긴급피난의 신청과 허가)**
> ① 긴급피난을 하려는 조난된 선박의 선장 또는 소유자는 구조본부의 장에게 긴급피난의 허가를 신청하여야 한다.
> ② 제1항에 따른 긴급피난의 허가신청을 받은 구조본부의 장은 지체 없이 그 허가여부를 결정하여야 한다. 허가를 하는 경우 구조본부의 장은 조난된 선박이 초래할 수 있는 인명이나 해양환경에 미치는 영향을 고려하여 조건을 붙여 허가를 할 수 있다.
> ③ 구조본부의 장은 해상기상 또는 선박의 상태 등을 고려하여 긴급피난의 허가를 하지 아니한 때에는 즉시 신청자에게 알리고, 선박의 안전에 필요한 조치를 하여야 한다.
> ④ 긴급피난의 신청·허가 절차 등에 필요한 사항은 해양수산부령으로 정한다.

2) 「수상에서의 수색·구조 등에 관한 법률」 제12조에 따라 조난된 선박의 긴급피난 허가신청이 있는 경우 관할 해양경찰서장이 허가여부를 결정한다. 이 경우 유관기관과 협의하여 결정할 수 있다.

3) 제2항의 규정에도 불구하고, 사안의 중대성을 감안하여 지방해양경찰청장 또는 해양경찰청장이 결정할 수 있다.

4) 긴급피난 선박을 인지(접수)한 해양경찰서장은 이 사실을 관할경찰서장과 인근 군부대에 통보하고, 다음 각 호의 사항을 파악하여 해양경찰청장 및 지방해양경찰청장에게 보고하여야 한다.

가) 피난(출항) 일시·장소

나) 국적 및 선종

다) 선명, 톤수

라) 선장 및 승무원수

마) 피난사유 및 조치사항

5) 긴급피난 요건을 구비하지 않은 선박은 해당 선박에 알리고 퇴거를 요청한다. 퇴거에 불응 시 필요한 경우에는 가용수단을 활용하여 퇴거한다.

나. 선박의 감시

1) 긴급피난 외국선박을 인지(접수)한 경우, 해양경찰서장은 주변 감시세력에 통보하고, 경비함정을 지정하여 감시경비를 수행한다. 단 해상감시가 여의치 못한 경우에는 관할경찰서장 및 인근 군부대에 통보하여 육상감시 조치한다.

2) 긴급피난 선박 감시 함정 등은 가능한 해당 선박을 임검하여야 한다. 임검을 할 때에는 사전에 해당 선박의 선장 또는 관계직원에게 신분증을 제시하고 용무를 알린 후 필요한 사항을 확인하고 피난 중 준수하여야 할 사항 등을 고지한다.

3) 긴급피난 선박이 범법행위를 한 때에는 관련법령에 따라 의법 조치한다.

다. 긴급피난중인 선박의 준수사항

긴급피난중인 선박은 「영해 및 접속수역법」, 「출입국관리법」, 「해양환경관리법」, 「관세법」등 관련법을 준수하여야 한다.

제3장 주변국가의 해양경비

제1절 한반도 주변국가의 해양갈등

1. 주요 해양갈등 쟁점

한국, 중국, 일본은 각각 도서 영유권, 배타적 경제수역(EEZ) 경계 및 어업문제 등을 가지고 있다. 한국과 일본 간의 독도 영유권 문제, 일본과 중국 간의 조어도 영유권 문제, 일본과 러시아 간의 쿠릴열도 영유권 문제 등이 그 대표적인 현안 문제이다. 특히 한국은 동중국해의 이어도를 중심으로 중국과 배타적 경제수역(EEZ)의 경계문제도 점차 전면으로 부상하고 있는 실정이다. 그러나 한국과 중국 간의 양국 정상은 배타적 경제수역(EEZ) 경계문제에 대한 협의를 2015년부터 진행하기로 합의하여 긍정적인 효과를 기대하고 있다.

또한 동해에서의 한국과 일본 간 배타적 경제수역(EEZ) 경계문제, 서해에서의 한국과 중국 간 배타적 경제수역 경계문제, 동중국해서의 한국·중국·일본 간 배타적 경제수역과 대륙붕 경계문제 등은 여전히 그 해결이 어려운 현안 문제이며, 서해에서의 한국과 중국 간의 어업문제는 그 심각성이 더해가고 있다.

가. 한국

동해는 한·일 간의 해상거리가 400해리가 되지 않은 해역으로서, 양국에 의한 200해리 주장은 서로 중첩하게 된다. 동해에서 한국과 일본의 배타적 경제수역(EEZ) 경계획정에 대해 한국은 독도와 일본의 오끼섬 중간선을 주장한다. 그러나 일본과의 독도갈등이 있어 일본과의 동해 배타적 경제수역 경계획정에 장애요인이 될 수 있다.[43] 해양법상 도서를 확보하는 국가는 배타적 경제수역 설정으로 그 수역에 대한 주권적

43) 해양법상 도서의 법적 지위에 관하여는, 유엔해양법협약 제121조(섬제도)
1. 섬이라 함은 바닷물로 둘러싸여 있으며, 밀물일 때에도 수면위에 있는, 자연적으로 형성된 육지지역을 말한다.
2. 제3항에 규정된 경우를 제외하고는 섬의 영해, 접속수역, 배타적경제수역 및 대륙붕은 다른 영토에 적용가능 한 이 협약의 규정에 따라 결정한다.
3. 인간이 거주할 수 없거나 독자적인 경제활동을 유지할 수 없는 암석은 배타적경제수역이나 대륙붕을 가지지 아니한다.

권리 및 관할권을 향유할 수 있다.[44] 양국의 동해어업문제 협상 시 독도는 한·일 간 어업협정 체결의 최대 문제가 되었는데, 이는 유엔해양법협약 제121조제3호에 해당되지 않는 모든 도서(島嶼)가 자체의 배타적 경제수역을 향유할 수 있기 때문이다.

따라서 양국 간의 독도문제가 경계획정 이전에 해결되지 않을 경우 배타적 경제수역 경계획정 그 자체가 어려울 것으로 예상되고,[45] 동해 관할권 및 배타적 경제수역의 경계획정에 직·간접적인 영향을 미칠 수 있다.

1996년 한국의 「배타적 경제수역법」은 대향국 또는 인접국 간 배타적 경제수역 경계는 국제법인 유엔해양법협약 규정을 근거로 당사국 간 합의에 의해 이루어져야 함을 규정하고 있다.

대륙붕 문제에 대하여 최초로 언급한 1970년 「해저광물자원개발법」은 대륙붕 경계를 규정하지 않았으나, 한국이 서해 및 동중국해 일부에서 대륙붕 외측한계를 설정한 사례를 보면 중간선을 선택한 것으로 보이며, 일본과의 동중국해 일부수역의 경계획정에 관하여 육지 영토의 자연적 연장원칙에 의존하였다.

동 원칙은 1969년 북해대륙붕 사건[46]에서 국제사법재판소(ICJ)가 최초로 언급하였는데, 이 자연연장원칙은 1974년 남부구역 대륙붕 공동개발구역에 관한 한·일협정체결에 상당히 기여한 것으로 알려지고 있다. 앞에서 보듯이 한국정부는 해양경계획정에 두 가지 원칙을 적용한다고 볼 수 있다. 즉 동해 및 서해에서의 중간선 원칙과 동중국해에서의 육지영토의 자연적 연장원칙이 그것이다.

---

44) 유엔해양법협약 제56조(배타적경제수역에서의 연안국의 권리, 관할권 및 의무)
1. 배타적경제수역에서 연안국은 다음의 권리와 의무를 갖는다.
(a) 해저의 상부수역, 해저 및 그 하층토의 생물이나 무생물 등 천연자원의 탐사, 개발, 보존 및 관리를 목적으로 하는 주권적 권리와, 해수·해류 및 해풍을 이용한 에너지생산과 같은 이 수역의 경제적 개발과 탐사를 위한 그 밖의 활동에 관한 주권적 권리
(b) 이 협약의 관련규정에 규정된 다음 사항에 관한 관할권
(i) 인공섬, 시설 및 구조물의 설치와 사용
(ii) 해양과학조사
(iii) 해양환경의 보호와 보전
(c) 이 협약에 규정된 그 밖의 권리와 의무
2. 이 협약상 배타적경제수역에서의 권리행사와 의무이행에 있어서, 연안국은 다른 국가의 권리와 의무를 적절히 고려하고, 이 협약의 규정에 따르는 방식으로 행동한다.
3. 해저와 하층토에 관하여 이 조에 규정된 권리는 제6부에 따라 행사된다.

45) 김현수, 「세계도서영유권 분쟁과 독도」, (서울: 연경문화사, 2009), 115쪽.

46) 대륙붕분쟁에 관한 첫번째 국제사법재판소(ICJ)판례로서 대륙붕에 관한 국제법 발달의 시금석이라 할 수 있다. 독일-덴마크, 독일-네덜란드는 각각 주장하는 경계획정원칙이 달라 연안국으로 부터 각각 30해리와 25해리까지만 경계를 획정했을 뿐 그보다 등거리의 공유대륙붕경계에 대해서는 합의하지 못하였다. 덴마크와 네덜란드는 타국과의 경우와 마찬가지로 등거리원칙을 주장했으나, 독일은 자국의 대륙붕지역이 영국과 대륙 간의 중간선과 만나며 연안선 길이에 비례하는 정당하고 형평한 몫을 차지할 선형분할(扇形分割)을 요구했다. 이와 같은 3개국의 협상은 결실을 보지 못해, 1967년 2월 경계획정에 적용될 국제법상 원칙을 판결해 달라는 소송이 ICJ에 제기되었는데, ICJ는 대륙붕협약이 규정한 등거리원칙은 각국의 관행에 비추어 국제관습법으로 되어있지 않다고 하고, 또한 모든 경우에 의무적인 경계획정의 유일한 방법은 없다고 하며, 경계획정은 '형평의 원칙'에 따라 각 당사국의 해면 아래로 그 영토의 자연적 연장을 이루는 대륙붕부분을 타국영토의 자연적 연장을 침해함이 없이 가능한 모든 부분이 각 당사국에게 돌아갈 수 있도록 합의에 의하여 행해져야 한다고 하였다.

서해에서의 중간선방식 적용은 1969년 북해대륙붕 사건과 1977년 영국-프랑스 수로 중재재판소 판정47)에서 예시된 국제관습법에 근거하고 있다.

그러나 한국의 이러한 입장에 따르면 서해에서 중국과의 경계획정에 관한 잠재적 충돌이 있을 수 있어 결국 중국의 입장에서 보면 한국의 중간선 해결원칙적용이 한국에 일방적으로 유리하다고 볼 수 있기 때문이다.

나. 일본

일본의 「배타적 경제수역법」과 「대륙붕법」은 1996년 6월에 선포되어 같은 해 7월에 발효되었다. 이 법은 일본의 배타적 경제수역이 기선에서 200해리까지이며 대향국과의 해양경계는 기선상의 가까운 지점에서 등거리인 중간선이 된다고 한다.48) 따라서 일본은 법적인 관점에서 보면 대향국과의 해양경계 획정방식으로 중간선 원칙을 따른다.

그러나 유엔해양법협약은 중간선이나 등거리선 규칙을 전적으로 언급하지 않고 단지 "배타적 경제수역 경계획정은 공평한 해결에 도달하기 위하여 국제법을 기초로 합의에 의하여 성립되어야 한다."라고만 규정하고 있고, 대륙붕 경계획정에 관하여 동 협약은 배타적 경제수역 경계획정 규정과 동일한 내용을 규정하고 있다. 일본이 동해 해양경계에 있어서 중간선 또는 등거리선 방식을 채택한 이유는 동해에는 대륙붕이 없어 중간선방식 채택이 불가피한 것으로 보였기 때문이다.

동해 및 동중국해에서의 한국과 중국의 대륙붕 경계획정에 관한 자연연장 적용에 대한 방어적 측면에 매우 좋은 방식이 될 것이기 때문에 일본은 관련 국가와의 배타적 경제수역 경계교섭시 최대한 이점을 갖게 될 것으로 보여 진다. 특히 동중국해에서의 석유자원 분쟁시 일본은 배타적 경제수역 경계가 중간선이 되어야 한다고 지속적으로 주장하고 있으나,49) 중국은 이를 수용하지 않고 오히려 자국 대륙붕이 일본 오키나와(沖繩) 해구까지 미친다고 주장하고 있다.

다. 중국

중국은 1998년 6월 「배타적 경제수역 및 대륙붕에 관한 법」을 선포하였다. 이 법

---

47) UK-French Continental Shelf case(first decision), paragraph, 109, reproduced in 54 International law Report, 1979, p.70; 대륙붕협약 제6(1)은 다음과 같이 규정한다. "합의가 없으며 또한 특수한 사정에 의하여 별도의 경계선이 정당화되지 않는 경우에는 중간선을 경계선으로 한다.", reproduced in I. Brownlie(ed.), Basic Documents in International Law, Oxford; Oxford University Press(1988), p.119.

48) 일본의 배타적 경제수역은 4,470㎢가 될 것이며, 이는 세계에서 8위이며 전 세계 배타적 경제수역의 3.9%를 차지한다.; M. S. Kwon & Y. S. Ok, "Japan's Maritime Jurisdiction Extension and Fishery Disputes between Korea and Japan"(in Korean), Seminar on Japanese Baseline Claims and Fishery Dispute, KMI(1977.7.18).

49) 동아일보, "동중국해 가스전, 日 독자개발 추진, 中 일주장 불인정"(2005. 3. 28) 참조.

은 해당수역에서의 주권적 권리 및 관할권을 분명히 하고 해양자원을 보호하기 위한 것이다. 중국의 배타적 경제수역 및 대륙붕을 보면, 북해대륙붕 사건 판결에서 제시된 육지영토의 자연연장에 집착하였음을 알 수 있다.50) 이후 해양환경의 변화 및 유엔해양법협약에 따른 배타적 경제수역제도의 채택과 시행에 따라 국제판결51) 및 국가관행상의 배타적 경제수역 및 대륙붕 경계획정이 급격히 변화되었다. 특히 1982년 튀니지-리비아 사건에서 국제사법재판소는 "경계획정은 모든 관련사정을 고려하여 '형평한 원칙'에 따라야 한다."고 결론을 내렸다. 이 판결을 통해 형평한 해결을 위해서는 대륙붕의 자연연장을 포함한 지리적 특성이 고려될 수 있음을 알 수 있기에 결국 자연연장이론은 경계획정시 적용 가능성이 약해지게 되었고 중간선 또는 등거리원칙이 국가관행 및 국제판결에서 점차 강조됨을 알 수 있고, 서해에서의 지리적 환경 고려 시 중국에 비우호적일 것으로 보여 진다.

한편 동중국해에서의 배타적 경제수역 또는 대륙붕 주장 역시 이 수역의 폭이 400해리가 되지 않으므로 한·중·일 3국의 주장이 서로 중첩된다. 이는 각국의 경계획정시 원용하는 국제법 원칙, 지리적 요소에 관한 차이에도 근거한다.52)

결론적으로 서해 및 동중국해에서 중국은 자연연장원칙을 고집하는 것으로 보이고 있기에 서해에서의 해저 중복과 해안선 길이의 비례성53)에 근거한 것으로 보이며, 이는 서해에서의 경계획정시 중국이 한국 보다 유리할 것이기 때문인 것으로 보인다.

라. 한반도 주변해역의 긴장 증대

동북아 주변해역은 양국 간 400해리가 되지 않는 근접해역으로 배타적 경제수역에

---

50) ICJ Reports, the North Sea Continental Shelf Cases, 1969, p.53.

51) 튀니지-리비아는 그들의 인접대륙붕의 경계에 대해 리비아는 대륙붕의 경계선이 북상해야 한다고 주장하고 튀니지는 동쪽으로 그어져야 된다고 주장하였다. 양국은 특별협정을 체결하여 국제사법재판소에 부탁하였다. 법적인 쟁점은 양 당사국은 등거리선을 배척하고 제반사정을 고려하여 형평의 원칙에 따라야 한다고 주장하고 형평의 원칙을 자연연장론과 관련지어 전개해야 한다는 점에서는 동의했으나, 형평의 원칙 적용에 있어서 양국간 이견이 존재하였다. 튀니지-리비아 사건에서 법원은 형평성은 형평한 결과를 위한 융통성 측면에서 본질적이어야 하며 법원이 제시한 원칙은 형평한 결과도달의 적절성에 따라 선택되어야 한다고 하였다. ICJ Reports(1982); 캐나다-미국 간 해양경계획정 사건에서는, 경계획정은 형평원칙에 따라 관련 요소를 고려하여야 한다고 한다, ICJ Reports (1984); 리비아-몰타 대륙붕 사건에서는 경계획정시 자연연장원칙의 배제 및 지리적·지질학적 요소의 무시를 강조한다, ICJ Reports (1985). 또한 ICJ Reports(1982), para.70.; 메인만 사건에서, 법원은 명심해야 할 본질적 사실은 문제의 기준 그 자체가 법규가 아니며 따라서 이와 다른 상황에서 강제성이 있는 것은 아니다. 그러나 형평한 또는 합리적인 기준 및 국제법이 요구하는 기준은 각 경우에 따른 기준의 적용 또는 기준의 형평성이 구체적인 경우에 따라 가장 적절하게 적용되어야 한다고 강조한다, ICJ Reports(1984), para.158; 리비아-몰타 사건에서, 법원은 경계획정의 근본규범에 따라 형평한 결과가 관련사정의 형평원칙에 기초하여 달성되어야 한다고 하였다.
ICJ Reports(1985), para.62.

52) 동아시아해의 경계획정에 관하여는, C. H. Park, "Oil under Troubled Waters: The Northeast Asia Sea-Bed Controversy", in East Asia and the Law of the Sea, Seoul; Seoul National University Press(1988), pp.1~50 참조.

53) 비례성원칙은 해안의 길이 및 연안국에 속하는 수역의 크기 등을 의미하는데, 이는 분명히 지리적 개념과 관련이 있다. 그러나 서해는 단지 그 폭이 400해리 이내이며 침전요소와 같은 해저의 지리적 환경은 한·중 간 경계획정과는 관련이 없다.

서의 연안국 권리가 경제적 이용 가능한 영토개념으로 강화된 반면, 중첩해역에서의 관할권, 도서 영토주권, 해양조사, 대륙붕 개발 등을 둘러싸고 분쟁위기가 심화되고 있다. 동북아 주변해역은 난류와 한류가 접경을 이루는 황금어장으로 이루어져 있어 국가간 분쟁사유가 존재하고 있다.

한국은 일본과의 독도 영유권, 대륙붕, 7광구 관할권의 분쟁요인이 있으며, 중국과는 불법조업 및 이어도해역의 관할권 문제가 있어 당사국 이익에 따른 분쟁의 소지가 있는 것도 사실이다.

〈표 4-13〉 동북아 해역의 분쟁요인

한국 - 일본	한국 - 중국	중국 - 일본
① EEZ 경계 획정 ② 독도 영유권	① EEZ 경계 획정 ② 중국어선 불법조업 ③ 이어도·가거도 해역 ④ 서해 대륙붕 개발	① EEZ 경계 획정 ② 조어도 영유권 ③ 남중국해 자원 개발 ④ 신대륙붕 적용, 영역 확장

(자료 : 해양경찰청, 해양경찰 Vision 2030, 2007.)

특히 동북아의 도서영유권 문제는 해양자원 개발, 해양영토 확장, 국민감정 등과 결부되어 불안요인으로 부각하고 있으며, 중국의 해양굴기 기조와 일본의 아베내각 출범이후 3국간 갈등이 심화되고 있고, 2010년 9월 센카쿠 열도에서 중국어선 충돌 사건[54]으로 인한 중·일 간의 갈등이 발생하였다.

한국은 동북아 해역의 해양 분쟁해결을 위한 노력으로 중국 및 일본과 배타적 경제수역의 경계획정 교섭을 개시하였으나, 현재까지 한·중·일 3국간 상호 어업협정만 체결된 상태일 뿐 뚜렷한 성과가 없다. 또한, 주변국과의 배타적 경제수역 내 조업질서 유지 및 조업권 확보를 위해 해양경찰의 역할을 강화하여 기존 경비범위를 미획정 해역으로까지 확대하였고, 공무집행방해, 영해침범, 무허가조업 등 3대 불법행위에 대해 단호하게 대처해 나가고 있다.

54) 2010년 9월 7일 센카쿠 열도(댜오위다오) 부근 해역을 순찰 하던 일본 순시선 미즈키가 중국 국적의 괴선박을 발견하였으며, 센카쿠 열도(댜오위다오)에서의 퇴각을 명령하였으나, 중국 선박은 그것을 무시하고 계속하여 조업을 하였다. 이에 대해 중국 선박에 충돌시켜 2척을 파손시켰다. 해상보안청은 이 어선의 선장을 공무 집행 방해로 체포하였으며, 조사를 위해 이시가키 섬에 연행하였다.

2. 해양관할권 확대

도서 국가를 제외한 모든 국가들은 자국과 이웃하고 있는 국가와 국경이라는 영토의 경계를 가지고 있다. EU와 같이 국경을 자유롭게 넘나들면서 일반인들이 국경을 의식하지 못하는 경우에도 엄연히 나라 간의 경계는 존재한다. 이러한 국경은 역사적으로 상호 이웃한 국가 간의 분쟁의 원인이 되기도 하고 긴장의 현장이 되어왔다.

일부 국가들을 제외하면 대부분 국가들의 영토분쟁은 해결되면서 안정화되었다고 할 수 있다. 하지만 1994년에 '유엔해양법협약'이 발효되면서 영해를 확대하고 배타적 경제수역(EEZ)이 인정되면서 해양에서의 경쟁이 가열되기 시작했다.

각 국가의 영해의 범위가 12해리까지 늘어났고, 200해리의 EEZ는 물론이고 200해리를 넘는 대륙붕까지도 관할권을 주장할 수 있도록 함에 따라 해양으로 인접된 국가 간의 경계가 중첩될 가능성이 매우 높아졌으며, 이는 해양 분쟁의 발생 가능성이 현저히 높아졌음을 의미한다. 이와 같은 세계적 동향에서 우리나라도 예외가 아니다. 중국, 일본과 해양을 두고 경계획정 문제가 아직 해결되지 않아 풀어야 할 과제로 남아 있다. 한반도 주변은 물론이고 동남 아시아권에서의 해양 영유권 분쟁은 매우 첨예한 수준으로 진행되고 있다.

2016년의 국제상설중재소에 의한 중국 구단선 불인정 판결[55]관련 과정을 보면, 해당 이해당사국들 간의 영유권 분쟁이 얼마나 치열한지 충분히 알 수 있다.

과거에는 무관심의 대상이었던 원격 무인 도서들은 물론이고, 심지어 해상의 암초까지도 섬으로 인정받기 위해 억지 주장까지 펼치는 것은 자국의 해양관할권 범위를 최대한 확대하기 위한 것이며, 이로 인해 얻게 되는 자원의 가치는 엄청나게 커질 수 있다. 이처럼 세계는 육지에서의 경계 분쟁을 넘어 해양에서의 경계 분쟁으로 격화되고 있는 상황이다.

55) 남해구단선은 중국이 남중국해 주변을 따라 그은 U자 형태의 9개 선으로 남중국해 전체 해역의 90%를 차지한다. 이 선 안에는 스프래틀리 제도(중국명 난사〈南沙〉군도, 베트남명 쯔엉사군도, 필리핀명 칼라얀 군도), 파라셀 제도(중국명 시사〈西沙〉군도, 베트남명 호앙사군도) 등 대표적인 분쟁 도서가 있다. 중국은 남해구단선을 근거로 남중국해 영유권을 주장하며 인공섬을 조성, 군사시설화에 나서고 필리핀과 베트남 어민들의 조업을 단속했다. 남해구단선은 필리핀과 베트남의 배타적경제수역(EEZ) 200해리와 겹친다. 이에 네덜란드 헤이그의 상설중재재판소(PCA)는 중국이 남중국해 대부분의 영유권을 주장하는 것은 법적 근거가 없다고 판결. 또 중국의 인공섬 건설이 어업과 자원 탐사를 위한 필리핀의 주권을 침해한다고 판정했다. 남중국해 영유권 분쟁의 핵심 쟁점에 대해 국제법정이 이같이 원고인 필리핀의 손을 전적으로 들어주고, 중국의 주장을 인정하지 않는 판단을 함에 따라 남중국해 사태가 새로운 국면을 맞게 됐다.

〈그림 4-5〉 유엔해양법협약 발효에 따른 연안국 해양경비 영역 확대[56)]

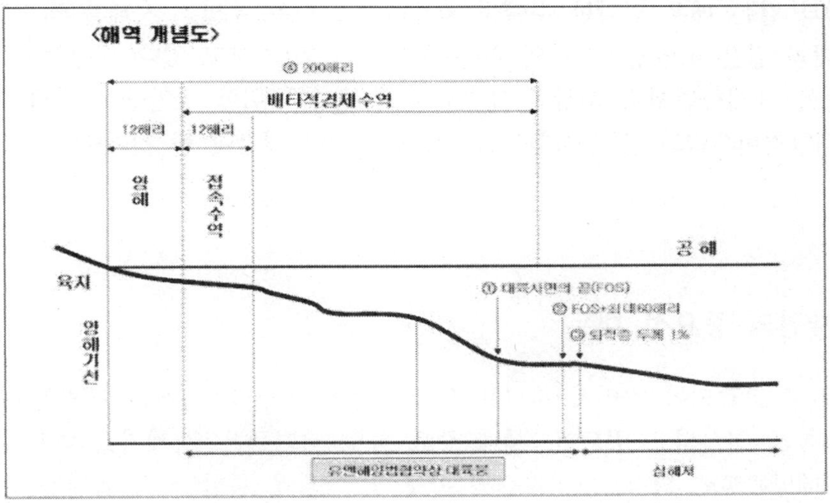

자국에게 주어진 권리와 자원을 지키기 위해 해당 국가들의 대응도 과감해지고 있다. 인도네시아는 자국의 영해와 EEZ에서 나포한 불법조업 외국선박들을 해상에서 폭파, 침몰시키는 매우 강경한 조치를 취하고 있는데, 2017년 상반기까지 317척의 불법조업 외국 어선들을 폭파해 침몰시켰으며, 최근 추가로 171척을 침몰시키기 위한 절차를 진행 중인 것으로 나타났다. 이러한 조치에 대해 상대국으로부터 강한 항의를 받지만 자국의 자원보호에 큰 효과가 있다고 평가하고 있다. 심지어 이러한 강경조치로서의 폭파장면을 언론을 통해 공개하여 경각심을 조장하고 불법조업이 줄어드는 효과를 얻고 있다고 한다.

남중국해에서 중국과 영유권 분쟁을 벌이고 있는 필리핀과 베트남의 경우는 중국의 불법조업 선박을 단속하기 위해 군함을 동원하여 기관총을 발포하기도 하였다. 러시아는 자국 EEZ에서 불법조업 중이던 중국 어선에게 함포사격을 하면서 나포하기도 하였으며, 아르헨티나 역시 불법조업 중국 어선에 총격을 가해 선체에 구멍을 뚫어 침몰시키기도 하였다.

한편, 미국은 트럼프 행정부가 출범하면서 'America First'를 외치면서 자국이익의 최우선을 주장하고 있고, 이러한 움직임은 전 세계로 확산되었다. 이처럼 자국 우선주의가 팽배함에 따라 국가 간의 이해관계 충돌 가능성도 높아지며, 분쟁지역에서는 더욱 위험한 상황을 초래할 수 있다. 국가 간의 충돌이 군사력의 충돌로 나타난다면 극단적인 상황이며, 상호간에 돌이킬 수 없는 피해를 감수해야 한다. 따라서 분쟁을 사전에

56) 외교부가 설명하는 대륙붕 개념도. 배타적 경제수역 기준인 200해리에 60해리를 더해 권리를 주장할 수 있다고 한다.

예방해야 하지만 필요에 따라서는 적정한 대응세력을 활용해야만 한다. 이러한 측면에서 군사력과 같은 매우 민감한 수단을 활용하기 보다는 우발적 사태를 방지할 수 있는 해양경비대와 같은 해양경비세력의 활용 수요가 더욱 커지고 있다(구자영, 2016:1). 즉, 군사적 충돌을 배제하면서도 최상의 억제력을 확보하기 위한 방안들이 적극 모색되어야 하는데, 해양경비세력의 준 군사화 또는 세력 증강이 대안이 될 것이다.

3. 해양자원의 중요성 대두

육상자원이 고갈되어 가면서 바다는 인류 생존의 마지막 보루로 평가될 만큼 그 중요성이 새롭게 인식되고 있으며, 세계 주요 해양 국가들은 21세기를 해양의 시대라고 규정하고 해양관할권 확장, 해양자원의 확보 및 개발을 통한 국익 확대를 위해 제도를 정비하고, 해양정책 및 해양집행력을 강화하고 있다.

특히 미국은 2004년 해양정책 'US Ocean Action Plan'을 수립하고 해양에 대한 실질적 지배를 확대 모색하고, 중국은 '해양굴기(海洋崛起, 바다에서 일어선다.)'라는 전략에 입각하여 2008년, 국가 해양계획인 「국가 해양사업 발전계획」을 수립하여 시행하고 있다. 일본은 각 기능에 분산된 해양기능을 일원화하는 해양기본법을 2007년 제정하고, 2008년에는 통합해양정책인 「해양기본계획」을 수립하여 추진하고 있다.

1982년 유엔해양법협약이 채택(1994년 발효) 되면서 해양권익의 개념이 영해를 넘어 EEZ, 대륙붕으로 확대되었으며, EEZ는 전 세계 해양의 약 30%를 차지하며, 주요 어장과 해저석유가 약 90% 분포하고 있어, 연안국의 핵심전략 대상으로 부상하고, 특히 동북아 해역은 해양영토 확장을 위한 주변국의 공세적 해양활동으로 해양영토 분쟁의 가속화가 예상되고 있다.

한국과 중국, 일본 3국은 1996년 유엔해양법 협약을 비준하였고, EEZ를 선포하여 200해리까지 EEZ를 확대할 수 있는 권리를 확보하였으나, 3국 간 서로 마주보고 있는 해양 지리적 여건으로 인해, 중첩되는 수역에 대한 경계획정을 해결해야 하는 과제가 남아 있는 상황이다. 일본과 중국은 대한민국의 영토인 독도와 관할해역인 이어도에 관공선, 항공기 등을 보내 순찰 하며 자국의 영유권과 관할권을 주장하며 분쟁을 유도하고 있는 실정이다.

〈그림 4-6〉 최근 동아시아 해양영토 분쟁 사례

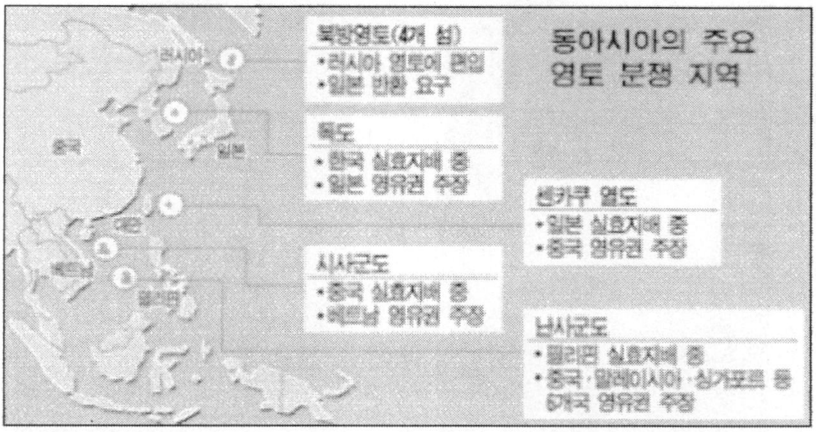

홍콩 시민단체 선박이용 센카쿠 제도 상륙	中 해감 船을 감시하는 日 해보청 순시선

우리나라는 1970년 「해저 광물자원 개발법」을 제정하여 8개 해저광구를 지정하여 석유, 천연가스 등 해저광물자원 탐사 및 개발을 시작하였다.

〈그림 4-7〉 국내 대륙붕 광구 현황

(자료: 2012. 12. 27. 연합뉴스 자료. yonhap-graphics(트위터)

가. 한국과 일본은 1974년 1월 대륙붕 공동개발협정(한일 대륙붕 협정)을 체결

1) 한일 중간선에서 일본쪽으로 넘어간 부분에 대하여 양국이 50%씩 지분을 갖고 공동개발(7광구)하기로 결정하였으나, 일본의 비협조로 본격적인 개발 답보
2) 일본은 JDZ[57]가 경제성이 없다는 입장을 유지하며 개발에 미온적
3) 한일 대륙붕 협정은 2028년까지 유효하며 이후 연장여부는 불투명

57) JDZ(Jointed Development Zone : 공동개발구역

〈표 4-14〉 한·일 7광구 공동개발구역

JDZ(공동개발구역)개요	JDZ(공동개발구역)주변 해역도
▶근거 : 1974년 한일 대륙붕 협약 ▶기간 : 1978.6.22 ~ 2028.6.21(50년) ▶개발방식 : 탐사는 합의를 통해 공동으로 실시, 산출자원은 동등 분배	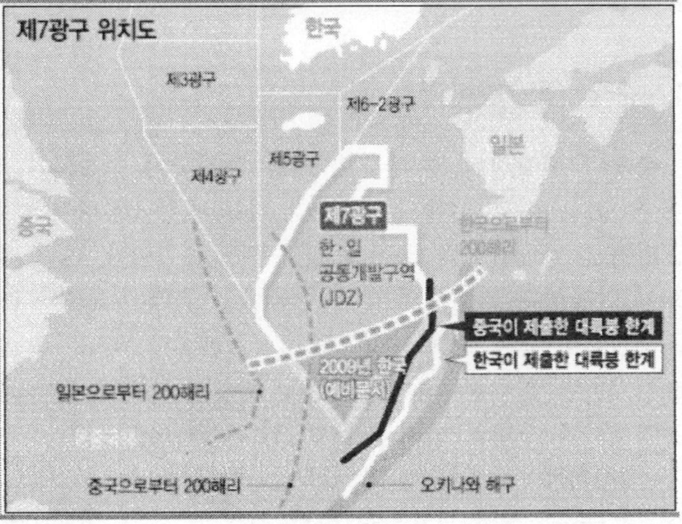

(자료: https://m.blog.naver.com/hea8800/221478489929)

나. 중국과 마찰

중국은 한·일 JDZ와 연결된 중국 측 대륙붕 지역과, 서해 2광구, 3광구와 연결된 대륙붕 지역에서 석유탐사 및 채굴사업을 진행하며, 과거 우리나라의 서해 대륙붕 탐사 개발에 대해 방해와 항의를 반복하였다.

【중국과의 마찰 현황】

(1971. 5월)	- 제2광구 Gulf사 물리탐사시 중국 측 경무장어선 파견 - 탄성파 탐사 케이블 4차례 절단
(1973. 2월)	- 제2광구 Gulf사 시추시 중국 군함 파견〈3일간 현장 체류〉
(1991. 5월)	- 중국 외무성 관할권 주장 성명 발표
(1991. 9월)	- 제2광구 석유공사 까치-1공 시추 시 중국 군함 출현 및 성명 발표
(2001. 9월)	- 제1광구 석유공사 해마-1공 시추 시 중국 측 비난 성명 발표
(2004. 7월)	- 제2광구 석유공사 물리탐사 중 중국 경비정 출현으로 작업 저지, 후퇴 - 제2광구 물리탐사 관련 주중한국대사관에 항의 및 외교통상부에 이의 제기

제2절 주변국(중국과 일본)의 해양경비력

1. 중국 해양경비력

중국의 해양경비 업무는 2013년 해경국이 창설되기 전까지는 여러 기관으로 분산되어 있었다. 이로 인해 분야 간의 기능 중복, 경비력의 분산, 관리부실 등의 문제가 노출되어 국가해양국의 조직개편을 통해 해역이용 관리, 해양환경보호 등의 해양권익 수호 분야에서의 법집행 권한을 강화하기 위해 국토자원부 소속에 해경국을 신설하였다.

해경국의 주요 임무는 ① 해양범죄활동의 예방, 단속, 제지, 수사하여 국가 안전과 해상치안의 질서를 유지, 보호 ② 해양재난 구조 및 긴급조치 등 해양재난대응을 통해 공공재산과 국민의 안전을 보호 ③ 해역사용, 해양과학조사 등 해양관련 종합계획 수립 ④ 해양기능을 구분, 편성, 감독을 책임 ⑤ 무인도서와 해저지형의 명칭 관리, 영해기점 및 특수도서의 보호관리 방법 지정 및 감독 ⑥ 해양생태계 보호와 해양기후 변화에 대한 업무 ⑦ 해양산업 정책의 최적화를 위한 연구와 제안 ⑧ 해양정책 관련 국제교류와 협력으로 구분된다.

가. 해양경비 동향

중국은 황하문명을 기반으로 하는 번성했던 역사와 청나라 말기부터 시작하여 문화혁명 이후의 쇠락한 역사를 가졌지만, 개방을 통해 급성장 하면서 국제사회에서 미국과 겨루는 G2의 반열에 올랐다. 이러한 국력의 신장은 자국 영토의 확장과 주장을 강하게 하고, 이웃 국가들과의 분쟁 가능성을 키워가고 있다.

2013년의 해경국 창설과 같은 해양관리기구의 개편은 향후 중국이 동아시아 해역에서의 도서관리 및 영유권 주장을 더욱 강하게 나타낼 것이며 해양강국을 향한 기조 속에서 주변국과의 해양분쟁이 불가피한 상황으로 발전되고 있음을 의미한다. 시진핑 국가주석의 2017년 신년사에서도 중국의 해양세력 강화의 목적과 의지가 강하게 나타나고 있다. 그는 “영토 주권과 해양권익을 결연히 수호할 것이며, 그 누가 어떤 구실을 삼더라도 절대로 수용하지 않을 것”이라고 밝혔다.

이는 중국과 영토분쟁의 당사국들에게 영유권 문제는 절대 양보할 수 없음을 대내외에 천명한 것이다. 특히, ‘해양굴기’를 내세우면서 남중국해 및 동중국해 일대에서의 영유권 분쟁에 적극 대응하기 위해 산호초에 인공구조물을 설치하여 군사거점으로 만들어 나가는 것과 병행하여 이를 지키기 위해 해당 주변 해역에서의 해양경비력을 더욱 증강시키고 있다. 게다가 제19차 공산당대회에서 제시된 바와 같이 해양강국 건설이 재차 강조되고 있으며 이에 따라 해양에 대한 국가역량의 지속적인 투입이 예상된다.

이처럼 해양으로의 팽창을 위한 국정운영의 방향에 맞춰 해양경비력의 증강을 신속하게 추진하고 있으며, 해경국 창설은 시작에 불과하다고 할 수 있으며, 앞으로 동아시아에서의 해양주도권 경쟁이 가열될 것으로 판단된다.

나. 장비 동향

중국은 국력의 급성장과 해양영토 관련 주변 환경이 악화됨에 따라 1,000톤급이상의 대형 해경선을 건조하여 현장임무에 투입하였다. 최근에는 12,000톤급 2척과 5,000톤급 4척이 투입되었는데, 12,000톤급 해경선은 세계 최대 해경선이며, 이 함정에는 76mm 속사포와 2개의 30mm 기관포, 무장헬기 2기가 탑재 가능한 제원을 가지고 있다. 이처럼 중국 해경 함정은 퇴역한 해군 함정을 해경 함정으로 개조하여 대형화·무장화 하고 있다.

또 다른 자료에 의하면, 2014년 중국 해경의 1000톤급 이상 대형 함정은 82척에 달했으며, 2020년까지 200척으로 확대한다는 계획이었지만, 이미 목표를 달성하여 약 220척의 함정이 투입되어 있는 것으로 추정되기도 한다.

〈표 4-15〉 중·일 해경선(1000톤급 이상) 보유 현황 변화

구분	2014년	2015년	증감
중국	82척	111척	29척(35%)
일본	82척	62척	8척(15%)
한국	32척	34척	2척(6%)

(자료: 한국해양수산개발원, '중·일 해양경비력 강화에 따른 전략적인 대응 필요', 2017년 1월(통권 제11호). 5면)

〈그림 4-8〉 중국의 세계 최대 해경함정

12,000톤, 시속 26노트, 76m 함포·기관포·구경포 무장, 헬기 착륙장 보유

(자료: 中 남중국해 지배위해 초대형 해경경비함 도입 박차, 아시아경제(2016.6.20.)

중국 해경 함정세력의 확보 동향에서 관심 있게 살펴봐야할 점은 해경함정임에도 불구하고 선체의 규모를 키우고, 무기체계를 강화하고 있다는 것이다. 중국은 이미 해경 함정으로는 세계 최대 규모인 12,000톤급의 함정 2척을 현장에 배치하고 있으며, 미사일이나 어뢰와 같은 군사용 무기는 아니지만, 76m 함포와 자동포를 장착하고 반경 3,500㎞의 광범위한 작전범위를 갖추고 있다.58)

이러한 변화의 의도는 남중국해 및 동중국해에서 영토분쟁의 긴장감이 고조되고 있기 때문에 유사시 군함에 준하는 기능 수행이 가능하도록 함으로써 상대를 제압할 수 있는 적극적 대응준비를 하고 있는 것이다. 실제로 중국과 영유권 분쟁의 당사국인 인도네시아, 말레이시아, 필리핀 등의 해군 함정이나 경비함에 비해 월등히 큰 중국의 해경 함정들은 미 해군에게도 위협적이라는 의견도 제기되는 상황이다.

2. 일본 해양경비력

일본 해상보안청(Japan Coast Guard)은 제2차 세계대전 이후 해상 기뢰제거, 항로표지 및 시설 복구, 해난구조시설 정비, 불법 입국선박 감시 등의 해양안전과 해상치안 업무를 전담할 조직을 신설하기 위해 1948년에 제정된 '해상보안청법'에 따라 같은 해 5월에 운수성 산하에 설립되었다.

58) 2016. 6. 17, 아시아경제, "중 남중국해 지배위해 초대형 해경경비함 도입 박차" (http://www.asiae.co.kr/news/view.htm?idxno)

해상보안청의 주요임무는 해상보안청법 제2조제1항에서 명시되어 있는데, 해상 안전 및 치안, 해상 방재, 국경 경비, 해양조사 등의 수행하고 있다.

〈표 4-16〉 일본 해상보안청의 주요 임무

분야	주요활동내역
국경 경비	국경 주변해역 경계, 해양권익보전, 의심선 및 공작선 대응, 외국어선 불법조업 대책
치안 확보	국내 불법어획 대책, 밀수 및 밀항 대책, 해적대책, 해상분쟁 경비
해난 구조	해난의 대응체제, 해양활동 안전 확보, 해난정보 수집·분석
해양환경 보전	해양환경 보전을 위한 지도 및 계몽활동, 해상환경사범 적발
해상 방재	대규모 유류·유해물질 및 배출사고 대책, 지진 및 쓰나미 등 자연재해 대책
해양 조사	해도작성, 해저 지형조사, 지진화산 조사, 해류관측 등
해상교통 안전 확보	항내, 연안지역 등의 안전대책, 항로표지시설의 관리
국제 연계 협력	해외 관련기관과의 연계 협력사업 촉진

(자료 : 일본 해상보안청 홈페이지(http://www.kaiho.mlit.go.jp/))

해상보안청은 군대가 아니지만, 유사시나 내각총리대신의 명령에 따라 필요한 경우에 치안유지를 위해 출동할 때는 방위청 장관의 지휘를 받을 가능성도 있다. 그러나 방위청장관의 지휘를 받는 경우에도 그 행동 범위나 활동 권한은 평상시와 마찬가지로 자위대의 임무를 보조하는 경비 활동 등에만 국한되는 것으로 판단된다. 해상보안청은 도쿄에 본청이 있으며, 전국 11개 해상보안관구로 나뉘어 조직되어 있다. 현재 인원은 13,744명이며, 2017년도 예산은 총 210,601백만 엔으로 나타났다.[59)]

가. 해양경비 최근 동향

일본은 광활한 관할해역 면적을 가진 나라이다. 영해의 면적은 약 38만㎢이고 영해와 EEZ를 합한 수면의 면적은 약 447만㎢인데, 남으로는 필리핀의 동측해역까지, 동으로는 태평양의 중앙부 근처에까지 이르고 있다. 일본은 이러한 광활한 EEZ를 보유하고 있기 때문에 해상보안청의 활동범위도 매우 넓다.

59) 日本 海上保安庁, 日本 海上保安庁パンフレット, 2017.3., pp. 3~4.

〈그림 4-9〉 일본이 주장하는 관할해역 범위

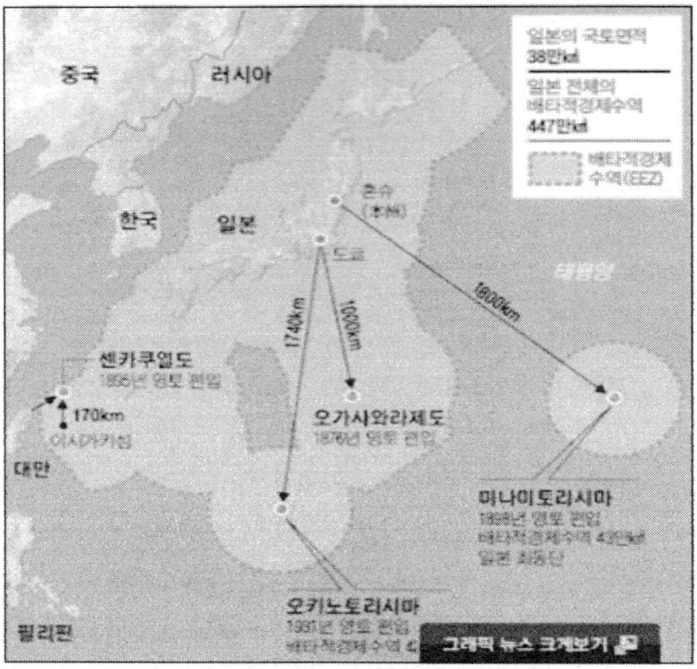

(자료: 2012. 5. 1. 조선일보, '120년 전부터 무인도에 '말뚝' 박은 日'. https://www.google.com/search 2020.7.13.검색)

센카쿠열도(중국명 다오위 다오)를 중심으로 중국과의 해양영토 분쟁이 계속되고, 최근에는 양국 간의 긴장이 고조되고 있어 이에 대한 자국의 해양영토 수호준비를 강화하고 있다. 게다가 중국이 해경국을 창설하고 해경 함정을 대형화하면서 무장을 강화함에 대해 더욱 민감하게 대책을 강구하고 있다.

2016년 12월에 아베 총리가 직접 주재한 '해상안보체제 강화에 관한 관계각료회의'에서는 자국의 영해 수호와 관련된 주변 환경이 심각하다고 진단하고 적절한 대응 방안을 추진하기 시작했다.[60] 이 회의에서는 '해상보안체제 강화에 관한 방침'을 결정하였는데, 해상보안관련 중대 사안으로 센카쿠열도를 두고 중국 해경국의 세력이 강화되고 불법 조업선박의 출현과 테러 위협이 증가함을 인식하고 이에 대한 전략적 대응체제를 구축하기 위함이다. '해상보안체제 강화에 관한 방침'에서는 5개의 시책을 추진하여 장비 확충과 인력 증원 계획을 구체화 하고 있다. 긴장 해역인 센카쿠 주변해역과 관련해서 일본 정부는 중국 측의 침범행위에 대해 지금까지 전담경비체제를 추진해 왔으나, 중국 공선의 대형화, 무장화 등에 대응할 수 있는 순시선 정비

60) 일본 해상보안청(http://www.kaiho.mlit.go.jp)

를 추진하여 경비체제를 더욱 강화하기로 했다. 또 경비체제 강화사업의 일환으로 필요한 기지도 함께 정비하기로 했다.

그리고 중국 공선이 다수 센카쿠 제도 주변 해역에 집결했을 경우에는 위의 카쿠 제도 주변 영해 경비체제를 수행하면서, 각 관구에서 필요한 임무도 지장 없이 수행할 수 있도록 하는 체제를 구축하여, 대규모 사태가 발생할 경우라도 대응할 수 있는 체제를 확보하면서 전국에서 긴급응원파견이 가능하도록 했다.

이러한 체제 정비를 위해 센카쿠 제도 주변 해역의 정세 변화에 기동적으로 대응할 수 있도록 기존의 순시선 배치, 운용에 대한 재검토를 포함한 체제 강화를 추진하기로 했다.

전국의 광대한 해역에서 외국 공선, 외국어선, 외국 해양조사선이나 테러 등의 위협에 대한 감시체제를 중점적으로 강화하기 위해서는 항공기를 활용한 감시체제뿐만 아니라 감시거점 정비를 통한 감시 능력 강화, 감시 정보의 집약, 분석 등에 필요한 정보통신체제 강화를 추진하기로 했다. 또 광역해양감시 방법에 대한 연구도 추진하기로 했다. 그리고 자위대와 역할분담을 위한 정보공유, 연계강화를 추진하면서, 해역 별로 우선순위를 붙여서 비용대비 효과도 검토한 후에 단계적으로 필요한 체제를 강화하기로 했다.

해상보안청의 중요 기능 가운데 하나인 해양조사의 체제 강화를 위해서는 타국의 대륙붕 연장신청이나 중간선을 넘어선 해양경제 주장에 대하여 일본의 입장을 적절한 형대로 주장하기 위해 외교당국과 같은 국내 관련 기관과 협력 및 연계를 추진하면서, 필요한 해양조사를 계획적으로 실시할 필요가 있는 것으로 결정했다. 따라서 타국의 해양조사 동향이나 필요한 조사대상 해역의 범위를 고려하여 필요한 해양조사체제를 강화하기로 했다.

〈표 4-17〉 일본 '해상보안체제 강화에 관한 방침' 주요 내용과 예산

5개 주요시책	주요활동 자원	예산(억엔) (198.7)
센카쿠영해 경비체제 강화 및 대규모사항의 동시발생에 대응 가능한 체제정비	-헬리콥터 탑재형 순시선 3척 -대형순시선 2척	123.3
해상감시체제 강화	-신형 제트기 1기 -감시 거점 장비 -영상전송기능 강화 -비밀통신기능의 강화	41
원전 등 테러대처·중대사안 대응체제 강화	-대형순사선 1척	29.7
해양조사체제 강화	-기존 선박 고기능화 2척 -자율형해양관측장비 정비 -대형측량선 1척	

기반정비	-소형헬리콥터 1기 -교육훈련시설 확충	4.7

(자료 : 해양수산개발원: 해양경비 여건 분석과 역량강화 방안. 2017. 9. 24면)

최근 일본 해상보안청의 예산은 느슨한 곡선을 그리며 증가추세에 있다. 이러한 증가추세에는 센카쿠 제도 주변 정세에 대응하기 위한 장비 도입 및 기지 신설, 노후장비 교체가 가장 큰 요인으로 작용하고 있는 것으로 판단된다.

〈표 4-18〉 최근 5년간 일본 해상보안청 예산 변화 추이(단위: 백만 엔)

연도	2013	2014	2015	2016	2017
금액	173.854	205,864	208,569	214,643	210,601

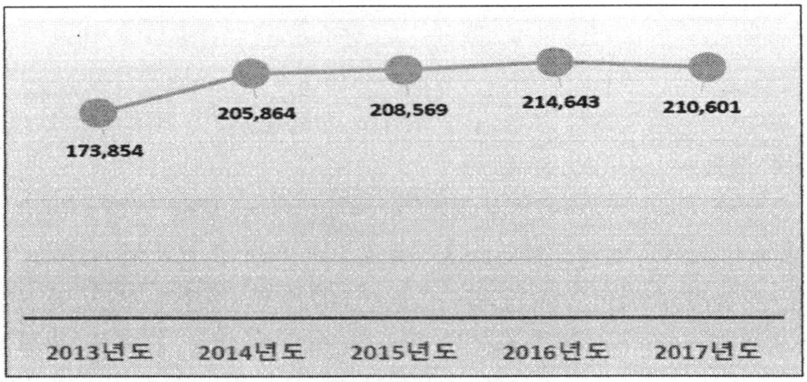

(자료 : 해양수산개발원: 해양경비 여건 분석과 역량강화 방안. 2017. 9. 25면)

나. 장비 동향

일본은 매우 넓은 관할해역을 가진 나라인 만큼 해상보안청의 활동범위가 매우 넓다. 해상보안청의 경비자원 역시 이러한 광역 해역에서의 임무수행에 적합하도록 갖춰져 있다. 해상보안청이 보유 중인 함정은 총 455척이며, 이 가운데 순시선과 순시정을 합친 경비함정은 369척이며, 1,000톤 이상의 대형함정은 62척으로 조사되었다.[61] 대형함정의 경우 효율적인 광역경비를 위해 항공세력 활용을 위한 시설을 갖추고, 고속화·대형화 위주로 건조하고 있다. 헬기갑판 시설을 설치한 함정을 늘리면서 광역구역에서의 신속한 현장 대응력을 확보하고 유지비가 높은 함정의 운용 부담을 줄여나가고 있다. 이처럼 항공자산의 적극적인 활용을 위해 대형함정에는 항공갑

61) 해양경찰청, 「해양경비체계 발전방안 연구」, 2017.8. 6면.

판과 격납고 설치를 지속적으로 추진하고 있다.

반면에 중형함정과 소형함정의 경우는 추진방식을 워터제트 방식으로 개선하면서 함정의 속력을 증가시켜 기동력을 제고하고 있다.[62] 일본 해상보안청의 장비 보유 현황을 보면, 측량선을 13척 가지고 있는데, 이는 해상보안청이 해양조사업무를 수행하고 있기 때문이며, 방사능 조사정을 보유하고 있는 것은 방사능 위협이 크기 때문인데, 우리나라가 관심을 가져야 할 필요가 있다.

항공기의 경우, 고정익 항공기 26대와 회전익 항공기 48대를 보유 중이며,[63] 고정익 항공기 세력은 늘어나지 않지만 첨단화를 추진하고, 회전익 항공기는 함정과의 합동작전 수행을 위해 수를 늘리고, 항속거리와 승선인원도 추가하여 임무수행 능력을 키워가고 있다. 해상보안청이 활동해야하는 관할해역의 범위를 볼 때, 항공기 세력의 의존도가 상대적으로 높은 편이다.

〈표 4-19〉 일본 해상보안청의 함정 세력 현황

구 분		종 류	톤 수	척 수
순시선	대형	PLH-Type	3500톤이상	14
		PL-Type	1000톤 이상	48
	중형	PM-Type	350-500톤	38
		PS-Type	130-250	30
	소방	FL-Type	250톤급	1
	소계		131척	
순시정	소형	PC-Type	50-100	69
		CL-Type	50톤이하	169
	소계		238척	
특수경비구난정	방사능조사정		50톤이하	3
	경비정		10톤이하	2
	감시단속정		5톤이하	58
	소계		63척	
측량선	HL-Type		50톤급	5
	HS-Type		50톤이하	8
	소계		13척	
등대순시선	LM-Type		50톤급	4
	LS-Type		17-26톤	3

62) 해양경찰청, 상게 연구서, 131~135면.
63) 해양경찰청, 상게 연구서, 137면

	소계	7척	
교육업무용선		15/1.5톤	3
합계		455척	

(자료: 해양경찰청, 해양경비체계 발전방안 연구, 2017. 8. 135면)

제3절 국내 해양경비 환경

1. 지속되는 중국어선 불법조업

한국과 중국은 서해를 맞대고 이웃하고 있기에 해양자원 이용에 있어 상호 밀접한 관계에 있다. 특히 연안에서의 어족자원 고갈로 근해까지 어로행위의 범위를 확장하면서 영해를 벗어나 상대국의 EEZ를 침범하기에 이르렀다. 중국과 이웃하고 있는 우리 관할 해역으로 침범하는 중국 어선들이 끊이지 않고 있으며, 위협의 강도가 증대되고 있다. 우리의 영해 침범과 EEZ에서의 불법행위 단속현황을 보면 다음 〈그림 4-10〉과 같고, 강력한 사법권 행사를 통하여 불법조업 외국어선의 수가 줄어들고 있음을 알 수 있다.

〈그림 4-10〉 중국 불법조업어선 단속 현황

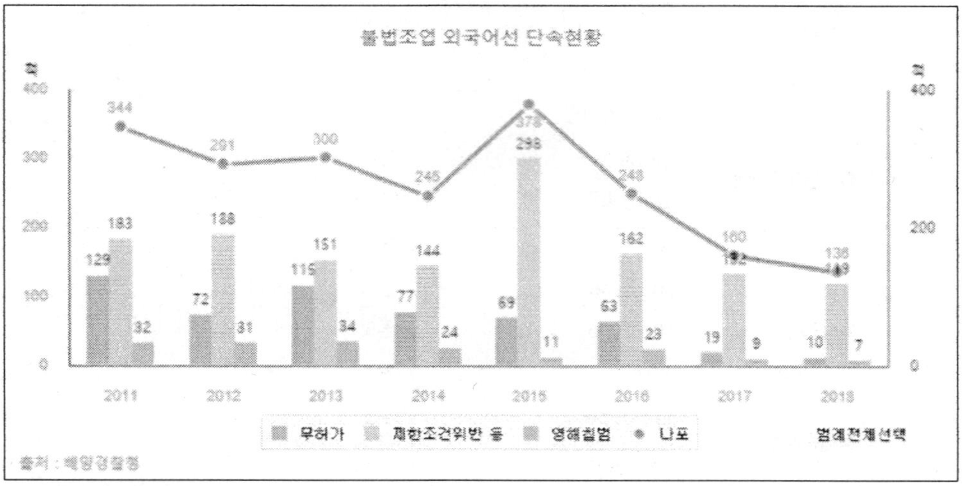

(자료: 해양경찰청 홈페이지, 해양경찰 나라지표, http://www.kcg.go.kr/)

중국의 불법조업 선박의 문제는 출현빈도 증가에 그치지 않고, 해상에서의 단속환경이 점차 어려워지고 있다. 과거에는 단속 시에 폭력저항을 한 선박이 일부에 그치고 대부분 검문검색에 순응하여 물리적 충돌이 적었지만, 최근 몇 년 전 부터는 출항 전에 등선방해물을 설치하고 흉기를 소지하는 등의 치밀한 계획에 따라 극렬하게 저항하는 경향이 생겼다. 불법 중국어선의 저항형태는 집단계류 저항·도주, 조타실 폐쇄, 등선방해물 설치, 흉기 저항 등의 다양한 방법들이 동원된다. 불법조업 중국 어선들이 이토록 극렬하게 저항하는 원인은 담보금 상향에 따른 처벌에 대한 두려움, 나포의 위험이 수반할 경우 퇴거하는 해경의 단속전술, 현장에서 저항하여 도주에 성공한 사례 전파에 따른 학습효과 등이라는 분석이 있다. 이처럼 불법조업 중국어선의 극렬한 저항은 단속 해경대원이 사망하거나 부상당하는 사태가 발생하기도 하였으며, 급기야 2016년 고속단정 침몰사건64)으로 이어졌다. 불법조업 중국어선을 단속하던 해경의 고속단정을 어선이 고의로 충돌하여 전복시킨 사건인데, 당시 국민적 공분을 살만큼 충격적인 사건이었다. 또한 동해에서도 중국 어선들이 출몰하고 있으나 일부는 허가를 받고 조업 을하고 있어 단속이 여의치 않은 상황이다. 이러한 상황에서 한·일 중간수역에는 북한어선도 조업을 하고 있는 것으로 나타나 여러 가지로 우리나라 해양 경비에 부담으로 작용하고 있는 상황이다.

2. 한·중·일 해양영토 갈등

한반도를 중심으로 한·중·일 3국의 바다가 연결되어 있다. 이러한 지형적 환경은 한·중, 한·일 간 해양영토 분쟁의 배경이 되기도 한다.

우선 한·중간의 영토관련 갈등은 해양경계 획정, 불법조업 어선, 대륙붕 한계 확장, 이어도 등의 문제로 얽혀있다. 우리나라와 중국의 해안선 이격거리(離隔距離)가 400해리보다 짧기 때문에 양국이 주장하는 EEZ와 대륙붕이 중첩이 된다.

따라서 양국이 경계획정 합의가 필요한데, 우리나라는 '중간선 원칙'을 주장하는 반면 중국은 '형평의 원칙'을 주장하여 상충이 발생하고 있다. 불법조업 어선의 문제는 앞에서 자세히 살펴보았고, 대륙붕 한계 확장의 문제는 유엔해양법협약에 따라 대륙붕의 자연적 연장선을 경계로 관할권을 주장함에 있어 한·중 양국의 문제보다 양국과 일

---

64) 2016년 10월 7일 오후 3시경 인천시 옹진군 소청도 남서방 76㎞ 해상에서 불법조업을 단속하던 인천해경 3005함 경비정 소속 4.5t급 고속단정 1척을 100t급 중국어선이 고의로 들이받아 침몰. 고속단정에는 조00(단정장) 혼자 타고 있었으며 나머지 해경특수기동대원 8명은 다른 중국어선에 올라 중국선원들과 대치하던 중이었다. 조00(단정장)은 고속단정이 침몰하는 순간 바다에 뛰어들었다가 다른 고속단정에 구조됐지만 중국어선에 부딪혀 목숨을 잃을 수도 있는 상황이었다.

본간의 문제가 더욱 민감하다. 이어도 문제는 이어도에 종합해양과학기지를 설치하면서 제기되었다. 이어도가 수중 암초이기 때문에 영해나 EEZ를 갖지 못하지만 대륙붕 경계 획정에 따라 한·중간의 의견이 일치되지 않고 있다. 한·일 간의 영토관련 갈등은 독도와 대륙붕공동개발구역 문제가 놓여있다.

한·일 간에는 해양경계가 획정된 제주도 남동쪽에서 포항 동쪽까지의 바다를 제외한 나머지 모든 수역은 경계가 미획정 상태이다. 한·일 양국은 매년 해양경계협상을 진행하고 있지만 타결이 쉽지 않은 상태인데, 동해에서 '중간선 원칙' 적용은 합의한 것으로 보이지만 독도영유권 갈등으로 경계를 합의하지 못하고 있는 것이다. 한·일 대륙붕 공동개발구역 문제는 한·일 대륙붕공동개발협정에 따른 대륙붕공동개발구역에 대해 양국의 대륙붕이 중첩되어 양국 간의 영유권 주장이 대립되고 있는 것이다.

한반도 주변 해역에서의 한·중, 한·일 간의 해양영토문제 갈등은 당사국간의 내재된 위험성이라 할 수 있으므로, 현재까지는 물리적 충돌이 자제되었지만 유사시 발생가능한 상황에 대처할 수 있는 해양경비력의 증강이 필요하다.

〈표 4-20〉 중국과 일본 해양세력의 이어도와 독도 해역 출현 현황

▶2014-2017까지 연도별 독도 인근 일본 해상보안청의 순찰 및 등장 횟수

구분	2014년	2015년	2016년	2017년 8월
출현횟수	101	100	93	60

▶2014-2017까지 연도별 이어도 인근 중국 해경함정의 순찰 및 등장 횟수

구분	2014년	2015년	2016년	2017년 8월
출현횟수	8	17	28	6

(자료: 해양경찰청 2017년도 국정감사 제출자료)

이러한 해양경계 미획정으로 인해 우리나라가 한·중, 한·일 간 잠정조치수역과 중간수역을 가지고 있다는 것도 해양경비의 수요를 증가시키는 요인이다. 이는 해당 해역에서 양국 어선의 자유로운 조업이 이루어지고, 어업자원 보존을 위한 조업척수 제한 등의 조치가 시행되고 있지만, EEZ 내로 침범하여 불법조업을 할 우려가 상존하기 때문에 외국어선의 접근 감시, 우리나라 조업어선의 안전 확보 등의 해양경비 측면에서의 관리가 필요하다는 것이다.

〈그림 4-11〉 한·중·일 중간수역 현황

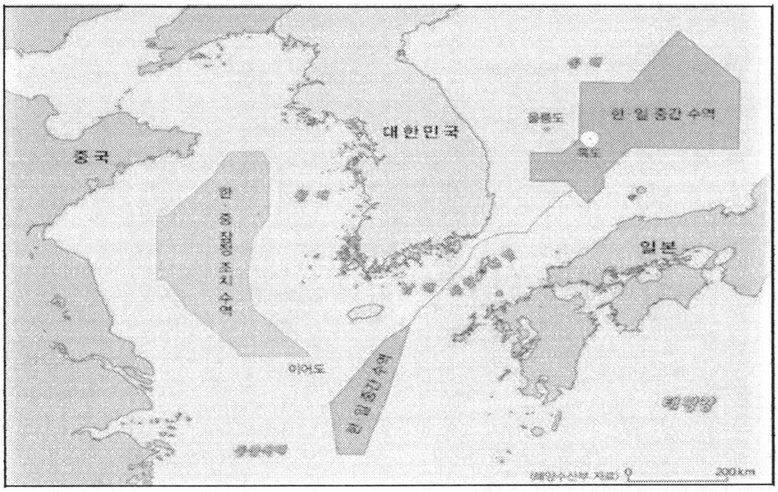

3. 해양자원 확보 경쟁

육지의 자연자원이 고갈되어 가고, 해양에서의 자연자원 개발에 필요한 기술이 발전하면서 해양자원개발의 중요성이 매우 커졌다. 해양에서 생산되는 자원은 수산물을 비롯한 해양생물과 함께 광물자원이 대표적이다. 이러한 해양자원을 둘러싼 국가 간의 개발경쟁이 치열하게 진행되고 있는데, 해양자원의 선점은 해양 영유권분쟁의 가장 큰 원인요소라 할 수 있다.

불법조업 중국어선은 서해와 남해 일부해역에 나타나던 과거와 달리 우리나라 전 해역에 나타나고 있으며, 2004년 북한·중국 간 공동어로협약 이후 동해에 까지도 대규모로 나타나고 있다. 이로 인해 울릉도 주변 오징어 어획량이 급감했다는 우려도 제기되고 있다.

실제 어업생산량 통계에서도 이러한 문제는 심각하게 나타나고 있다. 한·중·일 3국의 최근 몇 년간의 연근해 어업생산량 통계를 보면, 한국과 일본의 어업생산량은 감소하고 있는 반면에 중국의 어업생산량은 증가하고 있다. 이러한 자료가 불법조업의 결과라고 단정 지을 수는 없지만, 자원량이 제한된 상황에서 한·중·일 3국의 해역에서의 중국 어선들의 어획 강도가 과도하게 높아지고 있다는 것은 분명하다.

〈그림 4-12〉 한·중·일 연근해 어업생산량 변화 추이

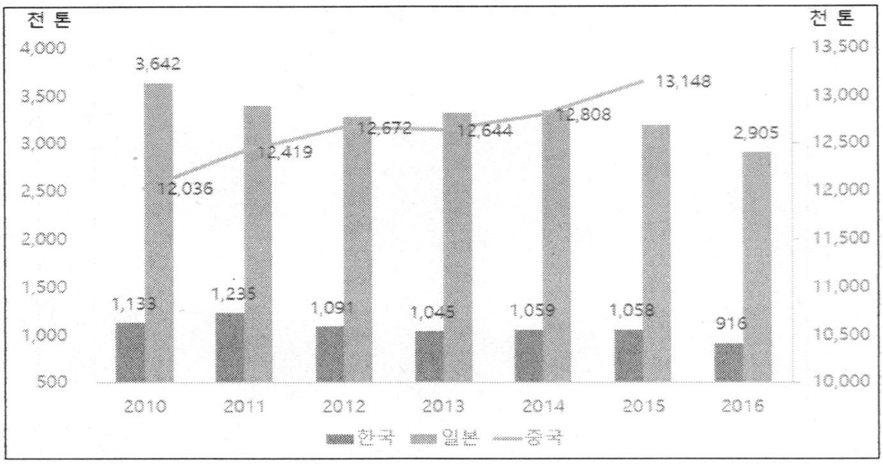

(자료: 2017. 5. 9. 한중일 3국의 연근해어업 생산량 추이[한국해양수산개발원 제공=연합뉴스, https://www.google.com/ 2020.7.13. 검색)

이러한 상황이 전개되고 있을 볼 때, 우리 해역에서 불법조업에 의한 어족자원의 감소가 심각하게 우려되고 있으며, 이에 대응하여 어족자원을 확고하게 지킬 수 있도록 적정 경비력을 확보하는 것은 시급하다고 판단되고 있다. 해양광물자원 역시 우리 해역에서 지켜야 하는 소중한 우리의 자산이다. 영유권 갈등을 겪고 있는 한·일 대륙붕공동개발구역의 중요성이 잠재된 매장자원에 있는 것처럼, 석유나 천연가스 같은 광물자원이 해저지층에 매장된 경우 해당 해역의 영유권을 갖는 국가에게 상당한 이익이 돌아갈 것이다. 하지만 해저지층 속의 광물은 넓은 범위에 걸쳐 분포하기도 하고, 인접 해상에서의 개발로 주변자원 매장지의 자원들이 유입되어 버리는 〈그림 4-13〉와 같이 일명 '빨대효과'로 인해 자원가치를 빼앗길 우려도 있다. 한·중·일과 같이 자원개발 가능한 대륙붕을 공유하고 있는 경우는 이러한 빨대효과가 현실화될 가능성 더욱 높다. 이러한 문제인식에 따라 각 국가 간의 영토 획정문제는 민감한 사안이 될 수밖에 없다.

최근에는 해양자원이 어족자원과 광물자원만이 아니라 생태계에서의 다양한 바이오자원들이 발견되고 있고, 유전자의 자원화도 현실화 중이기 때문에 해양자원으로부터의 엄청난 이익을 기대해 볼 수 있다. 이러한 해양자원 확보를 위한 자국의 해양영토를 넓히고 지키려는 노력은 더욱 치열해지고 있다.

〈그림 4-13〉 한·일 해저자원의 경쟁(빨대효과)

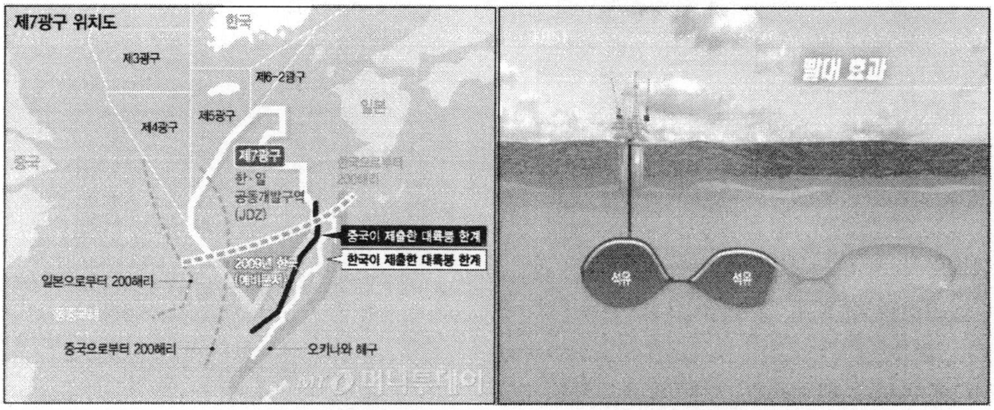

(자료 : https://mn.kbs.co.kr/news/view.do?ncd=4406156, 시사기획 창' 공식 홈페이지. 2020. 3. 20)

4. 해양이용의 집중

현재 해양경찰청의 대부분 함정은 단일 목적의 임무수행만을 하지 않고, 다목적화 되어 있다. 현장에 출동한 함정이 불법조업 단속, 유류오염 초동조치, 해양안전사고 대응과 구조·구난 등의 다양한 필요 상황에 대응하고 있는 것이다. 이러한 다목적 활동은 상황에 신속하게 대응하고 경비자원 활용률을 극대화할 수 있지만, 단일 함정의 규모가 커지고 승선원의 전문성이 부족할 수 있다. 그리고 해양경비만의 측면에서는 타 임무와의 중복성으로 기동성이 저하되거나 신속한 현장 도달이 곤란할 수 있다. 실제 해양경찰청의 수행한 해양경비업무의 현황을 볼 때도 다양한 임무 상황들이 발생하고 있음을 알 수 있다. 해양경비업무의 변화 추세와 이에 대응한 해양경찰 경비함정의 변화를 비교한 결과에서 보면, 해양경찰의 경비함정 변화는 거의 없지만, 〈그림 4 -14〉와 같이 해양경비업무의 수행량은 지속적으로 증하고 있어, 경비함정을 추가 확보가 필요하다.

〈그림 4-14〉해양경비업무와 보유 경비함정 변화 추세(2011~2015년)

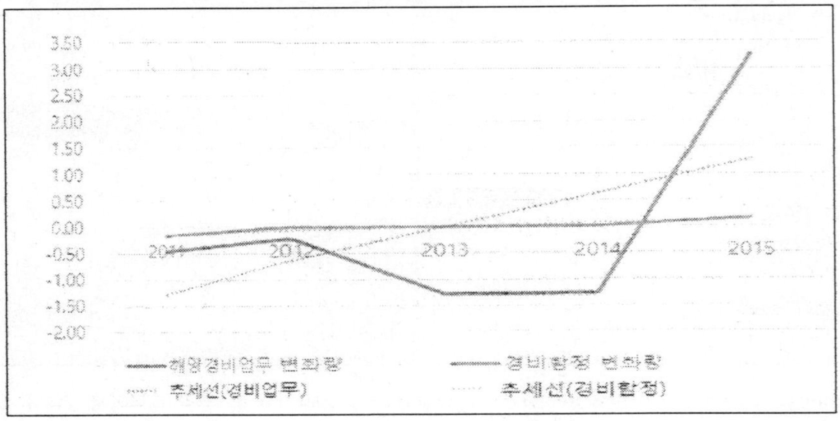

(자료: 해양경찰청, 「해양경비체계 발전방안 연구」, 2017. 8, 203면)

5. 해양환경여건 변화

우리나라의 연근해 환경과 해양경비의 관계를 살펴볼 때, 해안선의 굴곡이 심하고 도서가 많은 자연적 지형과 연안의 양식어장이 밀집되어 있는 해역이용 환경은 함정의 임무수행에 있어서는 장애요인이 될 수 있다. 지적에 등록된 무인도서 수는 2,876개이며, 이 가운데 육지로부터 20㎞이상 떨어진 무인도서가 318개로 전체의 약 12%에 해당한다. 그리고 면적이 적은 소규모 무인 도서들이 많은데, 3,000㎡ 미만의 무인도서가 전체의 33.6%를 차지한다.65)

〈그림 4-15〉 무인도서 현황

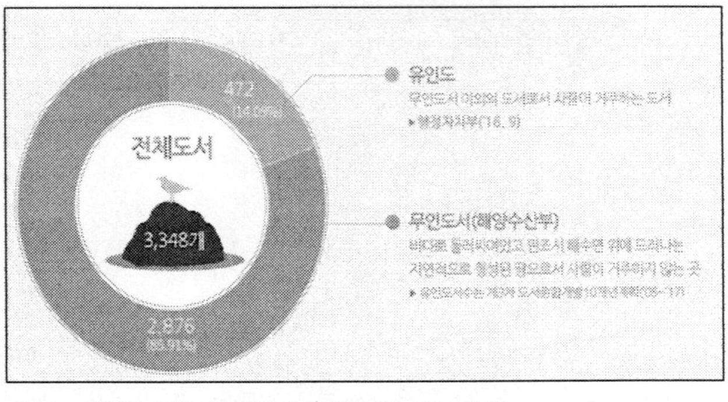

(자료: 해양수산부 홈페이지, 무인도서 정보제공)

65) 전체 무인도서는 2,876개로 조사되었으며, 미등록된 도서 234개를 제외하면 2,642개이다(해양수산부).

〈그림 4-16〉 육지로부터 거리구간별 무인도서 현황

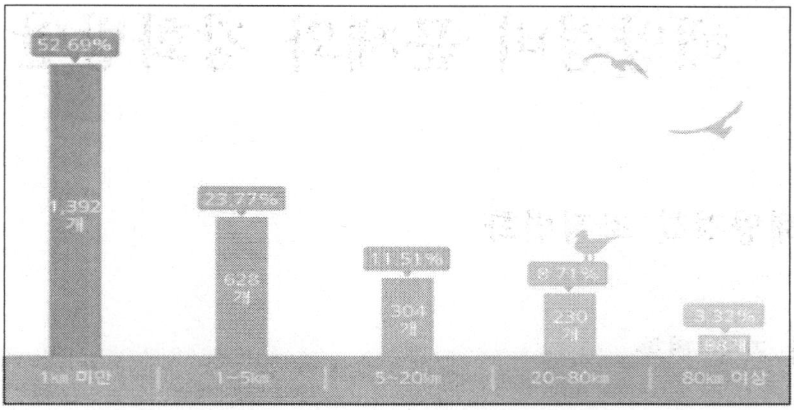

(자료: 해양수산부 연안포털(http://uii.mof.go.kr/UII/INTRO/sub02.html)

서·남해안에 널리 분포하고 있는 무인도서들은 굴곡진 해안선의 지형특성과 함께 함정에 의한 레이더탐지에 장애가 되어 경비취약해역이 될 수도 있다. 게다가 소규모의 원격지 무인도서의 경우는 상시적 관리의 사각지대이므로 외부세력의 침입거점으로 활용될 수도 있다. 우리나라 해역에서 이루어지는 양식어업은 총 13,725건으로 이들 양식어업이 차지하는 해수면의 면적은 154,513ha에 이른다.[66] 대부분의 양식어업은 수중 또는 수면에 일정규모의 시설을 설치하고 있는데, 이러한 시설물들은 함정들의 안전하고 신속한 통항에 위협이 될 수도 있다.

66) 수산정보 포털(https://www.fips.go.kr/jsp/farm/)

제4장 해양경비 문제와 강화방안

제1절 해양경찰 조직변화

1. 조직과 기능 변화

해양경찰은 1953년 12월 23일 '불법 외국어선 단속 및 어업자원 보호'를 목적으로 창설되었다. 초기 소속은 내무부 치안국 경비과 소속이었으며 이름은 '해양경찰대'였다. 그 이후 경찰청으로 승격된 것은 1991년 5월 31일 내부부 소속의 해양경찰청이 되면서 부터이다. 이후 1996년 1996년 8월 8일 해양수산부가 신설되면서 해양수산부의 독립 외청으로 지위가 격상되었다. 또한 이후 2005년에는 해양경찰청장이 차관급으로 승격하게 되었다. 해양수산부가 2008년 폐지되면서 부처를 국토해양부로 변경하였으나 독립 외청으로서의 지위에는 변함이 없었다. 2013년 박근혜 정부가 해양수산부를 부활시키면서 해양수산부 독립 외청으로 다시 복귀하였다가 세월호 사건 이후 독립 외청이 아닌 국민안전처 소속 해양경비안전본부로 그 지위가 격하되었다. 2017년 문재인 정부 출범 이후 2017년 7월 26일 다시 해양수산부 산하 독립 외청으로 부활하게 되었다.[67) 해양경찰은 본래 어업자원보호나 영해 경비를 주요 그 임무로 하였으나, 1962년에는 관할수역(해상) 내 범죄수사, 해양오염 감시 및 방제, 선박출입 통제 업무를 맡게 되었다. 이후 1996년 해양수산부 산하 독립 외청인 '해양경찰청'이 되면서 해양경찰 사무(수사·정보) 및 수상레저안전 업무까지 맡게 되었다. 그러나 국민안전처 소속이 되면서 해양경찰 사무(수사·정보) 대부분을 상실하게 된다. 초동수사권 일부만 당시 해양경비안전본부에 남기고 나머지 수사권은 일반 육상경찰이 담당하게 되었다. 이에 따라서 범죄수사 초기에 증거와 신병확보 등의 업무를 제외한 나머지 업무는 경찰로 이관되었다.[68) 이에 따라 수백여 명의 수사 및 정보인력이 일반 육상경찰로 이동하게 되었다. 2017년 7월 독립 외청으로 부활하게 되면서 경찰에 넘겨주었던 수사 및 정보 권능을 대부분

67) 법률 제14839호. 2017.7.26. 일부개정 정부조직법 제43조(해양수산부)
① 해양수산부장관은 해양정책, 수산, 어촌개발 및 수산물 유통, 해운·항만, 해양환경, 해양조사, 해양자원개발, 해양과학기술연구·개발 및 해양안전심판에 관한 사무를 관장한다.
② 해양에서의 경찰 및 오염방제에 관한 사무를 관장하기 위하여 해양수산부장관 소속으로 해양경찰청을 둔다.
③ 해양경찰청에 청장 1명과 차장 1명을 두되, 청장 및 차장은 경찰공무원으로 보한다.

68) 총리령 제1105호, 2014.11.19. 제정 국민안전처와 그 소속기관 직제 시행규칙

다시 회복하고 수사업무 및 정보수집 업무를 행사할 수 있게 되었다.69) 이에 따라 육지에서 해양 관련 수사 및 정보수집에 관한 사무가 '경찰청'에서 '해양경찰청' 사무로 이관되었고, 경찰청 소속 공무원 505명이 해양경찰청으로 이체(복귀)하였다.70)

〈표 4-21〉 한국 해양경찰 조직의 기능의 역사적 변천

기간	조직명	소속	기능									권한
			A	B	C	D	E	F	G	H	I	
1953 -1955	해양경찰대	내무부 치안국 경비과	V	V								일반 사법권
1955 -1962	해양경찰대	상공부 해무청 수산국	V	V	V							특별사법 경찰관
1962 -1991	해양경찰대	내무부장관직속 치안본부소속	V	V		V	V					일반사법권
1991 -1996	해양경찰청	내무부 경찰청	V	V		V	V	V	V			일반사법권
1996 -2008	해양경찰청	해양수산부 외청										
2008 -2013	해양경찰청	국토해양부 외청	V	V		V	V	V	V	V	V	일반사법권
2013 -2014	해양경찰청	해양수산부 외청										
2013 -2017	해양경비 안전본부	국민안전처	V	V		V	V	V	V	△	V	일반사법권 (제한적)
2017	해양경찰청	해양수산부 외청	V	V		V	V	V	V	V	V	일반사법권

A: 어업자원보호 B: 영해경비 C: 항로표지보호 D: 관할수역(해상)내 범죄수사 E: 해양오염 감시 및 방제 F: 선박출입 통제 업무 G: 수색 및 구조업무 H: 해양경찰 사무 (수사 정보) I: 수상레저안전 업무

(자료 : 허진아·김도우, "한국해양경찰 역량강화 방안에 관한 연구" 한국해양경찰학회보. 제4권 제2호, 2014., 134면)

69) 대통령령 제28217호, 2017.7.26., 제정 해양경찰청과 그 소속기관 직제 제13조 등 참조

70) 대통령령 제28217호, 2017.7.26., 제정 해양경찰청과 그 소속기관 직제 부칙 제2조 등 참조. 제2조(기능 이관에 따른 공무원의 이체)

① 해양에서의 경비·안전·오염방제 및 해상에서 발생한 사건의 수사에 관한 사무 이관 등에 따라 이 영 시행 당시 국민안전처 소속 공무원 9,422명(치안총감 1명, 치안정감 2명, 치안감 4명, 경무관 7명, 총경 이하 8,327명, 고위공무원단 2명, 3급 또는 4급 이하 1,079명)은 해양경찰청 소속 공무원으로 보아 이를 해양경찰청으로 이체한다.

② 육지에서의 해양 관련 수사 및 정보 수집 등에 관한 사무의 이관에 따라 이 영 시행 당시 경찰청 소속 공무원 505명(3급 또는 4급 이하 3명, 총경 이하 502명)은 해양경찰청 소속 공무원으로 보아 이를 해양경찰청으로 이체한다.

2. 2014년 해양경찰 해체

2014년 4월 16일 발생한 세월호 참사에서 구조 활동을 제대로 수행하지 못했다는 책임을 지고 해체되면서 중앙행정기관의 지위를 상실했다. 당시 박근혜 대통령은 사건 발생 이후 한 달이 더 지난 시점에서 대국민 담화를 발표하면서 해경 해체를 선언하였다. 대국민담화에서 당시 대통령은 해경의 구조 활동 실패가 수많은 인명 피해의 직접적인 원인이 되었다고 지적한 뒤 구조적 문제를 개선하고 대형 사고를 막기 위해 해경을 해체한다고 하였다. 구조적 문제로 제시된 점은 다음과 같다. ① 구조구난업무를 등한시하고 외형적 성장만 집중해 온 점 ② 해양안전에 대한 인력과 예산 확보 불충실 ③ 인명 구조 훈련 미비이다.71)

이에 따라 정부조직법이 변경이 추진되었고, 법률 제12844호로 정부조직법이 2014년 11월 19일 개정되었다. 개정의 주된 이유는 국무총리실 소속 국민안전처 신설이며, 이 신설된 국민안전처에 해양경찰청과 소방방재청의 업무가 이관되었고, 관련 조직도 흡수되게 된 것이다.72)

당시 정부는 세월호 참사에 있어 해경의 구조 능력의 전문성 문제를 지적하였다. 그리고 이러한 문제점 타개를 위하여 해경 조직의 해양 구조·구난 전문성 강화를 해법으로 제시하였고 그 결과 나온 결론이 해경을 국민안전처 내부 조직으로 축소시킨 것이었다.

당시 해경의 해체와 관련하여 여러 의견이 분분하게 된다. 해경 해체를 찬성하는 의견이 있었는가 하면, 해경 해체를 반대하는 의견도 있었다. 대부분의 의견 개진 형식은 일반대중을 위하여 언론기관에서 관련 분야 전문가들을 인터뷰하는 형식으로 이루어졌다.

---

71) 2014년 5월 19일 대국민담화 문 중 일부. " ... 이번 세월호 사고에서 해경은 본연의 임무를 다하지 못했습니다. 사고 직후에 즉각적이고, 적극적으로 인명 구조 활동을 펼쳤다면 희생을 크게 줄일 수도 있었을 것입니다. 해경의 구조업무가 사실상 실패한 것입니다. 그 원인은 해경이 출범한 이래, 구조·구난업무는 사실상 등한시 하고, 수사와 외형적인 성장에 집중해온 구조적인 문제가 지속되어왔기 때문입니다. 해경의 몸집은 계속 커졌지만 해양안전에 대한 인력과 예산은 제대로 확보하지 않았고, 인명구조 훈련도 매우 부족했습니다. 저는 이런 구조적인 문제를 그냥 놔두고는 앞으로도 또 다른 대형 사고를 막을 수 없다고 판단했습니다. 그래서 고심 끝에 해경을 해체하기로 결론을 내렸습니다. ……" [출처: 중앙일보] 2014.05.19. "[박 대통령 대국민담화] 전문"

72) 법률 제12844호 2014. 11. 19. 정부조직법 제22조의2제1항, 제3항

① 안전 및 재난에 관한 정책의 수립·운영 및 총괄·조정, 비상대비, 민방위, 방재, 소방, 해양에서의 경비·안전·오염방제 및 해상에서 발생한 사건의 수사에 관한 사무를 관장하기 위하여 국무총리 소속으로 국민안전처를 둔다.....

③ 국민안전처에 소방사무를 담당하는 본부장을 두되 소방총감인 소방공무원으로 보하고, 해양에서의 경비·안전·오염방제 및 해상에서 발생한 사건의 수사에 관한 사무를 담당하는 본부장을 두되 치안총감인 경찰공무원으로 보한다. 이법은 정부조직법 개정 이유를 다음과 같이 말하였다. "국가적 재난관리를 위한 재난안전 총괄부처로서 국무총리 소속으로 '국민안전처'를 신설하고, 현행 해양경찰청과 소방방재청의 업무를 조정 · 개편하여 국민안전처의 차관급 본부로 설치하며, 공직개혁 추진 및 공무원 전문역량 강화를 위하여 공무원 인사 전담조직인 인사혁신처를 국무총리 소속으로 설치하고, 교육 · 사회 · 문화 분야 정책결정의 효율성과 책임성을 제고하기 위하여 교육 · 사회 · 문화 부총리를 신설하려는 것임"

3. 2017년 해양경찰 부활

대통령 탄핵이라는 사상 초유의 사태로 2017년 5월 9일 조기 대통령선거가 벌어지게 되었다. 이에 따라 주요 정당들은 후보자를 내고 이에 따라 자신의 정책공약을 발표하게 되는데, 해경과 관련하여서는 주요 5개 정당 후보자가 모두 해양경찰청 부활 공약을 내걸게 된다. 더불어민주당 문재인, 국민의당 안철수, 자유한국당 홍준표, 바른정당 유승민, 정의당 심상정 후보는 모두 해경 부활을 자신의 대선 공약으로 제시하였다.[73] 이러한 점 때문에 해경 부활은 사실상 정권의 향배와 다름없이 기정사실이 되었고, 이에 따라 당선된 새로운 문재인 정부에서는 2017년 7월 27일 정부조직법을 개정하고 [법률 제14839호] 해양수산부 독립외청으로 해양경찰을 부활시킨다. 그러나 대통령 선거 이전부터 해양경찰 부활에 대한 의견들이 여러 군데에서 나타나게 된다. 그 중심에는 중국어선 불법조업에 대한 단속 문제가 가장 큰 부활논의의 촉진제였다. 2016년 10월 7일 인천 옹진군 소청도 인근에서 남서쪽 40해리 해상에서 불법조업 중국어선 40여 척을 퇴거 및 나포 작전을 실시하였다.

고속단정이 어선 선미를 밀며 도주 방향 전환을 시도하자 다른 중국 어선들이 연달아 고속단정을 추돌하여 고속단정이 침몰하는 사태가 발생하였다. 다행히 인명피해는 없었지만 중국 불법조업 어선이 우리나라 법집행 선박인 당시 '해양경비안전본부'의 고속단정에 고의적이며 직접적인 공격을 가하여 선박을 침몰시켰다는 사실 때문에 커다란 논란의 대상이 되었다. 이후 10월 11일 '국민안전처 해양경비안전본부'가 단속 강화 대책을 내놓았고, 해양경비법 제17조제2항에 따라 공용화기 사용을 통한 단속을 강화하겠다고 하였다.[74] '해양경비안전본부'함정이 침몰하자 정치권에서는 해경 함정 침몰 원인에 대해 "해경을 해체한 게 가장 큰 원인"이라고 지목하고 해양경찰 부활에 대

---

73) 한겨례 신문, "대선후보 4명이 "해경 부활, 다시 인천으로" 2017.04.26.일자.

74) 해양경비법 제17조제2항

① 해양경찰관은 해양경비 활동 중 다음 각 호의 어느 하나에 해당하는 경우에는 무기를 사용할 수 있다. 이 경우 무기사용의 기준은 「경찰관 직무집행법」 제10조의4에 따른다.

1. 선박등의 나포와 범인을 체포하기 위한 경우
2. 선박등과 범인의 도주를 방지하기 위한 경우
3. 자기 또는 다른 사람의 생명·신체에 대한 위해(危害)를 방지하기 위한 경우
4. 공무집행에 대한 저항을 억제하기 위한 경우

② 제1항의 경우 선박등과 범인이 선체나 무기·흉기 등 위험한 물건을 사용하여 경비세력을 공격한 때와 대간첩·대테러 작전 등 국가안보와 관련되는 작전을 수행하는 때에는 개인화기(個人火器) 외에 공용화기를 사용할 수 있다. 이러한 공용화기 사용 방침에 따라 추후 공용화기를 우리나라 해경이 사용하였지만, 중국 외교부 등 당국이 강력히 항의하는 등 양국 간의 외교적 마찰의 빌미가 되었다. 2016년 11월 1일 소청도 인근 남서쪽 해역에서 불법조업 어선 나포 과정에서 중국 어선 30여척이 몰려들며 함정을 위협하고, 경비함의 측면을 들이받는 위험한 행동을 하자, 해경은 물리적 경고 방송 뒤 소화포로 불리는 물대포와 M60 기관총으로 경고사격을 하였다. 이에 화춘잉(華春瑩) 중국 외교부 대변인은 2일 정례 브리핑에서 불법조업 중인 중국 어선의 강한 저항에 한국이 처음으로 공용 화기를 사용한 것에 대한 중국의 입장을 묻자 "중국은 한국 측의 무력을 사용한 폭력적인 법집행 행위에 대해 강하게 불만을 표시한다."고 밝혔다. 연합뉴스, 2017.11.02. 한겨레신문, "대선후보 4명이 "해경 부활, 다시 인천으로", 2017.04.26.

한 목소리가 나오기 야당뿐만 아니라 당시 여당에서도 나오기 시작하였다. 당시 정부조직법을 개편하여 해양경찰청을 없앤 이후 불법조업 및 우리나라 해양경비력 부실화 우려 등이 해양경찰 부활의 가장 강한 논리이며 이는 해양주권 수호를 위한 국민의 기대와도 관련되어 있는 부분이다. 2017년 9월 13일 해양경찰의 날 기념식에 문재인 대통령은 참석하여, 해양경찰 부활의 의미를 되새길 것을 주문하면서, 해양경찰의 주요 임무로 해상에서의 주권 수호를 주문하였다. 또한 "독도·이어도 등 외곽 도서 경비체계" 문제를 지적하고, 어민 생계를 위협하고 어업 자원을 고갈시키는 외국어선 불법조업 단속을 지시하였다. 이러한 점에서 해경 부활의 가장 큰 근거이자 국민들의 기대치는 해양주권 수호에 있다는 것을 확인할 수 있고 해양경찰의 경비 활동의 중요함을 알 수 있다.

제2절 해양경비의 문제점

1. 해양경비 관련 법제 검토 필요

가. 조직법의 재정비 필요성 검토

해양경찰조직의 조직법은 '정부조직법'의 제43조의 해양수산부장관 소속의 해양경찰청을 둔다는 것이 가장 기본적인 내용이다. 이를 기본으로 해양경찰청의 기본조직인 해양경찰의 직제에 대해서 규정하고 있는 '해양경찰청과 그 소속기관 직제'(대통령령)가 있다. '해양경찰청과 그 소속기관 직제'에서는 해양경찰청의 직무(제3조), 해양경창철장과 그 직급(제4조), 해양경찰청 차장(제5조), 해양경찰청 하부조직으로서 운영지원과, 경비국, 구조안전국, 수사정보국, 해양오염방제국, 기술장비국을 둔다는 내용(제6조, 제10조~제15조), 대변인(제7조), 기획조정관과 국제협력관의 직급 및 역할(제8조)등에 대해서 규정하고 있다. 이외 해양경찰교육원(제3장), 중앙해양특수구조단(제4장), 지방해양경찰관서(제5장), 공무원의 정원(제6장) 및 한시조직 및 정원(제7장)에 대해서 규정하고 있다. 이외 하부 법규명령인 '해양경찰청과 그 소속기관 직제'의 시행규칙인 '해양경찰청과 그 소속기관 직제 시행규칙'(해양수산부령)이 있다.

그동안 해양경찰은 외청으로 독립한 지 23년이 지났지만 독자적인 조직법이 없어 활동 근거가 미약하여 정체성 문제, 법적안전성 저해, 정상적인 임무수행에 차질, 직원들의 사기 저하 등의 문제가 많았다. 조직 및 직무범위를 규정함에 있어 가장 기본적이고 중요한 조직법적 기반이 없어 국민의 기본권을 제한하는 경찰권 행사는 헌법상 '법률유보의 원칙'에 따라 법률에 근거해야 하는데, 해양경찰은 독자적인 법률 없이 경찰권을 행사함으로써 국민의 기본권을 침해하거나 법적 안정성, 예측가능성을 담보하지 못할 소지가 있었다. 해양경찰과 마찬가지로 사법경찰권을 행사하는 경찰, 검찰, 국가정보원, 대통령경호처 등은 각각 경찰법, 검찰청법, 국가정보원법, 대통령 등의 경호에 관한 법률 등 별도의 독립적인 법률에 조직법의 근거를 두고 있다.

그러나 해양경찰도 다양한 구성원의 열망에 따라 독립적인 '해양경찰법'이 2019년 8월 20일 제정되어 2020년 2월 21일 시행 되었다. 주요 내용은 ① 해양경찰의 기본조직 및 직무범위에 대한 사항 규정 ② 국민의 의견 존중과 민주적 조직운영 규정 ③ 해양경찰공무원의 공정·중립의무와 권한남용의 금지 규정 ④ 매년 9월 10일 해양경찰의 날로 규정 ⑤ 해양경찰청장은 해양경찰에서 15년 이상 국가 경찰공무원으로 재직한 자로 치안감 이상 국가경찰공무원으로 재직 중이거나 재직했던 사람으로 임명할 수 있도록 규정하는 등을 담았다. 특히, 제정안에 해당 청장 임명 후보군 확대로 다양성과 민주성이 제고되고 후보자들 간 건전한 경쟁을 통해 조직에 활력을 부여할 수 있도록 했다.

그렇지만 해양경찰법의 직무 규정과 개별 작용법과의 연결고리를 정밀하게 검토하고 불합리한 조항들을 정비·보완하는 노력이 필요하다. 특히, 해양경비법 은 '경비'분야의 개별 작용법에 불과하므로 해양경찰법이 제정됨으로 인하여 이와 중복 혹은 불합치 되는 규정은 시급히 개선해야 한다. 한편 해양경찰 작용에 관한 일반적 규정인 해양경찰법이 시행된 이후 육상 경찰 직무수행의 일반적 근거인 경찰관 직무집행법 을 중복적으로 해양경찰 작용에 적용할 것인지 또는 해양경찰법을 보완해 가면서 향후 경찰관 직무집행법은 점차적으로 그 적용을 배제할 것인지에 관한 검토도 필요하다.

나아가 해양경찰 작용에 관한 일반적 직무 근거를 마련한 만큼 다양한 직무에 상응한 개별 작용법을 지속적으로 제정하거나 정비하여 명확하고 구체적인 작용법적 근거를 마련하는 노력이 후속되어야 한다(고명석, 2019: 1-28).

나. 작용법의 재정비 필요성 검토

해양경비법이 해양경찰 행정의 기본 작용법으로 규정되었음에도 불구하고, 해양경찰 행정이 작용법적인 측면에서 문제가 있다는 논의도 있다. 그 이유는 이 법 제5조(다른 법률과의 관계) 제2항에서 '해양경비법이 규정한 것을 제외하고는 경찰관 직무집행법이 적용된다.'고 명시하고 있어 경찰관 직무집행법이 보충적 특별법적 성격을 가지고 있다고 규정하고 있는데, 이는 해양에서의 법집행이 선박을 통해서 이루어지는 특별한 성격을 고려하지 않은 것이어서 육상 위주의 작용법을 적용하는 것은 무리가 있기 때문이다.

그러나 과연 해양경비법이 일반법이고 경찰관직무직행법이 특별법의 성격을 가지고 있는지 의문이다. 오히려 경찰관 직무집행법이 일반법이고 해양경비법이 특별법적인 성격을 가지고 있다고 보는 것이 타당하다. 해양경비법이 해양에서 이루어지는 경찰작용의 특별성을 고려하여 경찰관 직무집행법에 대해서 특별법의 성격을 갖는다고 규정한 것이 본 제5조의 입법취지라고 보아야 할 것이다. 따라서 특별법이 규율하고 있지 못한 경찰 행정작용에 대해서는 일반법인 경찰관 직무집행법을 통하여 국민의 권리를 제한할 수 있는 행정작용법적 근거를 마련해준 것이라고 할 수 있다.

따라서 해상에서의 법집행 활동이라는 특수성을 고려하지 못한 입법이 있다면 경찰관 직무집행법을 개정하여 이를 검토해야 하는 것이 아니라 특별법인 해양경비법을 보충하여 법의 흠결을 채워야 하는 것이다.

2. 해양경비 일원화와 해양안보

가. 해양경비 활동 일원화

해양경비 활동의 일원화 문제는 해양행정의 여러 분야가 해양수산부 및 기타 다른 중앙부처와 해양경찰로 분산되어 나오는 문제이다. 세월호사고의 여파로 이러한 점이 많이 제기된 측면도 있지만, 그 이전부터 제기되어 왔던 부분이다.

그동안 해상교통관제(VTS, Vessel Traffic Service)가 해양수산부와 해양경찰로 이원화되어 항만 VTS(인천항 등 15개소)는 해양수산부가 관리하는 반면, 연안 VTS(5개소)는 해양경찰이 관리하고 있는 이원화가 문제로 제기되었다. 하지만 이 부분은 세월호사고로 해양경찰로 관리가 일원화되었기 때문에 문제점이 해소되었다.[75] 해상교통관제(VTS, Vessel Traffic Service)는 해양사고 예방 및 선박교통관리를 위해 선박안전정보를 제공하는 곳이다. 이에 해양경찰청은 인천항 등 15개 항만과 진도 등 5개 연안해역을 관리하는 해상교통관제센터 관제사 466명의 소속을 모두 해경으로 일원화해 운영 중이다.

당초 20개 해상교통관제센터에는 해양경찰청 소속 336명, 해양수산부 소속 130명의 관제사가 근무를 하고 있었는데, 연안 해상교통관제센터는 해양경찰청이, 항만 해상교통관제센터는 해양수산부가 운영했다. 다만 항만운영에 차질이 발생할 수 있다는 우려가 있어, 15개 항만 해상관제센터 관제사 중 일부는 해양수산부 소속으로 해양경찰청에 파견하는 형태로 그동안 운영해왔다. 하지만 항만 해상교통관제센터 관제사의 소속

75) 선박교통안전 강화를 위해 2014년 11월 해양수산부 항만해상교통관제센터까지 해양경찰청에서 운영하는 것으로 정부조직이 개편됐다.

이 해양경찰청과 해양수산부로 이원화됨에 따라 체계적인 인력관리의 어려움이 나타나, 2019년 10월 관제운영인력이 해양경찰청으로 일원화됨에 따라 선박충돌 등 해양사고 예방을 위한 해상교통관제센터 역할이 정리되었다. 또한 선박운용과 관련하여 일정기준의 기술 또는 기능이 있어 특정한 업무를 수행할 수 있는 해기사 면허는 그 관리를 지방해양수산청이 하고 있다. 다만 동력수상레저 및 요트면허는 해양경찰이 하고 있어 이 역시 행정 일원화에 대한 논의가 제기되고 있다. 이 외에 항만보안관리가 지방해양수산청, 국정원, 경찰청 등으로 분산되어 있는 점도 문제로 지적되고 있다.[76]

이러한 문제점은 여러 군데에서 나타나고 있는데, 해양수산부와 해양경찰청이 해양경찰 행정작용을 같이 하고 있다는 문제점 때문에 나타나는 현상이고, 동시에 육상경찰과 해양경찰이 나뉘어져서 나오는 현상이 대부분이다.

나. 해양경비 확대에 따른 문제

일원화 문제는(협의의) 해양경비 분야에서는 해군과의 협력 문제로 나타나게 된다. 1982년 유엔해양법협약이 제정되어 연안국의 관할권이 확대되자 해양경찰의 임무는 해적과 해상범죄 단속이라는 전통적인 경찰행정의 임무에서 해양주권 및 해양영토 수호 임무에 강조점이 놓이게 된다.

해군의 해양주권 수호 임무는 형태로는 외곽 해양경계선 경비 및 불법조업어선 나포 및 검색 등으로 나타난다. 장소적으로는 영해기선을 중심으로 200해리, 경우에 따라서는 200해리 이원의 대륙붕이 있는 지역까지 먼 바다로 확대되었다. 이렇게 해양주권 수호 임무가 확대되고 해경의 임무에 국가의 통합성 보호를 위한 해양안보적 성격이 가미되자 해군과 해양경찰의 임무가 중첩되는 현상이 발생하고 상호협력의 필요성이 제기되고 있다. 해양에서 해군과 해양경찰의 만남은 한 국가 내에서는 먼저 협력의 문제로 귀결되어야 한다. 물론 상호협력 문제뿐만 아니라 상호 권한 및 관할권 배분의 문제로 나타나기도 한다는 점도 무시할 수 없는 대목이다.

해양경비의 확대로 다른 국가의 해양경비력과 해양에서 마주칠 가능성도 늘어나고 있다. 해상에서 다른 국가의 해양경비 세력과의 충돌은 상호 무력충돌 가능성을 내포하고 있다. 다른 국가와의 관계에서는 해양경찰 상호간의 충돌 혹은 더 나아가서 해양경찰과 다른 나라 해군의 충돌 양상으로까지 번질 수 있는 상황이다. 따라서 해양경비에 있어서 법 집행력의 행사는 국제법과 그 중에서도 유엔해양법협약에 따라서 이루어져야 한다.

또한 전시에 해군과 해경은 협력하도록 되어 있으며 통합방위법에 따라 해양경찰청은 통합방위작전의 수행에 필요한 '국가방위요소'가 된다.[77] 적이 침투·도발하여

76) 최영출 외, 「신 해양행정 집행모델 개발」 (해양경찰청 연구보고서), (2012.10), 59면 이하 참조.

적의 대규모 병력이 침투한 경우(갑종사태), 일부 또는 여러 지역에서 적이 침투한 경우(을종사태), 적의 침투 도발이 예상되거나, 소규모 적이 침투한 경우(갑종사태)의 경우에는 통합방위작전이 통합방위본부장에 의하여 시행된다(제2조, 제15조 등). 이 때 해양경찰 역시 통합방위를 해군과 함께 해상에서 시행하여야 하나, 이에 관한 세부적 사항이 기술되어 있지 않다는 점이 문제이다. 통합방위법에는 포괄적 통합방위본부의 구성에 대해서만 규정하고, 실제 개별적인 사항은 추후 통합방위에 따라 이행되도록 너무 포괄적으로 규정되어 있다.

3. 해양경찰작용과 국제해양법 합치성

해양경찰 작용에서 가장 중요한 것은 선박에 대한 통제이며, 해양경비법 제12조는 ① 다른 선박의 항행 안전에 지장을 주거나 진로 등 항행상태가 일정하지 아니하고 정상적인 항법을 일탈하여 운항되는 선박 등, ② 대량파괴무기나 그 밖의 무기류 또는 관련 물자의 수송에 사용되고 있다고 의심되는 선박 등, ③ 국내법령 및 대한민국이 체결·비준한 조약을 위반하거나 위반행위가 발생하려 하고 있다고 의심되는 선박 등에 대해서 해상 검문·검색을 할 수 있다고 하였다. 다만 단서를 통하여 우리나라 선박이 아닌 외국 선박에 대해서는 이법이 아니라 체결·비준한 조약 내지는 일반적으로 승인된 국제법에 의하여 실시하는 것으로 하여 기본적은 유엔해양법협약에 따라 선박에 대한 검문·검색을 할 수 있도록 하였다. 또한 위의 선박이 해상검문을 따르지 않을 경우 제13조는 선박을 추적 나포할 수 있다고 하였으며, 다만 외국 선박에 대해서는 유엔해양법협약에 따라 추적 나포할 수 있도록 하였다.

대체적으로 유엔해양법협약을 고려하여 이를 존중한 입법이며, 유엔해양법협약에 대한 국내 이행입법이라고 할 수 있다. 하지만, 다음과 같은 점에서 약간의 문제가 있다. 일단 영해에서의 해양경비의 경우 우리나라 선박에 대해서는 해양경비법, 경찰관 직무집행법 및 그리고 형사소송법이 정한 요건에 따라 해양경찰 법집행 활동을 하면 충분하다. 유엔해양법협약을 적용할 필요가 없다. 다만, 실질적으로 우리나라 선박이 맞지

77) 통합방위법 제2조2의 "국가방위요소"란 통합방위작전의 수행에 필요한 다음 각 목의 방위전력(防衛戰力) 또는 그 지원 요소를 말한다.
가. 「국군조직법」 제2조에 따른 국군
나. 경찰청 · 해양경찰청 및 그 소속 기관과 「제주특별자치도 설치 및 국제자유도시 조성을 위한 특별법」에 따른 자치경찰기구
다. 국가기관 및 지방자치단체(가목과 나목의 경우는 제외한다)
라. 「예비군법」 제1조에 따른 예비군
마. 「민방위기본법」 제17조에 따른 민방위대
바. 제6조에 따라 통합방위협의회를 두는 직장

만 편의치적[78]인 경우에는 국내법을 적용해야 하는 것인지 아니면 이러한 선박도 외국 선박으로 보아 체결·비준한 조약내지는 일반적으로 승인된 국제법, 즉 유엔해양법협약에 의하여 이를 집행해야 하는지 의문이 제기될 수 있다. 이 부분을 입법적으로 해결하는 것이 필요하다.

타국 선박에 대해서는 무해통항권이 적용된다. 따라서 무해하지 않는 선박의 통항에 대해서는 우리나라 해양경찰이 정선을 명령할 수 있다. 다만 이때에도 나포를 할 수 있는 것인지에 대해서는 의견이 나뉘어져 있다. 접속수역에 대해서는 관세·재정·출입국 관리 또는 위생에 관한 법령의 위반방지 및 연안국의 영토나 영해에서 발생한 위의 법령 위반에 대한 처벌을 위해서는 필요한 통제를 할 수 있다. 이때에도 선박에 대해서 정선명령을 할 수 있으나 나포를 할 수 있는지에 대해서는 똑같이 의견이 나뉘어져 있다.

배타적 경제수역에서는 기본적으로는 기국주의가 적용된다(해양법협약 제94조, 제58조). 따라서 해양경비법상 "원해수역"에 대해서는 우리나라 선박 이외의 선박에 대해서는 법집행권을 행사할 수 없기 때문에 해상 검문·검색이나 추적·나포를 할 수 없다. 다만, 공해자유 원칙의 예외에 해당하는 경우인 노예매매, 해적행위, 마약 등 불법거래, 무허가방송 등의 경우에만 임검권(해양법협약 제110조), 추적권(해양법협약 제111조)을 행사할 수 있다. 그러나 타국 선박에 대해서도 배타적 경제수역 내 우리나라가 가지고 있는 주권적 권리를 침해한 경우에는 이에 대해서 우리가 법집행 관할권을 행사할 수 있다. 그러나 물리력을 사용한 검문·검색이나 추적·나포를 할 수 있는 범위에 대해서는 유엔해양법협약 자체가 불분명한 부분이 있다. 이에 대해서 좀 더 명확하게 규정할 필요가 있다.

이러한 점을 놓고 보면 개별 수역에서 해양경비 활동을 할 경우 특히 외국 선박을 통해서 관할권을 행사할 경우 유엔해양법협약의 내용에 따라 해양경비 활동을 해야 하는데 이에 대한 명확한 규정이 필요한 부분이 있다.

4. 해양경비 자원의 문제

해양경비의 특성을 살펴보면, 해양이라는 넓은 범위에서 선박과 항공기를 기반으로 활동하고 있으며, 기상과 같은 자연환경의 영향이 크고, 단위 경비세력이 다양한 임무를 수행한다. 그리고 함정, 항공기와 같은 장비 의존성이 높아 활동의 비용이 높고 고도의 해양경비장비와 시스템을 필요로 한다.[79] 이러한 해양경비 특성을 볼 때, 적정 수준의 해양경비력을 확보하기 위해서는 무엇보다 함정과 항공기와 같은 장비를 확충하

78) 편의치적선(Flag of Convenience Vessel)이란 선주가 세율이나 선박의 등록세, 톤세가 낮고, 안전규칙이 엄격하지 않은 라이베리아, 파나마에 등록한 선박을 말한다. 실질상의 선주의 국적과 선박등록국이 다르다.

79) 해양경찰청, 「해양경비체계 발전방안 연구」, 2017. 8. 8~21면.

고 가용장비를 효율적으로 운용할 수 있는 자원활용체계를 강화하는 것이 매우 중요함을 알 수 있다.

해양경비 임무수행의 특성을 고려하면서 우리나라 해양경찰이 보유하고 있는 해양경비자원의 현황과 선진국의 해양경비자원 현황을 비교할 때 우리의 해양경비자원 여건의 문제점을 제시하면 다음과 같다.

첫째, 광활한 해양의 공간범위를 효과적으로 경비하기 위한 입체적 경비세력을 확보하지 못하고 있다. 미국과 일본 등 선진국의 해양경비는 1990년대 이전부터 해·공의 입체경비 개념을 기반으로 세력을 증강하고 있으며, 미국과 일본은 이미 함정위주에서 해·공의 입체적 임무수행을 위한 해양경비용 장비세력을 적정한 수준으로 확보하고 있다. 이에 반해 우리는 함정에 비해 항공세력이 열악한 수준에 머무르고 있는 실정이다. 입체적 임무수행을 위해 항공세력의 추가 확보가 필요하지만, 기존 함정과 항공기의 성능 개선도 함께 추진되어야 한다. 해경이 보유한 함정 가운데 약 20.3%가 내구연한[80]을 초과한 노후함정이지만 대체건조가 늦어져 함정 자체의 안전은 물론 임무수행이 제한된다는 지적이 있다. 그리고 현재 해양경찰이 보유하고 있는 헬기 가운데 40%가 야간 임무수행이 불가능할 정도이며, 필요 항공자산의 50% 미만의 세력 확보에 그치고 있다는 문제가 제기되었다. 따라서 기존 경비자원의 현대화를 통해 경비세력의 강화를 추진해야 한다. 둘째, 해양경비세력의 증강에 필요한 예산확보가 어렵고 유지비용 또한 증가함에 따라 제한된 해양경비자원의 운용 효율을 제고할 필요성이 증가하고 있다. 해양경비세력의 증강과 현대화를 위한 전력증강사업에 막대한 국가예산이 소요되고 획득기간도 장기화되는 등의 문제[81]를 극복하기 위해서는 경비자원의 운용 효율화가 병행되어야만 한다.

셋째, 장비 의존도가 높고 해양이라는 전문성이 요구되는 해양자원 운용의 특성에 비해 새롭게 인력 충원되는 해양경찰이 해양 전문성이 부족하다는 지적이 있다. 이러한 문제는 각종 정비대상 장비의 정비 불량과 같은 문제로 이어질 수도 있다. 특히, 부산에 소재한 해경 정비창이 노후화되어 확장하나 제2정비창을 추가하는 등의 요구를 충족하기에 많은 예산이 소요되어 사업추진이 지연되고 있어 해양경비에 필요한 모든 영역의 기능을 해양경찰청이 보유하기 보다는 전문화된 조직을 활용하는 등의 유연한 대안의 검토가 필요하다.[82]

---

80) 내구연한은 물자 또는 장비를 원래의 상태로 사용할 수 있는 기간으로 해경 함정의 내구연한 기준은 강선(철선) 20년, FRP선(강화플라스틱) 및 알루미늄선은 15년이다.

81) 해양경찰청, 「선진 치안장비시스템 구축을 위한 장비선진화 연구」, 2013.11, 269면.

82) 해양경찰 서부정비창은 2019년 8월 정부 예비타당성조사를 최종 통과하여 목포 허사도 10만9000㎡ 부지에 총사업비 1994억원을 투입, 2020년 착공해 2024년에 완공되는 것으로 계획되어있다.

제3절 해양경비 강화방안

1. 해양경비력 강화 추진

해양영토와 관련한 한반도 및 국제적 동향을 볼 때, 주권국가로서 해양경비력의 강화 필요성은 충분히 공감할 수 있을 것이다. 해양자원의 개발 경쟁이 심화되고 영토수호에 대한 국민적 요구가 높아지면서 해양경비 세력의 증강은 필수적인 조치이다. 이러한 해양경비력의 강화는 신속하고 지속적으로 추진되어야 하지만 중장기적 계획에 따른 안정적으로 추진되어야 할 것이다. 이런 관점에서 해양경비력 강화를 위한 추진을 위한 기본방향을 제안하자면 다음과 같다.

첫째, 힘의 균형을 유지해야한다. 우리나라는 중국과 일본의 사이에 위치하고 있고, 두 나라와의 해양경계 획정이 완전하게 합의되지 않은 상태이기 때문에 분쟁 발생의 가능성이 여전히 존재한다. 이러한 때에 중국과 일본은 자국의 해양경비를 강화하고 유사시 대응능력을 키우기 위해 조직, 장비, 인력 등의 모든 면에서 전력을 증강시키고 있다. 두 강대국에 맞서 우리의 해양자원과 영토를 지킴으로써 해양주권을 수호하기 위해서는 힘의 균형 유지가 절실하다. 이는 한·중·일 간의 해양분쟁이 국제 안보정세 변화와 역내 국가들 간의 세력불균형이 심화될 경우 군사적 무력충돌 발생의 가능성도 예상된다는 측면에서 더욱 절실하다.

특히, 자원의 이용·개발경쟁이 치열해짐에 따라 국가 간의 군사력 충돌보다는 그보다 낮은 수준의 경비력의 충돌 가능성이 높기 때문에 이에 대한 대비가 필요한 것이다.

둘째, 심리적 억제력 확보가 필요하다. 중국의 해경 함정이 대형화하면서 무장까지 강화하는 것은 유사시 활용 가능한 화력을 갖추기 위함이지만, 상대에게 위압감을 느끼게 함으로써 사전 억제력을 키우는 효과도 있기 때문이다. 따라서 사전 예방력을 제고하기 위해서는 외부세력으로 하여금 침범이 불가하다고 인식하게 만들 필요가 있다. 이를 위해서는 언제 어디로든 침범할 수 없을 만큼 빈틈없는 경비체계를 갖추고 단호하고 철저한 경비능력을 보여줘야 한다.

셋째, 해양경비에 필요한 적정 자원을 확충하고 효율적 운용체계를 갖춰야 한다. 해양경비 수요에 적정한 수준의 해양경비자원을 확보하기 위해 부족한 자원을 확충함과 동시에 현대화 및 성능 개선을 통한 자원의 질적 향상을 추진해야 한다.

넷째, 국민의 신뢰를 받아야 한다. 오랜 전통을 가진 해양경찰청이 갑작스럽게 해체되었던 아픈 과거는 해양경찰청에 대한 국민들의 신뢰가 약했기 때문에 일어날 수 있는 사태였다. 확고한 해양경비력을 갖추기 위해서는 조직의 안정이 필요하고 이를 뒷받침하는 것은 국민의 안정된 지지라 할 것이다. 국가와 국민의 안전을 가장 우선으로 하는 조직으로 거듭나면서 신뢰를 회복한다면, 조직의 안정은 물론 임무수행 기반의 확장도 쉽게 이루어질 수 있을 것이다. 해양경찰의 국민 신뢰회복은 해양경찰의 날 기념식에서 대통령이 해경의 첫 번째 과제로 제시한 것이기도 하다.[83]

다섯째, 적극적 발전모델을 개발해야 한다. 세계 각 해양 국가들은 서로 다른 형태의 해양경비조직을 보유하고 있다. 해군과 유사한 준군사적 조직, 유사 정부기능을 집중한 조직, 경찰조직의 형태로 구분될 수 있는데,[84] 각 나라의 경비여건과 정부조직의 특성에 따라 발전된 것이다. 미국, 중국, 일본의 해양경비조직도 서로 차이가 있는데, 우리나라의 해양경찰은 경찰신분을 지닌 집중형이라 할 수 있다. 해양경찰청이 다시 출발하는 시점에서 다양한 상황과 경비수요에 최상의 역량으로 임무를 수행할 수 있는 적정모델을 고민하고 발전시켜야 할 것이다.

2. 해양관련 기관 간의 협력 체계 강화

가. 해군과의 협력 강화

해양경비법 제10조는 해양경비 활동과 관련하여 긴급한 사안이 있을 경우 협의체를 운용하도록 되어 있는데, 여기에 국방부(해군)가 빠져 있다.[85] 해양경비법의 정비를 통하여 국방부 특히 해군과의 협력을 규정해야 할 필요가 있다.

우선 해군과 해양경찰의 상호 협의 기능을 강화하는 것이 선행되어야 하지만 해군과 해양경찰의의 역할이 날로 강화되고 장비도 고도화 선진화되어 가고 있는 상황에서는 상호간의 운용성을 강화하기 위하여 두 기관의 지속적인 협력 관계를 추진하는 것을 고민해야 할 것이다. 또한 필요하다면 우리나라도 국가함대[86] 개념을 도입하는 방안을 검토해야 한다.

이와 더불어서 해군과 해양경찰 협력의 중·장기적 과제로 고민해야 할 부분이 바

83) 2017. 9. 13. 인천 중구 해양경찰서 전용부두에서 열린 '제64주년 해양경찰의 날 기념식'에서 문재인 대통령은 "조직의 명운을 걸고 국민의 신뢰를 회복해야 합니다. 바다에서 일어나는 재난과 재해는 처음부터 끝까지 해경이 완벽하게 책임져야 합니다."(기념사 연설 전문).

84) 양희철, "해상갈등의 점증적 제고와 우리나라 해양법집행세력 운용방향", 해경정상화 포럼 발표자료, 해양환경안전학회, 2017.4., 9~10면.

85) 해양경비법 제10조 (협의체의 설치 및 운영) ① 해양경찰청장은 해양경비 활동과 관련하여 긴급한 사안이 있을 경우 신속한 정보의 수집·전파 등 업무협조를 위하여 외교부, 해양수산부 및 경찰청 등 관계 기관과 협의체를 설치하여 운영할 수 있다.

86) 국가함대란 조직적 실체가 아니라 해군과 해양경비대의 전력을 통합적으로 운용하는 개념으로 양 기관의 전력의 공통성과 상호 운용성을 극대화하는 것을 목표로 하고 있다. 미국이 탈냉전 이후 제한된 예산으로 해양에서의 최고도 능력을 국가에 제공하기 위하여 해안경비대가 함정, 항공기 등 전력·기반시설·인력 등 다양한 분야에서 해군과의 맞춤형 통합을 위해 협력하는 과정에서 탄생한 것이다.

로 이북 접경지역 해양경계경비 임무 이전(移轉)이다. 추후 한반도 긴장 완화와 평화 정착을 위해서는 접경지역에서의 군사충돌 완화가 필수적으로 요구된다. 따라서 장기적 관점에서는 서해 5도 지역 및 서해 NLL 그리고 동해 NLL 인근 지역의 해양경비 및 해양 경계선 경비 활동에 대해서는 해경이 이를 수행하는 방안을 검토하는 것이 필요하다. 이 경우 해군으로서는 대양해군으로 나아가기 위한 발판을 마련할 수 있을 것이다. 다만 이 경우 해양경찰 및 해군의 함정운용과 관련하여 협력 체계가 마련해야 할 것이다.

해군과 해양경찰은 '통합방위법'에 따라서 유사시에는 해군이 해경을 통제하고, '수상에서의 수색구조 등에 관한 법률'에 따라 재해·재난 시에는 해양경찰이 해군전략을 통제할 수 있도록 법제화되어 있다. 그러나 세부적으로 정교하게 작성된 협력 방안은 존재하지 않는 것으로 파악된다. 통합방위법에 따르면 해양경찰은 통합방위작전 수행에 필요한 '국가방위요소'가 됨에도 불구하고, 해양경비법 제10조는 해양경비 활동과 관련한 협의체 구성 대상에서 해군을 제외하고 있는 등 실제 법제도 측면에서 해군과 해경의 협력은 상당히 지지부진한 상황이다. 「해경·해군 정책서」[87]는 미래 상호 운용성을 강화하기 위해서는 해군과 해양경찰의 전력건설이 필요함에도 불구하고, 법적근거가 부재하고 있다는 점을 지적하고 있다. 해군과 해양경찰의 협력이 아직 미비한 상황이라는 점을 확인할 수 있는 대목이다.

나. 해수부 어업지도선과 협력 강화

불법어업 단속에 있어서 해양수산부 소속 어업지도선과 함께 협력할 필요가 있다. 현재 해양수산부 소속 어업지도선은 68척(2016년 자료)이며 그 중에서 10년 이하의 선박이 약 20척에 불과할 정도로 신규 어업지도선이 부족하지만 그 중 절반에 해당하는 10척은 1000천 톤 이상의 선박일 만큼 규모가 있으므로[88] 해양경찰과의 협력을 통하여 단속의 시너지 효과를 내는 것이 필요하다. 해수부 소속의 어업지도선과 지방자치단체의 어업지도선이 해경의 불법어업 단속에 함께 협력한다면 좋은 결과를 얻을 수 있을 것이다.

87) 해군본부-해양경비안전본부, 「해경·해군 정책서」(국가 해양력 강화를 위한 「해경·해군 정책서」(2016-2030)).
88) 해양수산부, 소통바다〉행정정보공개〉부서별사전공표정보, "국가어업지도선 현황" 참조

3. 조직적 측면의 강화 추진

가. 새로운 업무영역개발 추진

일본 해상보안청은 영해 및 EEZ에서의 해양권익을 확보하기 위해 그 기초가 되는 해양 정보를 정비하기 위해 해저지형조사를 추진하고 있다. 측량선에 탑재한 멀티 빔 계측기를 통하여 해저지형 및 지각구조를 탐사하고 있다. 이러한 멀티 빔 계측기는 석유 탐사를 위하여 사용되며, 사실상 일본은 해상보안청이 석유 탐사 및 자원 탐사를 시행하고 있다.

우리나라의 경우 해도 제작은 국립해양조사원이 담당하고 있으며, 해양과학조사는 주로 한국해양과학기술원이 담당하고 있다. 다만, 석유 및 천연가스의 탐사를 위한 탄성파 검사는 한국지질자원연구소가 담당하고 있다. 해양과학조사의 측면에서 석유 및 천연사스의 탐사를 진행하고 있지만, 실질적으로 중간선 부근이나 그 너머까지 해양 석유 및 천연자원의 탐사가 어려운 상황이다. 이러한 점에서 해상 법집행 기관인 해양경찰이 석유 탐사를 진행할 경우 다른 나라로부터의 압력을 뚫고도 자원 탐사를 할 수 있다는 이점이 있다. 현 정부의 국정과제 가운데 하나인 해양공간계획체계의 도입이 추진되고 있는데, 이를 위해서는 해양관리를 위한 다양한 조사정보를 필요로 한다. 현재 국립해양조사원을 비롯한 해양조사 전문기관에서의 조사정보가 축적되고 있지만, 대부분 해양조사가 선박에 의존하기 때문에 많은 정보를 수시로 획득하는데 어려움이 있다.

해양경비 함정은 우리나라의 관할해역 곳곳을 수시로 항해하면서 항시 경비 활동을 수행하고 있으므로 빈번한 항해를 하는 함정에 조사장비를 탑재한다면 보다 많은 해양 정보를 수집할 수 있다. 이는 부족한 해양조사 역량을 보완할 수 있는 매우 유용한 방안이 될 것이다. 미국이나 일본의 해양경비조직이 해양조사업무를 수행하고 있는 것도 참고할 수 있다.

나. 업무중요도의 조정 필요

해양경찰은 해양경비뿐만 아니라 다양한 임무를 수행한다. 해상안전, 수사 정보, 해양오염방제 등 여러 분야의 임무들이 제 각각의 중요성을 갖고 철저하게 수행되고 있지만 특정 기능의 과도한 성장이 문제로 지적되기도 하였는데, 세월호사고 이후 해양경찰의 수사권에 대한 지적이 그 예가 될 수 있다. 해경조직이 점차 수사업무를 중시하는 조직으로 바뀌면서 현장직에 비해 수사와 정보계통이 우대받는 구조로 변질되어 구조·구난이 홀대받고 해상안전임무 수행이 약화되었다는 것이다.[89)]

지금은 해양경찰청이지만 부활 전의 해양경비안전본부의 업무기능별 중요도를 분석한 연구결과를 보면, 총 15개로 세분한 업무기능 가운데 해양경비가 가장 중요도가 높게 평가되었으며 해상안전이 다음 순으로 나타났다(이민형, 2016: 154-159).

2014년 세월호 사고 이후에 해상안전에 대한 인식과 중요성이 크게 강조되던 상황에서 조사한 결과임을 감안한다면 해양경비의 중요성이 얼마나 크게 인식되고 있는지를 충분히 가늠할 수 있다. 이러한 조사결과와 함께 앞에서 살펴본 중국 불법어선 단속을 포함한 한반도 주변의 해양경비 여건들을 고려할 때, 부활한 해양경찰의 업무기능 중에 해양경비를 가장 우선하는 조직으로 거듭나야 함을 알 수 있다.

다. 해양경비법 정비 필요

해양경비법 제13조는 추적 및 나포의 대상으로 선박만을 명시하고 있을 뿐 체포의 대상으로 범인을 명시하고 있지 않고 있다.[90] 다만, 제17조 무기의 사용에서 범인의 체포를 위한 무기를 사용할 수 있다고 하여, 간접적으로 범인 체포가 가능하다고 규정하고 있으나, 법조문의 체계 적합성 측면에서 검토가 필요하다.[91]

현재 선박 내에 개인에 대한 체포 등 구인은 상황상 영장 없는 개인에 대한 인신구속에 해당하는 경우가 대부분이다. 따라서 형사소송법상 긴급체포(제200조의3)[92] 혹은 현행범 체포(제211조, 제212조)[93]에 해당한다. 문제는 체포 이후에 제200조의4(긴급체포와 영장청구기간)에 따라서 48시간 내에 구속영장이 청구되어야 한다. 그러나 불법조업

---

89) 이데일리, [세월호 참사]뭍으로 나온 해경, 수사권 '식탐'.구난구조 실종", 2014.5.6.일자 기사.

90) 해양경비법 제13조(추적 · 나포) 해양경찰관은 다음 각 호의 어느 하나에 해당하는 선박 등에 대하여 추적·나포(拿捕)할 수 있다. 다만, 외국선박에 대한 추적권의 행사는 「해양법에 관한 국제연합 협약」 제111조에 따른다. 1. 제12조에 따른 해상검문검색에 따르지 아니하고 도주하는 선박 등 2. 해당 경비수역에서 적용되는 국내법령 및 대한민국이 체결·비준한 조약을 위반하거나 위반행위가 발생하려 하고 있다고 확실시되는 상당한 이유가 있는 선박 등.

91) 제17조(무기의 사용) ① 해양경찰관은 해양경비 활동 중 다음 각 호의 어느 하나에 해당하는 경우에는 무기를 사용할 수 있다. 이 경우 무기사용의 기준은 「경찰관 직무집행법」 제10조의4에 따른다. 1. 선박 등의 나포와 범인을 체포하기 위한 경우 2. 선박 등과 범인의 도주를 방지하기 위한 경우 3. 자기 또는 다른 사람의 생명·신체에 대한 위해(危害)를 방지하기 위한 경우 4. 공무집행에 대한 저항을 억제하기 위한 경우 ② 제1항의 경우 선박등과 범인이 선체나 무기·흉기 등 위험한 물건을 사용하여 경비세력을 공격한 때와 대간첩·대테러 작전 등 국가안보와 관련되는 작전을 수행하는 때에는 개인화기(個人火器) 외에 공용화기를 사용할 수 있다.

92) 제200조의3(긴급체포) ①검사 또는 사법경찰관은 피의자가 사형 · 무기 또는 장기 3년이상의 징역이나 금고에 해당하는 죄를 범하였다고 의심할 만한 상당한 이유가 있고, 다음 각 호의 어느 하나에 해당하는 사유가 있는 경우에 긴급을 요하여 지방법원판사의 체포영장을 받을 수 없는 때에는 그 사유를 알리고 영장없이 피의자를 체포할 수 있다. 이 경우 긴급을 요한다 함은 피의자를 우연히 발견한 경우등과 같이 체포영장을 받을 시간적 여유가 없는 때를 말한다. 1. 피의자가 증거를 인멸할 염려가 있는 때, 2. 피의자가 도망하거나 도망할 우려가 있는 때, ②사법경찰관이 제1항의 규정에 의하여 피의자를 체포한 경우에는 즉시 검사의 승인을 얻어야 한다. ③검사 또는 사법경찰관은 제1항의 규정에 의하여 피의자를 체포한 경우에는 즉시 긴급체포서를 작성하여야 한다. ④제3항의 규정에 의한 긴급체포서에는 범죄사실의 요지, 긴급체포의 사유 등을 기재하여야 한다.

93) 제211조(현행범인과 준현행범인) ①범죄의 실행 중이거나 실행의 즉후인 자를 현행범인이라 한다. ②다음 각 호의 1에 해당하는 자는 현행범인으로 간주한다. 1. 범인으로 호창되어 추적되고 있는 때 2. 장물이나 범죄에 사용되었다고 인정함에 충분한 흉기 기타의 물건을 소지하고 있는 때 3. 신체 또는 의복류에 현저한 증적이 있는 때 4. 누구임을 물음에 대하여 도망하려 하는 때
제212조(현행범인의 체포) 현행범인은 누구든지 영장 없이 체포할 수 있다.

의 경우 멀리 우리나라 EEZ에서 체포한 경우 48시간 내에 구속영장 청구가 이루어지기 어렵다. 이러한 점 때문에 "임의 동행"으로 관할 항구까지 인도한 이후 이 시점부터 긴급체포가 시작되었다고 보아 48시간 이내 사후구속영장을 청구하는 것이 실제 실행인 것으로 판단된다(임채현, 2014: 54).

이러한 실행을 해양경비법에 명문화하여 '수사를 위한 보호 조치' 혹은 '수사를 위한 신변인도조치'라고 하여 인신 구금 행위에 대한 법적 근거를 마련해주고 동시에 이에 대한 일정한 제한을 두어 선원들에 대한 인신구인 행위에 대해서 법률에 따른 통제장치를 마련하는 것이 필요하다.

해양경비법 개정 사항과 관련하여 외국 선박에 대한 검문·검색, 나포 및 추적 행위와 관련하여 이를 좀 더 구체적으로 적시할 필요가 있는지 고민할 필요가 있다. 법치주의 원칙을 엄격하게 적용하는 의견의 경우 이 사안은 내국인이 아니라 외국인에 대한 인권 문제이므로 법률에 구체적으로 선박에 대한 강제조치 및 인신에 대한 구속 행위 등에 대해서 규정할 필요가 없다는 의견이 있을 수 있으나, '법에 의한 지배' 및 법치주의 원칙은 유엔 및 국제사회에서 지속적으로 관심을 가지고 있는 사안이므로 외국 선박에 대한 검문·검색, 나포 및 추적 행위와 관련 행위를 영해, 접속수역, 배타적 경제수역, 공해로 구분하여 어떠한 권한을 가지고 있는지 이를 명시적으로 규정하는 것도 필요하다. 이 경우 해양경비법 제12조제1항 단서의 "다만, 외국선박에 대한 해상검문검색은 대한민국이 체결·비준한 조약 또는 일반적으로 승인된 국제법규에 따라 실시한다."라는 규정 부분, 그리고 제13조 단서의 "다만, 외국선박에 대한 해상검문검색은 대한민국이 체결·비준한 조약 또는 일반적으로 승인된 국제법규에 따라 실시한다."는 부분을 개정하여, 좀 더 자세하게 규정할 필요가 있다.

라. 해양경비자원 확보 및 현대화

해양경찰이 보유하고 있는 해양경비자산 가운데 가장 핵심인 함정의 경우 현재 양적인 면에서는 부족하지 않은 상태로 판단된다. 한·중·일 3국의 해양경비 함정 현황과 각국의 관할해역 면적을 비교해 볼 때, 우리의 함정 보유량이 훨씬 많다는 것을 알 수 있다. 하지만 관할해역 면적대비 함정 척수의 단순 비교는 우리나라 해역의 특성과 상황을 제대로 감안하지 않은 것이다.

우리 해역은 남북이 대치되어 있어 해상에서의 긴장감이 매우 높다. 따라서 접경수역에서는 유사시 해군을 지원할 수 있는 준비가 필요하다. 전 세계 해역에서 골치를 앓고 있는 중국의 불법조업 어선들이 가장 가까운 위치에서 항상 위협을 가하고 있고, 연안에서의 어업활동을 중심으로 해상이용이 밀집되어 있다. 즉 전 해역에서 해양경비 수요가 높게 유지되어야 하는 상황이다. 반면에, 중국과 일본은 관할해역 면적이 우리나라에 비해 훨씬 넓지만 전 해역에서 우리와 같은 높은 강도의 해양경비 수요를 필요하지 않는다. 특히 일본의 경우는 분쟁해역인 센카쿠를 중심으로 일부 해역에서는 해양경비 수요가 높지만 오키노 노리시마와 같은 태평양의 먼 해역에서는 경비수요가 높지 않다.

두 번째 고려요소는 해양경비세력을 확보하는 데는 준비기간이 많이 필요하다는 것이다. 육상경찰의 세력 증강에 비해 해양경찰의 세력 증강에는 상대적으로 긴 시간이 필요하다. 대부분의 해양경비세력이 함정에 의존하고 있는데, 함정을 건조하고 배치하는 데는 수년의 시간이 소요된다. 따라서 장기적 관점에서의 계획과 추진이 필요한 것이다. 그리고 세계 각국의 해양경비조직은 세력을 증강시키기 위해 각종 장비를 첨단화하고 있다. 미국의 해안경비대는 'Deep Water Program'을 통해 경비함정의 척수만을 증가시키는 것이 아니라 현대전에 맞추어 첨단장비로 함정을 업그레이드하고 있다.[94] 구체적으로는 장거리 운용 전략에 의거 경비함과 항공기 간의 연계 임무수행을 위한 신형 장비들의 도입을 추진하고 있다. 무인기를 운용할 신형 함정의 건조계획을 추진하고, 대형 함정과 연안 경비함에 무인기 탑재를 계획하고 있다. 경비세력의 상시 배치가 곤란한 해역에 배치할 무인선박을 개발 중이며, 악천후 대응력을 강화하고 임무수행에 유리한 새로운 연안 경비함 디자인을 개발하고 있다.[95]

일본 해상보안청과 중국 해경국도 무인기 도입을 추진함으로써 영토분쟁이 고조되는 해역에서 활용하는 등 해양경비 자원을 고도화하고 있다.[96] 일본이 최근 수립한 '해상보안체제 강화 방침'에 의하면 대형 순시선의 신규 도입, 헬리콥터를 탑재형 순시선의 추가 도입, 신형 제트기 도입, 영상 전송 및 통신기능 강화 등을 통해 장비 현대화가 추진되고 있다.

이처럼 각국의 해양경비 여건에 적합한 새로운 첨단 장비들을 개발, 투입하고 있는 추세에 맞춰 우리의 해양경비 장비 역시 '양적 확보 보다는 질적 개선'을 서둘러야 할 것이다. 우리 해역의 경비에 필요한 첨단 장비를 개발하여 투입함으로써, 주변국가의 함정에 비해 상호 대등한 수준의 성능을 보유해야 함은 물론이고, 해양경찰청의 임무가 추후 북극항로 개척, 국제해적 대응, 재외국민 보호 등으로 확대될 경우 경비함정의 해외파견과 같은 활동영역의 확장이 예상되므로 10,000톤급 이상의 대형 함정 확보도 검토되어야 한다. 이와 더불어, 국방개혁 진행에 따른 전투경찰인력의 감축 또는 폐지 등을 고려하여 인력의존도를 낮추고 자동화를 확대해야 한다.

장비 현대화를 추진함에 있어 반드시 고려되어야 할 것은 불법조업 중국 어선들이 단속과정에서 극렬하게 저항함에 따라 단속대원들이 위험에 크게 노출되어 있다. 실

94) 해양경찰청, 「선진 치안장비시스템 구축을 위한 장비선진화 연구」, 2013.11., 111면.
95) 해양경찰청, 「해양경비체계 발전방안 연구」, 2017. 8., 229~232면.
96) 해양경찰청, 「해양경비체계 발전방안 연구」, 2017. 8., 233~235면.

제 불법조업 중국 어선을 단속하던 해양경찰 대원이 사망하거나 부상을 당하는 경우들이 발생하고 있다. 불법조업 단속의 임무수행도 중요하지만 단속대원의 안전을 담보할 수 있는 방안마련이 우선되어야 할 것이다.

마. 입체적 임무 수행체제 전환

해양경비는 주로 함정에 의한 해상활동으로 이루어지고 있다. 따라서 함정과 같은 선박의 의존도가 높다. 하지만 광범위한 해상에서 효율적으로 임무를 수행하기 위해서는 항공기와 같은 공중의 자원들이 동원되어야 한다.

해양이라는 광활한 활동범위를 효과적으로 경비하기 위해서는 항공자원의 활용이 필수이다. 이는 항공기의 활동범위가 선박에 비해 훨씬 넓고 신속하게 접근할 수 있기 때문이다. 게다가 함정보다 비용대비 경비의 효과도 높다고 할 수 있다. 하지만 항공세력만으로는 불법조업과 같은 침범을 억제할 수 없고, 현장에서의 함정의 역할이 필수이다. 따라서 EEZ까지의 광범위한 영역을 효과적으로 경비하기 위해서는 해·공의 다양한 자원들이 연계 운용 필요한 것이다.

미국 해안경비대가 추진하고 있는 C4ISR(Command, Control, Communication, Computers, Intelligence, Surveillance, and Reconnaissance)체계 구축이 대표적인 사례가 되는데, 노후 장비를 최신의 통합정보망으로 개량하는 사업으로서 유인항공기, 무인항공기, 선박의 정보망을 상호 연결하는 것이다.[97] C4ISR 프로그램은 전자 센서, 컴퓨터 네트워크, 데이터 처리, 정보 공유 장비들을 통합하고 해양경비 현장에서 운용자들에게 임무수행, 상황 인식·평가를 가능하게 한다.[98]

입체적 임무수행체계를 확보하기 위해서는 현재 상대적으로 부족한 항공자원의 확충을 추진해야 한다. 일본 해상보안청과 우리 해양경찰청의 경비함정 대비 항공기 보유율을 비교하면 우리의 해양경비 세력이 일본에 비해 함정에 의존도가 높음을 알 수 있다. 입체적 임무수행체계에서 항공과 함께 필요한 것이 인공위성이다. 위성에서 획득된 정보들이 항공과 함정으로 연결되어 제공되는 체계가 필요하다. 입체적 임무수행체계가 구축된다면 현재 함정의 경비영역을 기초로 시뮬레이션된 해양경비세력 배치방안을 추가되는 항공자원을 포함하여 보완해 나가야 할 것이다.

바. 해역별 특성 경비모델 개발

---

97) C4ISR체계 구축사업인 Deep Water Program은 1996년부터 2027년까지 총 242억달러의 예산을 투입하여 원해에서의 작전 수행능력 확보를 비롯한 경비세력의 현대화사업임. (해양경찰청, 「해양경비체계 발전방안 연구」, 2017.8, 113~114면)

98) 해양경찰청, 「해양경비체계 발전방안 연구」, 2017.8, 247면.

우리나라의 해역은 주변국에 비해 넓지 않지만 해역별로 환경적 특성이 매우 다르다. 항공기에 비해 함정은 이러한 해역환경에 상대적으로 민감하다. 자연환경의 다양성 못지않게 경비의 제반 여건도 차이를 보인다. 해양경비자원의 효과적인 운용을 위해서는 이러한 해역별 특성을 충분히 고려하여 장비를 개발, 배치해야 한다. 현재의 해양경비 함정들은 대부분 단속, 구조, 방제 등의 복합적 임무수행을 하고 있으며 이에 적합한 제원들을 모두 갖추고 있다.

해양경찰청이 수행하는 임무별 개별 함정을 별도로 운용할 수는 없겠지만 해역별 특성에 적합하도록 선체의 디자인을 달리하거나 탑재 장비를 다르게 하는 등의 차별화된 장비확보 전략이 필요하다. 해역별 특성이 고려된 장비의 확보와 함께 운용방식도 그에 적합하게 특성화되어야 한다. 이는 각 지방해양경찰청의 직면한 임무상황과 갖춰진 장비의 특성이 다르기 때문인데, 한정된 자원으로 효과를 극대화할 수 있는 전략이 될 수 있다. 지방해양경찰청의 자율성과 독자적 운영을 강화함으로써 각 지역별 특성화된 임무수행이 가능할 것이다.

제5편

해상작전 · 위기관리 · 비상업무

제1장 해상작전

제1절 해양경찰 작전

1. 작전의 개념

가. 작전의 의의

작전은 전쟁이나 전투에서 적군의 섬멸, 특정지역의 점령·방어, 또는 그 외의 목적을 위해서 조직적으로 움직이는 군사행동이다.

통상 작전을 유효적절하게 수행하기 위해서는 작전계획이 수립되고, 그 계획에 따른 구체적 행동으로서 작전을 전개하게 된다. 작전은 크게 평시작전과 전시군사 작전으로 나눌 수 있다. 한국 해군의 작전법은 해양법 및 평시국제법, 전쟁법(무력충돌법) 등 전시국제법과 교전규칙, 무력행사와 관련되는 국내 법령, 군 작전을 위한 행정관계 법규 등이 있다. 무력충돌시 작전은 전시에 수행되는 군의 작전은 모든 작전 영역에서 적용되는 일체의 국내법과 국제법상으로 인정되는 한도 내에서 작전을 수행하며 이에 관련한 교전규칙, 해군에서 해전법규를 비롯한 전쟁법과 관련 국내법 및 무력충돌법 등의 국제법이 작전 법규가 정립되어 있다.

나. 해양경찰 작전의 정의

경찰의 작전은 현재 통합방위법상 병종사태[99]에 관련하여 경찰책임 하에 통합방위작전을 수행하도록 되어 있으나. 현재로 해양경찰의 작전은 전시, 평시를 불문하고

---

99) 통합방위 작전은 갑종, 을종, 병종사태로 구별하는데 ①"갑종사태"란 일정한 조직체계를 갖춘 적의 대규모 병력 침투 또는 대량살상무기 공격 등의 도발로 발생한 비상사태로서 통합방위본부장 또는 지역군사령관의 지휘 · 통제 하에 통합방위작전을 수행하여야 할 사태를 말한다.
②"을종사태"란 일부 또는 여러 지역에서 적이 침투 · 도발하여 단기간 내에 치안이 회복되기 어려워 지역군사령관의 지휘 · 통제 하에 통합방위작전을 수행하여야 할 사태를 말한다.
③"병종사태"란 적의 침투 · 도발 위협이 예상되거나 소규모의 적이 침투하였을 때에 지방경찰청장, 지역군사령관 또는 함대사령관의 지휘 · 통제 하에 통합방위작전을 수행하여 단기간 내에 치안이 회복될 수 있는 사태를 말한다.

함대사령관의 지휘·통제 하에 있다.

또한, 해양경찰의 작전의 정의는 명확하게 정의된 것이 없다고 할 수 있다. 그러나 해양경찰의 작전은 경찰임무수행의 특성상 평시에 국민의 생명·신체 및 재산의 보호와 범죄의 예방·진압 및 수사 기타 공공의 안녕과 질서유지 업무를 수행하고, 현재 북한과의 대치상황 및 해양경찰의 해상치안 임무라는 특성으로 국가안보와 주권수호에 해양경찰 조직의 존재이유를 들어 해군의 작전개념을 간과 할 수 없다. 따라서 해양경찰 작전은 평시이거나 무력충돌이 임박하거나 임박할 우려가 예상될 경우에는 국제관계, 북한간의 사회적·정치적 상황 등을 고려하여 평시작전을 인용하면서 해양경찰의 특별한 임무수행을 유효적절하게 수행하기 위하여 계획이 수립되고, 그 계획에 따른 구체적 행동으로서 작전을 전개하는 행위를 해양경찰 작전이라고 정의할 수 있다.

해양경찰 작전은 해상경계작전과 해안경계작전으로 구분될 수 있으며, 해상경계작전 중 통합방위작전은 현재까지 사태구분 없이 전 해역을 함대사령관 책임하에 작전을 수행하고 있고, 해안경계는 해상에서 활동하는 선박감시와 선박 입·출항 통제, 의아선박 식별시 현장출동 확인 등 제한적인 작전활동과 관할구역 중에 적의 침투가 예상되는 곳에 적정규모의 검문소를 설치·운영하고 있다.

특히, 최근 이슈화 되고 있는 대량살상무기 확산방지를 위한 국제협력체제(PSI) 및 유엔안보리결의1718호 관련 북한선박 등의 검문, 독도·이어도 영유권문제와 관련하여 일본의 해양과학조사문제, 남북해운합의서 및 이행을 위한 부속합의서 발효와 관련하여 북한상선의 제주해협 통과문제, 서해 북방어로한계선 이북의 우리어선 조업문제와 관련한 문제 등이 있을 수 있다.

최근 국방개혁 차원에서 해안경계임무가 군에서 해양경찰청으로 전환될 예정에 있어 해양경찰 작전에 많은 변화가 예상되고 있다.

2. 해양경찰 작전의 특징과 근거

가. 해양경찰 작전의 특징

해양경찰의 작전은 통합방위작전, 남북해운합의서 및 그 부속합의서 발효시 북한상선에 대한 감시와 관련한 해양경찰 작전, 대량살상무기 확산방지구상(PSI)관련 해상작전, EEZ내 해양과학조사활동에 대한 해양경찰 작전, 어로한계선 이북에서의 조업통제에 대한 해상작전 등과 관련하여 국제 정치적 변화 및 국민의 정서에 민감한 반응을 나타내고 있다.

또한, 국가의 안전보장과 국토방위임무를 수행하는 해군과 국민의 생명·신체 및 재산의 보호와 범죄의 예방·진압 및 수사 치안정보의 수집 등 공공의 안녕과 질서유지를 그 임무로 하는 해양경찰과는 북한의 군사적 충돌이 항상 상존하는 우리 해역의 특수성, 인접국가의 해양영토분쟁 상존 등 해양질서 및 치안유지 뿐만 아니라 국가 안전보장 문제와 결부된 문제이므로 해상작전에 있어서 불가분의 관계를 가진다.

따라서 인접국가 및 북한과는 임무수행 상 무력충돌 위험을 간과할 수 없고, 또한 북한과는 현 정전협정 상태에서 언제든지 무력충돌 가능성을 배제할 수 없다. 그리하여 무력충돌 시 해상작전에 필요한 국내법규와 국제법 등을 이해할 필요성이 있다.

나. 해양경찰 작전의 근거

1) 유엔해양법협약, 영해 및 접속수역법을 기본으로 한다.

2) 통합방위법은 현행법상 국가방위요소를 통합하여 통합방위대책을 수립·시행하기 위한 최상위법이라 할 수 있다. 통합방위법 제18조(검문소의 운용) ① 지방경찰청장, 지방해양경찰청장(대통령령으로 정하는 해양경찰서장을 포함한다. 이하 같다), 지역군사령관 및 함대사령관은 관할구역 중에서 적의 침투가 예상되는 곳 등에 검문소를 설치 · 운용할 수 있다. 다만, 지방해양경찰청장이 검문소를 설치하는 경우에는 미리 관할 함대사령관과 협의하여야 한다.

3) 통합방위지침에서 해양경찰은 평시에 군과 협조관계에 있고, 함대사령관은 진도개 하나 발령시 또는 통합방위선포시 해양경찰을 작전통제하여 통합방위 작전을 수행한다. 또한 해양경찰은 시·군 및 해양수산부의 어업지도선의 지원을 받아 동해 및 서해의 특정해역 및 어로한계선 북방해역 어장에 대한 어선의 월선어선의 조업을 통제·단속하고, 어선납북을 방지하기 위하여 어로한계선 및 조업구역을 월선한 어선을 발견한 때에는 복귀를 위한 조치를 취할 수 있다.

4) 선박안전 조업규칙은 선박의 출입항신고 및 통제업무를 담당하기 위하여 선박출입항 신고기관을 두고 있다. 백령도, 대청도. 소청도, 연평도 및 강화도에 설치되어 있는 신고기관의 경우 선박 출·입항 및 조업에 관하여 당해지역 관할 부대장의 통제를 받고 있다.

5) 합참예규에서 어로보호 및 통제임무는 원칙적으로 해경에게 책임이 있으나 월선어선 또는 피랍상황 발생시에는 해군 작전사령관이 해경 함정, 어업지도선을 통합 지휘하도록 규정하고 있다(합참예규 부록 E 별지11, 어로보호지원작전).

6) 한국 해군의 작전법은 해양법 및 평시국제법, 전쟁법(무력충돌법) 등 전시국제법

과 교전규칙, 무력행사와 관련되는 국내 법령, 군 작전을 위한 행정 관계법규 등을 들 수 있다.

제2절 통합방위 작전

1. 경찰 통합방위 작전

경찰의 통합방위 작전이란 적의 소규모 간첩 및 무장공비 등이 육상, 해상, 공중 기타 방법으로 침투하는 것을 봉쇄하고, 침투한 간첩 등을 조기에 색출하여 체포·섬멸하는 일체의 작전을 말한다. 1960년대 이후 북한은 남조선해방을 부르짖으며 소위 4대 군사노선을 주장하면서 계속하여 간첩과 무장공비를 남파시켰다. 요인암살과 주요시설 파괴 등에 대비하기 위해 정부는 대통령 훈령으로 '통합방위지침', '대비정규전지침'을 제정·공포하여 경찰은 후방지역에서 대간첩작전을 주도하게 되었다. 현행법상 국가방위요소를 통합하여 통합방위법으로 개정하고 그 대책을 수립·시행하도록 하였다.

2. 통합방위작전의 법적근거와 내용

가. 법적근거

1) 통합방위지침(대통령 훈령 제28호)

1967년 12월 15일 대통령훈령 제18호 대비정규전지침에서 후방지역 경찰의 대간첩작전권을 정식 부여하여, 1968년 2. 28일에 대통령훈령 제19호로 개정되었다가 1970년 1월 20일 대통령훈령 제28호로 수정되었다. 그 후 7차례 개정을 거쳐 현재에 이르고 있다. 대통령 훈령 제28호 통합방위지침은 3급비밀문서로 주로 통합방위사태에 관한 지침을 규정해 놓았고, 통합방위법 제2조3호의 규정에 통합방위사태(대비정규전)이라 함은 적의 침투·도발이나 위협에 대응하여 갑종, 을종, 병종 구분에 따라 선포하는 단계별 사태를 말한다.

2) 통합방위법(동법 시행령)

가) 광범위한 기관간의 협조와 조정

대비정규전에 관하여 광범위한 기관간의 협조와 조정에 관하여 규정함과 동시에 통합방위지침은 주로 국가기관에 기속하였으나 국민들에게는 적용되지 않는 불합리한 점을 시정하고 국가기관과 국민들 함께 적용되는 법 규정이라 할 수 있다.

나) 지휘 및 협조체제의 일원화

민·관·군·경·향토예비군 등의 총력을 유기적으로 집중할 수 있도록 지휘 및 협조체제를 일원화하여 범국가적인 종합대책수립이 목적이다.

다) 작전은 지역별 공동방위체제를 확립하여 적의도발을 대비토록 되어있다.

라) 병종사태는 북한이 무장공비 및 간첩이 침투나 도발이 예상되거나 5명이내의 소규모간첩이 침투하여 일부지역에서 부분적인 도발행위 할 경우 경찰 책임 하에 작전을 수행한다.

나. 통합방위법(동법시행령) 중요내용

1) 목적

적의 침투·도발이나 그 위협에 있어서 국가총력전의 개념에 입각하여 국가방위요소를 통합·운용하기 위한 통합방위대책을 수립·시행하는데 필요한 사항을 규정함

2) 통합방위사태

적의 침투·도발이나 그 위협에 대응하여 다음에 따라 선포하는 단계별 사태를 말한다.

가) "갑종사태"

일정한 조직체계를 갖춘 적의 대규모 병력 침투 또는 대량살상무기 공격 등의 도발로 인한 비상사태로서 통합방위본부장 또는 지역군사령관의 지휘·통제하에 통합방위작전을 수행하여야 할 사태

나) "을종사태"

일부 또는 수개지역에서 적의 침투·도발로 인하여 단기간 내에 치안회복이 어려워 지역군사령관의 지휘·통제 하에 통합방위작전을 수행하여야 할 사태를 말한다.

다) “병종사태”

적의 침투·도발위협이 예상되거나 소규모의 적이 침투한 때에 지방경찰청장·지역군사령관 또는 함대사령관의 지휘·통제 하에 통합방위작전을 수행하여 단기간 내에 치안이 회복될 수 있는 사태를 말한다.

3) 통합방위작전

통합방위사태가 선포된 지역에서 그 사태의 구분에 따라 통합방위본부장·지역군사령관·함대사령관 또는 지방경찰청장(이하 “작전지휘관”이라 한다.)이 국가방위요소를 통합하여 지휘·통제하는 방위작전을 말한다.

제3절 해양경찰 작전 대응

1. 특정해역 어로보호 경비

가. 북방한계선(NLL: Northern Limit Line)

북방한계선(Nothern Limit Line : NLL)은 백령도, 대청도 소청도, 연평도, 우도 5개섬 북단과 북측 옹진반도사이의 중간선을 연결한 선으로 1953년 8월 30일 유엔사령부 사령관(Mark W. Clark)가 일방적으로 서해와 동해에서의 우리 측 해군 및 공군 초계활동의 북방한계를 설정하여 함정과 항공기의 북상항행방지와 어선과 일반선박의 피랍 방지 및 그 보호를 목적으로 설정한 선이다.

남·북한간의 해양경계선으로 50여년 준수해 온 북방한계선을 북한이 1999년 6월 7일 부터 침범하여 긴장을 고조시킨 가운데 6월 15일에는 교전사태(제1차 연평해전)를 야기하여 북한 어뢰정이 격침당하는 사건이 발생하였으며, 1999년 9월 2일에는 북한이 북방한계선은 무효라는 일방적인 선언을 하기도 하였다.

한편, 2002년 6월 29일에는 북한 경비정이 NLL선을 침범하여 우리 해군함정을 발포하는 서해교전 사태(제2차 연평해전)가 발발하여 우리 해군 24명의 사상자와 고속정 1척이 침몰하는 피해가 발생하였다. 이와 같이 북방한계선이 분쟁의 대상인 것은 서해 5개 도서(백령도, 대청도, 소청도, 연평도, 우도) 근해수역이 전략적으로 매우 중대함에도 육지 군사분계선은 정전협정상 명시되어 있으나, 해상군사한계선은 명시되어 있지 않아 UN군사령부에서 일방적으로 정한 북방한계선(NLL)이 경계선으로 역할기능을 하여 현재까지 유효한 해상군사분계선으로 유지되어 왔음에도 북한이 억지 주장을 하고 있기 때문이다.

나. 북방한계선(NLL)의 법적 성격

1) 군사분계선

북방한계선은 정전협정 원칙에 기초하여 설정하고 북측의 묵시적인 수용과 양측의 장기간에 걸친 준수에 따라 확립된 해상 군사분계선이다. 남·북한은 정전협정상의 무력충돌재발방지규정 이행을 위하여 군사분계선을 유지하고 통행을 제한하고 있다.

2) 해상경계선

북방한계선은 남·북한 간 일정한 수역에서의 해상경계선이다. 남·북한은 평화체제에 이르지 못한 정전상황이며, 동시에 나라와 나라 사이의 관계가 아닌 통일을 지향하는 과정에서 잠정적으로 형성되는 특수 관계이므로 그 해상 경계선도 일반 국가간 해상경계획정과는 다른 특수성을 가질 수밖에 없으며, 군사분계선이 해상경계선이 될 수밖에 없다.

다. 북한의 주장과 문제점

북한은 1973년 서해 5개 도서(島嶼) 주변수역이 북한의 영해라고 주장하면서 서해 5개 도서 주변수역을 통과하려면 북한으로부터 사전 승인을 받으라는 주장을 하였다. 또한 1999년 7월 및 2000년 3월 남북 등거리 점과 대중국 중간점을 연결한 선을 제시하고, 그 이북을 자신들의 해상 군사통제수역으로 규정하였다.

그러나 이러한 북한의 주장은 모든 해양관할권을 결정할 때 육지를 중심으로 영해기준선을 긋고 그로부터 일정 거리에 있는 수역을 연안국의 수역으로 삼는다. 이때 육지에는 대륙 뿐 아니라 섬도 포함되는 것이 이미 보편화된 사실이므로 섬은 한국에 속하면서 주변수역은 북한에 속한다는 주장은 성립될 수 없다.

〈그림 5-1〉 서해 5도 도서

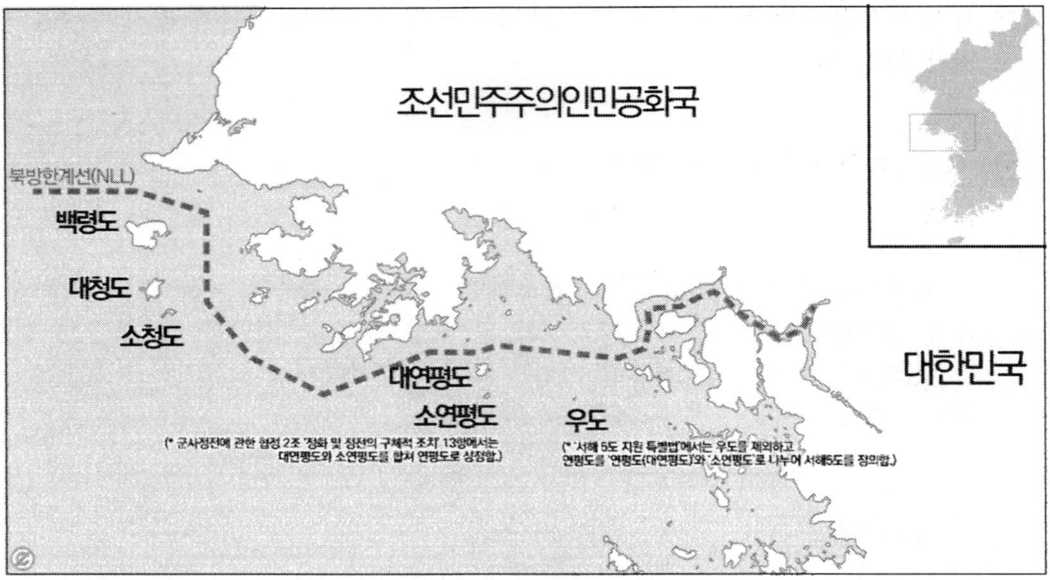

라. 특정해역 경비

특정해역경비는 선박안전조업규칙(국방부, 해양수산부, 합동부령)에 의하여 속초해양경찰서, 인천해양경찰서에 동해와 서해어로보호본부를 운용하여 경비를 실시하고 있다. 특정해역에서 어장별 경비함정 배치와 어선단의 월선방지를 위해 경비함정을 배치하며 순찰을 실시하고, 해군함정 및 어업지도선 등과 협조체제를 구축뿐만 아니라 어로보호 협의회, 안전조업 정착을 위한 어민계도 강화 등의 방법으로 경비 활동을 하고 있다.

2. 대량살상무기확산방지구상(PSI : Proliferation ecurity Initiative)

대량살상무기확산방지구상(Weapons of Mass Destruction Proliferation Security Initiative])은 대량살상무기(WMD) 및 그 운송수단(미사일), 관련 물자확산방지를 지지하는 국가들의 자발적 참여 의사에 기초하여, 2003년 6월 미국 주도로 스페인 마드리드에서 발족한 국제협력 체제를 줄여서 PSI로 부른다.

즉, 기존의 비확산 체제의 정태적 성격과 달리 물리적 수단(interdiction)을 통한 WMD 및 관련 물자확산방지에 있다. PSI는 미국이 클린턴 행정부 말기 때부터 추진한 대량살상무기 비확산전략을 국제적으로 발전시킨 개념으로. 대량살상무기와 미사일 등의 불법거래를 차단하기 위하여 정보, 외교, 사법 및 군사적 조치를 취하는 전 세계적인 노력이라 할 수 있다. 따라서 우려국가, 집단에 의한 핵과 미사일 등 대량살상무기의 국제적 거래를 해상이나 육상, 공중에서 검색·차단하여 국제적 확산을 막으려는 구상을 말한다.

가. 배경

2002. 12. 10 스페인 해군이 인도양 공해상에서 스커드 미사일 15기를 싣고 예맨으로 향하던 북한선적의 화물선 '소산호'를 미 국방부의 요청에 따라 정선 검색 및 나포한 사건으로 이 사건에서 '소산호'를 검색 등의 조치를 취한 것은 국제법상 위법하여 결국 스커드 미사일을 예맨에 반환하였다.

이에 미국은 2002년 12월, 미국 WMD 대응 국가전략보고서에서 비(대)확산(Counter-proliferation strategy) 핵심요소로 차단(interdiction)을 제시하고 있다.

대량살상무기의 확산방지구상(Proliferation Security Initiative : PSI)은 2003년 미국 주도로 시작됐으며, 핵무기 등 대량살상무기나 관련 물자를 실은 것으로 의심되는 선박을 국가간 협력을 통해 검색, 차단할 수 있게 하자는 구상으로 이란, 시리아, 북한 등을 겨냥하고 있다. 따라서 북한은 지금껏 미국 주도의 PSI에 대해 '선전포고'로 여기고 강력히 반발해 왔다. 이 구상은 핵과 미사일 등 대량살상무기의 확산을 방지하기 위한 정보 공유는 물론, 필요한 경우에는 가입국의 합동작전도 가능하다. 또 인신매매 금지나 마약·위조지폐 등의 밀수와 마찬가지로 대량살상무기의 밀수를 각국의 국내법으로 저지할 수 있는 내용도 포함되어 있다. 그러나 국제법상 대량살상무기의 수출을 포괄적으로 금지하는 규정이 없어 실효성이 약하다는 주장도 제기되고 있다. 우리나라는 2009년 5월 26일 대량살상무기 확산방지구상(WMD PSI) 참여를 공식 발표했다.

나. PSI차단 사례와 주요활동

1) 서산호 사건

북한선적 서산호는 2002 .12. 12일 스커드미사일 부품을 싣고 북한에서 예멘으로 향하던 중 예멘 인근 공해상에서 미국-스페인 해군에 의해 검색 압수, 예멘 정부는 적재 물품의 소유권과 자국의 국방목적 활용을 주장, 미국 측은 소산호 석방 및 압수물 반환. 이 사건이 PSI결성 계기 제공.

2) BBC 차이나호 사건

2003. 10 BBC 차이나호(독일소유)는 원심분리기를 적재, 리비아로 향하던 중 공해상에서 미/영, 이탈리아, 독일의 협력을 통해 이탈리아로 회항(미/영: 정보제공, 독일: BBC차이나호 선사를 통해 협조조치, 이탈리아: BBC차이나호 회항지 마련), 리비아의 WMD 포기 선언의 전기 마련

3) PSI 주요활동

가) 차단훈련(interdiction Exercise) : 육상, 해상, 공중에서의 차단 훈련을 매년 수차례 각 회원국 주관으로 개최

나) 비회원국들은 참관단 파견 가능

4) 내용

각국의 정부가 자발적 참여에 기초 현존 국제법과 국내법에 기초하여 대량살상무기 등의 불법거래 차단을 위한 선박의 정선, 임검 및 수색에 대하여 서로 협조한다. 즉, 대량살상무기 등의 확산을 차단하기 위해 자국의 국내법에서 규정하고 있는 조치들을 적극적으로 취할 것을 그 핵심 내용(구체성, 합리성)이다. 총 8개 항으로 되어있는데 단계별 항목에 따라 그 대응 수준이 달라진다. 회원국의 주요 의무사항은 단독 또는 협조하에 WMD 및 관련물자의 이전 및 운송 차단을 위한 조치, 신속한 관련 정보 교환채널 구축에 노력하며, WMD관련 화물 운송혐의시, 국내법 및 국제법에 따라 아래 조치 시행 한다.

가) 확산 우려국의 WMD 관련 물자 운송지원 금지

나) 자국 혐의선에 대한 승선/검색 및 확인시 화물 압수

다) 타국정부의 승선/검색 및 화물 및 화물 압수 동의 요청시 이를 진지하게 고려

라) 자국의 내수/영해 /접속수역에서 WMD 등 운송혐의 선박에 대해 정선, 검색, 압수 조치 등 시행

PSI차단 원칙은 주로, 영해 및 접속수역을 대상으로 『승선 및 검색』시행을 규정(공해의 경우 선적 국가의 동의 필요)하고 있다. 다만 한국은 영해 및 AAO(Approved Areas of Operations: 작전인가구역)에 포함되어 있는 공해에서 WMD 등을 수송하는 북한국적 선박을 자위권행사 차원에서 정선·검색·나포할 수 있다.

다. 한계점(공해상 차단조치에 대한 정당성 확보)

1) 각국의 정부가 자국의 국내법에 근거한 조치들을 취할 경우에도 유엔해양법협약 등 국제법에 위배되는 행위를 할 수 없다.

2) 국제법적 한계를 극복하기 위한 수단으로 미국은 상호승선협약(Ship Boarding Agreement)을 체결하고 있는데 이에 따르면 협약 당사국은 협약국 상호간의 선박에 대하여 검문·검색을 실시할 수 있는 등 국제법 보완에 노력 하고 있다.

라. SUA 협약개정

항행안전에 대한 불법행위 억제협약(Convention for the Suppression of Unlawful Acts Against the Safety of Maritime Navigation, 1988; 일명 SUA협약) 2004년 7월 발효된 국제선박 및 항만시설 보안규칙(ISPS Code)과 해상테러 대책, 해상인명안전협약(SOLAS 협약)을 보완하여, 해상테러를 국제법상의 범죄로서 규정하므로, 결과적으로 선박이 테러 수단으로 사용되는 것을 방지하게 한다. SUA 협약의 주요 목적은 선박 항행의 안전을 확보하는 것으로 해적행위의 소추를 가능하게 한다. 우리나라는 국적 선박의 항행안전을 위해 2003년 5월, SUA협약 수용을 위한 특별법을 제정·공포하고, 동 8월 발효했다.

마. 안보리 결의 1540 (WMD는 국제안보위협 선언)

결의 1540은 비국가 행위자에 대한 WMD 확산방지를 위한 국제협력을 규정하고 있어 PSI조치의 법적 근거로 원용되기도 한다. 즉 PSI의 궁극적인 목적은 모든 국가가 대량살상무기 등을 수송하는 선박과 항공기에 대하여 그 수송을 적법한 조치를 취할 수 있도록 하는데 있다. 그러나 현 단계의 PSI는 목적을 달성할 수 있을 만큼 국제적 합의 도출하지 못한 단계로 조약과 같은 국제 법규라 할 수 없다.

바. 우리나라 PSI 정책

PSI의 목적과 취지에는 공감하나, 협력 여부와 범위는 사안별로 검토(현재 수출 통제하에서 WMD방지 실행하고 있다는 입장이다.)

1) PSI정식참여 문제는 신중한 입장견지에서 한국 정부는 현재 5개항에만 제한적으로 참여하고 있다. 즉 기존 한미군사훈련에 WMD 차단훈련 포함. PSI브리핑 미측 전문가 접수. PSI 전문가 그룹 활동 브리핑 청취. 역외차단훈련 참관단 파견. 역내 차단훈련참관단 파견 등 (사안별 신중검토)

※ 우리나라 참관단 파견
- 06. 4 호주 (공중차단훈련) - 06. 4 네덜란드 (해상차단훈련)
- 06. 5 터키 (육상차단훈련) - 06. 10 바레인 (해상차단훈련)

2) 북핵실험 후 (2006. 11. 13 공식발표)

한국정부는 PSI의 목적과 원칙을 지지하며 한국의 판단에 따라 참여 범위를 조절할 것이고, 한반도 주변 수역에서의 남북해운합의서 등 국제법과 국내법에 따라 조치할 것이라고 발표하였다.

사. PSI 와 SUA의 관계

1) 해상운송불법행위 억제협약 (SUA)의 개념

SUA*(The Convention for the Suppression of Unlawful Acts Against the Safety of Maritime Navigation)는 해상테러를 범죄행위로 규정하고 그 범죄자에 대한 형사적 처벌을 위하여 범죄인인도, 관할권 등의 형사절차를 위한 국제적 공조를 내용으로 하는 협약이다. 1988. 3. 10 최초로 SUA 및 그에 관한 의정서가 체결 되었고, 2005년 10. 21. 핵무기 등의 수송을 규제하는 내용포함으로 개정(미발효)되었다. 우리나라는 2003년 9. 8 발효되어 국내법으로 '선박 및 해상구조물에 대한 위해행위의 처벌 등에 관한 법률(2003. 5. 27. 제6880호)'로 제정·시행하고 있다.

2) 실질적 내용과 한계

SUA는 협약 가입국이 해상테러리스트에 대한 형사처벌을 국내법에 근거하여 적극적으로 실현할 것을 주요 내용이다.

〈표 5-1〉 PSI 와 USA의 비교

구분	규제의 대상	주체 및 내용
PSI	국가, 테러리스트	모든 국가가 영해, 공해에서 정선 검색 실시
SUA	테러리스트, 개인	테러리스트 개인의 국적국이 그 개인을 범죄인으로 보아 국내법을 근거로 형사처벌

※ AAO(Approved Areas of Operations:작전인가구역)

합참의장이 대한민국 국군의 평시작전활동 범위로서 설정한 작전구역을 말하는 것으로 1994년 12월 대한민국 군대에 대한 작전 통제권 중 평시 작전통제권이 한·미연합국 사령관에서 우리나라의 합참의장에게 환수됨에 따라 평시 작전활동에 적용되는 기본 작전구역이다. 영해뿐만 아니라 북방한계선(NLL)외측선 이내의 수역을 포함하기 때문에 한국의 EEZ포함 된다. 이 구역에서 정전시 교전규칙(유엔사/연합사 규정525-4)적용하며 합참의장 지휘아래 한국군대가 된다.

※ KTO(Koren Theater of Operations: 한국작전전구)

전시 전쟁수행을 위해 한·미협정 하에 결정하는 작전구역으로 유엔사/연합사 작전계획 5027에 규정되어 있으며, 전시 유엔군/연합군 사령관에 의하여 선포된다. 범위는 북방한계선 남쪽뿐만 아니라 북한의 영해 및 부근수역은 물론 중국 러시아 영해의 일부까지 포함하여 한반도 전체의 주변수역 및 상공을 포괄하는 넓은 지역범위를 포함한다.

※ 해상화물 검색지침

유엔 안보리결의안 1718에 따른 제제조치를 이행하기 위해 북한에 출·입항하는 선박 중 제제품목 적재선박에 대하여 감시, 추적, 정선, 검색, 항로변경, 나포 등을 실시하는 지침이다.

※ 북한상선 감시지침(2006. 12)

북한상선 감시대책의 엄격한 적용(항로대 10마일, 제주해협 5마일)에 따른 함정 전담배치로 경비업무수행 지장 초래되어, 기상불량, 조난선 수색·구조 등 다른 치안수요 발생 시 전탐기지·AIS 등 별도의 감시수단을 활용할 수 있는 경우에 한하여 사전 해경서장 승인 하에 타 업무 수행토록 개선한 지침이다.

3. 우리 수역 내 외국선박의 해양과학조사 대응

가. 해양과학조사의 정의

1) 유엔해양법협약(제13장)

해양물리학, 해양화학, 해양생물학, 해양지질학 및 지구물리학 등을 통하여 해양환경에 대한 인간의 지식을 증식시키기 위하여 이루어지는 실험적인 작업이라고 규정하고 있다.

2) 해양과학조사법(제2조)

해양의 자연현상을 구명하기 위하여 해저면·하층토·상부수역 및 인접대기를 대상으로 하는 조사 또는 탐사의 행위이다.

나. 외국인의 대한민국 내수 또는 영해에서의 해양과학조사

1) 내수 또는 영해에서의 해양과학조사의 인정 여부

가) 영해 내에서의 해양과학조사는 연안국의 명시적인 동의와 연안국이 인정한 조건하에서만 수행 될 수 있다(유엔해양법협약 제245조). 묵시적인 동의 또는 추정적 동의는 인정되지 않는다.

나) 대한민국의 영해에서 해양과학조사를 하고자 하는 외국인등은 대한민국 정부의 허가를 받아야 한다(해양과학조사법 제6조).

2) 해양과학조사의 허가절차

가) 허가신청서 및 조사계획서를 그 소속국가의 정부를 통하여 대한민국 외무부장관을 거쳐 해양수산부장관에게 제출된다.

나) 해양수산부장관은 관계중앙행정기관의 장에게 송부, 협의하여 허가여부를 결정한다.

다) 해양수사부장관의 허가 시 허가서에 기재할 사항은 조사기관의 명칭 및 조사책임자, 조사선박의 명칭, 조사해역, 조사기간 조건 또는 부담, 발급부서의 명칭 및 전화번호 등이다.

라) 외국인등의 의무 및 정지 또는 중지(해양과학조사법제10조, 12조)

ⓐ 해양과학조사 후 대통령이 정하는 바에 의한 조사결과보고서 제출

ⓑ 주요항로에 대한 해양과학조사 설비 또는 장비의 설치 금지

ⓒ 해양과학조사로부터 얻어진 모든 조사 자료의 이용기회의 제공 및 복사가능한 기초자료와 과학적가치의 손상 없이 분할될 수 있는 시료의 제출

ⓓ 조사의 종료 또는 중지 시 장비의 철거

ⓔ 의무불이행시 해양과학조사의 정지 및 중지

다. 배타적 경제수역(EEZ) 또는 대륙붕에서의 해양과학조사의 가부 및 그 절차

1) 배타적 경제수역 또는 대륙붕에서의 해양과학조사의 가부

가) 연안국은 경제수역 및 대륙붕에서의 해양과학조사에 대한 규제·허가·수행권을 갖는다(협약 제246조제1항).

나) 경제수역 및 대륙붕에서의 해양과학조사는 연안국의 동의에 따라 수행되어야 한다(협약 제246조제2항).

다) 연안국은 평화적인 목적만을 위하여 해양과학조사를 수행하며, 인류공동의 이익을 위해 해양환경에 대한 과학지식을 증진할 목적의 조사에 대하여 동의하여야 한다(협약 제246조제3항).

라) 해양과학조사활동에 대한 연안국의 동의 유보권(협약 제246조제5항)

ⓐ 조사사업이 생물·비생물 자연자원의 탐사·개발에 직접적인 중요성이 있는 경우

ⓑ 조사사업이 대륙붕 굴착, 폭발물 사용, 해양환경에 대한 유해물질 도입과 관련된 경우

ⓒ 조사사업이 인공섬, 시설, 구조물의 건조·운용·사용과 관련된 경우

ⓓ 조사사업의 성질과 목적에 관한 정보가 부정확하거나

ⓔ 조사국 또는 권한 있는 국제기구가 이전의 조사사업으로부터 연안국에 현저한 의무를 지고 있는 경우

2) 해양 과학조사의 절차

가) 영해 내에서의 허가 절차의 준용

협의요청을 받은 관계중안행정기관의 장은 2월 이내에 동의여부를 해수부장관에게 통보하여야 하며, 해수부장관은 4월 이내에 동의여부를 결정 통보하여야 한다.(법 제7조제3항)

나) 외국인 등의 의무

ⓐ 연안국에 대한 정보제공의 의무(협약제248조)

ⓑ 특정조건의 이행의무(협약 제249조)

ⓒ 의무 불이행시 조사활동의 정지 또는 중단 요구(협약 제253조)

ⓓ 해양과학조사법상의 외국인 등의 의무 및 정지 또는 중지(해양과학조사법(제10조, 12조))

라. 공해에서의 해양과학조사의 가부 및 그 절차

1) 공해는 모든 국가에 개방되며, 공해자유는 과학조사의 자유를 포함하므로(협약 제 87조제1항), 별도의 동의가 필요 없다.

2) 공해와 심해저지역에서의 해양과학조사는 평화적인 목적과 전 인류의 이익만

을 위하여 수행되어야 할 것이다(협약 제143조제1항).

3) 해양과학조사법상 영해 및 영해외측의 관할해역에 대하여만 규정하고 있고, 관할해역 이외의 해역에 대하여는 별도의 절차규정을 두고 있지 않다.

마. 해양과학조사의 범위에 관한 문제점

1) 수로측량이 포함되는지 여부

가) 수로측량은 항행의 안전보장을 위해 연안 혹은 비교적 얕은 지역의 지도 작성과 이와 유사한 것을 만들기 위한 목적의 정보 수집을 위한 것이다.

나) 해양과학조사와는 달리 연안국의 동의 없이 수로측량을 할 수 있다는 해양강국의 해석론이다.

ⓐ 유엔해양법협약이 조사뿐만 아니라 측량이라는 용어도 사용하기 때문에 양자는 구별되는 개념이다.

ⓑ 유엔해양법협약상 해양과학조사에 대한 정의를 두고 있지 않다.

ⓒ 수로측량과 관련 EEZ와 관련하여 규정을 전혀 찾아볼 수 없다.

ⓓ 수로측량은 경제적 이용의 관련성보다 항행안전에 필요한 활동으로 항행의 자류에 기여하는 활동이라는 점이다.

다) 해양과학조사법상 '해양과학조사'의 정의로 '조사 또는 탐사'라는 용어의 사용으로 수로측량의 경우 해양과학조사로 본다.

2) 무해통항중의 해양과학조사

무해통항 중 항해의 부수적인 형태로서 해양과학조사활동은 불가하다(협약제19조제2항).

바. 독도 근해 일본의 해양탐사활동에 대한 문제점

1) 2006년 일본의 독도 근해 해양탐사기도

한일 중간수역 내와 한국 측 일부어업전관수역에서(독도영해 제외) 탐사선 2척과 순시선 1척의 해양탐사활동을 실시하고자 함이다.

가) 중간수역의 의미는 신 한·일어업협정상 어업에 관한사항만 명시되어 있고, 해양탐사 등 기타 활동에 관한 사항은 명시되어 있지 않다.

나) 한일 양국은 동해에서 배타적 경제수역의 경계에 대하여 합의를 이루지 못한 상태로 양국모두의 자국의 배타적 경제수역으로 주장

다) 신 한.일 어업협정상 추후 양국 간의 합의가 있기 전까지 이 지역을 어느 국가도 배타적으로 자국의 권리를 주장하지 않는다.

2) 우리 수역내 일본의 해양과학조사활동에 대한 대응

가) 중간수역에서 이루어지는 경우 이를 제제한 국제법적 근거 없다.

나) 우리 측 배타적 경제수역으로 동의 없이 들어오는 경우 정선, 나포 등의 강제적 조치, 비상업용 정부선박의 경우 시정 및 퇴거요구

4. 외국 관공선 추적권 행사 대응

가. 개요

최근 주변국과의 어업협정체결 이후 새로운 EEZ어업질서로 전환되면서 외국 관공선의 우리어선에 대한 추적권 행사가 간헐적으로 발생하고 있으며, 외국 관공선의 추적권 행사가 우리 EEZ까지 이어질 경우 추적권 행사의 적법성 보다는 국민감정 등 여러 가지 요소가 복합적으로 작용하여 국가 간 분쟁으로 발전될 가능성이 농후하다. 이러한 사례가 국가 위기상황으로 발전되지 않도록 현장에서 국제법 원칙에 부합하는 신속하고 적절한 조치를 취하는 한편, 국제법 원칙에 어긋나는 추적권행사에 대해서는 강력히 차단함으로서 우리 어민 보호 및 주권침해를 방지하기 위한 목적으로 작성 되었다.

따라서 외국 관공선이 우리 선박에 대해 추적권을 행사하는 상황이 발생하여 해양경찰의 조치가 필요하다고 판단되는 경우 대응체계 및 현장대응 경비함정의 세부 대응방향을 제시하고 있다.

나. 적용범위

1) 「외국 관공선의 우리 선박에 대한 추적권 행사」와 관련된 모든 대응 활동에 적용

2) 추적을 받는 선박이 우리나라 국적선일 경우 적용

3) 해양경찰의 조치가 필요하다고 판단한 경우에 한하여 적용

4) 외국 관공선이 우리 선박에 대한 추적권을 행사하는 상황발생시 대응 원칙과 기준을 제시한 것이므로 지휘관은 건전한 판단에 의하여 융통성 있게 적용되어야 한다.

다. 관련법규

1) 국내법규

가) 경찰관 직무집행법

제3조(불심검문) 경찰관은 수상한 거동 기타 주위의 사정을 합리적으로 판단하여 어떠한 죄를 범하였거나 범하려 하고 있다고 의심할 만한 상당한 이유가 있는 자 또는 이미 행하여진 범죄나 행하여지려고 하는 범죄행위에 관하여 그 사실을 안다고 인정되는 자를 정지시켜 질문할 수 있다. 제5조(위험발생의 방지) 경찰관은 인명 또는 신체에 위해를 미치거나 재산에 중대한 손해를 끼칠 우려가 있는 천재, 사변, 공작물의 손괴, 교통사고, 위험물의 폭발, 광견·우마류 등의 출현, 극단적 혼잡 기타 위험한 사태가 있을 때에는 다음의 조치를 할 수 있다.

① 그 장소에 집합한 자, 사물의 관리자 기타 관계인에게 필요한 경고를 발하는 것

② 특히 긴급을 요할 때에는 위해를 받을 우려가 있는 자를 필요한 한도내에서 억류하거나 피난시키는 것

③ 그 장소에 있는 자, 사물의 관리자 기타 관계인에게 위해방지상 필요하다고 인정되는 조치를 하게 하거나 스스로 그 조치를 하는 것

나) 수산업법

제34조 공익상 필요에 의한 면허어업의 제한 등에서 시장·군수 또는 자치구의 구청장은 어업권자가 외국과의 어업에 관한 협정 또는 일반적으로 승인된 국제법규와 외국의 수산에 관한 법령에 위반한 때에는 면허한 어업을 제한 또는 정지하거나 어선의 계류 또는 출항·입항의 제한을 할 수 있다.

2) 일본법규

가) 어선법

제74조 주무장관 또는 도도부현 지사는, 소속부서의 직원 중에서 어업감독관 또는 어업감독공무원을 명하고, 어업에 관한 법령의 여행(勵行)에 관한 사무를 담당케 한다. 어업감독관 또는 어업감독공무원은, 필요하다고 인정될 때는, 어장, 선박, 사업장, 사무소, 창고 등에 가서 그 상황 또는 장부서류와 그 밖의 물건을 검사하거나, 또는 관계자에 대해 질문할 수 있다.

나) 지정어업의 허가 및 단속 등에 관한 성령(농림성령)

제17조(조업제한) 지정어업자는 별표 제2(허가증)에 열거하는 조업 구역 및 기간 또는 특정어구 및 선박을 사용 또는 특정의 어업에 의해 조업 또는 특정 종류의 수산동물의 채포에 관한 제한 또는 금지의 조치에 위반하여 당해 지정어업을 운영해서는 안 된다.

※ 허가증 뒷면에 "외국의 단속공무원의 임검을 받지 않으면 안 된다."라고 기재되어 있음.

다) 형법

제95조 공무집행방해 및 직무강요에 공무원이 직무를 집행함에 대하여 폭행 또는 협박을 가한 자는 3년 이하의 징역 또는 금고에 처한다고 규정하고 있다.

3) 국제법규

유엔 해양법협약 제111조 추적권은 ① 외국선박에 대한 추적은 연안국의 권한 있는 당국이 그 선박이 자국의 법령을 위반한 것으로 믿을 만한 충분한 이유가 있을 때 행사할 수 있다. 이러한 추적은 외국선박이나 그 선박의 보조선이 추적국의 내수·군도수역·영해 또는 접속수역에 있을 때 시작되고 또한 추적이 중단되지 아니한 경우에 한하여 영해나 접속수역 밖으로 계속될 수 있다. ② 추적권은 배타적 경제수역이나 대륙붕(대륙붕시설 주변의 안전수역 포함)에서 이 협약에 따라 배타적 경제수역이나 대륙붕(이러한 안전수역 포함)에 적용될 수 있는 연안국의 법령을 위반한 경우에 준용된다. ③ 추적권은 추적당하는 선박이 그 국적국 또는 제3국의 영해에 들어감과 동시에 소멸한다. ④ 추적은 시각이나 음향 정선신호가 외국선박이 보거나 들을 수 있는 거리에서 발신된 후 비로소 이를 시작할 수 있다. ⑤ 추적권은 군함·군용항공기 또는 정부업무에 사용 중인 것으로 명백히 표시되어 식별이 가능하며 그러한 권한이 부여된 그 밖의 선박이나 항공기에 의하여서만 행사될 수 있다. ⑥ 추적이 항공기에 의하여 행하여지는 경우

a. 제1항부터 제4항까지의 규정을 준용한다.

b. 정선명령을 한 항공기는 선박을 직접 나포할 수 있는 경우를 제외하고는 그 항공기가 요청한 연안국의 선박이나 다른 항공기가 도착하여 추적을 인수할 때까지 그 선박을 스스로 적극적으로 추적한다.

⑦ 어느 국가의 관할권 내에서 나포되어 권한 있는 당국의 심리를 받기 위하여 그 국가의 항구에 호송된 선박은 부득이한 사정에 의하여 그 항행 도중에 배타적 경제수역의 어느 한 부분이나 공해의 어느 한 부분을 통하여 호송되었다는 이유만으로 그 석방을 주장할 수 없다. ⑧ 추적권의 행사가 정당화되지 아니하는 상황에서 선박이 영해 밖에서 정지 되거나 나포된 경우, 그 선박은 이로 인하여 받은 모든 손실이나 피해를 보상받는다.

라. 기본방향

1) 목표

우리 선박의 외국 수역 내 불법행위를 사전에 예방하고, 외국 관공선이 추적권을 행사하는 상황발생시 조기에 인지하여 국제법 원칙에 부합하는 신속하고 적절한 조치를 통해 우리 어민보호 및 사태 확산을 방지하기 위함이다.

2) 방침

가) 우리 선박의 인접국 수역 인근 조업 동향에 따른 효율적 경비함정 배치 운용으로 우범해역 및 선박감시 강화

나) 어업지도선·어업정보통신국 및 우리 어선과의 유기적 정보교환을 통해 상황 발생의 신속한 인지

다) 국제법 원칙에 부합하는 적절한 조치를 통해 사태 확산을 방지

라) 불법 선박에 대해서는 관련법에 따라 엄정하게 처리

3) 대응체계

가) 종합체계도

〈그림 5-2〉 외국 관공선 추적권 행사 종합체계도

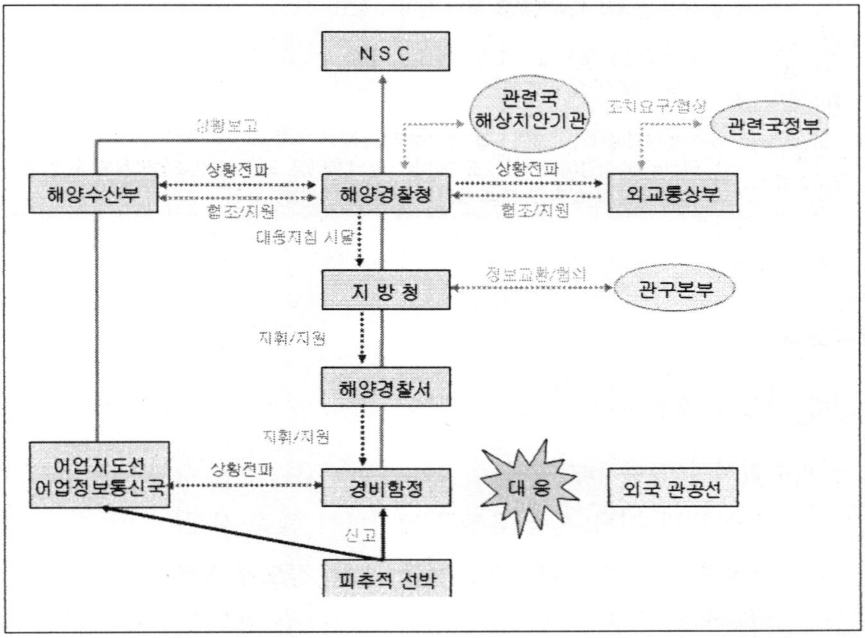

나) 대응기관

〈표 5-2〉 외국 관공선 추적권 행사 대응기관

구 분	내 용
NSC	o 안보정책조정회의/국가안전보장회의소집, 대응방향 협의 o 부처간 이견 조정 및 정부대응방침 결정 o 상황악화 또는 변동시 정부차원 대응책 협의·조정
해양 경찰청	o 각 상황별 협조 및 대응방안 마련 o 현장상황 종합/분석, 관련부처에 신속히 전파 o 사후 평가 및 대응시스템 보완·발전
외교통상부	o 대응방침·계획의 적절성 및 합법성 검토 o 상황 악화시 관련국과 외교 경로를 통한 해결 협의
해양수산부	o 우범 해역에 어업지도선 전진 배치 o 상황 발생시 필요 또는 요구 정보를 관련 부처에 신속히 전파 o 우범선박 관리 강화 및 재발 방지를 위한 제도적 방안 마련
지방청	o 인접국과 EEZ 접경수역 우리어선 조업 동향에 따라 경비세력 탄력적 조정 배치로 불법조업 예방 o 돌발상황 발생 및 상황 악화 대비 지원전력 준비 o 관할수역 인접국의 관할 해상보안관구 등 치안기관과 정보교환 창구 운영 o 상황 발생시 지휘계통을 통해 신속히 보고
경찰서	o 우범선박 출항 신고시 불법조업 예방을 위한 교육 및 계도 강화 o 우범선박 조업동향, 어획량 변동 등에 대한 정보수집·전파

	o 수협의 어민교육, 간담회 등 참가, 불법조업 방지 교육 실시 o 상황 발생시 지휘계통을 통해 신속히 보고
어업지도선 (어업정보 통신국)	o 우범해역에 대한 불법조업 예방활동 강화 o 상황 발생시 신속한 전파
현장 대응함정	o 우범해역에 대한 불법조업 예방활동 강화 o 인접국과 접경해역 인근 조업선과 1일 1회이상 교신, 불법조업방지를 위한 계도 o 상황 발생시 신속한 보고 및 대응 매뉴얼에 따른 조치

마. 사후조치

1) 선박·선원에 대한 조치

가) 피추적선의 안전상태 확인

① 부상자 및 선체 손상 유무를 파악하여 채증 실시

② 부상자는 즉시 후송하고, 선체 손상 정도에 따라 선원 이송, 예인 등 필요조치 이행

나) 혐의사실에 대한 조사

① GPS 항적, 조업일지, 어구 격납상태 등 조업흔적, 어획물 등 혐의사실을 입증할 수 있는 자료 수집 및 채증

② 선장 및 선원에 대해 당해 선박의 출항부터 현재까지의 행동사항, 추적 경위 등에 대한 조사

③ 조사결과 위법사실이 확인되면 법에 따라 엄정하게 조치

2) 국제적 조치

가) 관련 자료의 통보 및 정보교환

나) 재발 방지를 위한 조치사항 협의

다) 손해배상 및 관련자 처벌 등 사후조치 협의

3) 대응시스템 보완·발전

가) 상황보고 및 전파체계 점검

나) 관련기관 협조체제 및 관련국과의 정보교환·협상시스템 정비

다) 대응절차 및 지침의 보완·발전

라) 현장 대응태세 점검

5. 무력충돌 시 해상작전

전쟁터에서는 법보다 무력이 앞선다. 적을 궤멸하고 승리하는 것이 절대 절명의 목표라는 것은 고려할 여지가 거의 없다. 따라서 전쟁 시 이러저러한 법을 지키라고 제3자가 요구하는 것은 거의 의미가 없다고 볼 수 있다. 전쟁법 또는 무력충돌법이 준수되도록 하는 가장 기본적인 힘은 "네가 지키지 않으면 나도 지키지 않는다."는 상식적인 원칙이다. 전쟁법 준수와 관련하여 강대국은 지키지 않아도 되고 약소국만 지킬 것이 강요된다는 주장이 있다.

국제사회에서 미국과 같은 초강대국이나 중국, 러시아와 같은 강대국에 대해 전쟁법 준수를 강제할 직접적 수단은 존재하지 않는다. 그러나 강대국이라 하더라도 전쟁법을 무시할 경우 강대국이 다른 국가들에 대해 전쟁법을 준수하라고 요구하는 것은 의미를 잃을 수밖에 없고 이 경우 강대국 국가이익에 부정적으로 작용하게 된다. 또한 전쟁법을 준수할 것인지 여부가 국가이익에 대한 고려에 종속되기 때문에 국가 사활적인 이익에 직결되는 문제일 경우에는 국가는 전쟁법인 국제법을 무시하고도 무력행사는 하게 된다. 전쟁법 준수에 중요한 기여를 하는 것는 민주주의와 여론정치이다. 특히 민간인 보호와 같은 국제인도법(International Humanitarian Law)을 위반하는 무력행사의 경우 자국 및 국제적 여론의 지지를 받기 힘들기 때문에 이를 지켜야 할 필요가 있다.

가. 한반도와 전쟁법

1950년 한국전쟁 시 유엔사령부는 1949년 제네바협약의 규범을 준수할 의무가 있음을 선언하였다. 그리고 이에 대해 북한 외무부장관은 유엔에 북한군이 포로의 대우에 관한 제네바협약의 모든 원칙을 엄격히 준수하고 있음을 통보하였다. 한국은 헌법 제6조제1항에 '헌법에 의하여 체결, 공포된 조약 및 일반적으로 승인된 국제법규는 국내법과 같은 효력을 갖는다.'고 규정하고, 국방부 훈령으로 전쟁법 준수보장을 위한 규정(1989.5.13 개정훈령 제546호)을 제정하여 전쟁법의 준수를 강조하고 있다. 또한 무력충돌 관련 한국이 비준한 조약으로

1) 국제 연합헌장(1945)

2) 해상에서의 군대의 부상자의 상태개선에 관한 협약(제네바 1059년 협약)

3) 제네바 협약의 제 원칙을 해전에 적용하기 위한 협약(헤이그 1899년 협약)

4) 전시 병원선에 대한 국가이익을 위하여 부과되는 각종의 부과금 및 조세의 지불 면제에 관한 협약(1904)

5) 대기권, 외기권 및 수중에서의 핵무기 실험 금지조약(1963)

6) 핵무기 미 기타 대량 파괴무기의 해저, 해상 및 그 하층토 내 있어서의 설치 금지에 관한 협약(1971)

7) CTBT : 포괄적 핵실험금지조약(1996)

8) The Rome Statute of the International Criminal Court : 국제형사재판소 설립을 위한 로마규정(2002) 등이 있다.

나. 무력충돌의 기본원칙

1) 무력행사의 일반적 금지

가) 무력행사의 금지 원칙

현재 국제법에서는 전쟁은 물론 모든 형태의 무력행사는 원칙적으로 불법이다. 따라서 어느 국가가 무력을 행사하거나 전쟁을 하려면 국제법적으로 합리화할 수 있는 명분이 있어야 한다. 무력행사가 국제법적으로 합법화될 수 있는 상황은 자위권행사, 집단적 자위권행사, 유엔의 제재, 내란(국내문제 불간섭 원칙)등이다.

나) 전쟁의 금지

오늘날 전쟁은 일반적으로 불법화 되었고 자위권의 행사를 위한 전쟁만이 합법적으로 인정된다.

다) 무력복구의 금지

무력복구는 전쟁의사 없이 자국에 대하여 국제법적으로 위법한 행위를 한 타국에 대하여 무력을 사용하여 피해를 주는 행위이다. 오늘날 유엔헌장은 개별국가의 무력사용을 금지하고 있으나. 자위권행사 이외의 무력 사용한 보복행위는 여전히 발견된다. 이 경우 자위권 특히 선제적 자위권의 개념을 사용하는 경우가 많다.

※ 선제적 자위권이란 실제로 무력공격이 발생하지 않은 경우에도 자위권을 원용하여 무력을 사용하는 것으로 1976년 이스라엘의 우간다 엔테베 공항에 특공대 투입, 1981년 이라크

의 원자로에 대한 이스라엘 공군기의 폭격, 1986년 미국의 리비아폭격 등의 경우 선제적 자위권행사의 합법성에 대하여 강한 논란이 있었다. 1993년 미국이 이라크 수도 바그다드를 폭격한 사례에서 러시아 독일 영국 등 긍정적 반응을 보였듯이 핵무기 등 대량살상무기의 발전에 따른 개념인 선제적 자위권의 개념은 군사강대국이 강력히 주장하고 있다.

2) 집단적 자위권

침략을 받은 나라와 공동방위태세에 있는 국가가 침략을 막기 위해 공동으로 방위행위를 하는 것을 말하며 UN헌장에 규정되어있다. 오늘날 조약에 의한 원조의무의 발생근거가 있다.

3) UN의 제재

UN 안전보장이사회의 결의는 국제사회에서 무력을 사용하는 주요한 법적 근거가 된다. 대표적인 경우가 한국전쟁과 1991년 걸프만 전쟁이다. UN결의를 집행하기 위해 미국이 주도하는 다국적군을 창설하고 1991년 1월 7일 공격개시 1991년 2월 28일 다국적군 완전승리에 기여했다.

4) 내전

내전은 한 국가 안에서 무력집단간이 충돌이다. 내전은 국가 내부의 국내문제로 타국이나 국제사회의 간섭을 받지 않는 것이 원칙이다.

다. 정전체제와 무력충돌

1) 정전체제의 성격

현재 한국은 정전상태에 있다. 전통적인 국제법에 따르면 휴전하면 적대행위는 일시적으로 정지되나 전쟁상태는 계속되는 것으로 본다. 따라서 휴전은 평화가 아니며 중립국에 대한 관계도 휴전 이전과 동일하며 적대행위가 다시 개시되더라도 과거 전쟁의 연속일 뿐 새로운 전쟁이라 볼 수 없다. 결국 남·북한간의 관계는 전시도 평시도 아닌 정전시라 할 것이다. 따라서 남·북한간의 군사문제는 여전히 정전 협정의 틀 내에서 다루어지게 된다. 남·북한간의 무력충돌이 있을 경우 바로 전시로 간주하여 무제한적인 무력행사가 가능한 것은 아니며 무력충돌의 완전한 정지를 규정한 한국정전협정과 그 이행을 위한 정전 시 교전규칙의 규정에 따라 무력행사가 가능하다.

2) UN사령부

유엔사령부는 유엔의 대북한 군사제재결의(1950. 6. 27)와 유엔군통합사령부 설치결의(1950. 7. 7)에 근거하여 1950. 7. 25일 동경에 맥아더장군을 사령관으로 하여 창설 되었다. 정전협정이 체결되고 1957년 7월 1일 서울로 이동하여 오늘에 이르고 있다. 유엔사령부에게 주어진 임무는 북한의 무력공격 격퇴, 한국의 통일과 민주정부 수립, 정전체제의 유지로 요약할 수 있으며, 이에 따라 한국 방위을 위한 군사계획 발전, 정전체제 유지를 위한 전쟁재발 방지의 임무수행과 관련한 대유엔 보고 기능을 수행해 왔다.

현재 유엔사의 지위는 1978년 한미연합사령부가 창설된 이후 군사계획 발전기능은 연합사에서 담당하여 오고 있으며, 정전협정체제의 유지를 위하여 군사정전위원회를 통해 북한과 대화하고 접촉을 유지하는 것이 주된 기능이라고 할 수 있다. 북한의 잠수함 침투사건(1998. 6. 20), 서해 연평해전(1999. 6.)시 유엔사는 북한과 접촉하여 정전협정을 유지하고 한반도의 위기를 관리는 역할을 수행하고 있다.

라. 교전규칙

1) 교전규칙의 개념

교전규칙이란 군대가 적군과 마주하였을 때 교전을 개시하고, 계속해야 할 상황과 그 한계를 설정하기 위하여 자국군대에 발령된 훈령을 말한다. 교전규칙은 국가통수기관과 작전지휘관들이 국내법과 국제법 및 정치, 군사 정책에서 무력사용을 통제하는 수단이다. 교전규칙은 평시 교전규칙과 전시 교전규칙으로 구분되는데 한국의 경우 엄밀한 의미의 평시란 현재 존재하지 않고 정전중일 뿐이므로 교전규칙은 정전 교전규칙과 전시 교전규칙으로 구분되어 있다.

2) 교전규칙의 목적

가) 군사적 목적

교전규칙은 모든 군사목적에 부합하는 방법으로 무력사용을 제한함으로서 그 임무를 분명히 한다.

나) 정책적 목적

교전규칙은 전투개입 명령을 통제한다. 즉 무기사용에 대하여 일정한 범위내에서 허용하거나 제한한다.

다) 법률적 목적

교전규칙은 국내법, 전쟁법 및 국가정책을 따르도록 그 지침을 제공하여 예하부대 지휘관을 보호한다.

3) 정전시 교전규칙(AROE: Armistice Rules of Engagement)

가) 정전시 교전규칙의 개념

정전시 교전규칙은 한반도에서 아직 무력충돌이 발생하지 아니한 경우, 즉 정전시 적용되는 교전규칙으로 유엔사/연합사규정(UNC/CFC Reg.525-4)으로 정하여져 있으며 II급 비밀이다. 정전시 교전규칙이 목적은 정전협정을 유지하고 북한 침략을 저지하는 임무를 지원하기 위함이다.

나) 정전시 교전규칙하의 무력사용

정전시 교전규칙에 따른 무력사용은 정전협정을 준수하는 범위 내에서만 북한이 정전협정을 위반하는 경우에 이를 효과적으로 배제할 수 있는 범위 내에서 무력사용이 가능하다. 구체적으로 자위권을 행사하는 경우, 일정 인원이나 함정, 항공기 등에 대해 적성선포가 이루어진 경우에만 무력사용이 가능하다.

① 자위권

적대행위 또는 적대의도로 부터 당해 우군부대, 인근 우군부대, 한국국민의 생명과 재산을 보호하기 위해 적절한 조치 또는 필요한 가용수단을 사용할 수 있는 권한과 책임이 자위권이다. 자위를 위해 필요한 범위에서는 필요성과 상당성을 고려하여 적절한 무력을 사용가능하다.

② 적성선포(Declarationof Hostility)

적성선포 권한자에 의해 적성선포가 이루어지면 개별부대들은 교전에 앞서 적성부대의 적대행이나 적대의사를 확인할 필요 없이 교전이 가능하다.

4) 전시 교전규칙

전시교전규칙(Wartime ROE: WROE)은 유엔사/연합사 작계5027 부록에 수록되어 있다. 전시교전규칙은 실제로 무력충돌이 발생한 경우 적용되는 교전규칙이므로 정전시 교전규칙에 비해 무력사용 요건이 훨씬 완화되어 있다. 전시교전규칙 적용은 연합사령관에 의해 선포된다. 즉 작계5027에 의한 전쟁상태 돌입이나 H-hour 발령이나 DEFCON 단계 선포에 의해 자동적으로 전시 교전규칙이 발효되는 것이 아니고 별도의 선포가 있어야 한다.

5) 해상작전시 교전법규

가) 군함과 상선

① 군함의 교전권

해전에서는 군함이 전투단위이고 교전자이다. 자발적으로 적대행위를 하는 상선과 그 승무원은 교전자격이 인정되지 않아 포로가 되는 등 국제법상 보호를 받을 수 없고 국내법에 따라 처벌된다. 군함의 승무원은 함 내에 있는 한 교전자의 지위가 인정된다.

② 군함의 교전범위

군함 및 공선은 아국 영해, 적국 영해 및 공해에서 경고 없이 공격할 수 있다. 그러나 중립국 영해 내에서는 교전할 수 없는 것이 원칙이다.

③ 군함으로 변경된 상선

상선은 군함으로 변경될 수 있다. 그러나 군함으로 변경된 상선이 다시 상선으로 변경하는 것은 허용되지 않는다고 보는 것이 일반적이다.

나) 중립법규

① 중립의 지위

전쟁에 참가하지 않는 국가의 교전국에 대한 태도 또는 지위를 말한다. 전쟁에 참가하지 않는 국가로서 교전국 일방에 대하여 공연히 군사적 원조를 제공하는 것을 비교전상태라고 보는 경우가 있다. 이는 중립의 의무를 부담하지 않는 반면 중립의 권리와 이익도 포기하는 것이다.

② 중립국의 권리와 의무

중립국은 자국의 영해에서 교전국이 적대행위를 하거나 중립항구나 수역을 작전기지로 사용하는 것을 금지할 의무가 있다. 반면 중립국은 교전국이 전시 금제품를 수송하거나 전시봉쇄를 거스르는 자국선박에 대하여 강압적인 조치를 취하는 것을 묵인할 의무가 있다. 중립국은 자국 소속선박이 일방 교전국의 군사적 이익이 될 수 있는 활동을 할 경우에는 타방교전국이 그 선박을 포획, 몰수하는 것을 묵인하여야 한다. 중립국은 자국의 영해를 교전국에 대하여 폐쇄할 수 있다. 물론 중립국은 교전국 군함이나 피포획 선박이 영해를 단순히 통과하는 것을 허용할 수 있다.

③ 중립국의 통상 : 전시금제품

중립법규의 중요목적은 중립국과 교전국간의 통상에 관해 교전국의 행동을 규제하는 것이다. 중립법규는 전시금제품을 제외한 물품을 중립국이 교전국에 대해 판매하는 것에 대한 타방 교전국이 규제하는 것을 막는 역할을 한다. 전통적으로 물품을 전시금제품(절대적 금제품과 상대적 금제품)과 자유품으로 구분하고 절대적 금제품은 물건의 행선지가 적지라는 것이 쉽게 추정되어 중립영역 이외의 모든 곳에서 나포 가능하고, 상대적 금제품은 물건의 행선지가 입증되었을 때만 포획될 수 있으며, 자유품(의료물품, 여자, 어린아이의 피난수단 등)면제된다.

다) 전시임검과 수색(Visit and Search) 및 적성취득

① 임검과 수색

임검과 수색은 교전국의 군함 또는 군용기가 중립국 영역 밖에서 조우한 상선의 진정한 성격 및 적재화물의 성질, 상선, 고용방법, 기타 전쟁에 관계되는 사실을 결정하기 위해 행사하는 수단이다. 중립국영해, 국제해협, 군도항로대에서는 임검과 수색을 할 수 없다.

② 중립국 선박과 항공기의 나포

중립국상선이나 민가 항공기가 신분확인을 회피하는 경우, 임검 및 수색에 저항하는 경우, 금제품을 수송하는 경우, 봉쇄를 무시하고 행동한 경우, 해군작전구역 내에 교전국이 설정한 규정을 위반한 경우, 적의 군사적 공적 역무에 종사하는 인원을 운송하는 경우, 적에 이익이 되는 정보를 전달하는 경우에는 나포할 수 있다.

③ 적성의 취득

적기를 게양하고 운항하는 모든 선박과 적국표지를 달고 있는 모든 항공기는 적성을 띠고 있다. 중립국의 군함 군용기가 아닌 선박, 항공기는 적국의 편에서 적대행위에 직접적으로 가담하거나 적 해군, 타군의 지원군 자격으로 행동할 때 적 군함·군용기로 취급된다. 또한 적국의 직접적인 통제, 명령, 용선, 고용 또는 지시 하에서 운행되거나 임검, 수색을 포함한 신분확인 절차에 저항할 때 적 상선, 항공기로 취급된다.

라) 해상봉쇄(Blockade)

① 전시봉쇄

전시봉쇄는 교전국이 해군력에 의하여 적국 또는 적국이 점령한 지역의 항구 혹은 해안의 전부나 일부에 대하여 해상교통을 차단하는 전쟁행위를 말한다. 봉쇄는 보통 일방교전국이 작전상 타방교전국과 중립국과의 통상을 단절시킬 목적으로 행하는 것으로 중립국이 이해에 중대한 영향을 미친다.

봉쇄는 원칙적으로 전시에만 허용된다. 평시봉쇄는 공해 자유에 대한 침해로 허용되지 않는 것이 국제법상의 원칙이다.

한국전쟁 시 UN군사령부는 1952년 9월 27일 한국 연안에 대한 공격의 저지, UN군 보급선 확보, 전시금제품 수송의 방지 및 간첩활동의 봉쇄 등을 위해 한국방위수역(일명 Clark Line)을 설정하였는데 이는 장거리봉쇄의 일종이다.

② 평시봉쇄

현행 국제법은 평시 봉쇄를 근지하고 있으나 미국 등 강대국은 국가이익을 위하여 사실상의 봉쇄의 효과를 갖는 조치를 취하고 있다.

ⓐ 검역(Quarantine)

검역이라는 용어는 원래 보건, 위생 등과 관련되어 사용되는 것이나 이를 원래 의미와 다르게 사용한 경우가 있다. 미국은 1962년 공격용 미사일을 적재한 소련선박의 쿠바입항을 저지하기 위하여 실질적인 해상봉쇄를 단행 하였다.

ⓑ 해상차단작전(MIO :Maritime Interdiction Operation)

평시 전의를 포함하지 않는 봉쇄로서 오늘날 어느 정도 일반화 되고 있는 개념이다. 미국은 상비교전규칙(SROE)에 이 개념을 규정하고 있다. 오늘날 해상차단작전은 일반적으로 UN안보리의 결의를 전제로 하여 공해상 항해의 자유를 제한하는 군사작전을 의미한다고 볼 수 있다. 걸프전 당시 미국은 1990년 8월(유엔안보리의 이라크 공격 결의가 있기 이전) 안보리의 이라크 경제제재조치를 강화하기 위하여 이라크를 왕래하는 모든 금수품 적재선박의 통행을 금지하는 봉쇄조치를 취하고 이를 차단(Interdiction)이라고 표현하였다.

ⓒ 대량살상무기 확산방지 구상안(PSI : Proliferation security initiative)

대량살상무기 확산방지 구상안(PSI : Proliferation security initiative)은 범세계적인 위협이 되는 대량살상무기(WMD:Weapon of mass destruction)와 관련 물질의 확산을 차단하기 위한 국제적인 노력을 강화하기 위해 2003년 5월 31일 부시 미 대통령이 폴란드 방문시 공식 제안한 구상안이다. PSI기본 개념은 PSI동맹국과 함께 PSI를 통하여 핵무기 기타 대량살상무기 및 관련 물질의 육/해/공 수송을 임검, 차단하는 것을 의미한다.

제2장 위기관리

제1절 위기관리

1990년대 들어 냉전 구조가 해체된 가운데 정보화, 도시화, 복잡화, 네트워크화 등으로 사회 환경이 급속히 변화하면서 국가와 인간을 위협하는 요인도 다양하다. 2001년 9.11테러, 2002년 8월 유럽 대홍수 등 예기치 않은 대규모 인명 살상행위와 재난의 빈발 등은 국가의 위기관리 책임을 증대시키는 계기와 함께 국가 위기관리 개념 및 체계의 변화를 초래하고 있다.

종전의 안보개념이 「포괄적 안보」개념으로 바뀌고 이러한 「포괄적 안보」개념의 목표로서 '국민보호'(시민보호)개념이 대두됨에 따라. 세계 각국은 이러한 개념의 변화를 반영, 다양한 위협요인과 영역을 국가가 관리해야할 위기관리 대상에 포함시키고 새로운 위기관리 체계 구축에 나섰고 우리도 「참여정부, 노무현 정부」들어서 이를 구체화하기 위한 종합적인 정비·구축작업이 진행되었다.

국가위기와 국가위기관리에 대해 살펴보면 "2004년 7월12일 대통령훈령 제124호로 제정된 '국가위기관리기본지침'에서는 국가위기를 국가의 주권 또는 국가를 구성하는 정치·경제·사회·문화 체계 등 국가의 핵심요소나 가치에 중대한 위해가 가해질 가능성이 있거나 가해지고 있는 상태"로 보고 있다.

1. 국가위기 정의

가. 국가 위기의 정의

1) 국가 위기관리의 정의

오늘날에는 전통적 안보분야 뿐만 아니라 재난, 경제, 사회, 문화 등으로 위기영역이 다양하게 확대됨에 따라 이러한 전통적 안보영역과 변화되고 다양해진 위기영역을 포괄하는 위기의 정의가 필요하다. 일반적으로 '위기관리'정의는 '위기를 예방하고 위기발생에 대비하여 대응태세를 유지하며, 위기발생시 즉각적인 대응을 통해 피해를 최소화하고 조기에 위기발생 이전의 상태로 회복한 후 재발 방지를 위한 일련의 활동'을 의미한다.

2) 「국가안전보장회의(NSC) 국가위기관리 기본지침」상 정의

가) 국가위기란 "국가주권 또는 국가를 구성하는 정치, 경제, 사회, 문화체계 등 국가의 핵심요소나 가치에 중대한 위해가 가해질 가능성이 있거나 가해지고 있는 상태"라고 한다.

나) 국가위기관리란 "국가 주권에 대한 위기 또는 국가를 구성하는 정치·경제·사회·문화체계 등 국가의 핵심요소나 가치에 대한 중대한 위해로부터 국가와 국민을 보호하기 위한 예방·대비·대응·복구에 관한 제반활동"을 말한다.

다) 위기관리활동은 "위기요인을 사전에 제거하거나 감소시킴으로써 위기발생 자체를 억제하거나 방지하고, 위기상황 하에서 수행해야 할 제반사항을 사전에 계획, 준비, 교육, 훈련함으로써 위기 대응능력을 제고시키고 위기 발생 시 즉각적으로 대응할 수 있도록 태세를 강화하며, 위기 발생 시 국가의 자원과 역량을 효율적으로 활용하고 신속하게 대처함으로써 피해를 최소화하고 2차 위기발생 가능성을 감소시키는 한편 위기 이전상태로 조기에 회복시킴과 동시에 제도개선과 운영체계 보완을 통해 재발을 방지하고 위기관리능력을 보완하는 일련의 활동"이라고 규정하고 있다.

나. 국가 위기요인의 다양화 및 위기관리 환경변화

〈표 5-3〉 위협요인 구분

전통적 위협요인	신종 위협요인
○ 군사/외교 등 국가안위 관련 위협 ○ 자연재해	○ 사이버, 정보통신, 물류 등 국가 핵심기능 마비 ○ 테러 ○ 전염병, 조류독감 등 보건관련 재난 ○ 방사능 누출, 화학물질 유출 등 인위재난

1) 생활환경의 변화

생활환경의 변화는 이에 비례한 위협요인의 증가를 초래하고 수시로 예기치 못한 재난과 위기로 이어져 인간 개개인과 국가에 막대한 피해로 나타나고 있으며

이러한 양상은 기술이 발달하고 사회가 더 복잡해질수록 점점 심화될 것으로 전망된다.

2) 국가의 적극적인 책임과 역할

국민은 경제적 풍요로 삶의 질이 향상되면서 안전에 대한 관심과 욕구가 증대되고 민주화의 진전으로 국민의식이 발달함에 따라 국가와 국민의 안위를 위협하는 다양한 요인에 대한 국가의 적극적인 책임과 역할을 강력히 요구된다.

3) 적극적이고 포괄적인 위기관리 인식

정부는 군사적 위협뿐 아니라 국민의 생활 속에서 다양하게 나타나는 각종 위협요인에 대해서도 국민의 안위 보장 차원에서 적극적이고 포괄적인 위기관리를 인식해야 한다.

다. 국가 위기관리 개념 변화

1990년대 이후 냉전구조가 해체되면서 전쟁과 같은 군사적 충돌의 위협이 감소됨에 따라 전쟁 대비와 대응에 역점을 둔 기존의 국가안보 개념은 군사 분야뿐 아니라 비군사 분야의 다양한 국가적 위협에도 적극 대처해야 한다는「포괄적 안보」개념으로 전환 하고 있다.

※「포괄적 안보」개념은 먼저 국가안보, 즉 국가 위기관리의 영역을 종전의 군사적 분야에서 다양해진 비군사 분야까지 확대하는 것을 의미하고, 나아가 국가가 적극적으로 국가의 안위뿐 아니라 국민의 안전을 보호 해야 한다는 의미를 내포하고 있다. 즉 2001년 9.11 미국테러 이후 '부시' 미 행정부가 테러와 같이 다양해진 국가적 위협에 대한 새로운 국가안보 전략을 수립하면서부터 이다

〈표 5-4〉 국가 위기관리 개념과 체계의 변화 비교

구분	전통적 안보개념 상황	「포괄적 안보」개념 상황
국제정치 환경	-냉전	-탈 냉전
국가적 위협요인	-전쟁 등 군사분야 중심	-군사, 비군사분야 다양
국가 위기관리 목표	-군사적 안전보장	-군사적 안전보장, 국민의 안전, 국가 핵심기능 유지
국가 위기관리 체계	-군사분야/전시대비 중심 -국가 동원형	-군사/비군사간, 전/평시간 연계 통합형 -국민참여 협력형

우리나라는 참여정부 출범과 함께 확대 개편된 국가안전보장회의(NSC)사무처 내에 정부수립 이후 처음으로「위기관리센터」를 설치하고 앞서 설명한 「포괄적 안보」개념의 구현을 위한 국가 위기관리 체계 구축하여 정비에 착수하였다. 참여정부 출범이

전 2003년 2월 18일 대구에서 한 정신질환자의 방화로 339명의 사상자가 발생한 지하철화재 참사가 일어나, 적게는 지하철 방재로부터 재난관리 체계, 나아가 국가 위기관리체계 전반에 까지 혁신적 변화를 모색하게 되는 계기가 되었다. 정부는 "「포괄적 안보」개념에 입각한 다양한 위기유형에 대한 종합적, 체계적 관리시스템의 구축과 국가위기관리 능력의 제고 필요성"을 강조함으로써 위기관리 개념은 곧 「포괄적 안보」개념임을 분명히 하고 있다.

2. 우리나라 위기관리 체계

가. 정부의 위기관리 정책

1) 국가의 위기관리 기본역량을 강화

위기영역별 전담조직 및 의사결정체계의 지속적인 정비와 관련 기관 간 유기적인 협조체제 구축하고 있다.

2) 체계적인 위기관리 활동을 보장

국가 위기관리 기본지침과 위기관리 표준 매뉴얼 등 국가 위기관리 활동방향과 기준을 제시하는 각종 규범을 정비하고 있다.

3) 위기관리 업무능력을 향상

정부 각 부처의 위기관리 업무에 대한 미비점을 지속적으로 발굴·개선, 국가 위기관리상의 공백을 방지, 물류 등 주요 기능의 마비와 전염병 확산 등 새로운 위협요인에 대한 신속하고 효율적인 대응체계를 구축한다.

나. 국가 위기관리 체계 구축·정비·현황

1) 위기관리 영역의 명확화와 영역별 의사결정체계의 구축

전통적 안보분야는 국가안전보장회의(NSC)를 중심, 재난분야는 중앙안전관리위원회(위원장: 국무총리), 국가핵심기반 분야는 국정현안정책조정회의(의장: 국무총리, 정책적 의사결정)/중앙안전관리위원회(대응지원)로 하여 관련 상황에 신속하고 효율적으로 대처할 수 있는 체계를 구축했다.

2). 위기관리 관련 법규의 정비

위기관리 활동에 있어 기준이 되는 각종 법규를 환경과 개념의 변화를 반영하여 보다 실효적인 위기관리 활동이 이루어질 수 있도록 정비하였다.

가) 전쟁 등과 같은 군사적 위기상황에 대비한 기존의 각종 대비계획들을 안보환경 등 제반 상황변화를 반영하여 개정했다.

나) 2001년 9.11 테러로 인해 그 중요성이 증대된 대테러 분야의 관련법을 개정하여 대테러 체계 운영의 효율성을 제고하였다.

다) 재난분야의 법령을 「재난 및 안전관리 기본법」으로 통합, 2004년 6월 제정하였다.

제2절 위기관리 매뉴얼 체계

매뉴얼 체계는 크게 「국가위기관리 기본지침」, 「유형별 위기관리 표준 매뉴얼」, 「위기대응실무 매뉴얼」로 구분하고 있다.

〈표 5-5〉 국가 위기관리 매뉴얼 체계

구분	내용
국가위기관리 기본지침	국가위기관리의 개념 및 방향을 제시하는 대통령훈령 ※ 2004.7.12 제정 NSC가 주관
위기관리 표준매뉴얼	위기 유형별로 위기경보체계, 부처·기관의 임무·역할 등 범정부 차원의 위기관리체계를 규정한 세부지침 ※ 32개 위기유형의 표준매뉴얼 수립
위기대응 실무매뉴얼	위기발생시 부처·기관이 수행해야 할 조치사항 및 행동요령 등을 수록한 표준대응 절차서

1. 위기관리 매뉴얼

1) 「국가위기관리 기본지침」

NSC가 주관이 되어 각 부처와 학계 전문가 등이 참여한 가운데 수립된 위기관리에 관한 기본방향과 기준을 제시하는 문서로서 국가위기의 개념과 범위, 위기관리의 기본방향과 내용, 위기관리의 절차와 경보, 각 부처의 기본적인 책무 등을 수록하고 있다.

2)「유형별 위기관리 표준매뉴얼」

NSC가 각 부처와 협조하여 3대 위기영역별(전통적 안보, 재난, 국가 핵심기반)로 32개의 위기유형을 선정하고 이에 대한 범정부 차원의 종합 위기관리 방향 및 체계와 위기예방-대비-대응-복구활동에 대한 부처·기관의 임무와 역할 및 협조관계를 규정하고 있다.

3)「위기대응 실무매뉴얼」

위기관리 표준매뉴얼을 바탕으로 각 유형별 위기관리 주관기관이 중심이 되어 유관기관과 협조, 각종 위기상황 발생 시 구체적으로 적용할 부처와 기관의 조치사항 및 행동절차 등을 수록하는 매뉴얼이다.

2. 구체적 위기관리 체계

〈표 5-6〉 위기관리 체계

구분	내용
국가위기관리 기본지침 (대통령 훈령)	- 국가 위기관리 개념과 방향 제시 - 국가위기 개념과 범위, 위기관리 기본방향과 내용 - 위기관리 절차와 경보, 각 부처별 기본적인 책무를 규정한 대통령 훈령
위기관리 표준 매뉴얼 (32개)	- 위기 유형별 위기경보 체계 - 예방 – 대비 – 대응 – 복구 활동에 대한 부처·기관의 임무·역할 및 협조관계 등 범정부 차원의 위기관리체계를 규정한 세부지침 ※ 2004. 9. 7. 32개 위기유형의 표준매뉴얼 수립 - 전통적 안보(12건), 재난(11건), 국가핵심기반(9건)
위기대응 실무 매뉴얼 (10개)	- 위기 유형별 주관기관이 중심이 되어 유관기관과 협조 - 위기상황 발생시, 부처·기관이 수행할 조치사항 및 행동요령 등을 수록한 표준 대응 절차서

가. 32개 유형별 위기관리 표준매뉴얼 현황

〈표 5-7〉 안보 분야(12개 유형중 4개 유형)

번호	유 형	주관기관	비 고
1	독도 우발사태	외교통상부	
2	서해 NLL 사태	국방부	
3	해양테러	해양경찰청	
4	북한내 我 국민·물자 억류	통일부	
5	북핵 우발 사태	외교통상부	
6	개성공단 관련 돌발사태	통일부	
7	북 임남댐 붕괴	건설교통부	
8	대통령 권한 공백	국무조종실	
9	재외국민 보호	외교통상부	
10	소요·폭동	경찰청	
11	북측 방문단 집단망명	통일부	
12	파병부대 우발사태	국방부	

〈표 5-8〉 재난분야(11개 유형중 5개 유형)

번호	유 형	주관기관	비 고
1	풍수해 재난	소방방재청	
2	대규모 해양오염	해양수산부	
3	가축질병(구제역)	농림부	
4	전염병	보건복지부	
5	지진해일	소방방재청	
6	다중밀집시설 화재사고	소방방재청	
7	산불재난	산림청	
8	고속철도 대형사고	건설교통부	
9	화학·유해물질 유출사고	환경부 등 3개 기관	
10	지하철 대형사고	건설교통부	
11	공동구재난	건설교통부	

〈표 5-9〉 핵심기반시설 분야

번호	유　　형	주관기관	비 고
1	원전안전분야	과기부, 산자부	
2	사이버 안전 분야	정보통신부	
3	전력분야	산업자원부	
4	원유 수급분야	산업자원부	
5	금융전산분야	재경부, 금감위	
6	육상 화물운송 분야	건설교통부	
7	식용수 분야	환경부, 건교부	
8	보건의료 분야	보건복지부	
9	정보통신 분야	국방부 등	

나. 매뉴얼 운영체계

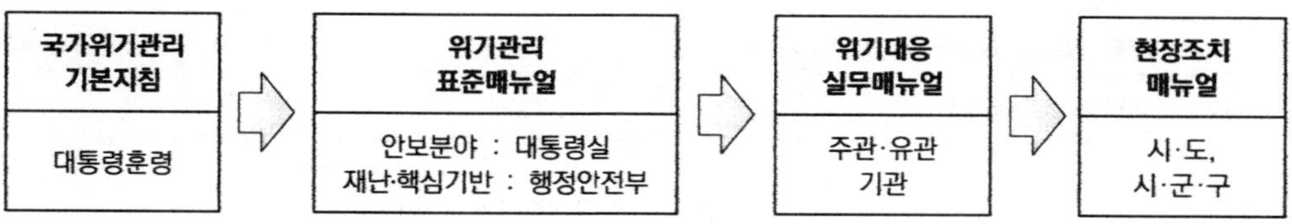

다. 재난분야 위기관리 매뉴얼 개요

1) 관련 근거

가) 「재난 및 안전관리 기본법」 제34조의5(재난분야 위기관리 매뉴얼작성·운용)

나) 「국가위기관리기본지침」(대통령훈령 제388호, 국가안보실)

2) 위기관리 매뉴얼의 종류

〈표 5-10〉 위기관리 매뉴얼 종류

매뉴얼	작 성 기 관	주 요 내 용
위기관리 표준매뉴얼	재난관리주관기관(중앙부처)	재난관리체계 및 기관별 임무와 역할
위기대응 실무매뉴얼	주관기관 및 유관기관	재난대응에 필요한 조치사항 및 절차 규정

현장조치 행동매뉴얼	실무매뉴얼 작성기관의 장이 지정한 기관	재난현장 임무 수행기관의 행동절차 수록

3) 위기관리 매뉴얼 현황(2018. 6. 30. 기준)

〈표 5-11〉 위기관리 매뉴얼 현황

분야	순번	위기유형	주관기관	분야	순번	위기유형	주관기관
자연재난 (10)	1	풍수해	행정안전부	사회재난 (27)	10	인접국가방사능누출	원안위
	2	지진	행정안전부		11	해양선박사고	해양수산부
	3	대형 화산폭발	행정안전부		12	사업장대규모인적사고	고용노동부
	4	적조	해양수산부		13	다중밀집건축물붕괴 대형사고	국토교통부
	5	가뭄	공동부처		14	교정시설 재난 및 사고	법무부
	6	조수	해양수산부		15	가축질병	농림부
	7	우주전파재난	과기정통부		16	감염병	보건복지부
	8	녹조	환경부		17	정보통신	과기정통부
	9	산사태	산림청		18	금융전산	금융위
	10	낙뢰	행정안전부		19	원전안전	원안위/산업부
사회재난 (27)	1	산불	산림청		20	전력	산업부
	2	유해화학물질유출사고	환경부		21	원유수급	산업부
	3	대규모수질오염	환경부		22	보건의료	보건복지부
	4	대규모해양오염	해수부		23	식용수	환경부
	5	공동구 재난	행정안전부/ 국토교통부		24	육상화물운송	국토교통부
	6	댐붕괴	산업부/ 국토교통부		25	GPS전파혼신	과기정통부
	7	지하철대형사고	국토교통부		26	해양유도선수난사고	해양경찰청
	8	고속철도대형사고	국토교통부		27	경기장 및 공연장 발생사고	문체부
	9	다중밀집시설대형화재	소방청	-			

라. 영역별 위기관리 전담 조직체계

점차 다양화·대규모화 되고 있는 재난, 사이버안전, 국가핵심기반 등 비군사 분야 위기에 대한 전담 관리기관이 취약 또는 부재하여 전문적인 대처에 한계가 있다고 보고 전담 조직들을 신설하여 전문성과 책임성을 바탕으로 업무를 수행할 수 있도록 하였다.

1) 국가안전보장회의(NSC)

국가위기관리체계 구축에 관한 종합적인 기획·조정기능을 수행하는 기능이 필요하다고 보고 확대 개편된 국가안전보장회의(NSC) 산하에 위기관리센터를 설치(2003.3) 하였으며, 재난영역에 있어 자연재해와 인위재난을 통합한 재난관리 업무의 전담 조직으로 '소방방재청'을 설치(2004.6)하였다.

2) 국가정보원

사이버 침해에 대해서도 국가 차원에서 종합 대처하기 위해 '국가사이버안전센터'를 국가정보원 산하에 설치(2004.2)하였다.

3) 행정안전부

새로운 신종 위협요인으로 대두되는 국가 핵심기반의 마비에 대해서도 범정부 차원의 통합지원 기능을 수행하는 전담부서로 행정안전부 안전정책관실 내 '기반체계보호담당관'을 설치(2004. 6)하였다.

4) 국방부

특히, 군은 재난관리와 같은 평시 위기관리에 대한 군의 지원을 기본임무로 규정(2004. 11)하고, 체계적인 지원업무 수행을 위해 국방부 내에 '재난관리지원과'를 신설(2004. 8)하여 평시 위기관리에 관한 민·관·군 협력기능을 강화하였다.

마. 위기평가 및 경보제도 도입·운영

1) 위기상황에 대한 평가 및 경보 발령체계를 위기관리 표준매뉴얼에 규정하여 2005년부터 본격적으로 운영하고 있다.

2) 위기평가 및 경보제도는 위기징후 포착 또는 위기발생 예상 시 위협 또는 위

험수준을 평가하여 그 수준에 적합한 조치를 통해 위기발생에 체계적으로 대비하기 위해 시행한다.

3) 경보수준은 관심(Blue)-주의(Yellow)-경계(Orange)-심각(Red) 등 4단계로 구분되어 있다.

4) 각 위기 유형별 주관기관은 각종 상황에 대한 자체 위기평가 및 경보발령 체계를 가동하고 범정부 차원의 종합적인 평가와 조치가 요구되는 위기경보 발령이 필요한 경우엔 국가안전보장회의 사무처와 협의하여 국가위기평가회의를 통해 경계와 심각단계의 경보를 발령한다.

〈그림 5-3〉 국가 위기 평가 및 경보발령 체계

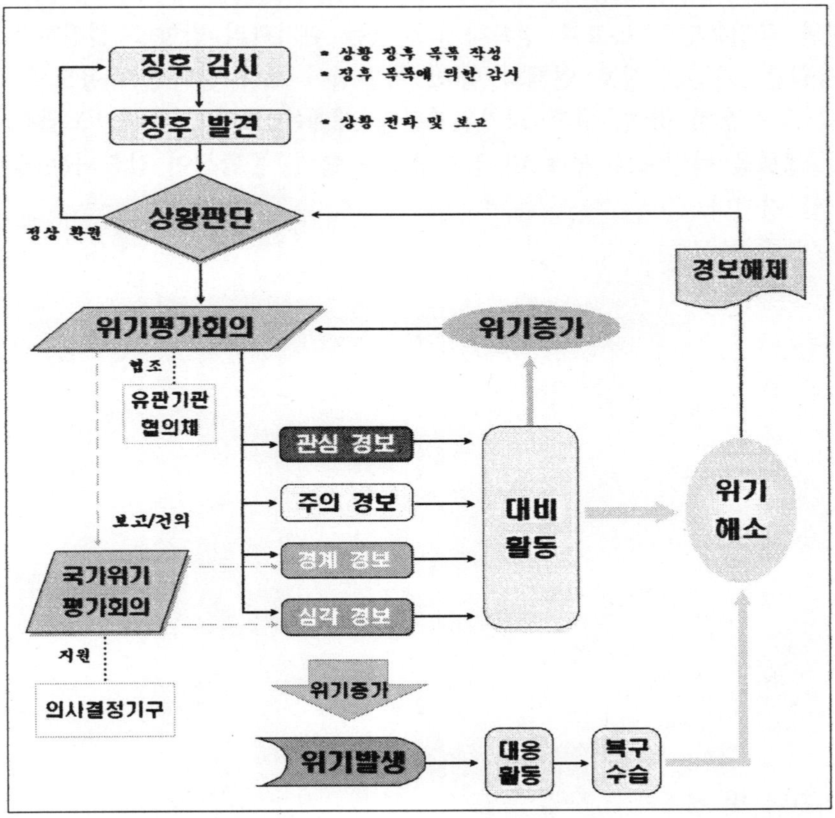

3. 국가위기관리 체계의 변화 방향

국가의 안위와 국민의 안전을 위협하는 요인은 점차 다양해지고 발생한 위험으로 인한 피해 규모는 커져 국가의 적극적인 위기관리가 필요해 짐에 따라 각국은 「포괄적 안보」개념과 '시민보호' 개념을 바탕으로 국가위기관리 체계를 구축, 정비하고, 정부도 「포괄적 안보」개념을 바탕으로 사후 대응적이고 임기응변식의 위기관리체계를 보다 효율적인 위기관리체계로 구축·정비하고 위기관리에 대한 책무를 적극 수행하고 있다.

앞으로 인류환경이 더 복잡해지고 발달할수록 이를 위협하는 요인도 비례하여 다양해지고 위협적일 것이며, 이에 대한 국가의 위기관리체계도 더욱 발전되어 가야 할 것은 자명한 일이다. 국가위기관리 체계가 단순히 외형적 형태만을 갖춘 발전이 아니라 실질적인 발전을 이루어 성공적인 위기관리가 되기 위해서는 국가가 처한 위기관련 환경의 특징과 국정운영의 목표를 정확하게 반영한 위기관리 방향을 설정하고 위기관리 영역간, 자원간, 기능간 상호 연계와 협력, 통합성이 보다 강화된 내용으로 조직과 기능, 제도를 구축·정비 하여, 향후 국가위기관리 체계는 보다 심화된 「포괄적 안보」 및 '시민보호' 개념을 바탕으로 체계 내 상호연계와 협력, 통합성이 강화되는 방향으로 발전되어야 할 것이다.

제3장 비상업무

제1절 비상대비(전시대비)

1. 비상사태의 개념

국가안전보장에 중대한 영향을 미칠 수 있는 사태로 과거에는 전쟁, 내란 등 주로 정치·외교·군사 분야에 국한 하였으나, 최근에는 자연재해, 대형재난, 테러 및 경제위기 등 그 범위가 경제, 사회, 문화, 환경 분야까지 확대되어 가는 추세이다. 그러나 여기서 국가비상사태란 '전시·사변 또는 이에 준하는 비상시 각급기관의 행동기준과 필요한 사전조치를 강구하기 위해 비상상황 수준별로 구분 선포하는 사태'를 말한다.

2. 비상사태의 종류

가. 전면전으로 비화 단계(국가비상사태) : 전국 단위

〈표 5-12〉 군사준비태세 및 정부준비태세

군사준비태세 (데프콘)	정부준비태세 (충무사태)
ㅇ 전면전에 대비해 발령하는 전투준비태세(한국과 미국정부가 승인하고 연합사령관이 발령)	ㅇ 전면전 대비 정부총력전 차원의 전쟁준비 조치사항을 선포(국방장관 건의에 따라 대통령이 발령)
ㅇ DEFCON-3 : 국지 긴장상태 또는 군사적 개입 가능성이 존재 * 데프콘-3는 1976년 판문점 8.18도끼만행 사건시 정전 후 유일하게 발령 ㅇ DEFCON-2 : 긴장상태가 고조된 상황 ㅇ DEFCON-1 : 전쟁 임박 및 발발 가능성, 최고 준비태세 요구	ㅇ 충무3종사태 : 전면적으로 진전될 가능성이 있는 위기상황 ㅇ 충무2종사태 : 적의 전쟁도발 위협이 현저히 증가된 위기상황 ㅇ 충무1종사태 : 전쟁이 임박한 최상의 위기상황 * 을지연습시에는 실제사태와 구분하기 위하여 "을지사태"로 명명함

1) 국가비상사태

전시·사변 또는 이에 준하는 비상시 각급기관의 행동기준과 필요한 사전조치를 강구하기 위해 비상상황 수준별로 구분 선포하는 사태이다.

2) 연합사 정보감시태세(워치콘)

적의 위협정도에 따라 정보감시자산의 운영규모를 결정하는 정보감시태세(5단계로 구성)이다.

〈표 5-13〉 연합사 감시태세(워치콘)

단계	내용
5	■ 징후 경보가 없는 일상적 상황
4	■ 일상적 생활을 하고 있으나 잠재적 위협의 존재로 계속 감시할 필요가 있는 상태 ■ 정전협정 후 한반도 평시상황
3	■ 국가안보에 중대한 위협을 초래할 우려가 있는 상황 ■ 정보요원의 근무를 강화하고 전원이 정 위치에서 근무하거나 대기, 적정(敵情)을 주의 깊게 감시
2	■ 국익에 현저한 위험을 초래할 징후가 뚜렷한 상황 ■ 북한의 도발위협이 심각하여 비상태세를 갖추고 첩보위성의 사진정찰과 정찰기 가동, 전자신호 정보수집 등 다양한 감시와 분석 활동을 강화 ■ 1999 연평해전 발발 시, 2009 북 핵실험·미사일 발사 시
1	■ 적 도발이 명백한 상황

3) 연합위기관리 태세

국지전이 확전될 가능성이 있을시 한국 합참의장과 연합사령관이 협의하여 선포하며, 선포 시 데프콘과 워치콘의 격상 등 대응 강화 조치를 검토하게 된다.

나. 국지도발 단계 : 지역 또는 전국단위

1) 진돗개

무장공비 침투 등 국지도발에 신속히 대비하기 위한 비상경계명령으로 지역군사령관이 발령한다.

가) (진돗개 "셋") 평상시 경계태세 및 출동준비태세

나) (진돗개 "둘") 적 침투 및 국지도발이 예상되거나 사건 조치가 필요한 경우

다) (진돗개 "하나") 적 침투 및 국지도발 징후가 있거나 침투상황이 발생한

경우(예 : 00일 14:50분 서해 5도 진돗개 "하나" 발령)

2) 통합방위사태

적의 침투, 국지도발사태에 대응하여 선포하는 민·관·군 통합방위 태세이다.

가) (병종사태) 무장공비 및 간첩의 침투·도발 예상, 소규모 침투 및 파괴활동

나) (을종사태) 일부 또는 수개 지역에 무장공비 침투 기습, 파괴활동

다) (갑종사태) 전국적으로 대규모 무장공비 침투, 사회질서 교란

(예: 00일 17:20분 인천광역시 옹진군(연평면 일원) "을종사태" 발령)

다. 비상대비 용어

1) 충무사태

전시 · 사변 또는 이에 준하는 비상시에 각급기관의 행동기준과 필요한 사전조치를 강구하기 위하여 비상상황 수준별로 구분 선포하는 사태(충무3종, 2종, 1종 사태)를 말한다.

2) 데프콘 (Defense Resdiness Condition)

긴급 사태가 발생했을 때 그 정도에 따라 단계적으로 발령하는 미군의 긴급 경계 태세이고 데프콘Ⅰ에서 데프콘Ⅴ까지 있다. 가장 긴박한 사태를 뜻하는 데프콘Ⅰ은 외국에 배치된 미군 또는 동맹국의 군대가 공격당하거나 또는 미국 영토가 공격당했다는 사실을 국방부장관이 지정한 지휘관 또는 그 이상의 기관이 확인한 경우에 발령하는 전쟁상태를 말한다. 데프콘Ⅱ는 위와 같은 공격이 임박해 있다고 판단되는 경우의 경계태세이며, 데프콘Ⅲ는 공격이 임박했다고는 판단되지 않으나 분쟁이 빈발하는 지역에 배치된 부대가 기습 공격이나 우발사건에 대처할 수 있도록 하는 경계태세이다. 데프콘Ⅳ는 전략공군, 본국에서 대기 중인 긴급전개군 등이 평상시에 취하는 경계태세이고, 데프콘Ⅴ는 가장 낮은 정도의 경계태세다.

3) 워치콘 (Watch Condition)

Watch Condition의 약자로 국가안보가 심각한 위협에 처할 때 발령되는 대북 정보감시태세를 가리키는 용어이다. 모두 4단계로 이뤄지는 워치콘은 한미 양국의 정보당국간 합의에 따라 발동여부가 결정되며 단계가 높아질수록 정찰기 등

첩보수집 수단이 보강되며 정보분석 요원도 늘어난다. 평시엔 4수준에 있다가 위기가 높아지면 3, 2, 1로 단계적으로 올린다. 우리나라의 경우는 평시에도 워치콘 '3단계', 데프콘 '4단계'로 항시 유지되고 있다. '워치콘 2'가 발령되는 시점은 국익에 현저한 위험이 초래될 징후가 보일 때 발령되며, 첩보위성의 사진정찰, 정찰기 가동, 전자신호 정보수집 등 감시 및 정보분석 활동이 강화된다.

'워치콘 1'은 적의 도발이 명백할 때 발령되지만 1953년 정전이후 아직까지 한 번도 발령된 적은 없다.

〈워치콘 2 발령기록〉

1982년 2월 북한군이 IL-28 폭격기를 전진 배치하고 1개월간 북한 전역에서 공군 훈련을 펼쳤을 때
1996년 4월 5일 판문점에 무장병력을 투입하는 등 정전협정 체제 무력화를 기도했을 때
1999년 6월 서해교전
2006년 10월 북한의 1차 핵실험
2009년 5월 북한의 2차 핵실험 강행과 미사일 발사
2010년 3월 26일 천안함 침몰사건
2010년 11월 연평도 포격사건
2012년 4월 13일 북한의 광명성 3호 발사 준비에 따라 대비로 발령되었다.
2013년 2월 12일 북한의 제3차 핵실험[1]
2013년 4월 10일 북한의 미사일 발사 준비에 따라 발령.[2]
2015년 8월 22일 북한의 연천군 포격사건에 대한 고위층 접촉에 따라 발령.

※ 워치콘 2단계와 데프콘 3단계의 상태에는 미국은 한반도에 증원군이 파병되고, 대한민국 국군의 전시작전권을 한미연합사령부에서 행사

〈비상대비 용어 정리〉

□ 충무사태

국가안전보장에 중대한 영향을 미칠 수 있는 비상사태 발생시 각급기관의 행동기준과 필요한 조치사항을 규정(국방부장관 건의, 대통령 승인)

- 충무3종사태 : 전면전으로 진전될 가능성이 있는 위기 상황
- 충무2종사태 : 적의 전쟁도발 위협이 현저히 증가된 위기상황
- 충무1종사태 : 전쟁이 임박한 최상의 위기상황

□ 방어준비태세(데프콘)

정규전에 대비해 발령하는 전투준비태세(한·미정부/연합사령관 발령)

- DEFCON-3 : 국지 긴장상태 또는 군사적 개입가능성이 존재
- DEFCON-2 : 긴장상태가 고조된 상황
- DEFCON-1 : 전쟁임박 및 발발 가능성 최고 준비태세 요구

□ 진돗개

무장공비 침투 등 국지도발에 대비한 단계별 비상경계 명령(작전지역사령관 발령)

- 진돗개 "셋" : 평상시 경계태세 및 출동준비태세
- 진돗개 "둘" : 적 침투 및 국지도발이 예상되거나 사전 조치가 필요한 경우
- 진돗개 "하나" : 적 침투 및 국지도발 징후가 있거나 침투상황이 발생한 경우

□ 통합방위사태

적의 침투·도발이나 그 위협에 대응하여 선포하는 단계별 사태(시·도지사, 대통령 발령)

- 병종사태 : 무장공비 및 간첩의 침투 · 도발 예상, 소규모 침투 및 파괴활동
- 을종사태 : 일부 또는 수개지역에 무장공비 침투 기습, 파괴활동
- 갑종사태 : 전국적으로 대규모 무장공비 침투, 사회질서 교란

□ 연합사 경계태세(워치콘)

적의 위협정도에 따라 감시자산의 운영 규모를 강화함으로써 적의 공격징후를 파악하기 위한 정보로 5단계로 구분(연합사령관 발령)

- 워치콘 5단계: 징후 경보가 없는 일상적 상황
- 워치콘 4단계: 일상적 생활을 하고 있으나 잠재적 위협이 존재해 계속 감시할 필요가 있는 상태
- 워치콘 3단계: 국가안보에 중대한 위협을 초래할 우려가 있는 상황으로 정보요원의 근무를 강화하고 전원이 정위치에서 근무하거나 대기하며 적정(賊情)을 주의 깊게 감시한다.
- 워치콘 2단계: 국익에 현저한 위험을 초래할 징후가 뚜렷한 상황, 곧 북한의 도발 위협이 심각해 비상태세를 갖추고 첩보위성의 사진 정찰과 정찰기 가동, 전자신호 정보수집 등 다양한 감시와 분석활동을 강화한다.
- 워치콘 1단계: 적의 도발이 명백한 상황. 워치콘 도입 이후 한번도 발령된 적이 없다.

3. 비상사태의 발생과 현상

국가 비상사태(전쟁)가 발생되면 사태발생 초기에 극도의 혼란과 무질서 및 지나친 공포로 공황(Panic) 상태가 나타난다.

〈그림 5-4〉 화생공격 등 적의 집중공격으로 대량사상자 발생

4. 국가 비상사태 시 조치

가. 충무3종사태 : 전쟁징후가 현저히 증가된 상태

주 관 부 처	조 치 사 항
〈각급기관 : 충무계획 시행 준비〉	
안보회의사무처	국가안전보장회의 개최
비상기획위원회	정부종합상황실 운영
국 방 부	충무3종사태에 준하는 조치 건의
행정안전부	공무원 비상근무령 발령

나. 충무2종 사태 : 전쟁위협이 가일층 증대된 상태

주 관 부 처	조 치 사 항
〈각급기관 : 충무계획 시행 준비〉	
안보회의사무처	국가안전보장회의 개최
비상기획위원회	전시 정부종합상황실 이전 운영
국 방 부	충무2종사태 및 국가동원령 선포 건의
행정안전부	국무회의 개최, 정부기관 소산 및 이동
법 제 처	전시대기법령(안) 공포

다. 충무 1종사태 : 전쟁이 임박한 최고의 위기상태

주관부처	조 치 사 항
〈각급기관 : 충무계획 시행 준비〉	
행정안전부	국무회의 개최
국 방 부	충무1종사태 및 계엄령 선포 건의

5. 비상대비 훈련

가. 비상대비 훈련

1) 의의

비상대비훈련은 전시사변 또는 이에 준하는 국가비상사태에 능동적으로 대처하기 위하여 비상대비계획을 검토·보완하고 전시 업무수행절차를 숙달시키기 위해 실시하는 모든 연습과 훈련을 총칭한다.

2) 목적

가) 비상대비계획의 실효성 검토 보완

나) 전시업무 수행절차 숙달

다) 국가위기 관리능력 배양

라) 국민안보의식제고 및 공감대 형성

3) 근거

가) 비상대비자원관리법 제14조(훈련의 실시)

나) 비상대비자원관리법 시행령 제21조(훈련실시의 요청), 제34조(정부연습) 및 35조(자체연습)

나. 비상대비 훈련개념과 체계

〈그림 5-5〉 비상대비훈련 체계

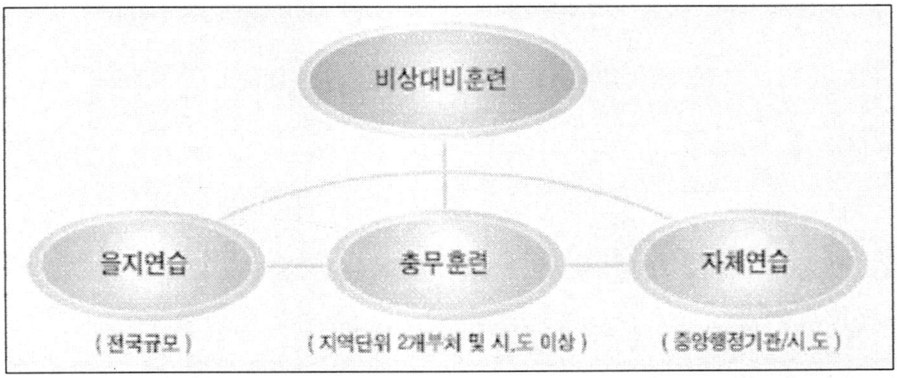

1) 을지연습

을지연습은 행정안전부 주관으로 전국 시·군·구 이상의 행정기관과 주요 민간업체 등 4,000여 기관, 48만여 명이 참가한 가운데 비상시 국가안보와 국민안전을 위한 대비 절차와 실제훈련을 실시한다.

가) 충무계획 실효성 검토 및 전쟁수행 절차 숙달을 목표로 전국규모로 실시하는 도상연습 위주의 총체적 전시대비 연습

나) 국무총리가 연습방법 및 기간 등을 정하여 대통령의 승인을 받아 총괄실시

다) 비상기획위원장은 중앙계획/통제단을 편성, 계획, 통제, 평가

※ 을지 / 포커스렌즈연습 : 을지연습과 군사연습을 연계하여 실시할 경우의 명칭

2) 충무훈련(종합훈련)

지역단위의 안보취약요인 및 특수성을 검토하여 유관기관 참여하에 특정 시·도 단위 규모로 실시하는 실제훈련 위주의 지역별 종합훈련이다.

3) 자체연습

가) 각 중앙행정기관과 지방자치단체가 전시대비계획을 검토하고, 정부연습에서 도출된 문제점을 보완하기 위하여 각기관장 책임하에 실시하는 훈련이다.

나) 주무부장관이 연습방법·기간 등을 정하여 비상기획위원회 위원장의 조정·확인 및 국무총리의 승인을 받아 실시한다.

다) 자체연습은 기관실정에 따라 토의형 연습, 연구과제 발표, 실제훈련 등 다양하게 실시한다.

다. 비상대비계획과 훈련의 순환체계

〈그림 5-6〉 비상대비계획과 훈련의 순환체계

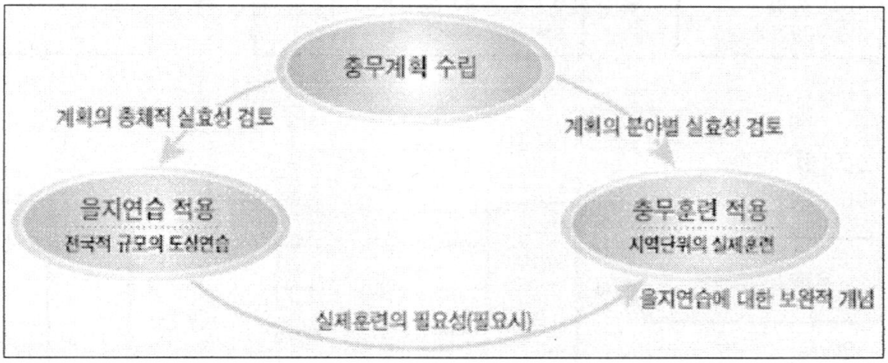

라. 실제 훈련체계

〈그림 5-7〉 실제 훈련체계

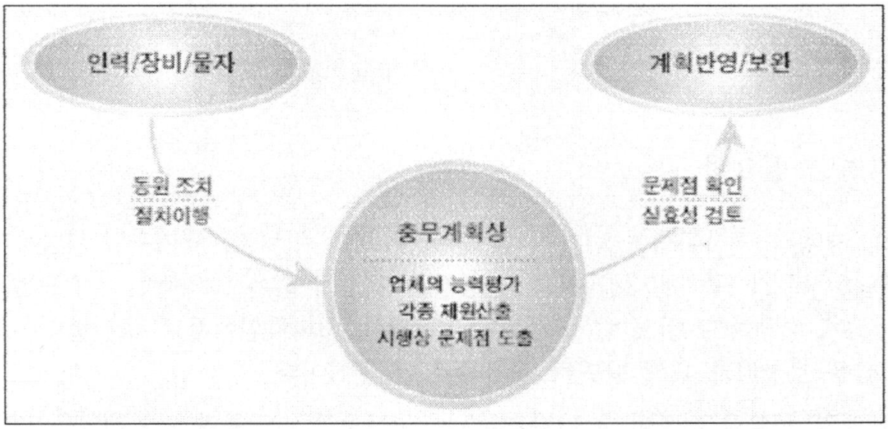

마. 연습방법

1) 도상연습

◦ 전쟁상황모의(SDM) ◦ 사건계획(연습각본)	상황부여 ➡	◦ 도상/서면 상황조치 ◦ 충무계획 시행절차 숙달

※ 실제상황과 동일하게 보고하고 조치하는 절차 준수가 중요

2) 실제훈련

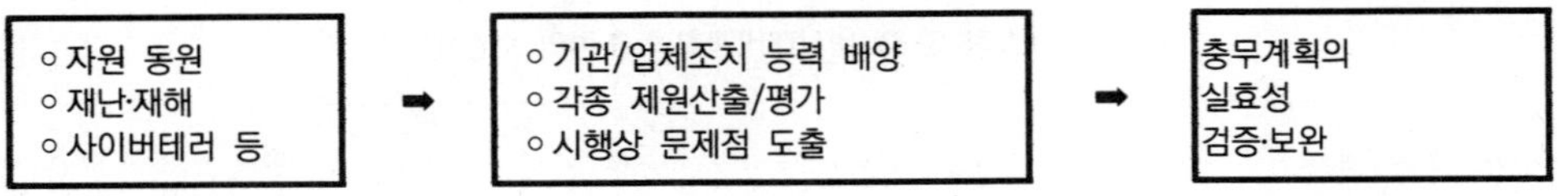

3) 토의형 연습

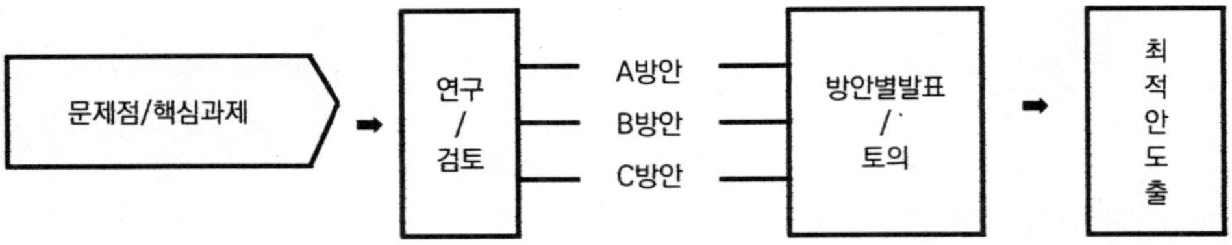

제2절 을지연습

1. 을지연습 필요성

북한의 재래식 군사위협이 변하지 않고 있을 뿐만 아니라, 핵미사일·화학무기 등과 같은 대량살상무기, 즉 '비대칭 전력'의 증강은 우발적 혹은 고의적인 무력도발로 이어질 가능성이 상존하고 있으며, 이에 대한 철저한 대비차원에서도 을지연습은 국민의 안전한 삶을 보장하기 위해 당연히 실시해야 할 훈련이다.

냉전체제의 붕괴와 더불어 9·11테러[100]는 군사중심의 전통적 안보개념을 넘어서 전쟁뿐만 아니라 테러, 재해, 재난 등 포괄 안보시대로의 전환기를 맞이하고 있다. 이에 우리의 비상대비 체제도 다양한 안보위협에 능동적으로 대처할 수 있는 비상대비태세를 갖추어야 할 때이다.

국가가 존재하는 한 국가의 존립과 독립성을 유지하기 위해서는 비상사태 시 국가자원을 효율적으로 활용할 수 있도록 대비하는 조직과 계획, 이에 대한 훈련이 필수적이

100) 2001년 9월 11일 다수의 미국 항공기를 납치해 동시다발적으로 벌어진 대규모 테러 사건이다. 알카에다가 주도한 자살 테러였으며 이로 인해 뉴욕 110층 세계무역센터(WTC) 쌍둥이 빌딩이 붕괴되었고 미국 국방부 펜타곤이 공격받아 일부가 파손되었다. 이 테러는 오사마 빈 라덴이 이끄는 테러조직 알카에다가 일으킨 것으로 미국 항공기 4편에 테러리스트 4-5명씩 탑승시켜 항공기를 납치(하이재킹)하고 이를 미국 주요 건물에 추락시킨 자살 테러다. 이 테러로 2,996명이 사망했다.

다. 특히 우리나라는 남·북간의 6·25전쟁의 역사를 가지고 있기 때문에 교훈으로 삼아야 한다. 6·25 전쟁 시 국가비상대비 실태를 살펴보면 다음과 같다.

① 국가안보를 위한 정책의 부재, 국가통수권자의 전쟁 지도수행 능력 부족

② 국가전쟁 지도기능의 마비 : 새벽 4시 전쟁이 발발하였음에도 국무회의 소집 및 전시체제로의 체계적 전환 미흡

③ 국민보호를 위한 통제대책 부재 : 생필품 통제, 접적지역의 피난민 철수, 수도권 주민의 소개 및 철수, 한강다리의 기능 불가시 도하대책 부재 등

④ 전쟁수행 기반의 붕괴 : 전시산업 및 금융통제조치 미흡(기간산업, 전시금융 및 양곡통제 등)

⑤ 치안확보 및 민심수습대책 미흡 : 전쟁지도부인 정부와 군사작전을 수행할 군의 상황판단, 의사결정, 대응조치 등 미흡, 홍보대책 부족으로 오보 남발 및 유언비어 확산 등으로 훈련이 되어있지 않아 국가자원을 효율적으로 활용하고 대비하지 못하여 엄청난 희생이 발생하였다.

2. 을지연습 의의와 근거

가. 을지연습 의의

을지연습은 정규전에 대비하여 국무총리가 대통령의 승인을 받아 총괄 실시하는 전국적인 도상훈련으로 비상대비계획의 실효성을 검증 보완하고, 관계요원의 전시임무 수행절차를 숙달하기 위하여 매년 전국적 규모로 도상 또는 실제적으로 실시하는 정부연습으로 군·관을 포함한 모든 관공서는 훈련에 참여하고 특히 경찰은 그중에서도 중요한 역할을 수행하는 국가기관으로 군과의 긴밀한 연락 하에 각 단계별로 도상으로 일정한 임무를 수행하면서, 상황을 유지한다.

특정한 지역의 특정한 시설물에 공습을 가상하여 기본계획에 의거한 실제훈련도 실시한다. 원칙적으로 을종사태, 갑종사태 및 전쟁 등 국가비상사태가 발발하여 계엄령이 선포되면 계엄법에 의거하여 군 주도로 작전이 수행되며, 해양경찰은 일정한 범위내의 임무를 수행한다. 비상기획위원장이 중앙계획하고 통제단을 편성하여 연습의 제반분야를 계획·통제·평가 한다.

※ 비상대비계획(충무계획), 위기관리 표준/실무 매뉴얼 적용 등

나. 을지연습의 배경 및 근거

1) 배경

1968. 1. 21 북한 무장공비의 청와대 기습 사건을 계기로 당시 대통령지시에 의거, 국가안전보장회의(NSC) 주관하 비정규전 상황을 상정하여 1968년 7월 도상연습으로 [태극훈련]이 최초실시 되었다.

2) 근거(비상대비훈련)

가) 비상대비자원관리법(법률)

나) 비상대비자원관리법시행령(대통령령)

다) 국가전시지도지침(대통령훈령)

라) 비상대비훈련예규(국무총리훈령)

3. 을지연습 계획과 통제 체계

훈련계획 및 통제 체계는 정부조직 상 지휘감독체계와 동일하며 군사분야 연습체계와 상호 긴밀한 협조체제를 유지해야 한다.

〈그림 5-8〉 을지연습 계획 및 통제 체계

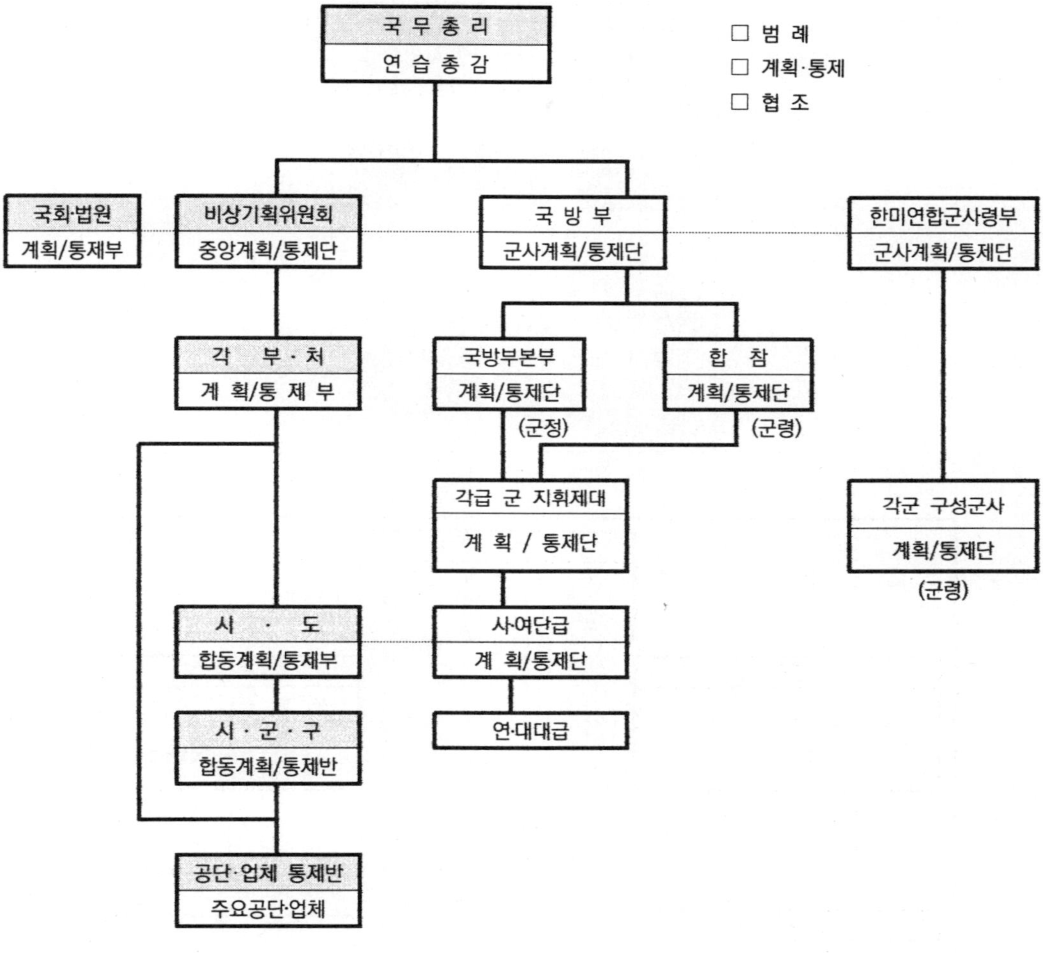

4. 을지연습 시행절차

을지연습 체계는 계획단계로부터 준비, 실시 및 통제, 평가와 사후처리 단계까지 체계적인 흐름을 의미하며 각 단계별 과정이 각각 단절되는 것이 아니라 상호 연계하여 진행된다. 그러므로 비상대비훈련 시행절차는 모든 기관에 적용되며 훈련계획은 중앙 및 상급기관에서 집권화하여 수립하고 훈련실시는 기관별로 분권화(分權化)해야 한다.

그러나 2019년부터는 '을지연습'은 유예하고 '을지태극연습'으로 대체하여 훈련을 실시하고 있다.

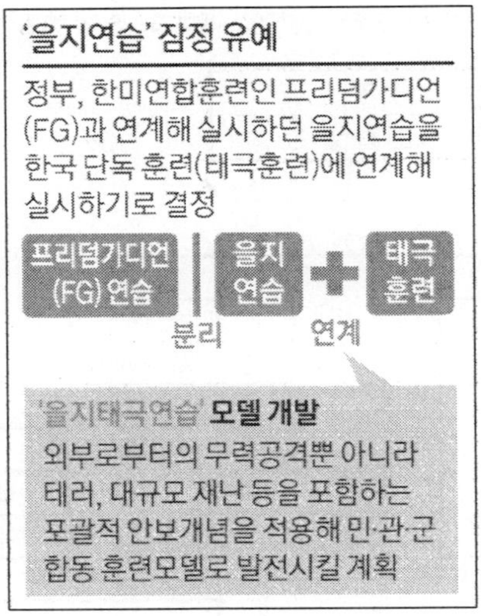
'을지연습' 잠정 유예
정부, 한미연합훈련인 프리덤가디언(FG)과 연계해 실시하던 을지연습을 한국 단독 훈련(태극훈련)에 연계해 실시하기로 결정
프리덤가디언 (FG) 연습
을지 연습
태극 훈련
분리
연계
'을지태극연습' 모델 개발
외부로부터의 무력공격뿐 아니라 테러, 대규모 재난 등을 포함하는 포괄적 안보개념을 적용해 민·관·군 합동 훈련모델로 발전시킬 계획

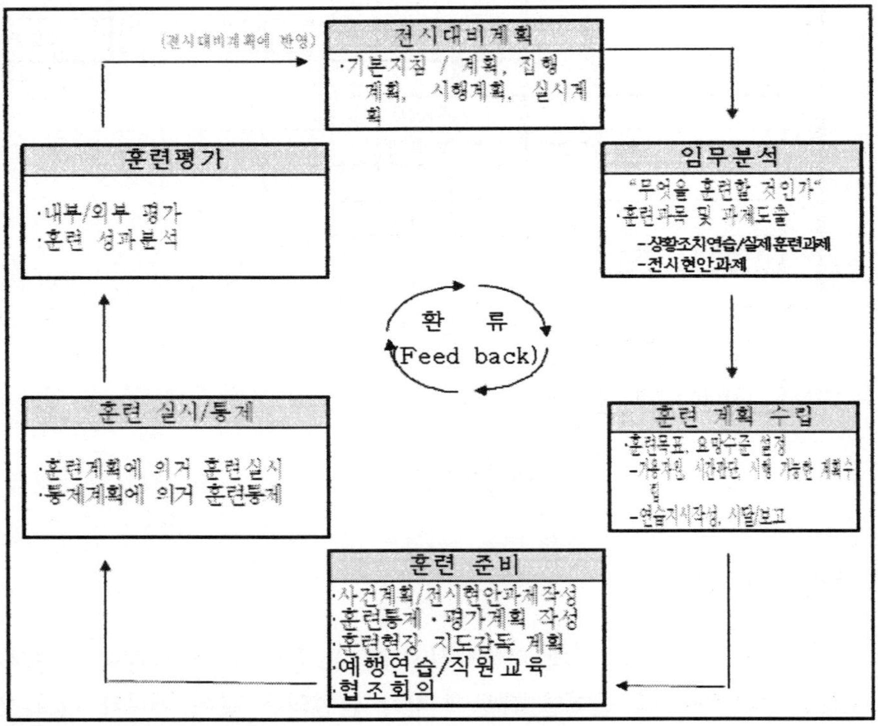
(전시대비계획에 반영)
전시대비계획
·기본지침 / 계획, 집행계획, 시행계획, 실시계획
임무분석
"무엇을 훈련할 것인가"
·훈련과목 및 과제도출
-상황조치연습/실제훈련과제
-전시현안과제
훈련 계획 수립
·훈련목표, 요망수준 설정
-연습지시작성, 시달/보고
훈련 준비
·사건계획/전시현안과제작성
·훈련통제·평가계획 작성
·훈련현장 지도감독 계획
·예행연습/직원교육
·협조회의
훈련 실시/통제
·훈련계획에 의거 훈련실시
·통제계획에 의거 훈련통제
훈련평가
·내부/외부 평가
·훈련 성과분석
환류
(Feed back)

5. 을지연습 효과

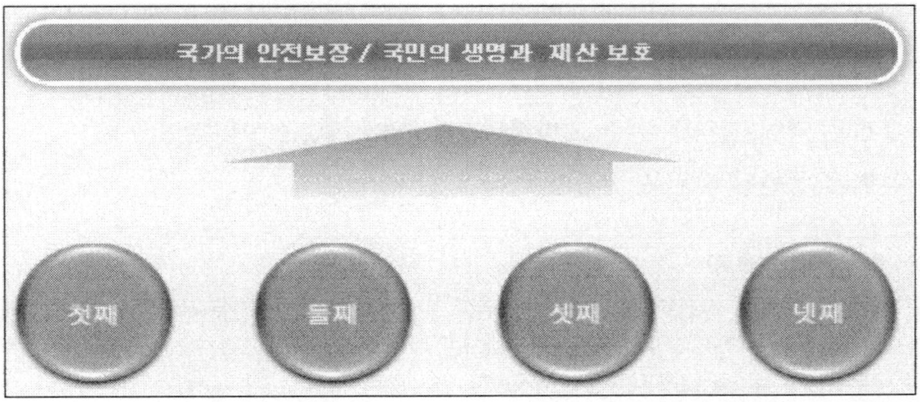

첫째	둘째	셋째	넷째
국가총력전에 대비한 정부의 비상대비태세 확립으로 전쟁억제 기여	민·관·군 통합방위체제 유지로 범국가적 정책 추진성공 - 아시안게임 - 올림픽, 월드컵 - ASEM, APEC	군사연습과 병행실시로 한·미간 신뢰구축의 역할	전국적 규모의 연습으로 「대국민 안보의식 고취의 場 역할 」

제3절 충무훈련

1. 충무훈련의 개설

가. 개요

충무훈련은 비상(전쟁)대비 종합훈련으로 민(국민)·관(공무원)·군(군인)이 합동으로 실시하는 실제훈련을 말한다. 비상대비계획의 각종 제원산출, 시행 간 문제점을 도출하기 위하여 매년 4개 시·도에서 실시하고 있다.

충무훈련의 충무(忠武)는 임진왜란 당시 우리나라를 국난의 위기에서 구해냈던 충무공 이순신 장군의 호국정신을 바탕으로 하는 훈련이다. 충무계획의 분야별 실효성 검토, 국가자원의 신속한 동원태세 유지와 전시전환태세 확립을 통한 비상시 대응능력 배양을 목표로

1) 을지연습 및 화랑훈련과 가능한 병행실시
2) 훈련분야는 지역의 안보취약요인을 종합적으로 검토할 수 있는 주요 분야를 선정
3) 훈련방법은 실제훈련 위주로 하되 충무계획 점검과 과제토의를 병행
4) 훈련은 당해 지역내 관련 지방행정기관, 업체 및 군부대 참여
5) 훈련에 동원된 자원은 현행법에 의거 실비 보상

> **※ 충무사태(忠武事態)**
> 국가비상사태하에서 사전조치를 강구하기 위한 비상사태 명칭을 "충무사태"라고 하고 단계별로 1-3종사태로 구분하고, 상황은 통상 군의 데프콘 사태에 준하며, 선포절차는 국방부장관의 제안으로 국무회의의 심의를 거쳐 대통령이 선포한다.

> **※ 충무계획(忠武計劃, Chung-Mu Plan)**
> 전시 또는 국가비상사태 시에 국가가 능동적으로 대처하기 위하여 평시에 준비하는 범국가적인 비상대비계획으로 각 부처별로 소관자원의 운영과 기능수행을 위한 계획을 수립하게 됨. 이러한 충무계획을 시행하는 목적은 국가비상시 군사작전을 효율적으로 지원하고 전시 정부기능을 유지하며 국가자원의 신속한 동원을 보장하고 국민생활의 안정을 도모하는 데 있다.

나. 충무훈련의 연역

1981년도 불시 동원훈련을 시작으로 1) 1982 - 1991년 사이에는 전시대비 훈련으로, 2) 1992년도는 군사분야(향토방위)를 합참이 주관하는 화랑훈련에 흡수시켰고, 순수한 비상대비업무(자원동원훈련)에 관한 훈련을 충무훈련에서 실시. 3) 1993년부터는 "충무훈련(대통령훈령 제 83호에는 훈련명칭을 "종합훈련"으로 규정)"을 비상기획위원회에서 국방부로부터 이관 받아 실시하고 있다.

2. 충무계획

가. 의의

전시 또는 국가 비상사태 시에 국가가 능동적으로 대처하기 위하여 평시에 준비하

는 범국가적인 비상대비계획으로 각 부처별로 소관자원의 운영과 기능수행을 위한 계획을 수립하게 된다. 이러한 충무계획을 시행하는 목적은 국가비상시 군사작전을 효율적으로 지원하고 전시 정부기능을 유지하며 국가자원의 신속한 동원을 보장하고 국민생활의 안정을 도모하는 데 있다. 국가 비상사태에 효율적으로 대처하기 위하여 정부가 매년 작성하는 비군사 분야의 전시대비 계획이다.

나. 목적

군사작전지원	정부기능유지	국민생활안정
자원동원 병력, 인력, 물자, 장비 및 업체 주민 · 차량 통제 군 작전로 및 보급로 확보	행정체제 전환 행정기관 및 행정 권한의 전시전환 정부기관 소산/이동 소산 : 충무2종시 이동 : 우발사태시	행정체제 전환 전재민 수용 · 구호 전시 생필품의 안정적 공급 민심수습으로 사회안정

다. 위기관리 메뉴얼

국가위기를 사전에 예방하고 발생에 대비하며 위기발생시 효과적인 대응 및 복구를 통하여 그 피해와 영향을 최소화하기 위한 일련의 계획이다.

전통적 안보	재　난	국가 핵심기반
국지도발 등 군사력 사용 위협 12개 표준유형	풍수해 등 자연재해/대형건물 붕괴 등 인위재난 11개 표준유형	테러, 폭동, 대규모 시위 · 파업 등 9개 표준유형

3. 충무훈련 내용 및 절차

가. 자원동원 훈련

인력동원훈련, 통신회선 동원훈련, 선박동원훈련, 차량 등 동원훈련이 있다.

1) 인력동원훈련

인력동원훈련이란 전시를 대비하여 평시에 관리하고 있는 자원이 인력동원명령에 의거, 계획된 인원이 계획된 장소 · 시간에 정확하게 동원될 수 있는지 여부를 검토하기 위하여 실시하는 훈련이다. 동원훈련은 동원계획의 실효성 검토, 유사시 동원능력 및 응소한 인력에 대한 전시 임무수행 능력을 측정함으로써 동원 업무를 담당하고 있는 공무원들에게 동원집행 절차를 숙달시키고 동원지정의 적정성을 확인하는데 있다. 또한 훈련과정을 통하여 평시 인력자원 관리 및 전시 대비 계획 등을 검토 · 보완하는데 있다.

2) 선박동원훈련

전시 · 사변 또는 이에 준하는 국가비상 사태 하에서 동원선박 운영체제 정립 및 효율적인 동원으로 신속히 전시체제로 전환에 있다.

3) 차량(건설기계)동원 훈련

전시 군사작전지원을 위하여 계획된 차량(건설기계)을 실제로 동원해봄으로써 동원 절차의 숙달과 임무수행 능력을 향상 시키는데 있다.

4) 통신회선 동원훈련

전시 국가안보 및 군 등 국가 주요기관에 소요되는 통신을 지원하기 위한 회선 동원능력을 제고하고 담당요원의 임무수행능력을 향상시키는데 있다.

나. 긴급복구훈련

1) 항만시설

전시 항만피해에 대한 피해복구 능력제고 및 수행절차 숙달로 수습능력배양 긴급복구체계 검토하여, 긴급 복구형 비축물자의 관리, 새로운 공법의 개발에 있다.

2) 전력시설

전 · 평시 발생 가능한 주요 전력설비 피해에 대한 실질적이고 체계적인 복구훈련을 통해 설비고장 시 대처능력 향상은 물론 대내 · 외 기관과 유기적인 협조체제를 강화하여 비상시 적 기습공격으로 인한 전력설비 피해를 최소화하여 양질의 전력공급에 만전을 기하는데 있다.

3) 가스시설

가스는 국민의 일상생활과 매우 밀접히 관련된 중요한 자원이고 가스시설 피해 시는 많은 인명과 재산피해가 발생되므로 유사시를 대비하여 실시하는 긴급복구 훈련으로써, 가스시설 파괴에 따른 긴급복구훈련을 통하여 국민생활에 필수적인 가스의 안정적인 공급을 통하여 국민생활을 안정시키는데 있다.

4) 통신시설

전시 피해를 입은 주요 통신시설을 신속히 복구하여 원활한 통신지원과 복구요원의 임무 숙지 및 복구절차를 숙달시키는데 있다.

5) 철도시설

전시 철도시설피해 발생 시 재난상황별 대처 및 수습능력 배양과 유관기관 간 협조체제를 유지하는데 있다.

6) 교 량

교량 파괴 시 상황별 대처 및 수습능력 배양과 담당요원의 임무수행 능력을 향상시키는 데 있다.

다. 재난대비훈련

1) 대형건물

전시 적 항공기의 공격과 게릴라에 의한 테러 등으로 대형고층건물에 대형 재난 발생 시 피해를 최소화하고, 신속한 긴급구조와 재난 진압 및 후속조치를 시행함으로써 입체적이고 종합적인 훈련을 실시하는데 있다.

2) 공동구시설

전시 공동구 수용시설별 대처 및 수습능력 배양과 유관기관 간 협조체제를 유지하는데 있다.

3) 지하철

전시 지하철 독가스 살포 및 폭발물에 의한 인명·시설피해에 대비한 방호요령 및 수습능력을 배양하고 유관기관간 협조체제를 유지하는데 있다.

라. 기타 훈련

1) 화학전 방호훈련

적은 개전 초 전선 돌파 및 민심혼란 등의 목적으로 대량살상무기를 사용 할 것으로 판단하여, 산업발달에 따른 유독 물질 증가로 사고 발생 요인 상존하여, 전시 화학전(유독가스 누출사고)을 대비한 방호 능력제고 및 인명피해 최소화하기 위하여 유관기관과 긴밀한 협조 지원태세 재정립 및 화학전(유독가스)방호체계 확립하는 절차를 숙달코자 함에 있다.

2) 해양오염 방제훈련

가) 전시대형 해양오염사고에 대한 방제능력 제고 및 신속한 수행 절차 숙달

나) 방제대책본부의 구성 및 임무숙지

다) 사고확산 방지 및 환경 민감 해역 보호처리절차 숙달

라) 상황별 인력 배치, 물자·자재, 장비 운용능력 배양

3) 전재민 수용/구호훈련

전재민 수용/구호훈련이란 전시 또는 국가비상사태 시에 전재민 발생 시 조치절차를 숙달하는 훈련으로 전재민 수용/구호요령 숙달, 유관기관 간 협조체제 구축, 전재민 보호를 위한 신속한 대처능력을 배양하는데 있다.

4) 전시주민/차량통제 및 작전로 확보훈련

전시 주민/차량통제는 전시, 사변 또는 이제 준하는 국가 비상사태 시 주민 및 차량을 신속하고 질서 있게 통제, 접적지역 주민이동, 수도권 주민 차량통제, 취약지역 주민소산을 망라 지역설정에 맞는 주민/차량통제로 군 작전로 확보 및 주민의 생명과 재산을 보호하고 원활한 군 작전 수행을 지원하는 절차를 숙달코자 함에 있다.

5) 주요시설 방호훈련

주요시설 방호훈련이란 전, 평시 적의 테러. 기습침투 등 각종공격으로부터 인명 · 시설을 효과적으로 방어하여, 비상대응능력을 배양함으로써 완벽한 방호 태세를 구축하고 재소자 조절석방 · 이송 및 중범자 후송 절차를 숙달하는데 있다.

6) 채혈훈련

채혈훈련은 전시소요 혈액의 원활한 수급을 위해 실시하는 훈련으로 전시 채혈반 운영요령, 채혈대상자 관리, 주민참여 독려를 위한 홍보활동 등의 문제점을 도출하고 대책을 강구하는데 있다.

7) 고속도로 비상활주로 설치훈련

전시 고속도로의 비상활주로에 설치된 시설물을 신속히 철거하여 항공기 이·착륙을 적시 지원할 수 있도록 유관기관 간 긴밀한 협조체제를 유지하고 철거장비 및 인원의 출동대비태세 능력을 향상시키는데 있다.

8) 유류배급 훈련

유류는 가정에서 난방 또는 취사용으로 사용하고 있는 연료로써 유류가 수급상 차질이 발생되면 주민생활이 어려워지므로 비상사태 시 유류가 필요한 가구에 대하여 배급하는 훈련으로써, 유류 배급훈련을 실시하여 비상사태 시 유통질서 혼란 및 수급의 차질로 인한 유류 공급중단 사태에 대처 유사시 국민 생활 안정 도모가 목적이다.

9) 수질요염 방제훈련

유류 및 유독물 등으로 인해 수질오염 발생 시 신속한 방제활동을 통해 깨끗한 수질을 유지하고, 장비의 사용방법 숙달 및 유관기관 간 유기적 협조체제를 구축하여 사고대처 능력 향상과 방제능력을 제고하기 위함이다.

제4절 해양경찰 비상소집

1. 비상소집 일반

해양경찰청 비상소집 및 근무규칙(해양경찰청훈령 제175호)[101]은 「경찰공무원 복무규칙」제14조에 따라 가용인력과 가용경비세력을 동원하여 해상치안상의 비상상황에 효율적으로 대처함을 그 목적으로 하고 이 규칙에서 사용하는 용어의 정의는 다음 각 호와 같다.

1) "비상상황"이라 함은 해양주권·안보·안전·치안·오염과 관련하여 중요상황이 발생하거나 발생할 우려가 있어 다수의 경력을 동원할 필요가 있는 때를 말한다.

2) "비상소집"이라 함은 비상상황이 발생하거나 발생할 우려가 있어 현행 근무인력으로 상황조치가 어려운 경우 소속 공무원을 해당 소집장소로 집결하게 하는 것을 말한다. 다만, 비상상황에 미치는 상황은 아니나 현행 근무인력으로 상황처리가 어려운 경우도 포함한다.

3) "비상근무"라 함은 비상상황 하에서 업무수행의 계속성을 유지하는 것을 말한다.

4) "해상경계강화"라 함은 관내 취약요소에 대한 순찰과 감시를 강화하고 유관기관 간 정보교환을 철저히 하는 등 즉응태세를 유지하는 것을 말한다.

5) "지휘통제선상 위치"라 함은 지휘관이 유사시 통신으로 즉시 상황지휘가 가능하고 1시간 내 상황지휘 및 상황근무가 가능한 위치에서 대기하는 것을 말한다.

6) "비상대기 태세 유지"라 함은 지휘관을 제외한 공무원이 비상연락체계를 유지하면서 비상소집이 가능한 위치에서 대기하는 것을 말한다.

7) "비상업무 주무부서"라 함은 기관 전체의 비상연락망을 유지하고 비상업무를 관리·감독하는 부서로 종합상황실을 포함한 경비업무를 담당하는 부서(해양경찰교육원과 해양경찰정비창은 총무기능)를 말한다.

8) "가용인력"이라 함은 출장·휴직·휴가·파견·교육 중(이하 사고)인 인원과 가용경비세력 운용인력을 제외하고 실제 동원될 수 있는 인원을 말한다.

9) "가용경비세력"이라 함은 수리중인 함정 및 항공기를 제외하고 실제 동원될 수 있는 함정 및 항공기와 그 운용인력을 말한다.

---

101) 해양경찰청 비상소집 및 근무규칙, [해양경찰청훈령 제175호, 2020. 2. 20., 일부개정], 해양경찰청(경비과).

10) "필수요원"이라 함은 비상발령권자가 지정한 자로 비상소집 시 1시간 이내에 응소하여야 할 공무원을 말한다.

11) "일반요원"이라 함은 필수요원을 제외한 공무원으로 비상소집 시 2시간 이내에 응소하여야 할 공무원을 말한다.

2. 비상근무

가. 비상근무의 종류.

1) 경비비상
2) 구조비상
3) 정보수사비상
4) 방제비상

나. 비상근무의 등급

1) 갑호비상
2) 을호비상
3) 병호비상
4) 해상경계강화

각종 비상상황의 긴급성 및 중요도에 따라 비상발령권자가 비상등급을 설정하여 운용한다.

〈표 5-14〉 비상근무 종류 및 세부사항

[별표]

비상근무 종류에 따른 등급별 세부상황

구분	내용
▌경비비상	
갑호	1. 전시, 사변 또는 이에 준하는 비상사태가 발생하였거나 발생이 임박하여 긴장이 최고조에 이른 경우 2. 대규모 집단사태·테러 등의 발생으로 사회가 극도로 혼란하게 되었거나 그 징후가 현저한 경우 3. 국제행사·기념일 등을 전후하여 해상경비수요가 증가하여 가용 경력을 100% 동원할 필요가 있는 경우
을호	1. 전시, 사변 또는 이에 준하는 비상사태와 관련된 긴장이 고조된 경우 2. 대규모 집단사태·테러 등의 발생으로 사회가 혼란하게 되었거나 그 징후가 예상되는 경우 3. 국제행사·기념일 등을 전후하여 해상경비수요가 증가하여 가용 경력을 50% 동원할 필요가 있는 경우
병호	1. 전시, 사변 또는 이에 준하는 비상사태와 관련된 징후가 현저히 증가된 경우 2. 적의 국지도발이 있는 경우로서 경비비상 "갑호" 또는 "을호"의 발령 단계에 이르지 아니한 경우 3. 집단사태·테러 등의 발생으로 사회적 혼란 발생이 예상되는 경우 4. 국제행사·기념일 등을 전후하여 해상경비수요가 증가하여 가용 경력을 30% 동원할 필요가 있는 경우
▌구조비상	
갑호	재난으로 인명 또는 재산의 피해정도가 매우 크거나 재난의 영향이 사회적·경제적으로 광범위한 경우
을호	재난으로 인명 또는 재산의 피해정도가 현저히 증가되거나 재난의 영향이 사회적·경제적으로 미치는 경우
병호	재난으로 인명 또는 재산의 피해정도가 크고 재난이 사회적·경제적으로 영향을 미칠것으로 예상되는 경우
▌정보수사비상	
갑호	사회 이목을 집중시킬만한 중대범죄 발생 시
을호	중요범죄 사건발생 시
▌방제비상	
갑호	전시 또는 재난적 해양오염사고로 인명, 재산 및 환경피해가 심각한 수준으로 확대된 경우
을호	전시 또는 재난적 해양오염사고로 인명, 재산 및 환경피해가 발생한 경우
병호	전시 또는 재난적 해양오염사고가 발생하거나, 발생될 우려가 있는 경우
▌해상경계강화	
별도의 경력 동원이 없는 "병호"비상보다 낮은 단계로, 적 활동징후 및 취약시기를 고려 적정수준의 경비세력을 추가 배치하여 해상 경계를 강화할 필요가 있을 때	

다. 비상근무발령권자

1) 전국 또는 2개 이상 지방해양경찰청 관할구역 : 해양경찰청장

2) 지방해양경찰청 또는 2개 이상 해양경찰서 관할구역 : 관할 지방해양경찰청장
3) 단일 해양경찰서 관할구역 : 관할 해양경찰서장

라. 인력동원과 근무요령

비상근무발령권자는 다음 각 호에 따라 인력을 동원하여 비상근무를 실시한다. 다만 상황의 특성을 고려하여 주무기능과 관련기능만 비상근무를 발령하여 비상근무를 실시 할 수 있다.

1) 갑호비상 : 가용인력의 100%까지 동원할 수 있다.
2) 을호비상 : 가용인력의 50%까지 동원할 수 있다.
3) 병호비상 : 가용인력의 30%까지 동원할 수 있다.
4) 해상경계강화 : 별도의 경력 동원 없이 비상대기태세를 유지하되 필요에 따라 적정수준의 가용인력을 동원할 수 있다.

비상근무발령권자는 다음 각 호에 따라 경비세력을 동원하여 비상근무를 실시한다. 다만 상황을 특성을 고려하여 가용인력과 가용경비세력 동원을 다르게 지정할 수 있다.

1) 갑호비상 : 가용경비세력의 100%까지 동원할 수 있다.
2) 을호비상 : 가용경비세력의 50%까지 동원할 수 있다.
3) 병호비상 : 가용경비세력의 30%까지 동원할 수 있다.
4) 해상경계강화 : 별도의 가용경비세력 동원 없이 비상대기태세를 유지하되 필요에 따라 적정수준의 가용경비세력을 동원 할 수 있다.

비상대기태세 유지 시 기본 근무지침은 다음 각 호와 같다.

1) 각급 지휘관은 지휘통제선상 위치로 근무기강 확립 및 취약분야에 대한 지휘감독 철저
2) 상황 발생 시 보고·지휘체계 확립 및 대응철저
3) 전 직원 비상연락망 점검 및 비상소집 체계 유지
4) 안전수칙 준수로 자체사고 예방
5) 함정·항공기·특공대·구조대 긴급 출동태세 유지

해상경계강화를 제외한 비상등급의 근무는 비상근무 목적과 인원 등을 종합적으로 고려하여 현장배치 및 교대근무, 대기근무 등으로 편성하여 운용한다. 비상근무가 장기간 유지되거나 될 우려가 있는 경우 기본근무 복귀 또는 귀가하여 비상대기태세를 갖추도록 할 수 있다.

갑호비상 근무 시 연가를 중지하고, 을호 및 병호 비상시 부득이한 경우를 제외하고 연가를 억제한다.

마. 해제

비상근무발령권자는 비상상황이 종료되는 즉시 비상근무를 해제하고, 관할 지방해양경찰청장, 관할 해양경찰서장은 6시간이내 해제일시, 사유 및 비상근무 결과 등을 차상급 기관의 장에게 보고하여야 한다. 단, 해상경계강화의 경우는 별도보고를 실시하지 않을 수 있다.

바. 비상소집

비상소집은 비상근무발령권자의 지시에 따라 종합상황실장이 실시하며, 상황대응에 필요한 인원의 전부 또는 일부를 지역별, 계급별, 기능별로 구분하여 비상소집한다. 단, 자체 상황처리를 위하여 함·정장, 파출소장, 특공대장 등 현장 지휘관이 인력을 동원할 필요가 있는 경우 비상소집을 할 수 있다.

소집발령이 하달되면 종합상황실장 및 당직근무자는 각 과 주무계 및 함정, 파출소 등 현장부서에 즉시 소집내용을 전달하여야 한다. 비상소집 자동전파장치가 구축되거나 이와 유사한 시스템을 활용할 수 있는 기관은 자동전파장치를 이용하되, 무응답으로 처리된 자에 대하여는 재 전파하도록 한다.

사. 응소 및 보고

비상소집관은 비상소집응소부를 작성, 비치하여야 한다. 다만, 필요에 따라 각 과 주무계로부터 비상소집실시 결과보고로 비상소집응소부를 대체할 수 있다.

비상소집 명령을 전달받은 공무원은 소집장소로 응소함을 원칙으로 하고 함정, 항공대, 구조대, 특공대, 파출소 등 현장부서는 특별한 지시가 없을 경우 해당 근무장소로 응소한다. 단, 도서를 포함한 원거리 소재 파출소 및 출장소 근무자 등 시간내 응소가 불가능한 경우에는 가까운 해양경찰관서에 응소 후 지시에 따른다. 비상소집시 필수요원은 1시간 이내, 일반요원은 2시간이내 응소함을 원칙으로 하고 응소자 명부에는 응소시간별로 기록하며, 시간내 응소자와 시간외 응소자, 미응소자를 구분하여 기록한다.

1) 시간내 응소 : 해당시간 내 응소

2) 시간외 응소 : 해당시간 경과후 1시간내 응소

3) 미응소 : 해당시간 경과 후 1시간 초과 응소

사고 중인 공무원은 응소에서 제외하고 사고시간이 해결되었을 경우 즉시 응소하여야 한다. 비상소집된 부서는 비상소집 후 1시간 내에 비상소집 실시보고를 주무부서에 통보하여야 한다. 주무부서는 비상소집 또는 비상소집 전화훈련을 실시 할 때는 비상소집 실시 결과를 지휘계통에 의거 보고 하여야 한다.

아. 필수요원의 지정

경비세력의 운용인력 및 파출소, 출장소, 특공대, 구조대 인력 등 현장 집행이 필요한 인원은 필수요원으로 지정하고 사무실 일근 부서는 계장급 이상 및 과장이 지정하는 직원 2명으로 필수요원을 지정한다.

필수요원에 대해서는 비상상황이 발생하거나 발생할 우려가 있어 현행 근무인력으로 상황대비 또는 조치가 어려운 경우를 포함하여 소집을 명할 수 있다.

자. 비상연락망 운영 및 비치

새로 임용되거나 소속 및 부서를 이동한 공무원(전·출입)은 부임 또는 이동한 날에, 비상연락 전화번호 및 주소가 변경된 공무원의 경우 변경된 날에 서식에 따라 비상연락망을 작성하여 주무계로 제출하고 주무계는 취합하여 비상업무 주무부서에 제출한다. 비상업무 주무부서는 전체 비상연락망을 취합하여 종합상황실에 비치하고 당직업무 주관부서에 통보하며 각 과, 함정, 파출소·출장소, 항공대, 특공대, 구조대 등은 자체 비상연락망을 적절한 장소를 지정하여 비치한다.

비상근무발령권자는 연1회 이상 불시 비상소집훈련을 실시한다. 비상근무발령권자는 전화 확인 방식으로 반기 1회 이상 불시 비상소집 전화훈련을 실시할 수 있으며, 비상소집 전화응소는 30분내 응소함을 원칙으로 하고, 30분 이후 응소자는 미응소로 한다. 특히 소속직원에 대한 교양과 감독을 실시하여 비상근무를 빙자한 직권남용 사례 등이 없도록 하고, 경력동원의 적정으로 불필요한 경력소모가 없도록 유의하여야 한다.

제6편

해상대테러 · 해상경호

제1장 해상대테러

제1절 해상대테러 일반

1. 테러 개념

국민보호와 공공안전을 위한 테러방지법(약칭: 테러방지법)[102]은 우리나라의 테러방지 기본법으로 제2조 정의에서 "테러"란 국가 · 지방자치단체 또는 외국 정부(외국 지방자치단체와 조약 또는 그 밖의 국제적인 협약에 따라 설립된 국제기구를 포함한다.)의 권한행사를 방해하거나 의무 없는 일을 하게 할 목적 또는 공중을 협박할 목적으로 하는 다음 각 목의 행위를 말한다.

가. 사람을 살해하거나 사람의 신체를 상해하여 생명에 대한 위험을 발생하게 하는 행위 또는 사람을 체포 · 감금 · 약취 · 유인하거나 인질로 삼는 행위

나. 항공기(「항공법」 제2조제1호의 항공기를 말한다. 이하 이 목에서 같다.)와 관련된 다음 각각의 어느 하나에 해당하는 행위

1) 운항중(「항공보안법」 제2조제1호의 운항중을 말한다. 이하 이 목에서 같다.)인 항공기를 추락시키거나 전복 · 파괴하는 행위, 그 밖에 운항중인 항공기의 안전을 해칠 만한 손괴를 가하는 행위
2) 폭행이나 협박, 그 밖의 방법으로 운항중인 항공기를 강탈하거나 항공기의 운항을 강제하는 행위

102) 국민보호와 공공안전을 위한 테러방지법[법률 제14071호, 2016. 3. 3. 제정], 제정이유는 2001년 9 · 11테러 이후 국제사회가 지속적으로 테러와의 전쟁을 치르고 있으며, 유엔은 9 · 11테러 이후 테러근절을 위해 국제공조를 결의하고 테러방지를 위한 국제협약 가입과 법령 제정 등을 권고해 OECD 34개 국가 대부분이 테러방지를 위한 법률을 제정하였음에도 불구하고 아직 우리나라에서는 국가 대테러활동 수행에 기본이 되는 법적 근거조차 마련하지 못하고 있는 실정임. 이는 테러로부터 국민을 안전하게 보호하기 위해 모든 역량을 집중해야 하는 국가가 그 책임을 다하지 못하는 결과를 낳게 될 것이고, 국민은 테러의 위협으로부터 안전을 도모하기 어려운 상황을 맞이하게 되어 이에 테러방지를 위한 국가 등의 책무와 필요한 사항을 명확히 규정하여 국가의 안보 및 공공의 안전은 물론 국민의 생명과 신체 및 재산을 보호하려는 것이다.

3) 항공기의 운항과 관련된 항공시설을 손괴하거나 조작을 방해하여 항공기의 안전운항에 위해를 가하는 행위

다. 선박(「선박 및 해상구조물에 대한 위해행위의 처벌 등에 관한 법률」 제2조제1호 본문의 선박을 말한다. 이하 이 목에서 같다.) **또는 해상구조물**(같은 법 제2조제5호의 해상구조물을 말한다. 이하 이 목에서 같다.)**과 관련된 다음 각각의 어느 하나에 해당하는 행위**

1) 운항(같은 법 제2조제2호의 운항을 말한다. 이하 이 목에서 같다.) 중인 선박 또는 해상구조물을 파괴하거나, 그 안전을 위태롭게 할 만한 정도의 손상을 가하는 행위(운항 중인 선박이나 해상구조물에 실려 있는 화물에 손상을 가하는 행위를 포함한다.)
2) 폭행이나 협박, 그 밖의 방법으로 운항 중인 선박 또는 해상구조물을 강탈하거나 선박의 운항을 강제하는 행위
3) 운항 중인 선박의 안전을 위태롭게 하기 위하여 그 선박 운항과 관련된 기기·시설을 파괴하거나 중대한 손상을 가하거나 기능장애 상태를 일으키는 행위

라. 사망·중상해 또는 중대한 물적 손상을 유발하도록 제작되거나 그러한 위력을 가진 생화학·폭발성·소이성(燒夷性) 무기나 장치를 다음 각각의 어느 하나에 해당하는 차량 또는 시설에 배치하거나 폭발시키거나 그 밖의 방법으로 이를 사용하는 행위

1) 기차·전차·자동차 등 사람 또는 물건의 운송에 이용되는 차량으로서 공중이 이용하는 차량
2) 1)에 해당하는 차량의 운행을 위하여 이용되는 시설 또는 도로, 공원, 역, 그 밖에 공중이 이용하는 시설
3) 전기나 가스를 공급하기 위한 시설, 공중이 먹는 물을 공급하는 수도, 전기통신을 이용하기 위한 시설 및 그 밖의 시설로서 공용으로 제공되거나 공중이 이용하는 시설
4) 석유, 가연성 가스, 석탄, 그 밖의 연료 등의 원료가 되는 물질을 제조 또는 정제하거나 연료로 만들기 위하여 처리·수송 또는 저장하는 시설
5) 공중이 출입할 수 있는 건조물·항공기·선박으로서 1)부터 4)까지에 해당하는 것을 제외한 시설

마. 핵물질(「원자력시설 등의 방호 및 방사능 방재 대책법」 제2조제1호의 핵물질을 말한다. 이하 이 목에서 같다.), **방사성물질**(「원자력안전법」 제2조제5호의 방사성물질을 말한다. 이하 이 목에서 같다.) **또는 원자력시설**(「원자력시설 등의 방호 및 방사능 방재 대책법」 제2조제2호의 원자력시설을 말한다. 이하 이 목에서 같다.)**과 관련된 다음 각각의 어느 하나에 해당하는 행위**

1) 원자로를 파괴하여 사람의 생명 · 신체 또는 재산을 해하거나 그 밖에 공공의 안전을 위태롭게 하는 행위
2) 방사성물질 등과 원자로 및 관계 시설, 핵연료주기시설 또는 방사선발생장치를 부당하게 조작하여 사람의 생명이나 신체에 위험을 가하는 행위
3) 핵물질을 수수(授受) · 소지 · 소유 · 보관 · 사용 · 운반 · 개조 · 처분 또는 분산하는 행위
4) 핵물질이나 원자력시설을 파괴 · 손상 또는 그 원인을 제공하거나 원자력시설의 정상적인 운전을 방해하여 방사성물질을 배출하거나 방사선을 노출하는 행위

테러방지법은 군, 경찰, 국정원으로 분산된 대테러업무를 국무총리 산하 대테러센터로 집중시킴으로써 새로운 국가안보 위협에 효과적으로 대처하는 것이 목적이다. 특히 대테러센터가 테러단체 구성원으로 의심되는 외국인 및 국민에 대해 동향 파악과 자금지원 여부를 확인한 뒤 법무부장관에게 출입국 규제를 요청할 수 있으며, 국가중요시설을 테러로부터 쉽게 보호하기 어려운 때에는 대통령에게 군병력 지원을 건의할 수 있다.

테러방지법 제정 이전 우리나라에서 '테러'란 용어를 명시적으로 사용하고 있는 것은 1982년 제정된 「국가대테러활동지침」이다. 동 지침 제2조는 "테러라 함은 국가안보 또는 공공의 안전을 위태롭게 할 목적으로 행하는 다음 각 목의 어느 하나에 해당하는 행위를 말한다."하여 테러의 일반적 정의를 내리고 있다. 동 지침에서는 일반적으로 확립된 테러의 개념이 없기 때문에 국제사회에서 통용되는 9개 국제협약에서 규정된 행위유형을 테러로 간주함으로써 테러개념의 명확성을 담보하고 있다.

그리고 "대테러활동"이란 테러 관련 정보의 수집, 테러위험인물의 관리, 테러에 이용될 수 있는 위험물질 등 테러수단의 안전관리, 인원 · 시설 · 장비의 보호, 국제행사의 안전 확보, 테러위협에의 대응 및 무력진압 등 테러 예방과 대응에 관한 제반 활동을 말한다.

2. 해상테러

해상테러(Maritime Terror) 또는 해상테러리즘(Maritime Terrorism)이라는 용어도 많이 사용되고 있지만, 아직 명확한 개념정의를 찾아보기 어렵다. 최근 들어 해상테러리즘을 해상안전 내지 해상보안에 대한 폭력적 위해행위라는 관점에서 파악하여 넓은 개념으로 이해하는 것이 일반적인 추세이다.

이에 따라 해상테러를 "해상항해의 안전에 반하는 불법적 행위(unlawful acts against the safety of maritime navigation)" 혹은 "해상안전에 대한 위협(threats to maritime security)" 이라는 관점으로 접근하여 선박에 대한 테러행위는 물론 선박 또는 적재화물을 이용한 항구 등 항만시설에 대한 테러행위까지 그 범위를 확대하고 있다.

국민보호와 공공안전을 위한 테러방지법(약칭: 테러방지법)은 해양에 대한 테러를 제2조 제1항에서 선박(「선박 및 해상구조물에 대한 위해행위의 처벌 등에 관한 법률」 제2조제1호 본문의 선박을 말한다.) 또는 해상구조물(같은 법 제2조제5호의 해상구조물을 말한다.)과 관련된 다음 각각의 어느 하나에 해당하는 행위라고 정의하였다.

1) 운항 중인 선박 또는 해상구조물을 파괴하거나, 그 안전을 위태롭게 할 만한 정도의 손상을 가하는 행위(운항 중인 선박이나 해상구조물에 실려 있는 화물에 손상을 가하는 행위를 포함)
2) 폭행이나 협박, 그 밖의 방법으로 운항 중인 선박 또는 해상구조물을 강탈하거나 선박의 운항을 강제하는 행위
3) 운항 중인 선박의 안전을 위태롭게 하기 위하여 그 선박 운항과 관련된 기기·시설을 파괴하거나 중대한 손상을 가하거나 기능장애 상태를 야기하는 행위

3. 해양테러행위를 규정한 최초 국제협약

1) 1988년 IMO의 "항해의안전에대한불법행위의억제를위한협약(SUA협약)" 제3조에서 항해의 안전에 대한 불법적 행위의 유형 정의를 통해 해양테러행위에 대한 규제를 최초로 규정하였다. SUA협약 제3조는 범죄구성요건으로서, 어떤 사람이 불법적이고 고의적으로 다음 행위를 할 때에는 협약상의 범죄가 된다고 하고 있다.

   가) 폭력 또는 그 위협에 의하여 또는 어떠한 다른 형태의 협박에 의하여 선박을 납치 또는 점거하는 경우

나) 선박에 탑승한 자에 대하여 폭력행위를 행하고 그 행위가 그 선박의 안전항행에 위해를 줄 가능성이 있는 경우

다) 선박을 파괴하는 경우 또는 선박 또는 화물을 훼손하여 그 선박의 안전한 항행에 위해를 가할 가능성이 있는 경우

라) 여하한 방법에 의해서라도 선박 내에 그 선박을 파괴할 가능성이 있거나 또는 그 선박, 화물을 훼손할 가능성이 있거나 또는 그 선박의 안전한 항행에 위해를 줄 가능성이 있는 장치나 물질을 설치하거나 또는 설치되도록 하는 경우

마) 항해시설을 파괴 또는 중대하게 손상하거나 또는 그 운용을 중대하게 방해하고 그러한 행위가 선박의 안전한 항행에 위해를 줄 가능성이 있는 경우

바) 허위임을 아는 정보를 교신함으로서 선박의 안전항행에 위해를 줄 경우

사) 가)에서 바)까지 규정된 모든 범죄행위의 기수 또는 미수와 관련하여 사람을 상해하거나 살해하는 경우

※ 국내 2003. 8. 12 발효, 동 협약의 이행을 위한 국내법률 「선박 및 해상구조물에 대한 위해행위의 처벌 등에 관한 법률」제정·시행

2) SUA협약 개정(개정의정서 2005.10.14. IMO본부 외교회의에서 채택)

2001년 9월 11일 미국 테러사건이 계기가 되어 선박이 테러목적으로 사용되는 것을 방지하기 위해 1988년 SUA협약과 SUA협약의 1988년 의정서의 개정작업을 시작하였다. 그 결과 SUA협약의 2005년 의정서 채택을 위한 외교회의를 2005년 10월 10일부터 14일까지 85개 회원국, 1개 준회원국, 2개 UN 대표부 및 19개 비정부대표 등 450여명이 참석한 가운데 영국 런던 소재 IMO본부에서 개최하여 SUA협약의 2005년 의정서를 채택하였다.

가) 다음 행위의 목적이 대중을 위협하거나 특정 국가·국제기구로 하여금 행하도록 또는 행하는 것을 중지하도록 강요하는 것일 경우

① 사망, 중대한 상해 또는 피해를 발생하거나 발생하기 쉬운 수단으로 어떠한 폭발물질, 방사능물질 또는 BCN무기를 선박에 대하여 또는 선상에서 사용하거나 선박으로부터 배출하는 행위

② 사망, 중대한 상해 또는 피해를 발생하거나 발생하기 쉬울 정도의 양 또는 농도의 기름, 액화천연가스 또는 기타 유해유독물질로서 제①항에 해당되지 아니하는 물질을 선박으로부터 배출하는 행위

③ 사망, 중대한 상해 또는 피해를 발생하는 수단으로 선박을 사용하는 행위

나) 선박이 폭발방사능물질, BCN무기, 핵분열 물질과 BCN무기의 제조 등에 사용되는 장비, 물질, S/W, 기술(이중용도물자) 등을 운송하는 경우

다) 테러범죄자 도피방조 운송행위

라) 공범조항으로서 다음 행위에 해당되는 경우

① 기존 범죄 및 신범죄로 규정하고 있는 범죄와 연계되어 고의/불법으로 행한 상해(injury) 또는 살해(kill)행위

② 범죄를 저지르려고 기도(attempt)하는 행위

③ 범죄의 공모자로 참여(participate)하는 행위

④ 범죄를 저지르기 위해 타인과 조직(organize)하거나 타인에게 지시(direct)하는 행위

⑤ 범죄 혐의에 공헌(contribute)하는 행위 - 위반혐의 선박에 대한 해상승선 검색제도 도입

※ 개정 SUA협약에서는 화생방무기 용어로 "BCN무기"라는 용어 사용

4. 우리나라 대테러 체계

국민보호와 공공안전을 위한 테러방지법(테러방지법) 제3조(국가 및 지방자치단체의 책무) 에 의거 국가 및 지방자치단체는 테러로부터 국민의 생명·신체 및 재산을 보호하기 위하여 테러의 예방과 대응에 필요한 제도와 여건을 조성하고 대책을 수립하여 이를 시행하여야 한다. 그리고 대책을 강구함에 있어 국민의 기본적 인권이 침해당하지 아니하도록 최선의 노력을 하여야 한다고 규정한다.

국가테러대책위원회 구성은 법 제5조제2항에서 "대통령령으로 정하는 사람"으로 기획재정부장관, 외교부장관, 통일부장관, 법무부장관, 국방부장관, 행정안전부장관, 산업통상자원부장관, 보건복지부장관, 환경부장관, 국토교통부장관, 해양수산부장관, 국가정보원장, 국무조정실장, 금융위원회 위원장, 원자력안전위원회 위원장, 대통령경호처장, 관세청장, 경찰청장, 소방청장 및 해양경찰청장을 말한다.

여기서 해양경찰의 해양테러 대응 역할은 해양테러 예방대책 수립·시행과 임해 중요시설 인근해역 예방순찰 및 보호활동이다.

〈그림 6-1〉 우리나라 대테러 체계

(자료: 대테러선터, http://www.nctc.go.kr/nctc/activity/system.do)

제2절 해양경찰 테러 대응

대륙국가와 우리나라는 반도 국가의 지정학적 특징과 남과 북으로 대치된 안보 환경으로 인해 물동량의 99% 이상이 해상을 통해 형성되고 있다. 해상테러의 위협이 내륙과 도서를 포함하여 선박의 경제활동의 물꼬라 할 수 있는 해상교통로에서 한국 선박 및 승조원에 미칠 수 있는 다양한 위협요인이 존재한다. 특히, 한반도 안보환경 특성상 영해와 영공을 포함한 국토, 배타적 경제수역 등 해양경찰, 해군의 역할이 중요시되는 영역을 넘어 공해상에서 재해재난을 포함하여 해상테러리즘의 일환으로 볼 수 있는 해적, 해상 무장 강도가 2000년대 이후 주 위협요인으로 부각되고 있다. 최근 글로벌 위기관리 컨설팅업체 RISK ADVISORY GROUP[103)]에서는 '2018년 테러위협보고'를 발간했다.

이 보고서에 따르면 한국의 테러위험 수준은 총 5단계 중 말레이시아(김정남 VX테러, 3단계), 일본(사린가스테러, 2단계)보다 높은 4단계인 고위험 국가로 분류되었다. 이는 IS 본거지인 중동과 동일한 수준으로, 지정학적 특성과 엄격한 총기 관리정책 등으로 지금까지 테러청정국으로 알려진 한국도 더 이상 테러로부터 자유로울 수 없다는 점에서 사회적 충격을 불러왔다. 특히 2020년 2월 28일 부산 광안대교 선박 충돌사고[104)]는 하판 구조물 파손으로 인한 교량 전면·부분통제로 수영·해운대구 일대에 극심한 정체는 물론 피해복구에 많은 예산이 투입되는 등 심각한 사회·경제적 손실을 주었다. 당시 러시아 선적 5900톤급 화물선이 요트 3척과 충돌한 후 많은 차량이 오고가는 교량에 그대로 돌진하는 상황을 생생하게 인터넷으로 접한 다수의 국민들은 미국 9·11 테러를 떠올리며, 테러범이 선박을 납치 후 해양테러를 감행한 것이 아니냐며 몸서리를 치기도 했다. 음주상태 운항으로 인한 충돌로 밝혀졌음에도 선박 돌진 등 새로운 유형의 해양테러는 전통적인 인질테러와는 달리 국가기간시설 마비와 항만시설 기능 상실, 대규모 인명손실 등 국가적 대형피해가 발생할 수 있다는 심각성을 대중이 인식하는 계기가 되었다.

또한 2017년 2월 키프로스에서 출항한 8250TEU급 독일 컨테이너선의 네비게이션 시스템을 원격 해킹해 선박통제권을 탈취 후 해적이 출몰하는 해역으로 강제 질주시킨 사건은 현재 운항중인 선박 또한 네트워크 취약점을 악용한 사이버 해양테러에서 자유롭지 못하다는 것을 증명한다. 2025년에는 자율운항선박이 본격 운항되고, 2035년경에는 대양을 항해하는 완전 자율수준으로 발전이 전망된다.

이에 따라 자율운항선박 해킹과 폭탄 탑재 무인정 충돌 등 최신 IT기술과 장비를 악용한 신종 해양테러를 효율적으로 예방·대응할 수 있도록 해양테러 대응체계의 고도화가 필요하다. 이미 국제해사기구(IMO)에서는 2017년부터 자율운항선박 도입을 위해 해상안전과 관련된 SOLAS[105)], STCW[106)], COLREG[107)] 등 국제협약 개정작업에 착

---

103) https://www.riskadvisory.com/

104) 2020. 2. 28. 5900톤(t)급 러시아 화물선 씨그랜드(SEAGRAND)호가 부산 용호부두에서 음주상태로 출항지시를 내려 요트・바지선 등 선박 3척과 충돌해 탑승객 3명을 다치게 한 후. 음주운항 처벌을 피하고자 도망가던 중 광안대교 하판 구조물을 충돌·파손되어 이 사고로 퇴근 시간대 광안대교 진입이 통제돼, 시민들은 극심한 교통 혼잡을 겪었다.

수했다. 한국선급에서도 자율운항선박 임시지침서를 개발하는 등 국제사회와 해운업계에서는 자율운항선박 표준화 관련 국제협약에 자국의 기술과 정책을 반영하기 위해 전략적으로 대응하고 있다. 이처럼 자율운항선박을 이용한 해양테러를 효율적으로 대응하기 위해서는 사이버범죄를 수단으로 한 신종 해양테러 예방·대응에 최적화된 유관기관합동 보안체계 수립이 필요하다. 법 집행기관인 해양경찰청은 첨단장비를 악용한 해양테러의 대응 주관기관으로서 신종 해양테러 대응 전술 개발, 첨단장비 도입 등 전문성 향상에 주력하여야 할 것이다.

1. 해양테러 대응 근거

1) 국민보호와 공공안전을 위한 테러방지법(약칭: 테러방지법)

※ 2016. 6. 20 국가대테러 활동지침(대통령훈령 제47호)폐지, 2016. 3. 3. 테러방지법 제정

> **국민보호와 공공안전을 위한 테러방지법 시행령 제3조(국가테러대책위원회 구성)** ① 법 제5조제2항에서 "대통령령으로 정하는 사람"이란 기획재정부장관, 외교부장관, 통일부장관, 법무부장관, 국방부장관, 행정안전부장관, 산업통상자원부장관, 보건복지부장관, 환경부장관, 국토교통부장관, 해양수산부장관, 국가정보원장, 국무조정실장, 금융위원회 위원장, 원자력안전위원회 위원장, 대통령경호처장, 관세청장, 경찰청장, 소방청장 및 해양경찰청장을 말한다.
> ③ 대책위원회는 다음 각 호의 사항을 심의 · 의결한다.
> 1. 대테러활동에 관한 국가의 정책 수립 및 평가
> 2. 국가 대테러 기본계획 등 중요 중장기 대책 추진사항
> 3. 관계기관의 대테러활동 역할 분담 · 조정이 필요한 사항
> 4. 그 밖에 위원장 또는 위원이 대책위원회에서 심의 · 의결할 필요가 있다고 제의하는 사항
>
> ④ 그 밖에 대책위원회의 구성 · 운영 등에 필요한 사항은 대통령령으로 정한다.

2) 국가위기관리기본지침(대통령훈령 제388호, 국가안보실)

3) 서해5도특별경비단 특수진압대 운영규칙(중부청 제12호, 2017. 4. 4. 제정)

이 규칙은 서해5도 특별경비단(서특단) 소속 특수진압대의 편성·운영·복무, 교육·

---

105) 해상에서의 인명안전을 위한 국제협약(International Convention for the Safety of Life at Sea; SOLAS)
106) 선원의 훈련, 자격증명 및 당직근무의 기준에 관한 국제협약(International Convention on Standards of Training, Certification and Watchkeeping for Seafarers, STCW)
107) 국제해상충돌예방규칙(Convention on the International Regulations for Preventing Collisions at Sea; COLREG)

훈련, 장비운용 등 특수진압대 운영에 필요한 사항에 대하여 규정함을 목적으로 하고, 「특수진압대」란 NLL을 침범한 불법조업 외국어선 나포단속 및 퇴거를 주 임무로 하고 기타 특수임무를 수행하기 위해 편성·운영되는 단위조직을 말한다. 여기서 「특수임무」는 주 임무 외에 해상특수범죄 초동조치 및 진압 지원, 해상경호, 해상대테러 지원 및 해난구조 초동조치 등의 임무를 말한다.

4) 선박 및 해상구조물에 대한 위해행위의 처벌 등에 관한 법률

이 법은 운항 중인 선박 및 해상구조물에 대한 위해행위(危害行爲)를 방지함으로써 선박의 안전한 운항과 해상구조물의 안전 보호를 목적으로 한다.

2. 대테러특공대 설치·운영

국방부장관, 경찰청장 및 해양경찰청장은 테러사건에 신속히 대응하기 위하여 대테러특공대를 설치 · 운영한다. 그러나 국방부장관, 경찰청장 및 해양경찰청장은 대테러특공대를 설치 · 운영하려는 경우에는 대책위원회의 심의 · 의결을 거쳐야 한다. 대테러특공대는 다음 각 호의 임무를 수행한다.

1) 대한민국 또는 국민과 관련된 국내외 테러사건 진압
2) 테러사건과 관련된 폭발물의 탐색 및 처리
3) 주요 요인 경호 및 국가 중요행사의 안전한 진행 지원
4) 그 밖에 테러사건의 예방 및 저지활동

3. 대테러 대응 적용범위

여객선등 선박과 해상구조물에 대한 인질 폭파 등 해양테러사건 발생 시 해양경찰청의 대응조치 및 유관기관별 지원조치

※ 통합방위지침의 적용여부가 불분명한 사건은 그 성격이 명확히 판명될 때까지 통합 방위지침의 대응활동과 병행

4. 위기 형태 및 피해 양상

가. 위기형태

1) 선박 인질테러

테러범 다수가 여객선 등 선박에 잠입, 이념의 전파 및 제3국으로의 도주 등을 목적으로 총과 흉기로 승무원을 위협, 인질로 억류

2) 선박, 해상구조물 폭파테러

유조선 등 선박에 폭발물설치, 폭파, 폭발물을 적재한 소형보트로 선박, 항만시설 등에 자살폭탄테러

3) 공해상 선박테러

대한민국 주변 공해상에서 항해중인 선박에 대한 인질 또는 폭파테러

나. 피해양상

1) 사망자 및 부상

2) 선박, 해상구조물 손괴 등 재산피해 국민동요. 혼란 등 심리적 공황

5. 위기경보

가. 관심(Blue) - 징후활동 감시

선박 및 해상을 통한 항만, 임해중요시설테러 관련 미확인 첩보 입수, 우리나라 등 테러위협으로 발전할 가능성이 낮은 테러사건 발생, 해상을 통한 테러 이용물질 국제유통확산 등, 테러징후 감시활동 강화와 관계기관 비상연락체계 유지, 테러대상시설 등 대테러 점검, 테러위험인물 감시 강화, 공항 및 항만 보안검색율 10% 상향.

1) 위기상황 평가·건의

가) 위기상황 및 위험수준 통보(관련 징후 포착시 국정원 우선 통보)

나) 위기내용 관계기관 전파

2) 대터러정보·보안·안전·외사·수사활동

가) 해양수산분야 외국인 종사자에 대한 외사활동

나) 대테러 첩보수집 등 정보활동

다) 항만 보안활동 및 관련 정보 수집

라) 테러대상시설 현황파악 및 위험 관련 첩보수집

마) 해양테러예방을 위한 수사 활동

나. 주의(Yellow) - 협조체계 가동

해상을 통한 테러이용물질의 국내 반입 기도 첩보 입수, 주요 관계국가 선박 및 해상을 통한 테러발생, 국내에서 각국의 관심도가 높은 국제행사 개최 D-7, 테러발생에 대한 여론 우려 및 보도 증가 등, 관계기관 협조체계 가동, 관계기관별 자체 대비태세 점검, 지역 등 테러대책협의회 개최, 공항 및 항만보안 검색율 15% 상향, 국가중요행사 안전점검.

1) '관심'단계 조치내용 지속

2) 위기상황 평가·전파

3) 대비태세 유지

가) 테러전담요원 통신축선상 위치

나) 테러징후 감시강화

다) 대테러활동 강화

① 국가중요임해시설 순찰 및 경계활동 강화

② 다중이용시설(여객선터미널 등) 안전활동 강화

라) 관계기관 협조체계 점검

다. 경계(Orange) - 대비태세 점검(실전대응 준비)

해상테러관련 첩보 입수, 테러단체 관련 갈등심화에 우리나라 직접 지목 및 위협으로 주도적 개입, 국제테러조직, 분자 잠입활동 포착, 대규모 테러이용수단 적발, 테러발생 가능성이 높은 테러위협 발생, 국제행사에 대한 테러위협 및 테러첩보 등의 동향을 입수. 국가중요행사 개최 D-3, 대테러 실전대응준비, 관계기관별 상황실 가동, 테러이용 수단의 유통 통제, 테러사건대책 본부 등 가동준비, 공항 및 항만보안검색율 20% 상향.

1) '주의'단계 조치내용 지속

2) 위기상황 평가·전파

3) 대테러 전담부서 상황유지(대테러상황반 운영)

4) 협상팀 대응태세 유지

5) 특공대 즉응태세 유지

6) 합동조사반 출동태세 확립

7) 각 지방해양경찰청 및 해양경찰서 경계태세 확립

라. 심각(Red)-즉각 대응태세 돌입

국제항해 선박 탈취 등 첩보 입수, 우리나라에 대한 테러발생 위험이나 직접적 테러위험 경고, 테러발생 가능성이 매우 높은 테러위협 발생 등의 즉각 대응태세를 돌입해야 하는 단계. 국가중요행사 대상 테러 첩보입수, 테러상황에 총력 대응, 테러사건대책본부등 설치, 테러대응 인력, 장비 현장배치, 테러대상시설 잠정폐쇄, 테러이용수단 유통 일시정지.

1) '경계'단계 조치내용 지속

2) 위기상황 평가·전파

3) 즉각 대응태세 돌입

① 지휘관 정위치

② 전 직원 비상소집 대비(경비비상 발령 검토)

③ 기능별 자체 상황실 24시간 운영

4) 인질·협상팀 지원 대비

5) 특공대 즉시 출동태세 유지

6) 주요시설 경력 증가배치

7) 여객선터미널 등 다중이용시설 안전활동 배가

8) 테러 수사전담반 상시 대응체제 가동

※ **테러경보 발령 및 대응지침 : 국가정보원 테러정보통합센터**
국가안전보장회의 (위기관리센터)는 필요시 유관기관이 참여하는 국가위기평가회의를 개최, 국제해상보안규정(ISPS Cord)와 선박 및 항만시설보안에 관한규정인 국제선박 및 항만에 설정되는 선박·항만 보안등급 상향조정 요청

※ **보안등급 : 1등급(평시), 2등급(경계), 3등급(비상주준)**
해양경찰청 테러대책협의회(의장: 경비구난국장) 해양수산부에 요청

6. 업무수행 조직체계

테러대책 회의(의장: 국무총리) ⇒ 테러대책상임위(의장: 국정원장) ⇒ 해양사건테러사건대책본부(본부장: 차장) ⇒ 현장지휘본부(지방해경청장) ⇒ 특공대, 협상팀, 상항팀, 초동조치팀(관할서장), 지원팀으로 구성

7. 해양 대테러 활동 임무

가. 기본지침

1) 해양테러 위협에 대한 예방활동에 주력하고 테러 관련 정보 등 징후를 발견시 절차에 따라 보고 및 관계기관에 신속히 통보

2) 해양테러 사건이 발생하거나 발생이 예상되는 경우, 테러대책기구 및 사건대응조직을 통하여 신속한 대응조치 마련

3) 해양테러의 예방·저지 및 대응조치를 원활히 수행하기 위하여 국제적인 대테러 협력체계 유지

4) 대테러능력을 향상·발전시키기 위하여 전문인력 및 장비를 확보하고 대응기법 연구·개발

5) 해양테러로 인하여 발생하는 각종 피해의 복구와 구조활동, 사상자에 대한 조치 등 수습활동은 「재난 및 안전관리기본법」등 관계법령에서 정한 체계와 절

차에 따라 수행을 원칙

나. 해양대테러 임무

〈표 6-1〉 해양대테러 임무

구분	주요임무
해양경찰청	-해양테러에 대한에 대한 예방대책의 수립·시행 및 관련 업무 종사자의 대응능력 배양 -해양테러사건 발생 시 해양테러사건대책본부의 설치·운영 및 관련 상황의 종합처리 -대테러특공대 및 폭발물 처리팀의 편성·운영 -협상실무요원·전문요원 및 통역요원의 양성·확보 -해양대테러 전술에 관한 연구개발 및 필요장비·시설의 확보 -해양의 안전관리를 위한 국제조약의 체결, 국제기구에의 가입 등에 관한 업무의 지원 -국제경찰기구 등과의 해양 대테러 협력체제의 유지
지방해양경찰청	-해양테러사건 발생시 해양테러사건 형장지휘본부 설치·운영 및 관련 상황의 종합처리 -대테러특공대 및 폭발물처리팀 운영 -협상실무요원·통역요원의 양성·확보 -해양 대테러전술에 관한 연구개발

다. 현장지휘본부 편성

〈그림 6-2〉 현장지휘본부 체계도

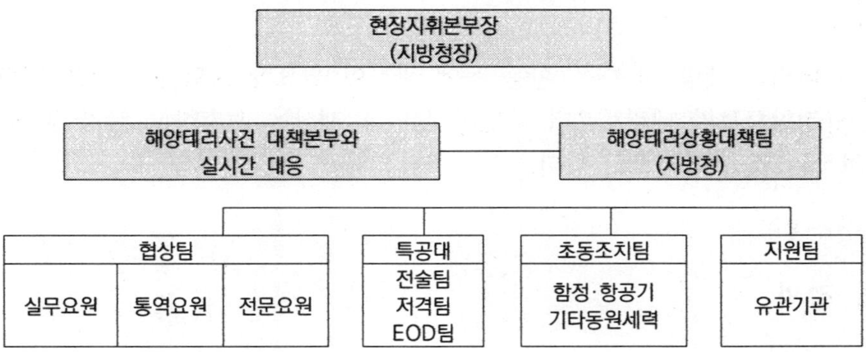

8. 해양경찰의 테러지원국 선박 감시대책

1) 테러지원국가[108] 선박이 국내 입항(국내항간 기항 포함)시부터 출항 시 까지 전 선박에 대해 전담 함정을 배치하고, 평시는 함정전담 감시에서 해·육상 연계 감시로, 테러징후 포착 시 등 특수한 경우에는 전담함정 배치체제로 개선 등 비효율적 감시를 지양하고 있다.

2) 해양경찰서장은 국내 입항 또는 관할해역을 통항하는 테러지원국가 선박에 대한 특별한 정보사항이 없는 경우 항내 입항시는 상황실(AIS) 및 항만관제실을 활용하여 동향을 감시하고, 해상 통항시에는 상황실(AIS) 및 해군 전탐기지와 협조하여 전탐 감시하여 인근 경비함정은 지원체제를 유지하고 있다.

※ 항만관제실 설치운영 : 포항(1993), 여수,울산(1996), 마산,인천,평택,대산,부산(1998), 동해,군산,목포,제주(1999), 완도(2004), 부산신항(2005), 경인항(2011), 진도연안(2006.07), 여수연안(2012.11), 통영연안(2014.8), 경인연안(2018.4), 태안연안(2018.7)

제3절 테러방지법[109]

1. 목적

이 법은 테러의 예방 및 대응 활동 등에 관하여 필요한 사항과 테러로 인한 피해보전 등을 규정함으로써 테러로부터 국민의 생명과 재산을 보호하고 국가 및 공공의 안전을 확보하는 것을 목적으로 한다.

2. 용어 정의

1) "테러"란 국가 · 지방자치단체 또는 외국 정부(외국 지방자치단체와 조약 또는 그 밖의 국제적인 협약에 따라 설립된 국제기구를 포함한다.)의 권한행사를 방해하거나 의무 없는 일

---

108) 테러 지원국은 미국 국무부에 의해 "국제 테러 행위에 반복적으로 지원을 제공한 국가"로 규정된 국가들을 말한다. 1979년 12월 29일에 처음 발표된 목록에는 리비아, 이라크, 남예멘 그리고 시리아가 포함되어 있었다. 현재는 이란과 시리아, 수단. 북한 4개 나라를 미국이 지정하고 있다.

109) 국민보호와 공공안전을 위한 테러방지법(테러방지법), [법률 제15608호, 2018. 4. 17., 타법개정] 국가정보원.

을 하게 할 목적 또는 공중을 협박할 목적으로 하는 다음 각 목의 행위를 말한다.

가) 사람을 살해하거나 사람의 신체를 상해하여 생명에 대한 위험을 발생하게 하는 행위 또는 사람을 체포·감금·약취·유인하거나 인질로 삼는 행위

나) 항공기(「항공법」 제2조제1호의 항공기를 말한다. 이하 이 목에서 같다.)와 관련된 다음 각각의 어느 하나에 해당하는 행위

① 운항중(「항공보안법」 제2조제1호의 운항중을 말한다. 이하 이 목에서 같다.)인 항공기를 추락시키거나 전복·파괴하는 행위, 그 밖에 운항중인 항공기의 안전을 해칠 만한 손괴를 가하는 행위

② 폭행이나 협박, 그 밖의 방법으로 운항중인 항공기를 강탈하거나 항공기의 운항을 강제하는 행위

③ 항공기의 운항과 관련된 항공시설을 손괴하거나 조작을 방해하여 항공기의 안전운항에 위해를 가하는 행위

다) 선박(「선박 및 해상구조물에 대한 위해행위의 처벌 등에 관한 법률」 제2조제1호 본문의 선박을 말한다. 이하 이 목에서 같다.) 또는 해상구조물(같은 법 제2조제5호의 해상구조물을 말한다. 이하 이 목에서 같다.)과 관련된 다음 각각의 어느 하나에 해당하는 행위

① 운항(같은 법 제2조제2호의 운항을 말한다. 이하 이 목에서 같다.) 중인 선박 또는 해상구조물을 파괴하거나, 그 안전을 위태롭게 할 만한 정도의 손상을 가하는 행위(운항 중인 선박이나 해상구조물에 실려 있는 화물에 손상을 가하는 행위를 포함한다.)

② 폭행이나 협박, 그 밖의 방법으로 운항 중인 선박 또는 해상구조물을 강탈하거나 선박의 운항을 강제하는 행위

③ 운항 중인 선박의 안전을 위태롭게 하기 위하여 그 선박 운항과 관련된 기기·시설을 파괴하거나 중대한 손상을 가하거나 기능장애 상태를 야기하는 행위

라) 사망·중상해 또는 중대한 물적 손상을 유발하도록 제작되거나 그러한 위력을 가진 생화학·폭발성·소이성(燒夷性) 무기나 장치를 다음 각각의 어느 하나에 해당하는 차량 또는 시설에 배치하거나 폭발시키거나 그 밖의 방법으로 이를 사용하는 행위

① 기차·전차·자동차 등 사람 또는 물건의 운송에 이용되는 차량으로서

공중이 이용하는 차량

② ①항에 해당하는 차량의 운행을 위하여 이용되는 시설 또는 도로, 공원, 역, 그 밖에 공중이 이용하는 시설

③ 전기나 가스를 공급하기 위한 시설, 공중의 음용수를 공급하는 수도, 전기통신을 이용하기 위한 시설 및 그 밖의 시설로서 공용으로 제공되거나 공중이 이용하는 시설

④ 석유, 가연성 가스, 석탄, 그 밖의 연료 등의 원료가 되는 물질을 제조 또는 정제하거나 연료로 만들기 위하여 처리 · 수송 또는 저장하는 시설

⑤ 공중이 출입할 수 있는 건조물 · 항공기 · 선박으로서 1)부터 4)까지에 해당하는 것을 제외한 시설

마) 핵물질(「원자력시설 등의 방호 및 방사능 방재 대책법」 제2조제1호의 핵물질을 말한다. 이하 이 목에서 같다.), 방사성물질(「원자력안전법」 제2조제5호의 방사성물질을 말한다. 이하 이 목에서 같다.) 또는 원자력시설(「원자력시설 등의 방호 및 방사능 방재 대책법」 제2조제2호의 원자력시설을 말한다. 이하 이 목에서 같다.)과 관련된 다음 각각의 어느 하나에 해당하는 행위

① 원자로를 파괴하여 사람의 생명 · 신체 또는 재산을 해하거나 그 밖에 공공의 안전을 위태롭게 하는 행위

② 방사성물질 등과 원자로 및 관계 시설, 핵연료주기시설 또는 방사선발생장치를 부당하게 조작하여 사람의 생명이나 신체에 위험을 가하는 행위

③ 핵물질을 수수 · 소지 · 소유 · 보관 · 사용 · 운반 · 개조 · 처분 또는 분산하는 행위

④ 핵물질이나 원자력시설을 파괴 · 손상 또는 그 원인을 제공하거나 원자력시설의 정상적인 운전을 방해하여 방사성물질을 배출하거나 방사선을 노출하는 행위

2) “테러단체”란 국제연합(UN)이 지정한 테러단체를 말한다.

3) “테러위험인물”이란 테러단체의 조직원이거나 테러단체 선전, 테러자금 모금 · 기부, 그 밖에 테러 예비 · 음모 · 선전 · 선동을 하였거나 하였다고 의심할 상당한 이유가 있는 사람을 말한다.

4) “외국인테러전투원”이란 테러를 실행 · 계획 · 준비하거나 테러에 참가할 목적으로 국적국이 아닌 국가의 테러단체에 가입하거나 가입하기 위하여 이동 또는 이동을 시도하는 내국인 · 외국인을 말한다.

5) "테러자금"이란 「공중 등 협박목적 및 대량살상무기확산을 위한 자금조달행위의 금지에 관한 법률」 제2조제1호에 따른 공중 등 협박목적을 위한 자금을 말한다.

6) "대테러활동"이란 제1호의 테러 관련 정보의 수집, 테러위험인물의 관리, 테러에 이용될 수 있는 위험물질 등 테러수단의 안전관리, 인원 · 시설 · 장비의 보호, 국제행사의 안전확보, 테러위협에의 대응 및 무력진압 등 테러 예방과 대응에 관한 제반 활동을 말한다.

7) "관계기관"이란 대테러활동을 수행하는 국가기관, 지방자치단체, 그 밖에 대통령령으로 정하는 기관을 말한다.

8) "대테러조사"란 대테러활동에 필요한 정보나 자료를 수집하기 위하여 현장조사 · 문서열람 · 시료채취 등을 하거나 조사대상자에게 자료제출 및 진술을 요구하는 활동을 말한다.

3. 국가 및 지방자치단체의 책무(제3조)

국가 및 지방자치단체는 테러로부터 국민의 생명 · 신체 및 재산을 보호하기 위하여 테러의 예방과 대응에 필요한 제도와 여건을 조성하고 대책을 수립하여 이를 시행하여야 한다. 대책을 강구함에 있어 국민의 기본적 인권이 침해당하지 아니하도록 최선의 노력을 하여야 하고, 이 법을 집행하는 공무원은 헌법상 기본권을 존중하여 이 법을 집행하여야 하며 헌법과 법률에서 정한 적법절차를 준수할 의무가 있다.

4. 국가테러대책위원회 구성(시행령 제3조)

가. 대책위원회

1) 대책위원회는 국무총리 및 관계기관의 장 중 대통령령으로 정하는 사람으로 구성하고 위원장은 국무총리로 한다. "대통령령으로 정하는 사람"이란 기획재정부장관, 외교부장관, 통일부장관, 법무부장관, 국방부장관, 행정안전부장관, 산업통상자원부장관, 보건복지부장관, 환경부장관, 국토교통부장관, 해양수산부장

관, 국가정보원장, 국무조정실장, 금융위원회 위원장, 원자력안전위원회 위원장, 대통령경호처장, 관세청장, 경찰청장, 소방청장 및 해양경찰청장을 말한다.

2) 법 제5조에 따른 국가테러대책위원회(이하 "대책위원회"라 한다.)의 위원장(이하 "위원장"이라 한다.)은 안건 심의에 필요한 경우에는 제1항에서 정한 위원 외에 관계기관의 장 또는 그 밖의 관계자에게 회의 참석을 요청할 수 있다.

※ 대테러활동에 관한 정책의 중요사항을 심의 · 의결하기 위하여 국가테러대책위원회(이하 "대책위원회"라 한다.)를 둔다. 대책위원회는 국무총리 및 관계기관의 장 중 대통령령으로 정하는 사람으로 구성하고 위원장은 국무총리로 한다.

3) 대책위원회의 사무를 처리하기 위하여 간사를 두되, 간사는 법 제6조에 따른 대테러센터(이하 "대테러센터"라 한다.)의 장(이하 "대테러센터장"이라 한다.)이 된다.

나. 테러사건 대책본부(시행령 제14조)

1) 외교부장관, 국방부장관, 국토교통부장관, 경찰청장 및 해양경찰청장은 테러가 발생하거나 발생할 우려가 현저한 경우(국외테러의 경우는 대한민국 국민에게 중대한 피해가 발생하거나 발생할 우려가 있어 긴급한 조치가 필요한 경우에 한한다.)에는 다음 각 호의 구분에 따라 테러사건대책본부(이하 "대책본부"라 한다.)를 설치 · 운영하여야 한다.

   가) 외교부장관: 국외테러사건대책본부

   나) 국방부장관: 군사시설테러사건대책본부

   다) 국토교통부장관: 항공테러사건대책본부

   라) 경찰청장: 국내일반 테러사건대책본부

   마) 해양경찰청장: 해양테러사건대책본부

2) 제1항에 따라 대책본부를 설치한 관계기관의 장은 그 사실을 즉시 위원장에게 보고하여야 하며, 같은 사건에 2개 이상의 대책본부가 관련되는 경우에는 위원장이 테러사건의 성질 · 중요성 등을 고려하여 대책본부를 설치할 기관을 지정할 수 있다.

3) 대책본부의 장은 대책본부를 설치하는 관계기관의 장(군사시설테러사건대책본부의 경우에는 합동참모의장을 말한다. 이하 같다.)이 되며, 제15조에 따른 현장지휘본부의 사건 대응 활동을 지휘 · 통제한다.

4) 대책본부의 편성 · 운영에 관한 세부사항은 대책본부의 장이 정한다.

다. 현장지휘본부(시행령 제15조)

1) 대책본부의 장은 테러사건이 발생한 경우 사건 현장의 대응 활동을 총괄하기 위하여 현장지휘본부를 설치할 수 있고, 현장지휘본부의 장은 대책본부의 장이 지명한다.

2) 현장지휘본부의 장은 테러의 양상 · 규모 · 현장상황 등을 고려하여 협상 · 진압 · 구조 · 구급 · 소방 등에 필요한 전문조직을 직접 구성하거나 관계기관의 장에게 지원을 요청할 수 있다. 이 경우 관계기관의 장은 특별한 사정이 없으면 현장지휘본부의 장이 요청한 사항을 지원하여야 한다.

3) 현장지휘본부의 장은 현장에 출동한 관계기관의 조직(대테러특공대, 테러대응구조대, 대화생방테러 특수임무대 및 대테러합동조사팀을 포함한다.)을 지휘 · 통제한다.

4) 현장지휘본부의 장은 현장에 출동한 관계기관과 합동으로 통합상황실을 설치 · 운영할 수 있다.

라. 테러대책실무위원회

국민보호와 공공안전을 위한 테러방지법 시행령 제5조(테러대책 실무위원회의 구성 등)에서 대책위원회를 효율적으로 운영하고 대책위원회에 상정할 안건에 관한 전문적인 검토 및 사전 조정을 위하여 대책위원회에 테러대책 실무위원회(이하 "실무위원회"라 한다.)를 둔다고 규정하고 실무위원회에 위원장 1명을 두며, 실무위원회의 위원장은 대테러센터장이 된다고 하였다.

실무위원회 위원은 제3조제1항의 위원이 소속된 관계기관 및 그 소속기관의 고위공무원단에 속하는 일반직공무원(이에 상당하는 특정직 · 별정직 공무원을 포함한다.) 중 관계기관의 장이 지명하는 사람으로 한다.(「국가테러대책위원회 및 테러대책실무위원회 운영규정」(국무조정실훈령 제107호))

1) 기획재정부 비상안전기획관, 외교부 국제기구국장·재외동포영사국장, 통일부 정책기획관, 법무부 출입국정책단장·대검찰청 대테러담당검사(고등검찰청 검사급), 국방부 정책기획관·합참작전1처장·국군기무사령부 방첩처장, 행정안전부 비상안전기획관·재난대응정책관, 산업통상자원부 비상안전기획관, 보건복지부 질병관리본부 긴급상황센터장, 환경부 환경보건정책관, 국토교통부 항공정책관·비상안전기획관, 해양수산부 해운물류국장, 금융위원회 금융정보분석원장, 국가정보원 대테러담당 2급, 대통령경호처 경비안전본부장, 국무조정실 대테러정책관, 관세청 조사감시국장, 경찰청 경비국장, 소방청 119구조구급국장, 해양경

찰청 경비국장, 원자력안전위원회 방사선방재국장

2) 그 밖에 실무위원장이 지명하는 자

5. 대테러특공대(시행령 제18조)

가. 대테러특공대 설치 및 운영

1) 국방부장관, 경찰청장 및 해양경찰청장은 테러사건에 신속히 대응하기 위하여 대테러특공대를 설치 · 운영한다.

2) 국방부장관, 경찰청장 및 해양경찰청장은 제1항에 따른 대테러특공대를 설치 · 운영하려는 경우에는 대책위원회의 심의 · 의결을 거쳐야 한다.

나. 대테러특공대 임무

1) 대한민국 또는 국민과 관련된 국내외 테러사건 진압

2) 테러사건과 관련된 폭발물의 탐색 및 처리

3) 주요 요인 경호 및 국가 중요행사의 안전한 진행 지원

4) 그 밖에 테러사건의 예방 및 저지활동

국방부 소속 대테러특공대의 출동 및 진압작전은 군사시설 안에서 발생한 테러사건에 대하여 수행한다. 다만, 경찰력의 한계로 긴급한 지원이 필요하여 대책본부의 장이 요청하는 경우에는 군사시설 밖에서도 경찰의 대테러 작전을 지원할 수 있다.

6. 테러경보 발령(시행령 제22조)

1) 대테러센터장은 테러 위험 징후를 포착한 경우 테러경보 발령의 필요성, 발령단계, 발령 범위 및 기간 등에 관하여 실무위원회의 심의를 거쳐 테러경보를 발령한다. 다만, 긴급한 경우 또는 주의 이하의 테러경보 발령 시에는 실무위원회의 심의 절차를 생략할 수 있다.

2) 테러경보는 테러위협의 정도에 따라 관심 · 주의 · 경계 · 심각의 4단계로 구분한다.

3) 대테러센터장은 테러경보를 발령하였을 때에는 즉시 위원장에게 보고하고, 관계기관에 전파하여야 한다.

4) 제1항부터 제3항까지에서 규정한 사항 외에 테러경보 발령 및 테러경보에 따른 관계기관의 조치사항에 관하여는 대책위원회 의결을 거쳐 위원장이 정한다.

제2장 해상 경호경비

제1절 경호의 개요

1. 경호의 개념

경호의 개념을 정의한다면 "경호 대상자의 절대적 신변안전을 보호하기 위하여 모든 사용 가능한 수단과 방법을 동원하여 위해요인을 사전에 방지 및 제거하기 위한 제반 작용"이라고 정의할 수 있다. 대통령경호실의 「대통령 등의 경호에 관한 법률」제2조에서 경호라 함은 경호대상자의 생명과 재산을 보호하기 위하여 신체에 가하여지는 위해를 방지 또는 제거하고 특정한 지역을 경계·순찰 및 방비하는 등의 모든 안전 활동이라고 정의하고 있다.

경찰청에서는 경호의 개념을 경호대상자의 신변을 각종 위해로 부터 방지하는 경찰 활동으로써 경호대상자가 통과하는 연도와 숙박 장소, 열차, 선박, 항공기 등 필요하다고 인정되는 장소를 경계하여 안전을 목적으로 하는 경비 활동으로 정의하고 있다. 호는 대통령 및 그에 준하는 중요 인물을 보호하기 위하여 정부가 경호기관을 두어 관련 법에 의거하여 제공하는 경호를 말하며 법에 따라 경호대상자로 분류하여 경호를 제공하는 것을 의미한다.

가. 대통령 등의 경호에 관한 법률 제2조의 정의

경호란 경호대상자의 생명과 재산을 보호하기 위하여 신체에 가하여지는 위해를 방지 또는 제거하고(호위), 특정한 지역을 경계·순찰·방비하는 등의 모든 안전 활동을 말한다(경비). 즉, 경호란 호위와 경비를 구분하지 않고 모두 포함한 것을 말한다.

나. 경찰관 직무집행법과 전직 대통령 예우에 관한 법률상의 정의

1) 경찰관 직무집행법 제2조제2호의 '경찰관의 직무의 범위' 중에서는 경비·요인 경호, 전직 대통령 예우에 관한 법률 제6조제3항의 '기타 예우'에서는 '경호·

경비'로 규정되는 등 법문상 표현이 약간 다르나, 그 개념에는 차이가 없다고 본다(이 두 법은 경호와 경비를 구분하고 있으나, 기능적 측면에서 볼 때 대통령 등의 경호에 관한 법률상 경호에 해당하는 정의와 다를 바 없다고 볼 수 있다.).

2) 통상 경찰기관에서 사용되고 있는 '경호·경비'의 개념은 정부요인, 국내·외 중요인사 등의 신변에 대하여 가해지려는 직·간접의 위해를 방지하기 위하여 위험요소를 사전에 제거하고 사태발생시 신속히 조치함으로써 경호대상자의 안전을 확보하는 경찰활동으로 요약될 수 있다.

2. 해상경호

해상경호란 호 대상자가 선박으로 이동시 또는 해상관련 행사 및 해상과 인접한 육상에서의 행사시 경호대상자의 안전을 확보하기 위하여 해상에서 경비함정 등을 이용하여 경호대상자에게 가하여지는 위해를 방지·제거하고 특정한 지역을 경계·순찰 및 방비하는 모든 안전 활동을 말한다.

3. 경호의 목적

경호업무의 주요 목표는 납치·혼란·암살 등 신체적 위해로부터 주요 요인의 경호대상자를 보호하는 것이다. 즉 주요 요인을 각종 사건·음모 등 모든 위험과 곤경으로부터 보호하고 가해자의 실질적이고 주도면밀한 범행의 성공기회를 최소화하거나 무력화하는데 있다. 이와 같은 주요목표를 달성하기 위해서 실시하는 그 목적을 세분하면 다음과 같다.

가. 질서유지

주요 요인의 행사에는 각종 행사가 병행되어 많은 군중이 모여들어 도로 및 행사장의 시설 등을 사전에 충분히 검토·분석하고, 관계기관과 긴밀히 협조함으로써 혼잡방지에 만전을 기하고, 혼잡할 우려가 있을 때에는 분산 유도하거나 사전에 운집을 저지하는 등 적절한 조치를 취하여 질서를 유지하고 주요 요인의 신변안전을 도모하는데 그 목적이 있다.

나. 신변안전보호

경호의 주요 목적은 주요 요인의 생명·신체에 대한 안전을 도모함에 있다. 이를 위하여 경호요원은 유사시에 자기 생명을 희생할 마음의 준비가 되어 있어야 한다.

다. 국위선양

국내요인, 외국원수를 비롯한 국외인사에 대한 경호를 빈틈없이 실시하여 경호경비의 완벽을 기하는 것은 경호의 우수성을 내외에 과시하는 것뿐만 아니라 국가의 의전적인 차원에서 국위를 선양하고 국제적인 지위를 향상시키는데 중요한 역할을 하기도 한다.

라. 권위유지

헌법·법률 등 합법적 규정으로 정해진 기관장의 권위를 유지시켜 주며, 기업의 회장, 정치의 지도자 등 고객의 체면 또는 기풍을 유지시켜 주는 일이기도 하다.

마. 친화도모

경호대상자와 환송영자 간에 친화를 도모할 수 있도록 경호는 질서정연하게 군중을 정리·경계하고 친절하고 겸손한 태도로써 시행하여야 하며, 특히 감정적인 언어나 행동을 삼가고 친화를 해하는 일이 없도록 해야 한다. 이와 같은 목적을 달성하기가 사실상 경호의 어려운 점이기도 하다. 특히 외국의 내빈에게 좋은 인상은 국제관계에서 협력증진과 국가이익에 직결된다.

4. 경호의 대상

가. 국내요인

1) 갑호 : 대통령, 대통령당선인, 전직대통령(퇴임후 10년이내)
2) 을호 : 전직대통령(퇴임후 10년이후), 국회의장, 국무총리, 대법원장, 헌법재판소장, 대통령후보자
3) 병호 : 해양경찰청장, 경찰청장이 필요하다고 인정한 인사

나. 외국의 귀빈

1) 외빈 A·B·C·D 등급 : 방한하는 외국의 국가원수 또는 행정수반과 그 배우자, 기타 경호실장이 인정한 요인

2) 외빈 E·F 등급 : 부총리, 왕족, 외빈 A·B·C·D 등급 배우자 단독방한, 전직 대통령, 전직총리, 국제기구 및 국제회의 중요인사, 기타 장관급이상으로 해양경찰청장(경찰청장)이 경호가 필요하다고 인정한 외빈

5. 경호기관

〈표 6-2〉 경호기관 구분

구분	해양경찰·경찰(일반경호기관)	대통령 경호실(특별경호기관)
국내요인	- 갑호 경호대상 - 을호 경호대상 - 병호 경호대상	- 갑호 경호대상
국외요인	- 외빈 A. B. C. D 등급 - 외빈 E. F 등급	- 외빈 A. B. C. D 등급

6. 경호활동

가. 경호의 원리

〈표 6-3〉 경호의 원리

예방활동	선발경호활동을 통하여 위해요소의 사전 제거 및 접근 차단
보안유지	소극적인 활동(적극적 활동 : 경호첩보수집 및 분석 등)
즉각조치	위해요소 제거, 위해상황 발생시 즉각조치(성공적인 경호의 기본)
총력대응	경호기관, 유관기관, 국민 등

나. 경호의 특성

1) 예방성

가) 위해의 예방은 경호의 핵심이자 경호의 목표이다.

나) 효과적인 예방경호를 위해서는 조직적이고 체계적인 정·첩보활동, 치밀하고 기술적인 안전 활동, 적극적이고 예리한 경호활동이 이루어져야 한다.

2) 통제성

가) 통제는 경호의 가장 강력한 수단이다.

나) 위해요소가 경호대상자에게 접근하지 못하도록 사전에 통제하는 것이 중요하다.

다) 시간적·공간적·대상별 통제활동을 통하여 경호위해 요소의 접근이나 침투를 방지하여 위해행위의 발생을 미연에 방지하여야 한다.

3) 상대성

가) 경호작전과 관련된 인물(경호대상자, 위해기도자, 행사참석자 등)과 경호환경, 행사의 성격에 따라 그 방법이나 규모가 크게 달라진다.

나) 경호조치는 다양한 요소에 의해 영향을 받기 때문에 경호원의 위기관리 능력이 요구된다.

제2절 해상경호 경비활동

1. 해상경호의 정의

경호대상자가 선박으로 이동시 또는 해상관련 행사 및 해상과 인접한 육상에서의 행사시 요인의 안전을 확보하기 위하여 해상에서 경비함정 등을 이용하여 행하는 경호활동을 말하고 경호는 호위와 경비로 구분한다.

1) 호위

신체에 대하여 직접적으로 가해지는 위해를 근접에서 방지 또는 제거하는 행위를 말한다.

2) 경비

생명 또는 재산을 보호하기 위하여 특정한 지역을 경계, 순찰, 등을 하는 행위(정보, 보안, 검측활동 포함)를 말한다.

2. 관련근거

1) 대통령 등의 경호에 관한 법률 (약칭: 대통령경호법)

"경호"란 경호 대상자의 생명과 재산을 보호하기 위하여 신체에 가하여지는 위해(危害)를 방지하거나 제거하고, 특정 지역을 경계·순찰 및 방비하는 등의 모든 안전 활동을 말한다.

제15조(국가기관 등에 대한 협조 요청) 처장은 직무상 필요하다고 인정할 때에는 국가기관, 지방자치단체, 그 밖의 공공단체의 장에게 그 공무원 또는 직원의 파견이나 그 밖에 필요한 협조를 요청할 수 있다

제16조(대통령경호안전대책위원회) ① 제4조제1항 각 호의 경호대상에 대한 경호업무를 수행할 때에는 관계기관의 책임을 명확하게 하고, 협조를 원활하게 하기 위하여 경호처에 대통령경호안전대책위원회(이하 "위원회"라 한다)를 둔다.

대통령경호안전대책위원회(이하 "위원회"라 한다)의 위원은 국가정보원 테러정보통합센터장, 외교부 의전기획관, 법무부 출입국·외국인정책본부장, 과학기술정보통신부 통신정책관, 국토교통부 항공안전정책관, 식품의약품안전처 식품안전정책국장, 관세청 조사감시국장, 대검찰청 공공수사정책관, 경찰청 경비국장, 소방청 119구조구급국장, 해양경찰청 경비국장, 합동참모본부 작전본부 소속 장성급 장교 중 위원장이 지명하는 1명, 군사안보지원사령부 소속 장성급 장교 또는 2급 이상의 군무원 중 위원장이 지명하는 1명, 수도방위사령부 참모장과 위원장이 임명 또는 위촉하는 자로 구성한다.

2) 전직대통령 예우에 관한 법률

제6조(그 밖의 예우)

④ 전직대통령 또는 그 유족에게는 관계 법령에서 정하는 바에 따라 다음 각 호의 예우를 할 수 있다.

1. 필요한 기간의 경호 및 경비(警備)
2. 교통 · 통신 및 사무실 제공 등의 지원
3. 본인 및 그 가족에 대한 치료
4. 그 밖에 전직대통령으로서 필요한 예우

3) 대통령 경호안전대책위원회 규정

제4조(책임) ① 대통령경호안전대책활동(이하 "안전대책활동"이라 한다)에 관하여는 위원회 구성원 전원과 그 구성원이 속하는 기관의 장이 공동으로 책임을 지며, 각 구성원은 위원회의 결정사항 기타 안전대책활동을 위하여 부여된 임무에 관하여 상호간 최대한의 협조를 하여야 한다.

12. 해양경찰청 경비국장

가. 입수된 경호 관련 첩보 및 정보의 신속한 전파 · 보고
나. 해상에서의 경호 · 테러예방 및 안전조치
다. 그 밖에 국내 · 외 경호행사의 지원

4) 경찰관 직무집행법

제2조(직무의 범위) 경찰관은 다음 각 호의 직무를 수행한다.

3. 경비, 주요 인사(人士) 경호 및 대간첩 · 대테러 작전 수행

이 규정이 경호경비 활동의 직접적 근거가 되며, 경호에 있어 경찰 주체성 인정, 그러나 경찰관 직무집행법에서는 경찰관의 직무의 범위로만 규정하고 있을 뿐 경호활동에 있어 세부적 사항까지는 규정하고 있지 않다.

5) 해양경비법

제7조(해양경비 활동의 범위) 해양경찰청 소속 경찰공무원(이하 "해양경찰관"이라 한다)은 다음 각 호의 어느 하나에 해당하는 해양경비 활동을 수행한다.

1. 해양 관련 범죄에 대한 예방
2. 해양오염 방제 및 해양수산자원 보호에 관한 조치
3. 해상경호, 대(對)테러 및 대간첩작전 수행

4. 해양시설의 보호에 관한 조치 5. 해상항행 보호에 관한 조치 6. 그 밖에 경비수역에서 해양경비를 위한 공공의 안녕과 질서유지

6) 해상경호규칙(자체훈령)

해상경호규칙은 요인 등 경호대상자에 대한 신변 안전을 보호 하고 국민의 불편을 최소화하기 위하여 경호경비에 관한하여 필요한 사항을 규정하고 있으며, 실질적인 해상경호경비 활동의 기준을 제시하고 있다. 외부정보유출 방지를 위해 3급 비밀로 관리

7) 해상경호 업무편람(실무편람)

해상경호의 개념과 원칙, 경호 수준과 업무수행 절차 등을 기술하여 소속기관이 경호임무를 준비하고 수행하는데 필요한 세부지침을 제공하고 있다. 경호편람 역시 3급 비밀로 관리

8) 한미행정협정(SOFA: Status Of Forces Agreement)

가) 양국의 대통령 경호에 관하여 한국군과 주한 미군간의 합의각서이다.

나) 경호업무의 효율성을 위하여 한·미군 관계관 회의를 통하여 상호 정보를 교환한다.

다) 책임사령관 임명, 안전 및 보안조치, 추가 협의사항 등에 대한 긴밀한 협조를 규정한다.

그 외에 항공보안법, 집회 및 시위에 관한 법률, 민영교도소 등의 설치·운영에 관한 법률, 청원경찰법, 경비업법, 대통령 등의 경호에 관한 법률 시행령, 경호규정 및 규칙 등이 있다.

3. 해상경호 임무

1) 해상경호활동 계획 수립 및 시행

2) 관할 항구·포구 및 해상경호관련 정보·첩보의 신속한 전파·보고

3) 해상경호구역 및 항구·포구 등에 대한 안전 활동

4) 경호경비책임관 임무수행

5) 경호 유관기관과의 협조 및 지원을 통한 경호임무 수행

6) 수중 및 행사 동원선박에 대한 안전 검측

7) 통합지휘통제를 위한 통신망 구성 및 상황본부 운용

8) 그 밖에 국내·외 경호활동 지원

4. 해상경호 활동 기본지침

1) 해상경호활동은 국가안보적 차원에서 모든 업무에 우선하여 완벽하게 수행하여야 한다.

2) 행사계획 및 경호대상자의 일정에 관하여는 철저한 보안을 유지한다.

3) 경호 관련 정보와 첩보 및 행사장 안전판단 등을 통해 위해요소를 분석하고, 이를 사전에 방지 또는 제거하기 위한 예방경호에 총력을 집중한다.

4) 해상경호는 3선 경호원리에 의한다. 다만, 경호환경, 경호 대상 및 행사의 규모(특성), 행사장 취약성, 국내·외의 정보와 첩보 상황 등 경호환경에 따라 경호수준을 조정할 수 있다.

5) 해상경호계획 수립 시에는 발생가능한 모든 예상 상황 및 우발사태에 대처할 수 있도록 철저한 세부계획을 수립·시행하여야 한다.

6) 해상경호활동에 동원되는 경비함정 등 경호경찰관을 부여된 경호임무 및 특별수칙을 명확하게 숙지하고 성실하게 임무를 수행한다.

7) 해상경호활동은 지휘체계를 일원화하여 모든 역호역량을 집결하고, 경호 유관기관과 긴밀한 협조체제를 유지한다.

8) 경호활동은 합법적, 합리적, 과학적인 방법으로 시행하며, 국민의 기본권을 존중하고 국민 불편이 최소화되도록 노력한다.

9) 효율적인 경호목표 달성을 위하여 경호 인력 및 장비에 대한 동원 체제를 확립하고, 경호 관련 교육을 지속적으로 실시한다.

5. 해상경호 원칙

가. 해상경호 4대 수칙

경호임무를 부여받은 해상의 경비함정 및 육상해안가 근무 경호경찰관이 업무수행 시 기켜야 할 기본적인 근무수칙을 말한다.

1) 자기희생

경호대상자는 어떠한 상황 하에서도 절대 보호되어야 한다는 원칙으로 경호경찰관은 자기 자신을 희생하는 일이 있더라도 경호대상자의 안전을 반드시 보호하여야 한다는 원칙이다.

2) 담당구역 책임의 원칙

담당구역에 배치된 경비함정을 포함 경호경찰관은 담당구역을 절대 사수하여 주어진 경호임무를 완수하여야 한다는 원칙이다.

3) 효율적인 해상통제

경호 시 일원화된 지휘를 통해 각종 위해요소를 효과적으로 통제하여 국민 불편 없이 완벽한 해상경호를 수행한다.

4) 감시위주 경호

어로작업, 유·도선 운항 등 생업활동에 종사자들의 불편을 최소화하면서도 안전한 경호활동 수행을 위하여 통제보다는 감시위주의 경호를 원칙으로 하는 것이다.

나. 수행경호 기본원리

1) 자연방벽 효과의 원리

근접 경호경찰관들이 경호대상자를 중심으로 정지간 또는 이동상에서 주변의 인적. 물적 취약요소에 따라 다양한 형태의 인적방벽 형성하여 경호대상자를 최대한 방호 활동이다.

2) 대응시간의 원리

위해 기도자가 총으로 위해를 가할 경우 경호경찰관은 총으로 대응하는 것보다 몸으로 대응하는 것이 경호의 목적인 경호대상자 보호에 효과적이다.

3) 대응효과의 원리

경호대상자를 보다 효과적으로 보호하기 위하여 경호대상자와 군중과의 적정거리를 4-5m 유지해야 한다는 이론이다.

※ 일반성인의 신체적 감응시간 0.3초, 이 시간에 달릴 수 있는 거리 2.14m

다. 우발상황 발생시 기본원칙

1) SCE 원칙(SCE Principle) : 경호경찰관의 행동절차 관한 원칙

가) 경고(Sound off) : 가장 먼저 위기를 포착한 경호원이 육성이나 무전으로 전 경호세력에게 상황내용을 간단명료하게 전파하는 것이다.

나) 방호(Cover) : 우발상황 발생 시 경고와 동시에 신속히 경호대상자를 보호하기 위하여 방벽을 형성하는 것이다.

다) 대피(Evacuate) : 경호대상자를 위험지역에서 안전지역으로 신속히 이동시키는 행위이다.

2) 촉수거리의 원칙(Arms-reach Principle)

위해기도 시 범인과 가장 가까운 위치에 있는 경호관이 대응해야 한다는 원칙이다.

3) 체위확장의 원칙(Body-expand Principle)

상황발생시 경호관 자신의 몸을 은폐. 엄폐하는 것이 아니라 최대한 확장노출시켜 경호대상자에 대한 방호효과를 극대화하면서 공격방향 으로 대응해야 한다는 원칙이다.

6. 해상경호 경비활동 범위

가. 경호지역

행사장을 포함한 일정지역을 경호지역으로 설정하여 경호활동을 통해 경호대상자의 안전을 확보하는 지역을 말한다.

1) 해상경호지역 : 안전구역(1선), 경비구역(2선), 경계구역(3선)

〈표 6-4〉 해상 3선 경호원리

구 분	내 용
제1선 안전구역 (해안-3해리)	▶절대 안전 확보구역 ▶경호 책임부서 : 해양경찰청 ▶주요임무 1. 해상초계활동 2. 수중수색과 위험물에 대한 탐지 및 안전조치 3. 경비정, RIB보트 등을 배치하여 출입통제, 해상검문검색 등 위해방지에 필요한 안전 활동 4. 우발대비 대피항 주변 구급차, 소방차 대기(관계기관 협조)
제2선 경비구역 (해안-6해리)	▶주 경비구역 ▶경호 책임부서 : 해군 또는 해양경찰청(당해 행사지침 의거) ▶주요임무 1. 중·대형 함정을 배치하여 수중탐색과 질서유지 활동 2. 출입항 선박 및 선원에 대한 검문검색 및 선별적 출입통제, 해상교통관리 등 안전 활동
제3선 경계구역 (해안-11해리)	▶조기경보지역 ▶경호 책임부서 : 해군 또는 해양경찰청(당해 행사지침 의거) ▶주요임무 1. 중·대형 함정 배치, 해상경비 활동 2. 필요시 수중수색 및 공중초계 활동 3. 외해에서 행사장 주변으로 접근하는 의아선박 검문검색 및 접근 차단

해상 및 해상경호구역은 경호대상자의 신변에 직·간접적으로 위해를 가할 수 있는 구역으로 안전구역, 경비구역, 경계구역으로 세분되며, 그 범위는 행사의 특성, 행사장 취약성, 국내외 상황, 정보 및 첩보사항 등 경호환경에 따라 탄력적으로 조정될 수 있다.

※ 2005년 부산APEC 행사시 : 1선 (해경), 2·3선(해군)

2) 육상경호지역: 직접경호지역(경호활동지역), 간접경호지역(치안강화지역)

3) 공중경호지역 : 우리나라 영공전체

나. 경호활동 기간

경호실로부터 경호지침을 접수한 때부터 안전 활동을 준비 및 실시하고 본대(귀빈이 탑승한 기동수단인 선박, 차량, 열차, 항공기 등을 포함한 제대)가 행사 후 관할 책임지역을 벗어나는 시점까지 순찰 등을 하는 행위이다(정보, 보안, 검측활동 포함).

※ 관할책임지역 : 행사장이 경찰관할지역일 경우 관할 지방경찰청장의 책임, 軍관할 지역일 경우 해당 군부대(군단급)의 책임이다.

제3장
선박 및 항만보안

제1절 선박 및 항만보안 제도

1. 「국제항해선박 및 항만시설의 보안에 관한 법률」제정

날로 증가하는 테러사건 등 국제적인 해상보안상의 위협에 효과적으로 대응하고 국제항해에서 차지하는 우리나라 선사·선박 및 항만시설의 위상에 걸 맞는 해상보안책임을 확립할 수 있도록 국가적인 차원의 종합적이고 장기적인 해상보안체제를 마련하는 등 국제항해에 이용되는 선박과 그 선박이 이용하는 항만시설의 보안에 관한 기본사항을 정하고, 국제해사기구(IMO)에서 2004년 7월 1일부터 국제협약에 따라 시행하고 있는 국제적인 해상보안기준에 맞추어 선박과 항만시설에 대한 보안책임자의 지정·운영, 보안평가의 실시, 보안계획서의 작성·비치 및 보안심사제도 등을 국내법 체계에 맞게 수용함으로써 국제항해와 관련한 보안상의 위협을 효과적으로 예방하여 국민의 생명과 재산을 보호하는데 이바지하려는 목적으로 우리나라는 「국제항해선박 및 항만시설의 보안에 관한 법률(약칭: 국제선박항만보안법)」을 2008년 제정하였다.

가. 목적과 용어 정의

국제항해에 이용되는 선박과 그 선박이 이용하는 항만시설의 보안에 관한 사항을 정함으로써 국제항해와 관련한 보안상의 위협을 효과적으로 방지하여 국민의 생명과 재산을 보호하는데 이바지함을 목적으로 한다. 이 법에서 사용하는 용어의 정의는 다음과 같다.

1) "국제항해선박"이란 「선박안전법」 제2조제1호에 따른 선박으로서 국제항해에 이용되는 선박을 말한다.

2) "항만시설"이란 국제항해선박과 선박항만연계활동이 가능하도록 갖추어진 시설로서 「항만법」 제2조제5호에 따른 항만시설 및 해양수산부령으로 정하는 시설을 말한다.

3) "선박항만연계활동"이란 국제항해선박과 항만시설 사이에 승선 · 하선 또는 선적 · 하역과 같이 사람 또는 물건의 이동을 수반하는 상호작용으로서 그 활동의 결과 국제항해선박이 직접적으로 영향을 받게 되는 것을 말한다.

4) "선박상호활동"이란 국제항해선박과 국제항해선박 또는 국제항해선박과 그 밖의 선박 사이에 승선 · 하선 또는 선적 · 하역과 같이 사람 또는 물건의 이동을 수반하는 상호작용을 말한다.

5) "보안사건"이란 국제항해선박이나 항만시설을 손괴하는 행위 또는 국제항해선박이나 항만시설에 위법하게 폭발물 또는 무기류 등을 반입 · 은닉하는 행위 등 국제항해선박 · 항만시설 · 선박항만연계활동 또는 선박상호활동의 보안을 위협하는 행위 또는 그 행위와 관련된 상황을 말한다.

6) "보안등급"이란 보안사건이 발생할 수 있는 위험의 정도를 단계적으로 표시한 것으로서 「1974년 해상에서의 인명안전을 위한 국제협약」(이하 "협약"이라 한다.)에 따른 등급구분 방식을 반영한 것을 말한다.

7) "국제항해선박소유자"란 국제항해선박의 소유자 · 관리자 또는 국제항해선박의 소유자 · 관리자로부터 선박의 운영을 위탁받은 법인 · 단체 또는 개인을 말한다.

8) "항만시설소유자"란 항만시설의 소유자 · 관리자 또는 항만시설의 소유자 · 관리자로부터 그 운영을 위탁받은 법인 · 단체 또는 개인을 말한다.

9) "국가보안기관"이란 국가정보원 · 국방부 · 관세청 · 경찰청 및 해양경찰청 등 보안업무를 수행하는 국가기관을 말한다.

나. 적용범위

이 법은 다음 각 호의 국제항해 선박 및 항만시설에 대하여 적용한다. 다만, 이 법에 특별한 규정이 있으면 그 규정에 따른다.

1) 다음에 해당하는 대한민국 국적의 국제항해선박
   가) 모든 여객선
   나) 총톤수 500톤 이상의 화물선
   다) 이동식 해상구조물(천연가스 등 해저자원의 탐사 · 발굴 또는 채취 등에 사용되는 것을 말한다.)

2) 대한민국 국적 또는 외국 국적의 국제항해선박과 선박항만연계활동이 가능한 항만시설

그러나 비상업용 목적으로 사용되는 선박으로서 국가 또는 지방자치단체가 소유하는 국제항해 선박에 대하여는 이 법을 적용하지 아니한다.

국제항해 선박과 항만시설의 보안에 관하여 국제적으로 발효된 국제협약의 보안기준과 이 법의 규정내용이 다른 때에는 국제협약의 효력을 우선한다. 다만, 이 법의 규정내용이 국제협약의 보안기준보다 강화된 기준을 포함하는 때에는 그러하지 아니하다.

2. 국가항만보안계획

해양수산부장관은 국제항해선박 및 항만시설의 보안에 관한 업무를 효율적으로 수행하기 위하여 10년마다 항만의 보안에 관한 종합계획(이하 "국가항만보안계획"이라 한다.)을 수립·시행하여야 한다. 이 경우 해양수산부장관은 관계 행정기관의 장과 미리 협의하여야 한다.

3. 보안등급의 설정·조정

해양수산부장관은 국제항해선박 및 항만시설에 대하여 대통령령으로 정하는 바에 따라 보안등급을 설정하여야 한다. 해양수산부장관은 보안등급을 설정하거나 조정하는 경우에 다음 각 호의 사항을 고려하여야 한다.

1) 보안사건을 일으킬 수 있는 위험에 관한 정보의 구체성, 긴급성 및 신뢰성

2) 보안사건이 일어날 때 예상되는 피해 정도

보안등급은 다음 각 호로 구분한다.

1) 보안 1등급 : 국제항해선박과 항만시설이 정상적으로 운영되는 상황으로 일상적인 최소한의 보안조치가 유지되어야 하는 평상수준

2) 보안 2등급 : 국제항해선박과 항만시설에 보안사건이 일어날 가능성이 증대되어 일정기간 강화된 보안조치가 유지되어야 하는 경계수준

3) 보안 3등급 : 국제항해선박과 항만시설에 보안사건이 일어날 가능성이 뚜렷하거나 임박한 상황이어서 일정기간 최상의 보안조치가 유지되어야 하는 비상수준

해양수산부장관은 국제항해선박에 대하여는 선박의 종류·항로 또는 해역별로 그 운항 특성을 고려하여 보안등급을 설정하거나 조정할 수 있으며, 항만시설에 대하여는 항만별 또는 항만시설 단위별로 그 기능별 특성을 고려하여 보안등급을 설정하거나 조정할 수 있다.

제2절 국제항해선박 보안확보

1. 선박보안심사 및 국제선박보안 증서 교부

국제항해선박소유자는 그가 소유하거나 관리·운영하는 개별 국제항해선박에 대하여 제10조에 따른 선박보안계획서에 따른 조치 등을 적정하게 시행하고 있는지 여부를 확인받기 위하여 해양수산부장관에게 다음 각 호의 구분에 따른 보안심사(이하 "선박보안심사"라 한다.)를 받아야 한다. 최초보안심사 또는 갱신보안심사에 합격한 선박에 대하여 해양수산부령으로 정하는 국제선박보안증서를 교부하여야 한다.

국제선박보안증서등의 유효기간은 5년의 범위에서 대통령령으로 정한다. 다만, 임시국제선박보안증서의 유효기간은 6개월을 초과할 수 없다. 국제선박보안증서등의 유효기간을 5개월의 범위에서 대통령령으로 정하는 바에 따라 연장할 수 있다.

누구든지 국제선박보안증서등을 비치하지 아니하거나 그 효력이 정지되거나 상실된 국제선박보안증서등을 비치한 선박을 항해에 사용하여서는 아니 된다.

2. 선박보안기록부의 작성·비치

국제항해선박소유자는 그가 소유하거나 관리·운영하는 개별 국제항해선박에 대하여 보안에 관한 위협 및 조치사항 등을 기록한 장부(이하 "선박보안기록부"라 한다.)를 작성하고, 이를 해당 선박에 비치하여야 한다.

3. 선박보안경보장치

국제항해선박소유자는 그가 소유하거나 관리·운영하는 개별 국제항해선박에 대하여 선박에서의 보안이 침해되었거나 침해될 위험에 처한 경우 그 상황을 표시하는 발신장치(이하 "선박보안경보장치"라 한다.), 제9조에 따른 선박보안평가의 결과 선박의 보안을 유지하는데 필요하다고 인정되는 시설 또는 장비를 설치하거나 구비하여야 한다.

4. 선박식별번호

다음 각 호에 해당하는 국제항해선박은 개별 선박의 식별이 가능하도록 부여된 번호(이하 "선박식별번호"라 한다.)를 표시하여야 한다.

1) 총톤수 100톤 이상의 여객선
2) 총톤수 300톤 이상의 화물선

선박식별번호의 표시는 다른 표시와 구별되어 명확하게 보이도록 대비색으로 칠하고, 쉽게 변경되지 아니하도록 음각 또는 양각의 방법으로 표시한다. 선박식별번호 글자의 높이는 200밀리미터 이상이어야 하고, 선박식별번호 글자의 높이는 100밀리미터 이상이어야 하며, 글자의 폭은 높이와 비례하여 균형을 이루도록 해야 한다. 선박식별번호는 국제항해선박의 외부와 내부에 표시하되, 다음 각 호의 구분에 따른 위치에 표시하여야 한다.

1) 선박의 외부에 표시하는 경우
   가) 여객선 : 상공에서 볼 수 있는 갑판의 수평면
   나) 여객선 외의 선박 : 다음 위치 중 잘 보이는 어느 한 곳
      ① 선미
      ② 선체 중앙부의 좌현 및 우현의 만재흘수선 상부
      ③ 선루(船樓)의 좌현과 우현
      ④ 선루의 전방면

2) 선박의 내부에 표시하는 경우
   가) 유조선 등 액체화물운반선: 화물 펌프실 또는 기관구역의 횡격벽 중 접근

이 가능한 곳 중 어느 한 곳

나) 그 밖의 선박: 기관구역의 횡격벽, 화물구역 안쪽 또는 차량을 전용으로 운반하는 화물구역이 있는 선박의 경우 차량전용 화물구역의 횡격벽 중 접근이 가능한 곳 중 어느 한 곳

5. 항만국통제

1) 해양수산부장관은 대한민국의 항만 안에 있거나 대한민국의 항만에 입항하려는 외국 국적의 국제항해선박의 보안관리체제가 협약 등에서 정하는 기준에 적합한지 여부를 확인 · 점검하고 그에 필요한 조치(이하 "항만국통제"라 한다.)를 할 수 있다.

2) 항만국통제를 위한 확인 · 점검의 절차는 유효한 국제선박보안증서등의 비치 여부만을 확인하는데 한정되어야 한다. 다만, 해당 선박이 협약 등에서 정하는 기준에 적합하지 아니하다는 명백한 근거로서 해양수산부령으로 정하는 사유가 있는 때에는 그러하지 아니하다.

3) 확인 · 점검의 결과 명백한 근거가 있거나 유효한 국제선박보안증서등을 제시하지 못하는 선박에 대하여는 출항정지 · 이동제한 · 시정요구 · 추방 또는 이에 준하는 조치를 명할 수 있다. 조치를 취하려는 때에는 사전에 그 취지를 해당 외국 국적의 국제항해선박소유자 또는 선장에게 통지하여야 한다. 또한 국제선박보안증서등을 교부한 국가의 정부에도 그 사실을 통보하여야 하며 선박의 입항이 거부되거나 추방된 때에는 해당 선박의 다음 기항지 국가 및 그 연안국의 정부에 해양수산부령으로 정하는 사항을 통보하여야 한다.

4) 대한민국의 항만에 입항하려는 외국 국적의 국제항해선박은 그 항만에 입항하기 24시간 이전에 해양수산부령으로 정하는 바에 따라 해당 선박의 보안에 관한 정보(이하 "선박보안정보"라 한다.)를 해양수산부장관에게 통보하여야 한다. 다만, 기상 악화 등 급박한 위험을 피하기 위하여 긴급히 입항하거나 해양수산부령으로 정하는 사유가 있는 경우에는 입항과 동시에 선박보안정보를 통보할 수 있다.

5) 해양수산부장관은 통보받은 선박보안정보를 해양수산부령으로 정하는 바에 따라 해양경찰청장에게 통보하여야 한다.

6) 외국 국적의 국제항해선박소유자 또는 선장은 출항정지 · 이동제한 · 시정요구 · 추방 · 선박점검 또는 입항거부 등의 명령(이하 "시정명령등"이라 한다.)이 위법하거나

부당하다고 생각되는 경우에는 해양수산부령으로 정하는 바에 따라 시정명령등을 받은 날부터 90일 이내에 그 불복사유를 기재하여 해양수산부장관에게 이의신청을 할 수 있다. 이의신청을 받은 해양수산부장관은 소속 공무원으로 하여금 그 시정명령등의 위법·부당 여부를 직접 조사하게 하고 그 결과를 신청자에게 60일 이내에 통보하여야 한다. 다만, 부득이한 사정이 있는 때에는 30일의 범위에서 통보시한을 연장할 수 있다

7) 시정명령등에 대하여 불복하는 자는 이의신청의 절차를 거치지 아니하고는 행정소송을 제기할 수 없다. 다만, 「행정소송법」 제18조제2항 및 제3항에 해당되는 경우에는 그러하지 아니하다.

6. 외국의 항만국통제

1) 국제항해선박소유자는 외국의 항만당국이 실시하는 항만국통제에 의하여 해당 선박의 보안관리체제의 결함이 지적되지 아니하도록 협약 등에서 정한 기준을 준수하여야 한다.

2) 해양수산부장관은 국제항해선박이 외국의 항만당국이 실시하는 항만국통제에 의하여 출항정지·입항거부 또는 추방의 조치를 받거나 해당 선박에 대하여 출항정지·입항거부 또는 추방을 예방하기 위한 조치가 필요하다고 인정되는 경우에는 해양수산부령으로 정하는 바에 따라 관련되는 선박의 보안관리체제에 대하여 점검(이하 "특별점검"이라 한다.)을 할 수 있다. 특별점검의 결과 해당 선박의 보안확보를 위하여 필요하다고 인정되는 경우에는 해당 국제항해선박소유자에 대하여 대통령령으로 정하는 바에 따라 시정·보완의 조치 또는 항해정지를 명할 수 있다.

7. 재심사

1) 선박보안심사·임시선박보안심사·특별선박보안심사 및 특별점검을 받은 자가 그 결과에 대하여 불복하는 때에는 그 결과에 관한 통지를 받은 날부터 90일 이내에 해양수산부령으로 정하는 바에 따라 사유서를 갖추어 해양수산부장관

에게 재심사를 신청할 수 있다. 재심사의 신청을 받은 해양수산부장관은 소속 공무원으로 하여금 재심사를 직접 행하게 하고 그 결과를 신청자에게 60일 이내에 통보하여야 한다. 다만, 부득이한 사정이 있는 때에는 30일의 범위에서 통보시한을 연장할 수 있다.

2) 선박보안심사·임시선박보안심사 및 특별선박보안심사 또는 특별점검에 대하여 불복하는 자는 재심사의 절차를 거치지 아니하고는 행정소송을 제기할 수 없다. 다만, 「행정소송법」 제18조제2항 및 제3항에 해당하는 경우에는 그러하지 아니하다.

제3절 항만시설 보안확보

1. 항만시설보안책임자

항만시설소유자는 그가 소유하거나 관리·운영하는 항만시설의 보안업무를 효율적으로 수행하게 하기 위하여 해양수산부령으로 정하는 전문지식 등 자격요건을 갖춘 자를 보안책임자(이하 "항만시설보안책임자"라 한다.)로 지정하여야 한다. 이 경우 항만시설의 구조 및 기능에 따라 필요하다고 인정되는 때에는 2개 이상의 항만시설에 대하여 1인의 항만시설보안책임자를 지정하거나 1개의 항만시설에 대하여 2인 이상의 항만시설보안책임자를 지정할 수 있다.

2. 항만시설보안심사

항만시설소유자는 그가 소유하거나 관리·운영하고 있는 항만시설에 대하여 제25조에 따른 항만시설보안계획서에 따른 조치 등을 적정하게 시행하고 있는지 여부를 확인받기 위하여 해양수산부장관에게 다음 각 호의 구분에 따른 보안심사(이하 "항만시설보안심사"라 한다.)를 받아야 한다.

해양수산부장관은 최초보안심사 또는 갱신보안심사에 합격한 항만시설에 대하여 해양수산부령으로 정하는 항만시설적합확인서를 교부하여야 한다.

항만시설적합확인서의 유효기간은 5년의 범위에서 대통령령으로 정하고, 임시항만시설적합확인서의 유효기간은 6개월의 범위에서 대통령령으로 정한다.

3. 국제항해여객선 승객 등의 보안검색

1) 여객선으로 사용되는 대한민국 국적 또는 외국 국적의 국제항해선박(이하 "국제항해여객선"이라 한다.)에 승선하는 자는 신체 · 휴대물품 및 위탁수하물에 대한 보안검색을 받아야 한다.

2) 보안검색은 해당 국제여객터미널을 운영하는 항만시설소유자가 실시한다. 다만, 파업 등으로 항만시설소유자가 보안검색을 실시할 수 없는 경우에는 지도 · 감독 기관의 장이 소속직원으로 하여금 보안검색을 실시하게 하여야 한다.

3) 항만시설소유자가 실시하는 보안검색 중 신체 및 휴대물품의 보안검색의 업무에 대하여는 관할 경찰관서의 장이 지도 · 감독하고, 위탁수하물의 보안검색에 대하여는 관할 세관장이 지도 · 감독한다.

제4절 국제선박 및 항만시설 보안규칙(ISPS code)

1. ISPS code 제도

국제해사기구에서 채택하여 2004. 7. 1부터 국제적으로 시행중인 "국제선박 및 항만시설보안규칙(ISPS Code: International Ship and Port Facility Security Code)으로 ISPS Code는 국제무역에 사용되는 선박 또는 항만시설에 영향을 주는 보안사건에 대해 예방조치를 취하고 보안위협을 탐지하기 위하여 당사국 정부, 정부기관, 지방관청 및 해운·항만산업체간 상호협력을 통한 국제적인 체계를 마련하기 위한 제도로 테러로부터 선박과 항만시설을 보호하기 위하여 국제산업체가 연계하여 대응조치를 마련함에 있다.

2. ISPS code 제정 배경

종래 선박보안은 ISM Code에 따라 선박운항 업무의 하나로 해적에 대한 예방, 밀항자 예방에 국한되어 왔다. 2001년 9월 11일 9.11 미국 항공기 테러사건이후 테러행위를 방지를 위해서는 국제적인 대응태세 구축이 불가피하게 되었다(이윤철, 2016: 133).

이와 관련하여 해상의 안전과 해양환경보호에 관한 유엔의 전문기구인 국제해사기구(International Maritime Organization, IMO)에서는 「9. 11테러사건」이후 해상에서의 테러를 미연에 방지하기 위하여 구체적인 방안이 검토 되었다. 「9. 11 테러사건」2개월 후에 개최된 IMO총회에서는 해상에 있어서의 테러대책이 주요의제로서 취급되었다. 총회에서는 조치에 관한 사무국 제안인 「여객 및 승선원, 선박안전에 위협을 미치는 테러활동 방지를 위한 조치 및 절차의 개선」을 의결하였다. 이후 2002년 2월에 개최된 제75차 해사안전위원회(MSC)에서의 협의시작으로 동년 9월에 걸쳐 선박안전위협 테러행위 방지대책을 위한 전문가회의를 통해 국제해상보안규칙(안)을 마련하여, 2002년 12월 12일 IMO 외교회의를 개최하였으며, 동 회의에 참가한 우리나라를 비롯하여 113개국 정부대표는 만장일치로 기존의 해상인명안전협약(SOLAS)을 개정하여 제11장을 제11-1장(해상안전 강화를 위한 특별조치)으로, 해상보안 강화를 위한 특별조치를 규정하고 있는 제11-2장(해상보안 강화 조치)을 신설하였다. 국제선박 및 항만시설보안규칙(ISPS Code, International Ship and Port Facility Security Code)은 SOLAS 제11-2장을 근거로 채택되었으며, 2004. 7. 1 국제적으로 발효되었다.

가. ISPS code 목적과 목표

1) ISPS Code 목적

가) 보안위협성(위협 및 취약사항)평가

나) 보안 적용범위의 결정

다) 선박 및 항만시설 보안수준 결정

라) 보안 대응 절차 수립

2) ISPS Code 목표

가) 당사국 정부, 정부 기관 및 지방관청과 해운/항만 산업 간에 상호협조를 포함한 국제적 체계 구축

나) 보안 위협 탐지 및 선박·항만시설에 영향을 주는 보안사건에 대한 예방조치

다) 당사국 정부의 역할 및 책임 규정

라) 보안 관련 정보의 조기 및 효율적인 수집과 교환

나. ISPS code 적용대상

1) 국제항해에 종사하는 선박으로

가) 고속여객선을 포함한 여객선

나) 총톤수 500톤이상의 고속선을 포함한 화물선

다) 이동식 해상 구조물

2) 국제항해에 종사하는 상기의 선박이 사용하는 항만시설(수역포함)

다. ISPS code 주요내용

1) 선박은 자체보안계획을 수립하고, 기국정부의 보안심사를 받은 후 국제선박보안증서(유효기간 5년)를 비치하고 운항하여야 한다.

가) 선박마다의 고유식별번호(IMO번호)를 선체에 영구 표시토록 강제화

나) 보안증서 미소지 선박은 입항거부 또는 출항정지 등 국제항해 불가

2) 항만은 항만시설보안책임자를 임명하고 항만보안평가를 실시한 후 보안계획을 수립하여 당해국 정부의 승인을 받아야 한다. 보안계획 미 수립 항만에 기항한 선박 및 선적된 화물에 대하여는 외국항에서 별도 보안확인 절차 실시로 운항지체 등 피해 발생 우려가 있다.

3) 각국 정부는 자국의 선박과 항만의 보안계획 승인과 보안심사, 외국선박에 대한 보안점검을 실시하고, IMO에 자국의 보안관련 사항을 보고하여야 한다.

라. 주체별 조치사항

타국 입항선박에 의한 테러를 방지하기 위하여 선박의 기국 및 항만국 정부가 이행하여할 사항으로

1) 선박은 보안심사를 받은 후 국제선박보안증서를 소지하고 운항

2) 항만은 보안평가를 실시하고 보안계획 수립·시행 의무화

3) 적용대상 선박은 국제항해 취항하는 모든 여객선과 500톤 이상 화물선은 강제적으로 선박보안경보장치(Ship Security Alert System, SSAS)를 설치하도록 하는 등 선박보안 강화를 위한 구체적인 이행조치를 규정

4) 선박경보가 발령되었을 때 수신을 위한 육상기지국 설치와 조치대응 관련하여 피해선박 부근의 연안국에 신속한 전파를 위한 지정당국을 정하도록 하고 있다. ISPS Code는 2004년 7월 1일부터 전 세계적으로 동시에 시행되었다.

3. 해양경찰의 활동

가. ISPS Code 관련 해양경찰 임무

1) 항만시설 해상경비에 관한 계획의 수립 및 지도

2) 해상에서의 선박 납치, 파괴, 폭탄 또는 기타 위협 등 불법행위 발생 시 진압 및 사법처리

3) 해양사고 구조업무에 관한 계획의 수립 및 지도

4) 대형 해난사고에 대비한 계획의 수립 등

나. 항만 보안등급별 해양경찰 활동사항

항만보안등급은 앞서 언급한 바와 같이 평시체제인 1등급, 경계태세인 2등급, 긴급태세인 3등급으로 분류되며 등급설정은 해수부 및 관계기관으로 구성된 항만보안위원회에서 합의되어 설정된다. 보안등급별 해양경찰의 활동사항은 다음과 같다.

1) 보안 1등급(평시상황)

가) 테러관련 정보수집 및 해상테러 대비 상황체제 유지

나) 해상을 통한 테러분자 잠입 방지·색출 및 테러 위해 물품 반입저지

다) 항만 및 국가 중요시설 주변해역 테러대비 경계 및 안전 활동 실시

라) 여객선 이용 승객에 대한 신원확인 및 휴대품 등 보안검색 실시

2) 보안 2등급(경계태세)

가) 보안1등급 조치사항에 다음사항 추가

나) 대테러 상황실 구성·운영으로 상황체제 유지

다) 항만·국가중요시설 주변해역 경비함정 증가배치

라) 특공대·특기대 비상출동태세 유지

3) 보안 3등급(긴급상황)

가) 보안2등급 조치사항에 다음사항 추가

나) 출입항 항로 및 취약해역 함정 및 항공기 순찰강화

다) 해당 항만 3선 차단선 개념 경비정, 순찰정 증가배치

라) 정보·수사·파출소요원 항만주변 테러정보수집활동 강화

참고로 국가대테러활동지침상 항만테러의 경우 경찰청이 주무기관으로서 대응토록 되어 있으며 해양경찰은 해상을 통한 작전지원을 행하게 된다. 하지만 해상테러인 경우 해경은 대응 주무기관으로서 각 단계별 경보를 발령하며, 상황 발생 시에는 해상대테러 종합대책 수립시행, 「대책본부」 및 「현장지휘본부」 구성 운용, 특공대·협상팀·지원팀 구성 및 현장파견, 테러범 진압 등 처리 및 조사, 현장종합·보고 및 관계기관 전파 등 필요한 조치를 취할 수 있도록 대응매뉴얼을 작성 운용하고 있다.

참고문헌

<국내도서 및 발간물>

고명석 (2019). "해양경찰법 제정 필요성과 주요 쟁점" 한국해양경찰학회보, 2019. 9권(2): 1~28면.

구자영 (2016). "동아시아의 해양경찰 역할 증대와 우발사태 방지책 필요성", KIMS Periscops, 제49호, 한국해양전략연구소, 2016. 7: 1면.

김종선 (2012). "중국어선 범죄행위 대응 경찰장비 사용에 대한 재검토". 한국해양경찰학회보. 2012제2권(1): 3-35면. 외 전국9대학해양경찰학과교수 공저 (2016). 「해양경찰학개론」. 문두사. ·임채현 (2017). 중국어선 불법조업에 대한 대응전략 연구. 해사법연구. 제29권(1): 163-199면.

김현수 (2009). 「세계도서영유권 분쟁과 독도」, 서울: 연경문화사. 115면.

안광수 (2016). "한국 해양안보의 주요 쟁점과 정책방향", 해양안보포럼, 제12호(06월)

양희철 (2013). 「동북아에서의 해양경계획정」. 해양경찰학교 강의자료 교재.

양희철 (2017). "해상갈등의 점증적 제고와 우리나라 해양법집행세력 운용방향", 해경정상화 포럼 발표자료, 해양환경안전학회, 2017. 4: 9~10면.

이민형 (2016). "AHP 기법을 활용한 해양경비안전업무의 중요도 분석", 한국해양경찰학회보. 제5권(2): 154~159면.

이윤철 (2016). 「국제해사협약 이론과 실무」. 다솜출판사.

이용희 (2013). 「해양과학조사와 연안국의 관할권」. 2013 해양경찰청 연구용역 자료.

이재상 (2011). 「신형사소송법 제2판」. 박영사.

임채현 (2014). "불법조업 중국어선에 대한 해양경찰의 단속에 관한 고찰", Journal of the Korean Society of Marine Environment & Safety, Vol. 20, No. 1: 54면.

조철옥 (2012). 「경찰학개론 제3판」, 대영문화사. 614-615면.

최영규 (2007). 「경찰행정법(제3판)」. 박영사.

최영출·오영균·홍준현 (2012), "신 해양행정 집행모델 개발" 한국행정학회, 해양경찰청 연구보고서, 2012. 10. 59면 이하 참고.

허진아·김도우, "한국해양경찰 역량강화 방안에 관한 연구" 한국해양경찰학회보. 제4권 제2호, 2014. 134면.

홍정선 (2007). 「경찰행정법」. 박영사

해군본부-해양경비안전본부 (2016). "국가 해양력 강화를 위한「해경·해군 정책서」(2016-2030)".

해양경찰교육원 (2020). 「해상경비·상황관리·해상수색구조」.신임경찰과정교재: 62-69.

해양경찰청. 「해양경비체계 발전방안 연구」. 2017. 8.

해양경찰청. 「선진 치안장비시스템 구축을 위한 장비선진화 연구」, 2013. 11.

한국해양수산개발원, 「중·일 해양경비력 강화에 따른 전략적인 대응 필요」, 2017년 1월(통권 제11호). 5면.

한국해양수산개발원, 「해양경비 여건 분석과 역량강화 방안」. 2017. 9.

한국해양수산개발원, 「한중일 3국의 연근해어업 생산량 추이」. 2017. 5. 9.

C. H. Park, "Oil under Troubled Waters: The Northeast Asia Sea-Bed Controversy", in East Asia and the Law of the Sea, Seoul; Seoul National University

Press(1988), pp.1～50.

M. S. Kwon & Y. S. Ok, "Japan's Maritime Jurisdiction Extension and Fishery Disputes between Korea and Japan"(in Korean), Seminar on Japanese Baseline Claims and Fishery Dispute, KMI(1977. 7. 18.).

Reproduced in I. Brown lie(ed.), Basic Documents in International Law, Oxford; Oxford University Press(1988), p.119.

UK-French Continental Shelf case(first decision), paragraph, 109, reproduced in 54 International law Report, 1979, p.70

日本 海上保安庁, 日本 海上保安庁パンフレット, 2017. 3. pp. 3~4.

동아일보. "동중국해 가스전, 日 독자개발 추진, 中 일주장 불인정"(2005. 3. 28.) (https://www.donga.com/news/Inter/article/all/20050327/8173549/1)

아시아경제. "중 남중국해 지배위해 초대형 해경경비함 도입 박차" (2016. 6. 17) (https://www.asiae.co.kr/article/2016061710265480545)

이데일리. [세월호 참사]뭍으로 나온 해경, 수사권 '식탐'.구난구조 실종", (2014. 5. 6.) (http://www.edaily.co.kr/news/news_detail.asp?newsId=01833526

조선일보. '120년 전부터 무인도에 '말뚝' 박은 日' (2012. 5. 1.) (http://www.chosun.com/site/data/html_dir/2012/05/01/2012050100644.html)

한겨례 신문. "대선후보 4명이 "해경 부활, 다시 인천으로" 2017.04.26.일자 (http://www.hani.co.kr/arti/society/area/792366.html)

KBS 자료 https://mn.kbs.co.kr/news/view.do?ncd=4406156, 시사기획 창' 공식 홈페이지. 2020. 3. 20)

남북해운합의서, 2004년 5월 28일 (http://img.yonhapnews.co.kr/etc/press/PR/2005/0000263050805175930_1.pdf)

<해양경찰청 내부자료>

긴급피난 선박 관리규칙. 2019. 해양경찰청훈령 제130호.

서해5도특별경비단 운영규칙. 2019. 중부지방해양경찰청훈령 제20호.

서해5도특별경비단 특수진압대 운영규칙. 2019. 중부지방해양경찰청훈령 제21호.

함정 운영관리 규칙. 2020. 해양경찰청훈령 제170호.

해상특수기동대 운영 규칙. 2019. 해양경찰청훈령 제130호.

해양경찰청 비상소집 및 근무규칙. 2020. 해양경찰청훈령 제175호.

해양경찰 함정훈련 규칙. 2018. 해양경찰청훈령 제68호.

해양경찰 50년사, 2003.

2018 해양경찰백서 : [해경역사] 해양경찰 64년간의 기록, 2019.

<웹사이트>

구글(Google) 검색 : http://namu.wiki/w/각국해안경비대 자료
국가법령정보센터 : www.law.go.kr
국제사법재판소(ICJ) : www.icj-cij.org/
국제해사기구(IMO) : http://www.imo.org/
대테러센터 : http://www.nctc.go.kr/nctc/activity/system.do)
미국해안경비대 : https://www.uscg.mil/
수산정보 포털 : https://www.fips.go.kr/jsp/farm/
일본해상보안청 : www.kaiho.mlit.go.jp/
한국해양경찰학회 : www.maritimepolice.kr/
해양경찰청 : www.kcg.go.kr/
해양경찰청 홈페이지 법령정보 : http://www.kcg.go.kr/kcg/law/list.do?mi=2818
해양수산부 : www.mof.go.kr
해양수산부 연안포털 : http://uii.mof.go.kr/UII/INTRO/sub02.html
The Risk Advisory Group : https://www.riskadvisory.com/

저자 김 종 선

- 목포해양대학교, 성균관대학교 행정학과 졸업 (행정학석사)
- 군산대학교 행정학과 졸업 (행정학박사)

| 경력 |

- 목포해양대학교 해양경찰학부 교수
- 군산대학교 해양경찰학과 초빙교수
- 군산대학교 행정학과 겸임교수
- 해양경찰교육원 행정학과 교수
- 경찰종합학교(경찰교육원) 해양경찰학과 교수
- 해양경찰채용시험 출제 및 면접위원
- 경찰고시 출제위원
- 해기사국가자격시험 면접위원
- 서해지방해양경찰청 고충심사위원
- 해양경찰정비창 운영심의회 위원
- 해양경찰교육원 교육자문위원회 위원
- 해양경찰교육원 징계위원회 위원
- 한국해양경찰학회 부회장
- 한국행정학회 및 한국정책학회 위원
- 한국해양정책기술협의회 위원

| 저서 |

- 「해양경찰경무론」, 문두사, 2011.
- 「해양경찰학개론」, 문두사, 2016.
- 「수색구조론」, 문운당, 2018.
- 「해양경찰학 Ⅰ,Ⅱ」, 문운당, 2020.

저자 정 초 영

- 목포해양대학교 해상운송시스템학부 공학사, 법학사
- 목포해양대학교 대학원 해상운송시스템학과 공학석사, 공학박사

| 경력 |

- 군산대학교 해양산업·운송과학기술학부 교수
- 해양경찰교육원 훈련과 교수
- 해양경찰채용시험 출제 위원
- 국가직 및 지방직공무원 채용시험 출제, 검토 및 채점위원
- 해양경찰청 해상교통관제(VTS) 자문위원
- 중부지방해양경찰청 정책자문위원회 위원
- 서해지방연안사고예방협의회 위원
- 군산해양경찰서 연안사고예방협의회 위원
- 군산해양경찰서 시민인권보호단 위원
- 부안해양경찰서 수상레저 안전리더
- 한국해양경찰학회 편집이사
- 해양환경안전학회 편집위원, 해사안전분과위원장
- 한국항해항만학회 편집위원
- 한국해양정책기술협의회 편집이사
- 한국수산해양교육학회 이사

| 저서 |

- 「레이더실습」, 도서출판 한울미디어, 2018.
- 「항해학실습」, 도서출판 한울미디어, 2018.

해광
출판
해기

해 양 경 비 론

2021년 1월 15일 인쇄 정가 25,000 원
2021년 1월 25일 발행

저 자 김종선 정초영
편 집 송영미
발 행 인 조준형 http://www.hgbookpub.com
발 행 처 해광출판사 E-mail : mwdangbook@hanmail.net
주 소 부산광역시 중구 해관로 41-1 (중앙동2가 49-3)
전화번호 (051) 253-0001 팩스 (051) 245-1187
등 록 제 2012-000005호

ISBN 979-11-91274-15-8

이 교재는 2020년 군산대학교 수산과학연구소 학술연구비 지원에 의하여 제작되었음